博雅

21世纪经济与管理应用型本科规划教材

财务管理系列

财务管理原理

Financial Management

赵艳秉 周庆海 主 编
李 菲 刘 洁 副主编

北京大学出版社
PEKING UNIVERSITY PRESS

图书在版编目(CIP)数据

财务管理原理/赵艳秉,周庆海主编. —北京:北京大学出版社,2012.9
(21世纪经济与管理应用型本科规划教材·财务管理系列)
ISBN 978-7-301-20864-9

Ⅰ. ①财… Ⅱ. ①赵… ②周… Ⅲ. ①财务管理—高等学校—教材 Ⅳ. ①F275

中国版本图书馆CIP数据核字(2012)第132363号

书　　名: 财务管理原理
著作责任者: 赵艳秉　周庆海　主编
策 划 编 辑: 叶　楠
责 任 编 辑: 叶　楠　李　娟
标 准 书 号: ISBN 978-7-301-20864-9/F·3223
出 版 发 行: 北京大学出版社
地　　址: 北京市海淀区成府路205号　100871
网　　址: http://www.pup.cn
电　　话: 邮购部 62752015　发行部 62750672　编辑部 62752926
出版部 62754962
电 子 邮 箱: em@pup.cn
印 刷 者: 三河市北燕印装有限公司
经 销 者: 新华书店
730毫米×980毫米　16开本　19印张　416千字
2012年9月第1版　2013年10月第2次印刷
印　　数: 4001—8000册
定　　价: 35.00元

丛书出版前言

《国家中长期教育改革和发展规划纲要(2010—2020 年)》指出,目前我国高等教育还不能完全适应国家经济社会发展的要求,学生适应社会和就业创业能力不强,创新型、实用型、复合型人才紧缺。所以,在此背景下,北京大学出版社响应教育部号召,在整合和优化课程、推进课程精品化与网络化的基础上,积极构建与实践接轨、与研究生教育接轨、与国际接轨的本科教材体系,特策划出版《21 世纪经济与管理应用型本科规划教材》。

《21 世纪经济与管理应用型本科规划教材》注重系统性与综合性,注重加强学生分析能力、人文素养及应用性技能的培养。本系列包含三类课程教材:通识课程教材,如《大学生创业指导》等,着重于提高学生的全面素质;基础课程教材,如《经济学原理》、《管理学基础》等,着重于培养学生建立宽厚的学科知识基础;专业课程教材,如《组织行为学》、《市场营销学》等,着重于培养学生扎实的学科专业知识以及动手能力和创新意识。

本系列教材在编写中注重增加相关内容以支持教师在课堂中使用先进的教学手段和多元化的教学方法,如用课堂讨论资料帮助教师进行启发式教学,增加案例及相关资料引发学生的学习兴趣等;并坚持用精品课程建设的标准来要求各门课程教材的编写,力求配套多元的教辅资料,如电子课件、习题答案和案例分析要点等。

为使本系列教材具有持续的生命力,我们每隔三年左右会对教材进行一次修订。我们欢迎所有使用本系列教材的师生给我们提出宝贵的意见和建议(我们的电子邮箱是 em@ pup. cn),您的关注就是我们不断进取的动力。

在此,感谢所有参与编写和为我们出谋划策、提供帮助的专家学者,以及广大使用本系列教材的师生,希望本系列教材能够为我国高等院校经管专业的教育贡献绵薄之力。

北京大学出版社

经济与管理图书事业部

2012 年 1 月

前　言

财务管理是企业管理的重要组成部分,它是基于企业再生产过程中客观存在的财务活动和财务关系而产生的,是企业组织财务活动、处理财务关系的一项综合性经济管理工作。财务管理学是大学经济管理类专业的一门专业基础课,也是其他专业必修或选修的重要课程之一。本书以资本市场为背景,以企业的资金运动为主线重点阐述了财务的四大活动:筹资活动、投资活动、资金营运活动和资金分配活动。

随着社会改革的不断深入,市场对人才的需求也发生着日新月异的变化。在人才需求这个金字塔上,高端的研究型人才仅仅是塔尖部分,而应用型人才构成了塔身和塔基。本书正是基于满足普通高等院校培养应用型人才的需要而编写的,具有以下特点:

1. 难度适中,重在应用

本书作为应用型本科教材,将案例教学引入教材与教学中。每章以案例导入,以案例分析收尾,对当前热点问题进行分析,力争做到在案例阅读中了解财务管理热点问题,在案例分析中掌握财务管理理论,在案例学习中理解财务活动的目的,理论能联系实践。

2. 思路清晰,内容适量

本书着重阐述财务管理的四大活动,介绍四大活动前以财务管理的时间价值和风险价值作铺垫,介绍完四大活动之后以财务分析和财务控制作延伸。

3. 体例新颖,结构完整

(1) 各章开篇设有知识结构图,结尾设有本章小结,帮助学生从整体上把握本章学习内容,避免“只见树木,不见森林”。

(2) 各章编有“知识目标”和“技能目标”,便于教师在教学过程中把握教学内容、教学重点和难点,也便于学生学习有针对性。

本书由赵艳秉、周庆海任主编,李菲、刘洁任副主编。赵艳秉负责总体框架的设计,并编写第一章、第八章、第十章及附录;周庆海编写第三章、第五章、第十一章;李菲编写第四章、第九章;刘洁编写第二章、第六章;蒋晓霞编写第七章。全书最后由赵艳秉总纂、定稿。

本书在编写过程中受到中国地质大学江城学院经济与管理学部杨昌明教授的精心指导，得到俞良蒂教授、明洪盛教授的鼎力支持，并参考了国内外不少专家的研究成果，在此一并表示感谢！

本书的付梓，凝结了太多人的辛劳。虽然我们尽了最大努力，但囿于水平，本书不可能臻于至善，疏漏和不足之处在所难免，恳请读者批评斧正！

编　者

2012 年 7 月 16 日

目　录

第一章　财务管理概述

【本章导航】

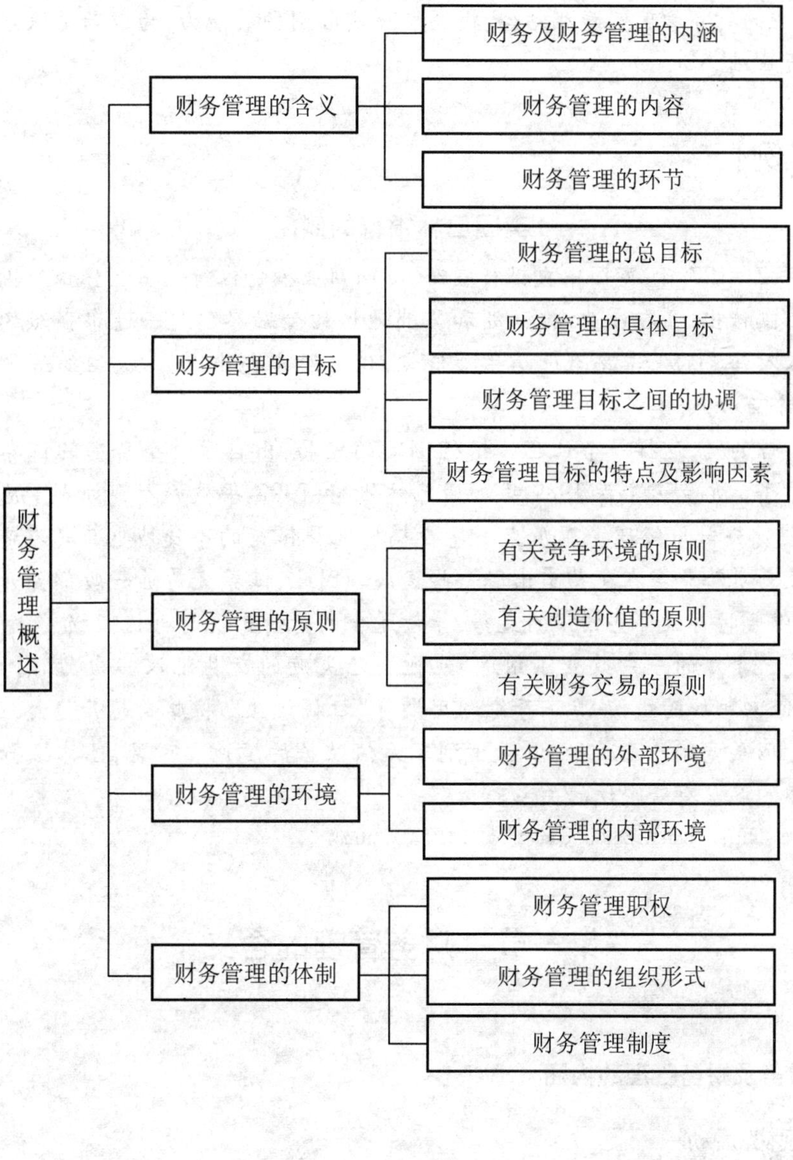

【知识目标】

通过本章的学习,学生应了解企业财务活动的环节,掌握财务活动和财务管理的概念、内容以及财务管理的目标。

【技能目标】

通过本章的学习,要求学生深刻理解和掌握财务管理的基本理论、应用原则和体制方法,与企业的财务管理实践相结合,提高解决实际问题的能力,为以后更深层次的学习和工作打下基础。

【引导案例】

英国巴林银行的倒闭

1995 年 2 月 27 日,英国中央银行宣布,英国商业投资银行——巴林银行因经营失误而倒闭。消息传出,立即在亚洲、欧洲和美洲地区的金融界引起一连串强烈的波动。东京股市英镑对马克的汇率跌至近两年最低点,伦敦股市也出现暴跌,纽约道·琼斯指数下降了 29 个百分点。

令人震惊的是,这样一个让巴林银行倒闭的结局,出自于一个普通的证券交易员尼克·李森之手。尼克·李森 1989 年加盟巴林银行,1992 年被派往新加坡,成为巴林银行新加坡期货公司总经理。而尼克·李森搞垮巴林银行的事发地也正是在新加坡。

期货交易员难免会在交易中出现一些错误。因此,证券交易员一般都会开设一个特殊账户,用以暂时存放那些错误的交易,等待适合的行情出现时再挽回损失。但是,错误账户在尼克·李森的手中改变了用途,他把自己失败的交易记入其中,用以掩盖损失。结果,为了赚回赔掉的钱,尼克·李森利用期货"杠杆效应"将赌局越开越大,这一切,巴林银行的管理层竟然一无所知,以至于到了无法收拾的境地。可见,巴林银行的破产与其内部管理的混乱有着密切的关系。

资料来源:http://baike.baidu.com/view/1210907.htm。

第一节　财务管理的含义

一、财务及财务管理的内涵

(一) 财务活动

企业财务活动是经营实体涉及资金的活动,即开展生产经营活动所涉及的筹集、运用和分配资金的活动。

1. 筹资活动

筹资是指企业为了满足生产经营活动的需要,从一定的渠道,采用特定的方式筹措和集中所需资金的过程。筹集资金是企业进行生产经营活动的前提,也是资金运动的起点。一般而言,企业的资金可以从以下三个方面筹集并形成三种性质的资金来源,从而为企业开展生产经营业务活动提供资金保障:

(1) 从投资者取得的资金形成企业资本金;

(2) 从债权人取得的资金形成企业负债;

(3) 从企业盈利中取得的资金形成部分所有者权益。

2. 投资活动

企业筹资的目的是为了投资,投资是为了实现企业的经营目标,追求股东价值最大化。投资有广义和狭义之分。广义的投资是指企业将筹集的资金投入使用的过程,包括企业内部使用资金的过程以及企业对外投放资金的过程。狭义的投资是指企业采取一定的方式以现金、实物或无形资产对外或其他单位进行投资。

企业内部使用资金的过程构成企业内部投资,具体由流动资产投资、固定资产投资、无形资产投资、递延资产投资等组成。

3. 分配活动

企业通过资金的投放和使用,必然会取得各种收入,各种收入抵补各种支出、缴纳税金后形成利润。企业必须在国家的分配政策指导下,根据公司章程确定的分配原则,合理分配企业利润,以使企业获得最大的长期利益。该活动可以以投资人收益或企业留存方式进行。企业在生产经营过程中所形成的经营成果和收益在分配中所发生的资金收入和退出,同样也是财务活动。

(二) 财务关系

财务关系是指企业在进行财务活动过程中与有关方面所发生的经济利益关系。

企业的财务关系因经济利益和责任的多样性而较为复杂,归纳起来主要有以下几个方面:

1. 企业与其所有者之间的财务关系

企业与其所有者之间的财务关系主要是指投资者按照投资合同、协议、章程的约定向企业投入资金,企业按照出资比例或合同、章程的规定向投资者支付投资报酬所形成的经济利益关系。企业与投资者之间的财务关系体现着所有权性质,反映受资和投资的关系。

企业所有者包括国家、法人和个人三种类型。由于企业所有者的出资不同(如普通股与优先股的区别等),相对应的不同所有者所享有的权利和承担的风险也不相同,由此形成的经济利益关系也不完全一致。

2. 企业与被投资单位之间的财务关系

企业与被投资单位之间的财务关系主要是指企业以购买股票或直接投资的形式向其他企业投资,被投资单位应按规定分配给企业投资报酬所形成的经济利益关系。企业与被投资单位之间的财务关系,体现着所有权性质,反映着投资和受资的关系。

3. 企业与债权人之间的财务关系

企业与债权人之间的财务关系主要是指企业向债权人借入资金、发行债券,并按借款合同等有关规定按时支付利息和归还本金,以及在购买活动中采用延期付款等与有关单位发生的商业信用而形成的经济利益关系。企业与债权人之间的财务关系,在性质上反映了债务和债权的关系。

4. 企业与债务人之间的财务关系

企业与债务人之间的财务关系主要是指企业向债务人提供借款、购买债券,并按照约定的条件要求债务人支付利息和归还本金,以及在营业活动中延期收款等发生的商业信用而形成的经济利益关系。企业与债务人之间的财务关系,在性质上反映了债权与债务的关系。

企业与债权人、债务人之间的资金结算和资金借贷关系,是企业在持续经营的资金运动中所难以避免的,也是可以利用的,企业应当依法主张自己的权利并认真履行承诺。

5. 企业与内部各单位之间的财务关系

企业与内部各单位之间的财务关系主要是指企业内部各单位之间在生产经营各环节中形成的资金结算关系。在企业实行内部经济核算制和内部经营管理责任制的条件下,基本生产经营部门各级单位之间的产品转移和劳务提供需要结算(例如内部银行结算、厂间结算等),企业与各部门之间也会由于款项的划转而结算(例如企业与基建部门、工会部门之间的结算等)。在企业集团内,集团公司与集团所属公司之间也经常因为业务往来形成结算关系,为此,集团公司往往建立结算中心以处理此类业务。

6. 企业与职工之间的财务关系

企业与职工之间的财务关系主要是指企业向职工支付工资、津贴、奖金等劳动报酬,按照规定提取应付福利费和公积金、为职工代垫款项等而形成的经济利益关系。企业与职工之间的财务关系,反映了职工个人和企业在劳动成果上的分配关系。

7. 企业与政府管理部门之间的财务关系

企业与政府管理部门之间的财务关系是强制性的经济利益关系,体现在相关的法律中。企业必须向税务机关和其他部门依法纳税和缴纳法定费用。在建立和谐社会的过程中,政府相关部门也会积极为合法经营企业的生存发展提供政策支持,企业应当充分利用政府提供的各项优惠政策。

企业财务是企业财务活动和财务关系的统一。企业财务活动描述了企业财务的形式特征,企业财务关系揭示了企业财务的本质。

为什么说企业财务关系揭示了财务的本质?因为企业财务活动是在不同主体的利益驱动下而开展的。投资者的投资利润驱动,形成了股权资本;银行的经营利润(利息收入)驱动,形成了银行信用资金;商家的商业利润驱动,形成了商业信用资金;经营者和职工的工薪收入驱动以及激励驱动,形成了活劳动;政府维持公共利益的驱动,为企业合法经营提供支持。由此可见,只有不同主体的不同经济利益得到保证,企业财务活动才能顺利进行。

(三) 财务管理

财务管理是基于企业再生产过程中客观存在的财务活动和财务关系而产生的,是利用价值形式对企业再生产过程(经营过程)进行的管理,是组织财务活动、处理财务关系的一项综合性的管理工作。

财务管理具有以下特点:

(1)财务管理是一种价值管理。即利用资金价值规律合理配置经济资源,通过对企业各项资金的筹集、使用、收入和分配进行预测、决策、控制、核算、分析与考核,以提高资源配置效率,促使企业以尽可能少的资金占用,取得尽可能多的经济效果。

(2)财务管理具有协调性。财务管理与企业的各个方面具有广泛的联系。企业购、产、销、运、技术、设备、人事、行政等各部门业务活动的进行,无不伴随着企业资金的收支,所以财务管理必须协调好各部门之间的关系。

(3)财务管理具有综合性。财务管理以资金、成本、收入和利润等价值指标综合反映企业生产经营的物质条件、生产经营中的耗费和收回、生产经营的成果及其分配等情况,并据此及时掌握企业再生产活动中各种要素的增减变动及存在的问题,从而加强财务监督,促进企业改善生产经营管理。

二、财务管理的内容

企业财务管理的内容体现为企业资金运动的全过程。财务管理的主要内容是筹资管理、投资管理和收益分配管理。

1. 筹资管理

企业进行生产经营活动,首先面临的一个重要问题就是资金筹集。企业设立必须有法定的资本金;企业经营必须有足够的流动资金。筹资是指为了满足企业投资或用资的需要,筹措和集中所需资金的过程。在这一过程中,一方面要确定筹资的总规模,另一方面要确定合理的资本结构。

筹资总规模是指筹集权益资金和借入资金的总额。筹资管理中的首要问题是企业需要筹集多少资金、向谁筹集、在什么时候筹集、资金成本是多少等。

资本结构是指权益资金和借入资金的比例关系。筹资管理中的关键是确定资本结构,以使筹资风险和筹资成本相配比。一般来说,完全通过权益资金筹资是不明智的,不能得到负债经营的好处;但负债的比例大,则风险也大,企业随时可能陷入财务危机。

2. 投资管理

投资管理是企业财务管理的重点。企业的效益来自于投资,在激烈的市场竞争中,企业投资经营什么才能使财富最大化是财务管理的核心问题。

在投资管理中,首先,要研究确定和选择投资方案及其具体的标准和方法;其次,要对投资方案进行投资分析,不但要分析每一投资方案的收益性,更重要的是分析投资方案收益与风险之间的关系,选出最佳方案;再次,要对实施方案进行过程控制,及时修正实施过程中的偏差;最后,还应对投资结果进行分析总结。

投资管理的内容包括流动资产、固定资产、无形资产、递延资产、对外投资、成本费用等。

3. 收益分配管理

财务管理的最终目标是获取收益。企业投资活动给企业创造了多少收入,带来了多少财富,财富如何分配,这是收益分配管理的内容。

收益分配管理,一是要追求利润最大化;二是要确定合理合法的分配政策;三是要处理好当前利益和长远利益,以及国家、公司和股东的关系。

三、财务管理的环节

1. 财务预测是财务管理循环的起点阶段

财务预测是根据财务活动的历史资料,考虑现实的要求和条件,对企业未来的财务活动和财务成果作出科学的预计和测算。财务预测环节的作用在于:测算各项生产经营方案的经济效益,为决策提供可靠的依据;预计财务收支的发展变化情况,以确定经营目标;测定各项定额和标准,为编制计划、分解计划指标服务。财务预测环节包括明确预测对象和目的、搜集整理资料、选择预测模型及实施财务预测等工作步骤。财务预测往往不是孤立进行的,需要与市场预测、生产预测结合进行。

2. 财务决策是财务管理循环的重点阶段

财务决策是根据企业经营战略和国家宏观经济政策的要求,为实现理财目标,从若干个财务活动方案中选择最优决策方案的过程。财务决策是在财务预测基础上进行的,是编制财务计划、进行财务控制的必要前提,其正确与否,往往关系到企业的兴衰成败,因而是财务管理的核心。财务决策环节包括确定决策目标、拟订备选方案以及评价各种方案、选择最优方案等工作步骤。

3. 财务计划是财务管理循环的行动指南

财务计划是运用科学的技术手段和数学方法对目标进行综合平衡,协调资金、收益、成本费用,反映企业再生产过程的价值运动以及财务成果的形成与分配。财务计划是财务决策的具体化、系统化,又是财务控制、财务分析的依据。企业财务计划主要包括:资金筹集计划、固定资产投资和折旧计划、流动资产占用和周转计划、对外投资计划、利润和利润分配计划。其编制程序如下:分析主客观条件,确定主要指标;安排生产要素,组织综合平衡;编制计划表格,协调各项指标以及组织动员职工,贯彻执行计划。

4. 财务控制是财务管理循环的执行阶段

管理控制是延续不断、反复发生的过程,在这个过程中,管理者力争在特定的期限内,以经济、有效的方式完成各项既定目标。由于财务控制指标的综合性对某个经营部门或者经营岗位不具有明确性,所以将财务上的大指标划分为小指标,将综合指标划分为具体指标则是实施科学控制的首要工作。财务控制权必须适应企业的业务类型和财务管理组织结构,形成事事有人管的权责统一的控制系统。

5. 财务分析是财务管理循环承上启下的评价总结

财务分析按其分析主体可以划分为内部分析和外部分析。内部分析是由企业经营者及其财务管理专职人员所进行的分析;外部分析主要是投资人、债权人及其他人所进行的分析。由于上述财务分析主体的立场不同,财务分析的重点也不尽相同。在正常情况下,企业经营者的财务分析是比较全面的。企业偿债能力、盈利能力、营运能力以及综合财务状况和未来财务预期都体现了企业利益相关者的共同关注。

以上财务管理环节具有循环性、顺序性、层次性及专业性等特征。

第二节 财务管理的目标

一、财务管理的总目标

财务管理的总目标是企业全部财务活动需要实现的最终目标,它是企业开展一切财务活动的出发点和归宿。财务管理的目标服从并服务于企业的目标。目前具有代表性的企业财务管理目标有以下三种:

1. 会计利润最大化

利润最大化目标是指财务管理工作的最终目的是不断增加企业利润,使企业税后利润在一定时期内达到最大。这种观点认为:利润是企业经营业绩的综合性指标;利润代表了企业新创造的财富,利润越多则说明企业的财富增加得越多,越接近企业的目标;利润和利润率代表着企业的竞争优势。

这种观点的优点是:(1)利润是通过统一模式的会计核算而获得的,有极强的说服力;(2)利润和利润率是吸引产权从低效向高效转移的动力;(3)利润和利润率在企业内部财务管理上具有广泛的用途;(4)利润是企业处理财务关系和履行社会责任的物质基础。

这种观点的缺点是:(1)利润和利润率是一个会计期间指标,离开了特定的会计期间,就失去了比较意义;(2)利润和现金流量并不完全同步,有时良好的利润指标并不能说明企业具有良好的财务状况;(3)片面追求利润和利润率可能导致经营者的短期行为和不良的盈余管理动机,可能导致经营者不顾风险,可能影响企业的可持续发展。

2. 股东财富最大化

股东财富最大化是指股份公司通过合理经营,采用最优的财务政策,在考虑资金的时间价值和风险报酬的情况下,不断增加股东财富,使股东财富达到最大。股东财富由其所拥有的股票数量和股票市场价格两个方面来决定。

这种观点认为:普通股股东是企业的终极产权所有者,提高股东收益是股东的唯一目的;股东财富的提升,是企业兼顾了其他利益相关者的利益之后的剩余收益的提升,既揭示了有效的财务活动,也协调了企业的财务关系;股东财富是股票市场价格的体现,既体现了企业经营活动的成效,也体现了企业资本运营的成效。

这种观点的优点是:(1)考虑了取得报酬的时间因素,并运用了资金时间价值的原理进行科学的计量;(2)考虑了风险与报酬之间的关系,克服了不顾风险、片面追求利润的短期行为;(3)各企业都把追求股东财富最大化作为自己的目标,从而使整个社会财富最大化。

这种观点的缺点是:(1)只适用于上市公司,非上市公司难以应用;(2)股票市价的变化可能与企业业绩不存在联系;(3)片面强调股东财富会降低其他利益相关者对企业的热情,影响企业发展。

3. 企业价值最大化

企业的主权资本来源于股东投资,企业的负债资金来源于债权人的投资。以企业完整的价值作为财务管理目标,而不局限于年度利润、股东财富,这就兼顾了债权人的利益和股东的利益,协调了企业与资本提供者的财务关系,也能够体现企业的可持续发展能力。

从财务学的角度来看,企业价值是对企业未来获利能力的评价,这种评价是由市场投资者作出的。市场投资者对企业潜在的获利能力预期越高,企业价值就越大。在企业负债水平一定的情况下,企业价值主要表现在企业的股票价格上,所以,企业价值最大化目标,既保证了股东的利益,也保证了债权人的利益,同时还兼顾了企业员工和经营者的利益。

这种观点的优点是:(1)充分考虑了投资资本的时间价值和风险价值,有广泛的综合性;(2)充分考虑了投资者对企业资产保值增值的要求,有直接的针对性;(3)充分考虑了克服经营管理上的短期行为的要求,有很强的前瞻性;(4)充分考虑了社会资本向优势企业流动的资源配置要求,有明确的宏观性。因此,本书采纳了这个观点。

这种观点的缺点是:(1)对于非股份制企业以及非上市公司,市场难以对企业价值作出直接评价,从而造成这些企业无法制定财务管理的企业价值目标,也无法作出客观的评价;(2)即使是上市的股份公司,其股票市价的波动也并非与公司实际财务前景一致,非正常的影响因素也会对股票市价产生一定的作用。这就要求企业管理当局对企业建立长效管理机制。

二、财务管理的具体目标

实现财务管理的总目标,需要具体目标来支撑;具体目标需要依据总目标来制定。财务管理的具体目标就是财务管理总目标的细分。

财务管理的具体目标,根据财务管理的内容来确定,可分为:

1. 筹资管理目标

企业筹集资金是企业向资金供应者取得生产经营资金的财务活动。筹集资金是企业资金运动的起点,是决定企业资金运动规模和生产经营发展速度的重要环节。资金好比企业的“血液”,是企业生存和发展的前提。企业创建、设立、开展日常生产经营业务、购置设备材料等生产要素,都需要一定数量的资金,扩大生产规模、开发新产品、提高技术水平更要追加投资。因此,企业以较低的资金成本与较低的筹资风险筹集企业所需要的资金是筹资管理的目标。

2. 投资管理目标

企业投资的目的是通过资金的使用而提高企业经济效益。企业投资包括进行企业发展所需要的内部投资与外部投资。企业必须有效地投放和营运资金,以改善企业财务,提高经营成果。因此,使投资收益最大化,同时在争取投资高收益时,降低投资风险是投资管理的目标。

3. 收益分配管理目标

收益分配的目标是按国家规定与企业发展需要,正确处理好积累与消费、当前利益与长远利益的关系,正确处理企业与各方面的经济利益关系。因此,正确计算收益与成本,合理确定利润的留分比例以及分配形式,提高企业的潜在收益能力是收益分配管理的目标。

财务管理的具体目标绝不是一种单一的目标,而是经过合理组合的目标群,通过具体目标的实现,最终实现财务管理的总体目标 。

三、财务管理目标之间的协调

财务管理目标是企业进行理财活动所希望实现的结果。然而,企业的不同财务主体在企业的财力分配与配置上会有不同的预期。由于现代企业制度的出现,产权高度分化,财产的所有权与财产的占有权、经营权发生了分离。从产权分离的角度来看,理财主体可分为出资者财务主体和经营者财务主体。作为不同的利益主体,在财务管理目标上必定存在着差异。因此,企业在实现“价值最大化”的理财目标中,必须协调三种利益主体之间的关系。

1. 所有者与经营者的协调

所有权和经营权两权分离后,所有者的财务管理目标应该是投出资本的资本安全和资本增值,关心企业的稳定发展和长远利益,追求股东财富最大化,并要求经营者尽最大努力去实现这个目标。而经营者的财务管理目标则可能是经理效用(利益)最大化,即更多地增加享受成本,以满足其工资、休闲、升迁的需要。其目标的不一致,往往会造成经营者对所有者目标的背离:

(1) 道德风险。经营者为了自己的目标,不是尽最大努力去实现企业财务管理的目标。他们没有必要为提高股价而冒险,股价上涨的好处将归于所有者或股东,若失败,他们的“身价”将下跌。他们不做什么错事,只是不十分卖力,以增加自己的闲暇时间。这样做,不构成法律和行政责任问题,只是道德问题,所有者或股东很难追究他们的责任。

(2) 逆向选择。经营者为了自己的利益,不惜明显地损害所有者的利益。例如,装修豪华的办公室,买高档汽车等,借口工作需要乱花股东的钱;甚至蓄意压低股票价格,以自己的名义借款买回,导致股东财富受损,自己从中渔利。

为了防范经营者对所有者目标的背离,协调其利益关系,应当建立激励和制约这两种机制。

第一,建立激励机制。在企业拥有较充分的自主权以后,经营者对于企业的谋划作用日益重要,对于企业家这种人力资源的价值应该予以充分的重视,在待遇上要给予足够的回报。要利用激励机制消除其地位上的不安全感和利益上的不平衡感,采用适当延长经营者任期、实行年薪制及绩效股等激励方式,促使经营者自觉采取提高企业经济效益的措施,并吸引和留住卓有成效的企业家。

第二,建立约束机制。经营者背离所有者的理财目标,其条件是双方的信息不对称,经营者了解的信息比所有者既多且早,因而容易出现"内部人控制"的现象。为了遏制这一现象的发生,必须建立约束机制,实行厂务公开,实行对经理、厂长长期审计制度,实行严格的奖惩制度,以表彰先进、惩治落后。

2. 所有者与债权人的协调

企业向债权人借入资金以后,两者之间也形成了一种委托代理关系。债权人把资金借给企业,意在到期收回本金,并获得约定的利息收入;而企业借款则是为了扩大经营,投入有风险的生产经营项目。两者的目标并不一致。

尽管债权人事先知道借出资金是有风险的,并在通盘考虑企业因素之后,确定了包含各种风险的利息率,但是借款合同一旦成为事实,资金到了企业手里,债权人就失去了控制权,所有者可以通过经营者为了谋求自身利益而损害债权人的利益。这样,在实现企业理财目标上所有者与债权人就发生了冲突。

(1) 所有者不经债权人同意,把借款投资于比债权人预期风险要高的其他项目。如果高风险的投资计划侥幸成功,超额的利润归所有者享有;如果计划不幸失败,企业无力偿债,债权人与股东将共同承担由此造成的损失,若资不抵债,企业破产,债权人收回本利的期望就要受挫。

(2) 股东为了提高公司权益资本利润率,不征得原有债权人同意,指令管理当局发行新债,致使旧债券的价值下降,使原有债权人蒙受损失。更令债权人担忧的是,因为发行新债以后企业负债比率提高,企业破产的可能性增大,万一破产,原有债权人要同新债权人共同分配破产后的财产,使旧债券风险增加,价值下降。尤其是不能转让的债券或其他借款,债权人没有出售债权来摆脱困境的出路,处境更加不利。

为了协调所有者与债权人的利益冲突,企业管理当局在谋求价值最大化以增加股东财富的同时,必须公平对待债权人,遵守债务契约的条款和精神。企业管理当局应积极与债权人沟通情况,向债权人公布企业举债规模和债券资金的使用情况;如需发行新债或改变原有债务资金的用途,应及时向债权人说明情况和原因,争取他们的谅解与合作,必要时在经济上予以补偿。当债权人在借款合同中加入了规定资金的用途,规定不得发行新债等限制性条款时,要争取与债权人共同协商,妥善解决。

四、财务管理目标的特点及影响因素

(一) 财务管理目标的特点

1. 财务管理目标具有相对稳定性

随着宏观经济体制和企业经营方式的变化,随着人们认识的发展和深化,财务管理目标也可能发生变化。但是,宏观经济体制和企业经营方式的变化是渐进的,只有发展到一定阶段以后才会产生质变;人们的认识在达到一个新的高度以后,也需要有一个达成共识、为人们普遍接受的过程。因此,财务管理目标作为人们对客观规律性的一种概括,总的来说是相对稳定的。

2. 财务管理目标具有可操作性

财务管理目标是实行财务目标管理的前提,它要能够起到组织动员的作用,要能够据以制定经济指标并进行分解,实现职工的自我控制,进行科学的绩效考评,这样,财务管理目标就必须具有可操作性。具体来说,即可以计量、可以追溯、可以控制。

3. 财务管理目标具有层次性

财务管理目标是企业财务管理这个系统顺利运行的前提条件,同时它本身也是一个系统。各种各样的理财目标构成了一个网络,这个网络反映着各个目标之间的内在联系。财务管理目标之所以具有层次性,是由企业财务管理内容和方法的多样性及其相互关系上的层次性决定的。

(二) 财务管理目标的影响因素

财务管理目标是企业组织财务活动、处理财务关系所要达到的根本目的,它决定着企业财务管理的基本方向,是企业财务管理工作的出发点。从企业财务管理目标的演进过程来看,其直接反映着财务管理环境的变化,反映着企业利益集团利益关系的均衡,是各种因素相互作用的综合体现。因此,确定企业财务管理目标,必须从影响企业财务管理的各因素入手,以便作出最佳的选择。

企业财务管理目标在不同时期、不同理财环境、不同国度受到不同因素的影响,归纳起来这些目标都受到以下共同因素的影响:

1. 财务管理主体

财务管理主体是指企业的财务管理活动应限制在一定的组织内,明确了财务管理的空间范围。由于自主理财的确立,财务管理活动成为企业总体目标的具体体现,这为正确确立企业财务管理目标奠定了理论基础。

2. 财务管理环境

财务管理环境包括经济环境、法律环境、社会文化环境等财务管理的宏观环境,以及企业类型、市场环境、采购环境、生产环境等财务管理的微观环境。财务管理环境是影响财务管理目标的主要因素之一。

3. 企业利益集团利益关系

企业利益集团是指与企业产生利益关系的群体。现代企业制度下,企业的利益集团已不是单纯的企业所有者,影响财务管理目标的利益集团包括企业所有者、企业债权人、政府和企业职工等方面,不能将企业财务管理目标仅仅归结为某一集团的目标,而应该是各利益集团利益的综合体现。

4. 社会责任

社会责任是指企业在从事生产经营活动,获取正常收益的同时,应当承担相应的社会责任。企业财务管理目标和社会责任客观上存在矛盾:企业承担社会责任会造成利润和股东财富的减少。企业财务管理目标和社会责任也有一致性:首先,企业承担社会责任大多是法律所规定的,如消除环境污染、保护消费者权益等,企业财务管理目标的完成，必须以承担社会责任为前提。其次，企业积极承担社会责任，为社会多作贡献，有利于企业树立良好形象，也有利于企业财务管理目标的实现。

第三节　财务管理的原则

一、有关竞争环境的原则

1. 自利行为原则

自利行为原则是指人们在进行决策时按照自己的财务利益行事，在其他条件相同的情况下人们会选择对自己经济利益最大的行动。自利行为原则的依据是理性的经济人假设。自利行为原则的重要应用是委托—代理理论和机会成本的概念。

2. 双方交易原则

双方交易原则是指每一项交易都至少存在两方，在一方根据自己的经济利益决策时，另一方也会按照自己的经济利益行动，并且双方一样聪明、勤奋和富有创造力，因此在决策时要正确预见对方的反应。

双方交易原则的建立依据是商业交易至少有两方交易是“零和博弈”，以及各方都是自利的。双方交易原则要求在理解财务交易时不能“以我为中心”，在谋求自身利益的同时要注意对方的存在，以及对方也在遵循自利原则行事。

3. 信号传递原则

信号传递原则是指行动可以传递信息，并且比公司的声明更有说服力。信号传递原则是自利原则的延伸。信号传递原则要求根据公司的行为判断它未来的收益状况；公司在决策时不仅要考虑行动方案本身，还要考虑该项行动可能给人们传达的信息。

4. 引导原则

引导原则是指当所有办法都失败时，寻找一个可以信赖的榜样作为自己的引导。引导原则是行动传递信号原则的一种运用。引导原则不等于“盲目模仿”。引导原则不会帮你找到最好的方案，却常常可以使你避免采取最差的行动，它是一个次优化准则。

二、有关创造价值的原则

1. 有价值的创意原则

有价值的创意原则是指新创意能获得额外报酬。有价值的创意原则主要应用于直接投资项目，还可应用于经营和销售活动。

2. 比较优势原则

比较优势原则是指专长能创造价值。比较优势原则的依据是分工理论。比较优势原则的应用是“人尽其才、物尽其用”和优势互补。比较优势原则要求企业把主要精力放在自己的比较优势上，而不是日常的运行上。

3. 期权原则

期权原则是指在估价时要考虑期权的价值。广义的期权不限于金融合约,任何不附带义务的权利都属于期权。有时一项资产附带的期权比该资产本身更有价值。

4. 净增效益原则

净增效益原则是指财务决策建立在净增效益的基础上,一项决策的价值取决于它和替代方案相比所增加的净收益。净增效益原则的应用有差额分析法和沉没成本的概念等。

三、有关财务交易的原则

1. 风险—报酬权衡原则

风险—报酬权衡原则是指风险和报酬之间存在一个对等关系,投资人必须对报酬和风险作出权衡,为追求较高报酬而承担较大风险,或者为减少风险而接受较低的报酬。所谓“对等关系”,是指高收益的投资机会必然伴随巨大风险,风险小的投资机会必然只有较低的收益。

2. 投资分散化原则

投资分散化原则是指不要把全部财富都投资于一个公司,而要分散投资。投资分散化原则的理论依据是投资组合理论。分散化原则具有普遍意义,不仅仅适用于证券投资,公司各项决策都应注意分散化原则。

3. 资本市场有效原则

资本市场有效原则,是指在资本市场上频繁交易的金融资产的市场价格反映了所有可获得的信息,而且面对新信息能迅速地作出调整。资本市场有效原则要求理财时重视市场对企业的估价,慎重使用金融工具。如果资本市场是有效的,购买或出售金融工具的交易净现值就为零。

4. 货币时间价值原则

货币时间价值原则,是指在进行财务计量时要考虑货币时间价值因素。货币时间价值原则的应用有现值的概念和“早收晚付”的观念。

第四节 财务管理的环境

财务管理环境又称企业理财环境,是指对企业财务活动产生影响的企业财务系统的内部条件和外部条件。按照影响因素的不同,财务管理环境可以分为外部环境和内部环境。

一、财务管理的外部环境

(一) 经济环境

1. 经济体制

经济体制是制定并执行经济决策的各种机制的总和 。经济体制主要包括三个方面的内容:第一,决策的层次结构安排,即集权与分权的程度。第二,处理、提供经济信息和调节经济体制内不同单位的机制,即市场与计划如何协同作用。第三,确立经济目标并引导人们实现目标的激励机制。

2. 经济周期

市场经济条件下,经济发展与运行具有一定的波动性。这种波动大体上经历复苏、繁荣(高涨)、衰退(危机)和萧条四个阶段的循环,这种循环叫做经济周期。

3. 经济发展状况

一国或某一经济体的经济发展速度,对企业财务管理也有重大影响。当一国经济飞速发展时,能为企业扩大规模、调整方向、打开市场以及拓宽财务活动的领域带来许多机遇。同时,经济快速发展与资金紧张又是一对长期存在的矛盾,这给企业财务管理带来严峻的挑战。

4. 经济政策

国民经济的发展规划、国家的产业政策和经济体制改革的措施、政府的行政法规等,对企业的财务活动都有重大影响。

(二) 法律环境

财务管理的法律环境是指企业和外部发生经济关系时所应遵守的各种法律、法规和规章。

市场经济是法制经济,企业的财务活动必须在法律框架内进行,企业的财务关系也要通过法律进行规范。

1. 企业组织法律规范

企业组织法律规范是调整各类企业在设立、变更、终止以及企业内部生产经营与组织中的社会关系的法律规范。主要包括《中华人民共和国公司法》、《中华人民共和国全民所有制工业企业法》、《中华人民共和国中外合资经营企业法》、《中华人民共和国外资企业法》、《中华人民共和国乡镇企业法》等。

2. 税务法律规范

从法律的角度来讲,一个国家在一定时期内、一定体制下以法定形式规定的各种税收法律、法规的总和,被称为税法体系。税收最基本的分类是按征税对象进行分类,可分为五类:所得税类、流转税类、资源税类、财产税类和行为税类。

(1) 所得税类

我国所得税有两种类型:企业所得税和个人所得税。

企业所得税适用于我国境内实行独立经济核算的企业和其他取得收入的组织;个人所得税是对个人(自然人)取得的各项应税所得征收的一种税。我国个人所得税的税率按所得项目的不同分别确定。

(2) 流转税类

流转税有四种类型:增值税、消费税、营业税和关税,主要在生产、流通或者服务业中发挥调节作用。

增值税是对在我国境内销售货物或者提供加工、修理修配劳务,以及进口货物的单位和个人,就其取得的货物或应税劳务的销售额,以及进口货物的金额计算税款,并实行税款抵扣制的一种流转税。

消费税是以少数特定的消费品为课税对象所征收的一种税,属于流转税的范畴。

营业税是以在我国境内提供应税劳务、转让无形资产和销售不动产的行为为课税对象所征收的一种税。

关税是海关依法对进出境货物、物品征收的一种税。

另外,城市维护建设税(简称城建税)是国家对缴纳增值税、消费税、营业税(简称“三税”)的单位和个人就其实际缴纳的“三税”税额为计税依据而征收的一种税。它属于特定目的税。

(3) 资源税类

资源税目前主要是对矿产资源和土地资源征收的税种,其目的既有对资源收益的征收,又有对资源级差收入的调节。资源税主要有两种类型:资源税和城镇土地使用税。

资源税是对在中华人民共和国境内开采应税资源的矿产品或者生产盐的单位和个人征收的一种税。

城镇土地使用税是以城镇土地为征税对象,对拥有土地使用权的单位和个人,按使用土地面积定额征收的一种税。

(4) 财产税类

财产税是对纳税人所有的财产课征的税。我国目前征收的财产税主要是房产税,它是在城市、县城、建制镇、工矿区向产权所有人和承租人征收的一种税。

(5) 行为税类

行为税是以纳税人的某种特定行为为征税对象的税种。行为税主要有:车船使用税、印花税、屠宰税等。其征收目的主要是对某种行为发挥调节作用。

车船使用税是指国家对行驶于境内公共道路的车辆和航行于境内河流、湖泊或者领海的船舶,依法征收的一种税。

印花税是对经济活动和经济交往中书立、使用、领受具有法律效力的凭证的单位和个人征收的一种税。

屠宰税是对屠宰猪、牛、羊等牲畜行为征收的一种税。

3. 财务法律规范

财务法律规范主要是指《企业财务通则》、行业财务制度及《企业会计准则》等 。根据新《企业财务通则》,我国将在企业财务管理体制上实现创新,从政府宏观财务、投资者财务、经营者财务三个层次,构建资本权属清晰、财务关系明确、符合企业法人治理结构要求的企业财务管理体制。

行业财务制度是根据《企业财务通则》的规定,为适应不同行业的特点和管理要求,由财政部制定的行业规范。

《企业会计准则》是为规范企业会计确认、计量和报告行为,保证会计信息质量,根据《中华人民共和国会计法》等国家有关法律、行政法规制定的准则体系。

除上述法律规范外,与企业财务管理有关的其他经济法律规范还有许多,包括各种证券法律规范、结算法律规范、合同法律规范等。

（三）金融环境

1. 金融市场

金融市场是指资金的供应者与资金的需求者通过金融工具融通交易资金的场所。

（1）金融市场的类型

按照金融工具种类划分,金融市场可分为股票市场、债券市场、可转让票据市场、外汇市场、期货合同市场、期权市场等。

按照金融工具期限划分,金融市场可分为长期金融市场(资本市场)和短期金融市场(货币市场)。

按照金融市场交割的时间划分,金融市场可分为即期市场和远期市场。

按照金融市场的交易阶段划分,金融市场可分为初级市场(发行市场)和二级市场(流通市场)。

由于金融市场的分类相当复杂,各种分类之间存在着内容上的重叠和遗漏,为了便于理解和相互交流,可以采取以金融工具为大类的综合分类法,即将金融市场分为六大市场:股票市场、债券市场、货币市场、外汇市场、商品期货市场、期权市场。

（2）金融市场的构成要素

在金融市场中,存在着金融市场参加者、金融工具、金融交易场所三项要素。

金融市场参加者是金融交易的主体,包括居民、企事业单位、政府、金融机构和中央银行五类。金融机构是金融市场的专业参加者,向资金需求方提供资金,同时又广泛吸收存款,并发行有价证券进行筹资。金融机构包括商业银行和非银行金融机构。非银行金融机构是指证券公司、保险公司等银行系统之外的从事金融业务的机构。证券公司作为证券市场的媒介,可以接受证券发行者的委托,办理有价证券的发行业务,还可以接受投资者的订购和出售要求,并代理投资者在证券二级市场上买卖已经发行的证券。保险公司是契约性中介机构,它在吸收保险费的同时,还需要将所吸收的大量资金投放到安全的金融资产上。中央银行作为银行的银行是金融市场资金的最终提供者,同时又是金融市场的直接管理者。中央银行代表政府根据经济形势的变化,出台适当的政策措施,以指导、规范、监督金融市场的运行。

金融工具是指为金融市场参加者进行资金交易而设计的金融资产。金融工具可以按照金融市场参加者的目的分为以下两类:一是为筹资、投资而设计的金融资产(包括股票、债券、借款合同等);二是为保值、投机而设计的金融资产(包括期货合同、期权合同等)。

金融交易场所有证券交易所和店头交易场所,也有有形市场的交易场所和无形市场的交易场所,不同的交易场所进行资金交易的法律手续不同、交易条件不同、交易成本也不同,交易的数量和完成交易的时间也有差别。由于这些差异的存在,参加交易的企业需要选择适合自身情况的交易场所,以相对节约的交易费用,加快交易进程。在金融市场，利用金融工具在各种交易场所进行资金交易会形成金融市场的各种参数，包括市场利率、汇率、证券价格和证券指数等，它们与企业财务管理直接相关，是进行财务决策的重要依据。

（3）金融市场的价格机制

金融资产的理论价值取决于金融资产所能够带来的预期现金流入量，这种预期现金流入量由于时间性特征和不确定性特征而体现为时间价值和风险价值。

无论是资金的时间价值还是风险价值最终都是通过金融资产的收益率而表现出来。在金融市场上，金融资产收益率被称为市场利率，它体现了金融市场的价格机制。

2. 金融市场上的利率决定及资源配置

金融市场实际利率的理论构成可以表述为：

实际利率 = 纯利率 + 通货膨胀溢酬 + 违约风险溢酬 + 变现力溢酬 + 到期风险溢酬

（1）纯利率

纯利率是指通货膨胀为零时的无风险金融资产平均利率，通常可以将无通货膨胀情况下的国库券利率视为纯利率。

（2）通货膨胀溢酬

通货膨胀溢酬是指为了弥补通货膨胀造成的购买力损失而制定的通货膨胀补偿率。在通货膨胀存在的条件下，政府发行的国库券利率就是纯利率与预期通货膨胀补偿率的合计。

（3）违约风险溢酬

违约风险溢酬是指为了弥补金融资产发行者的违约风险而制定的收益率补偿。政府发行的国库券可以视为无违约风险证券，公司发行的公司债券的违约风险可以根据债券的信用等级确定。从方便计算的角度，公司债券的违约风险溢酬可以按照以下计算公式确定：

违约风险溢酬 = 公司债券利率 − 政府债券利率

（4）变现力溢酬

由于各种金融资产的市场变现能力不同，那些变现力较差的金融资产发行者，就有必要对这种金融资产的购买者作出补偿，由此形成变现力溢酬。一般而言，在违约风险与到期风险相同的情况下，最具有变现力的金融资产与最不具有变现力的金融资产之间存在着1%—2%的利率差距。这种利率差距可以比较清晰地揭示变现力溢酬的存在。

（5）到期风险溢酬

到期风险溢酬是对债券投资者负担了持有债券期间市场利率变动风险的一种补偿。例如，在变现力风险与违约风险相同的情况下，五年期国库券利率要比三年期国库券利率高，差别就在于到期时间不同。

3. 金融市场环境对财务管理工作的影响

（1）对筹资工作的影响

如果市场利率上升，证券价格下跌，会使企业筹资发生困难。

(2) 对投资工作的影响

如果市场利率上升,股权投资者和债权投资者都会对所投资的企业有较高的投资收益期望,使企业投资难度加大。

(3) 对利润分配的影响

市场利率上升,证券价格下跌,在企业对外筹资遇到困难的情况下,就需要减少现金股利分配,扩大保留盈余,从而形成与投资者分配现金股利要求的矛盾。

二、财务管理的内部环境

(一) 财务管理体制

财务管理体制是企事业单位财务管理内部环境的主导因素。由于管理体制的核心在于财权(决议权、支配权、控制权)的"集中"与"下放",由此形成了集权式的财务管理体制和分权式的财务管理体制的区别。

1. 集权式财务管理体制

集权式财务管理体制是财务决议权、支配权、控制权高度集中的财务管理体制。由于企业的各项财务权限都集中于企业最高管理当局,企业的中、下层管理者没有任何财务决策权和支配权,只有被授予具体事项的执行权限。因而有利于企业整合资源,调配财力,提高企业整体效益。

在集权式财务管理体制下,董事会是财务控制权的主体,在董事会的强力控制下,形成董事会—总经理—财务副总经理—财务经理(财务部门)四个不同的财务管理层次。集权式财务管理体制照顾了企业的整体利益,但可能伤害不同部门、不同利益关系人的局部利益,挫伤中、下层管理者的积极性。

2. 分权式财务管理体制

分权式财务管理体制是将财务控制权分散到不同的下属单位和经营部门的管理体制。由于财务控制权的分散程度不同,分权式财务管理体制也存在着差异。有的分权式管理体制授予管理者产品定价权和成本费用管理权;有的分权式管理体制授予管理者投融资决策权和资产处置权;有的分权式管理体制授予管理者利润分配权。

分权式财务管理体制虽然有利于调动各方面的积极性,挖掘出企业的盈利潜能,但是,由于在涉及全局决策时难以协调,不利于企业统一处理对外关系,也不利于企业的战略规划。

(二) 企业内部财务管理制度

企业内部财务管理制度是企业财务工作的"内部法规",它是在《企业财务通则》的基础上,针对企业自身特点和管理要求,所作出的财务管理的遵循依据。无论企业规模大小,都必须建立严肃的内部财务制度,以作为企业开展各项涉及财务工作的规范依据。

一般情况下,企业内部财务管理制度需要作出以下规范:

(1) 明确管理主体的权责分工(董事会、监事会、经理、财务负责人、财务部门各岗位人员、其他职能部门及人员);

(2) 明确企业的各项财务关系;

(3) 明确企业内部财务管理基础工作的各项要求；
(4) 明确资金筹集的管理制度；
(5) 明确各类资产的管理制度；
(6) 明确对外投资的管理制度；
(7) 明确成本、费用的管理制度；
(8) 明确销售收入的管理制度；
(9) 明确企业利润及其分配的管理制度；
(10) 明确财务报告与财务评价制度。

第五节　财务管理的体制

财务管理体制是用来划分企业与企业外部集团、企业与企业内部单位间关于权利、责任、利益关系的基本制度，是财务关系的具体表现形式，是用来处理企业与国家、投资人、经营者、内部各单位以及劳动者之间财务关系的制度规定。其内涵包括：财务管理体制是调节特定的经济利益关系的，是特定时期生产关系的综合反映，因而它必须和特定时期的生产力发展相联系；财务管理体制属于财务管理工作的“上层建筑”和“意识形态”，它对企业理财活动起着约束、推动、促进和导向作用；财务管理体制的确定受企业内外环境的影响。

财务管理体制具体包括三方面内容：一是财务管理职权；二是财务管理组织形式；三是财务管理制度。三者相互联系、相互制约，构成财务管理体制。

一、财务管理职权

财务管理职权是指国家与企业、上级与下级之间的财务管理权限的划分。财务管理体制按其集权化的程度可划分为三种类型：集权制式财务管理体制、分权制式财务管理体制和混合制式财务管理体制。

1. 集权制式财务管理体制

集权制式财务管理体制是指重大财务决策权都集中在母公司，母公司对子公司采取严格控制和统一管理方式的财务管理体制。

集权制式财务管理体制的优点在于：(1)由集团最高管理层统一决策，有利于规范各成员企业的行动，促使集团整体政策目标的贯彻与实现；(2)最大限度地发挥企业集团的各项资源的复合优势，集中力量，达到企业集团的整体目标；(3)有利于发挥母公司财务专家的作用，降低子公司财务风险和经营风险；(4)有利于统一调度集团资金，保证资金头寸，降低资金成本。

但集权制式财务管理体制的缺点也很明显：(1)集权制首先要求最高决策管理层必须具有极高的素质与能力，同时必须能够高效率地汇集各方面详尽的信息资料，否则可能导致主观臆断，以致出现重大的决策错误；(2)财务管理权限高度集中于母公司容易挫伤子公司的积极性,抑制子公司的灵活性和创造性;(3)可能由于信息传递时间长,延误决策时机,缺乏对市场的应变力与灵活性。

2. 分权制式财务管理体制

分权制式财务管理体制是指大部分的重大决策权集中在子公司,母公司对子公司以间接管理方式为主的财务管理体制。

分权制式财务管理体制的优点是:(1)可以调动子公司各层次管理者的积极性;(2)市场信息反应灵敏,决策快捷,易于捕捉商业机会,增加创利机会;(3)使最高层管理人员将有限的时间和精力集中于企业最重要的战略决策问题上。

分权制式财务管理体制的缺点主要有:(1)难以统一指挥和协调,有的子公司因追求自身利益而忽视甚至损害公司整体利益;(2)弱化母公司财务调控功能,不能及时发现子公司面临的风险和重大问题;(3)难以有效约束经营者,从而造成子公司"内部人控制"问题。

3. 混合制式财务管理体制

混合制式财务管理体制是适度的集权与适度的分权相结合的财务管理体制。适度的集权与分权相结合,既能发挥母公司财务调控职能,激发子公司的积极性和创造性,又能有效控制经营者及其子公司的风险。所以适度的集权与分权相结合的混合制是很多企业集团财务管理体制所追求的目标。但是如何把握其中的"度",则是一大难题。

二、财务管理的组织形式

(一) 财务机构及其职责

财务机构是指财务主体内部为组织、领导和直接从事财务工作而专设的职能部门。建立和健全财务机构,是加强财务工作,保证财务工作顺利进行的重要前提条件。

财务机构按其层次可分为主管层、分管层和基础层三个层次。

1. 主管层财务机构

主管层财务机构是企业高层主管人员的理财活动。这一理财层次肩负着企业财务组织机构的设置、财务总体目标的确定、财务战略决策及内部财务管理体制的制定、财务调控的组织和财务的考核与奖励等职责。

2. 分管层财务机构

分管层财务机构指企业生产、采购、营销、设备、动力和劳动人事等职能部门的理财活动。这一理财层次是企业理财的中间层,介于主管层和基础层之间,主要肩负着对分管部门财务组织机构的设置、分管财务目标的决定和监控、分管财务制度的制定等职责。

3. 基础层财务机构

基础层财务机构指具体进行生产经营活动的基层单位和个人(如车间、营业部、班组、工段、职工)的理财活动。这一理财层次主要是对理财具体行为的落实、实现、执行和实施。

在实际工作中,可根据是否具有相对独立的生产经营能力分别确定为投资中心、利润中心、成本费用中心,分别对投资控制与回收、内部利润形成与实现、成本费用控制等相关指标完成情况负责。

（二）财务机构的设置

财务机构的设置如图 1-1 所示。

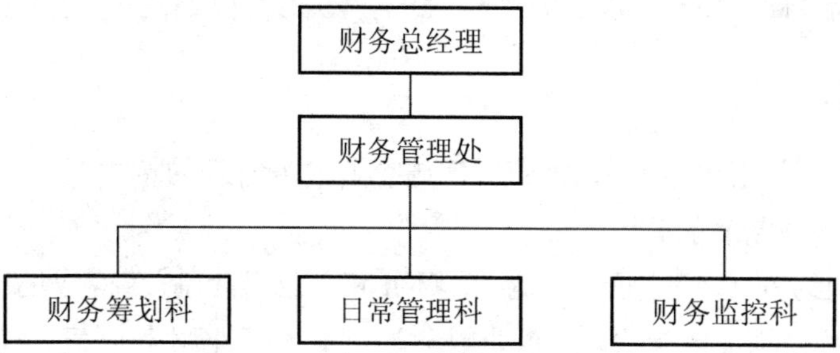

图 1-1 财务机构的设置

第一层次是财务总经理，统管公司财务，负责重大经营事项决策和全面财务事务安排。

第二层次是财务管理处，主要负责确定财务信息的计算、分析、筹划、决策和输出等各项任务目标。

第三层次是在财务管理处下设各职能科室。财务筹划科具体负责财务信息处理和财务目标的制定、预测和决策资金投向，包括筹资方案的选择、投资方案的决策等一系列事前管理措施；日常管理科主要参与事中管理工作，负责流动资金的运营及资金流入与流出的管理；财务监控科负责监督从资金投入到资金收回全过程的考核与控制，保证财务目标的实现，同时负责各项财务指标的考核等。

第四层次是财务人员，根据不同的岗位和分工，进行具体的财务管理工作。

（三）财务人员

1. 财务人员及其构成

财务人员是指在企业和其他经济组织所设置的财务机构中从事财务工作的人员。广义地讲，财务人员应包括企业主管财务工作的厂长（经理）、财务机构负责人、有专业技能具体从事财务工作的人员。

2. 财务人员的基本职责

财务人员作为企业财务工作的具体承担者，其职责的履行是财务职能发挥和财务目标实现的关键。其基本职责概括起来主要是：严格执行财务管理的法规、制度，维护财经制度和财经纪律；认真编制各项财务计划，严格把握财务收支，加强经济核算工作，加强资金管理；实施财务监督，分析各项财务计划的执行情况。

3. 财务人员的素质

（1）高度的政治觉悟；

（2）优秀的道德品质；

（3）合理的知识结构；

（4）综合的分析能力；

（5）出色的组织能力；

(6) 灵活的交际能力;
(7) 良好的心理素质;
(8) 健康的身体素质。

三、财务管理制度

财务管理制度是组织企业财务活动、实施企业财务管理的章程。

(一) 财务管理制度的分类

(1) 按其制约方式不同可以分为:由财务相关法规和制度构成的强制性规范,包括《公司法》、《税法》、《会计法》、《企业财务通则》、《行业财务制度》、《企业内部财务制度》等;由各种财务惯例和技术标准构成的技术性规范,包括财务预测、决策、控制、分析、评价的具体方法和标准等;由财务人员传统和习惯构成的职业道德规范,包括财务职业理想、财务工作态度、财务职业责任、财务职业技能、财务工作纪律、财务工作作风等。

(2) 按其管理环节可以分为:预算与计划制度、控制与分析制度、考核与评价制度、监督与检查制度。

(3) 按其管理对象可以分为:企业内部的财务管理制度、资本金管理制度、资产管理制度、成本费用管理制度、收入利润管理制度、财务报告与评价制度。

(4) 按其管理职能可以分为:内部委托制度、受托责任制度、内部决策制度、内部控制制度、内部结算制度。

(5) 按一般情况可以分为:财产物资、货币资金收支的管理及清查盘点制度、岗位责任制度、财务管理基本业务程序制度。

(二) 企业财务制度的设计

1. 企业财务制度设计的依据

企业的生产经营特点、管理要求,是财务制度设计的前提和基础;企业的根本利益、财务管理的目标,是财务制度设计的出发点和归宿;系统的调查研究、科学的分析,是财务制度设计的中心环节。

2. 企业财务制度设计的原则

包括:财务管理与财务规律相结合的原则,适应企业特点和管理要求的原则,权、责、利相结合的原则,原则性与灵活性相结合的原则,稳定性和连续性相结合的原则,效益性原则。

3. 企业财务制度设计的种类

包括:全面性设计、局部性设计、修订性设计。

4. 企业财务制度设计的方式

包括:自行设计、委托设计、联合设计。

5. 企业财务制度设计的程序

包括:准备阶段、制订草案阶段、修改完善阶段、发布实施阶段。

【本章小结】

本章讲授财务管理的基本概念及运行环境，主要内容有：

1. 财务管理是基于企业再生产过程中客观存在的财务活动和财务关系而产生的，是利用价值形式对企业再生产过程（经营过程）进行的管理，是组织财务活动、处理财务关系的一项综合性的管理工作。财务管理以企业的资本为对象，以筹资管理、投资管理和收益分配管理为主要内容，以企业价值最大化为主要目标。财务管理活动遵循竞争环境的原则、创造价值的原则和财务交易原则。

2. 财务管理环境是指对企业财务活动产生影响的企业财务系统的内部条件和外部条件。按照影响因素财务管理环境可以分为外部环境和内部环境。外部环境主要有经济环境、法律环境和金融环境，内部环境主要有企业的财务管理体制和企业内部财务管理制度。

3. 财务管理体制是用来划分企业与企业外部集团、企业与企业内部单位间关于权利、责任、利益关系的基本制度，是财务关系的具体表现形式。财务管理体制具体包括财务管理职权、财务管理组织形式和财务管理制度三个方面的内容。财务管理职权主要有集权式、分权式和混合式三种管理制度。

【思考题】

1. 什么是财务活动？企业财务活动包括哪些内容？
2. 什么是财务管理？财务管理有何特点？
3. 什么是财务管理目标？财务管理的总体目标如何定位？
4. 企业财务管理工作应遵循哪些基本原则？
5. 什么是财务管理的外部环境？
6. 财务管理体制包括哪些内容？

【综合案例】

【资料】公司全称：北京同仁堂股份有限公司，办公地址：北京市崇文区东兴隆街52号，主营业务：制造、加工中成药制剂，化妆品，酒剂，涂膜剂，软胶囊剂，硬胶囊剂，保健酒，加工鹿、乌鸡产品，营养液制造（不含医药作用的营养液）。

公司一直认真遵守《中华人民共和国公司法》确立的各项准则。公司股东会为最高权力机构；董事会负责对公司进行法人治理，对公司业务、策略及财务表现承担最终责任。董事会由三位董事组成，以确保一切建议策略能保障全体股东的利益。

董事会辖下监事负责检查公司财务状况，负责对公司投资、重大决策等事宜进行监督，参与制定公司经营策略，确保内部监控体制依据国家法律和公司惯例运作。财务总监依法单独行使监察权，对公司财务状况、投资和资产运作等事宜进行监督。

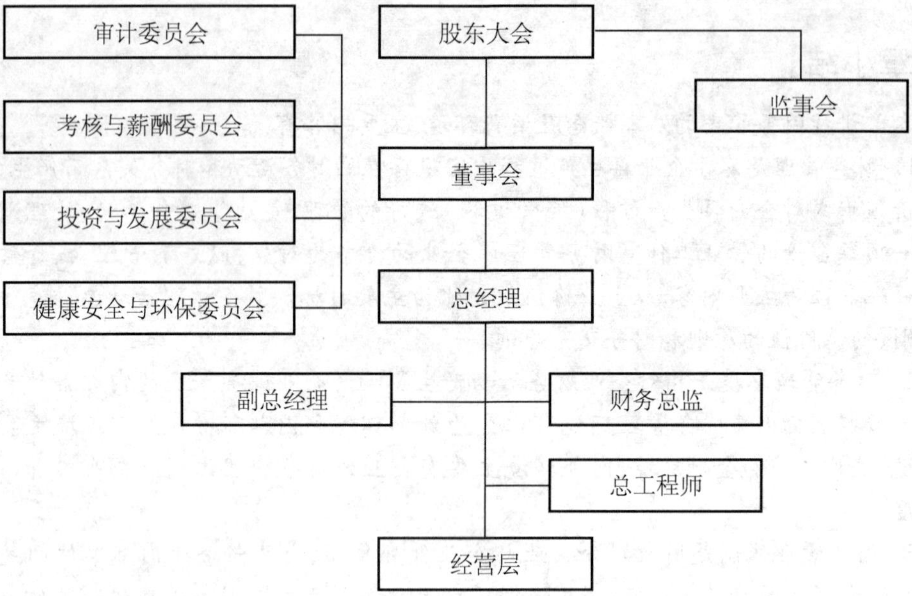

案例讨论:

(1) 法人治理结构的功能与要点是什么?

(2) 在公司治理结构的框架下,财务是如何分层控制的?

(3) 该公司的监事会、审计委员会和审计部(内部审计)这三者的职能是否重叠? 三者的关系是什么?

第二章　资金的时间价值

【本章导航】

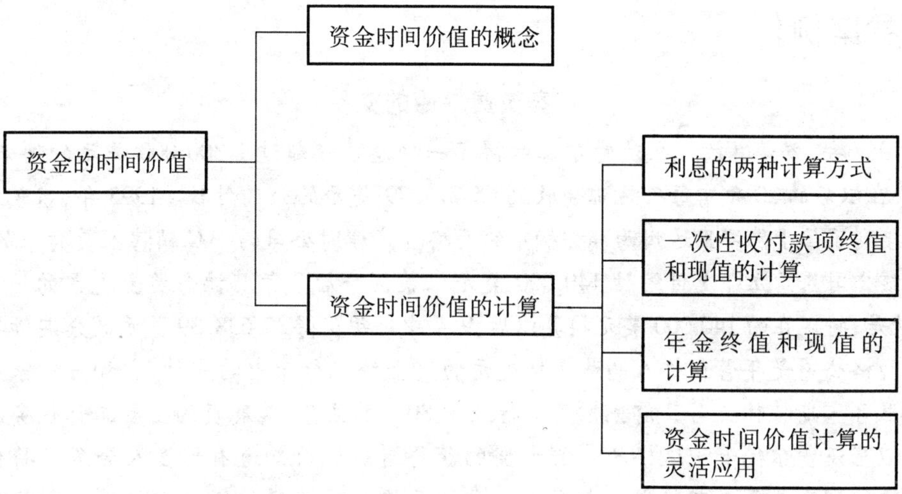

【知识目标】

通过本章的学习,学生应了解资金时间价值的含义及计算。

【技能目标】

通过本章的学习,要求学生掌握复利终值和现值的计算、年金终值和现值的计算。

【引导案例】

塞茨费尔德的交易

1987 年,罗莎琳德·塞茨费尔德赢得了一项总价值超过 1 300 000 美元的博彩大奖。这样,在以后的 20 年中每年她都会收到 65 276.79 美元的分期付款。1995 年,塞茨费尔德女士接到了位于佛罗里达州西部棕榈市的西格资产理财公司的一位销售人员打来的电话,声称该公司愿意立即支付给她 140 000 美元以获得今后 9 年其博彩奖金支票的一半款项(也就是,将现在的 140 000 美元换算以后,9 年中每年获得 32 638.39 美元的分期付款额)。

西格公司是年营业收入高达 7 亿美元的奖金经纪行业中的一员,它和另一家公司伍德步里奇·斯特林公司目前把控了该行业中 80% 的业务,其职员的主要工作任务就是跟踪类似塞茨费尔德女士这样的博彩大奖的获得者。公司知道有许多人会急于将他们获得奖项的部分甚至全部奖金马上变现。类似西格公司这样的经纪公司将他们收购的这种获得未来现金流的权利再转让给一些机构投资者,诸如美国太阳公司或是约翰·汉考克共同生命保险公司。

本案例中,购买这项权利的是金融升级服务集团(EFSG),它是一家从事纽约州市政债券业务的再保险公司。西格公司已经谈好将它领取塞茨费尔德女士一半奖金的权利以 196 000 美元的价格卖给 EFSG,如果塞茨费尔德答应西格公司的报价,西格公司马上就能够赚取 56 000 美元。最终塞茨费尔德接受了公司的报价,交易达成。是什么因素使得西格公司的这笔交易能够成功并立即获得 56 000 美元的利润?通过本章的学习,我们能够了解资金时间价值的神奇魔力。

资料来源:Vanessa Williams,"How Major Players Turn Lettery Jackpots into Guaranteed Bet",*The Wall Street Journal*. September 23,1997。

第一节　资金时间价值的概念

货币时间价值是指货币经历一定时间的投资和再投资所增加的价值,也称资金的时间价值(Time Value of Money)。在现实经济生活中,等量资金在不同时期具有不同的价值,如果将 1 000 元钱存入银行,在存款利率为 10% 的情况下,一年后可以得到 1 100 元。

这说明随着时间的推移，周转使用中的资金价值发生了增值。一年前的 1 000 元钱，经过一年时间的投资增加了 100 元，这就是资金的时间价值。

资金在周转使用过程中为什么会产生时间价值呢？我们从经济学角度来看待这个问题，货币投入生产经营过程后，其数额随着时间的持续不断增长，这是一种客观的经济现象。企业资金循环和周转的起点是投入货币资金，企业用它来购买所需的资源，然后生产出新的产品，产品出售时得到的货币量大于最初投入的货币量。资金的循环和周转以及因此实现的货币增值，需要或多或少的时间，每完成一次循环，货币就增加一定数额，周转的次数越多，增值额也越大。因此，随着时间的延续，货币总量在循环和周转中按几何级数增长，使得货币具有时间价值。

资金时间价值可以用绝对数表示，也可以用相对数表示。在实际工作中，相对数的表示方法更为普遍。从量的规定性来看，资金的时间价值是在没有风险和没有通货膨胀条件下的社会平均资金利润率。这是利润平均化规律作用的结果。由于竞争，市场经济中各部门投资的利润率趋于平均化，企业在投资某项目时，至少要取得社会平均的利润率，否则不如投资另外的项目或另外的行业。因此，资金的时间价值成为我们日常生活中理财最基本的价值观念之一。社会平均资金利润率通常用利息率进行计量，由于时间价值的计算方法同有关利息的计算方法相同，因而时间价值容易与利息率混为一谈。实际上，财务管理活动总是或多或少地存在风险，而通货膨胀也是市场经济中客观存在的经济现象。因此，利息率不仅包含时间价值，而且也包含风险价值和通货膨胀率。只有在通货膨胀率极低的情况下购买国库券等政府债券时，可以用同期政府债券利率来表现资金的时间价值。

第二节　资金时间价值的计算

由于资金时间价值的存在，使得不同时点上相同数量的资金，其价值并不相同。因此，在企业财务管理中，要进行正确的决策，就必须弄清不同时点上收支资金价值之间的关系。

一、利息的两种计算方式

计算利息有两种方法：单利计息和复利计息。单利计息是指只对本金计算利息，对利息不再计息的方法，各期利息相等。复利计息是指既对木金计算利息，也对前期的利息计算利息，各期利息不同。

二、一次性收付款项终值和现值的计算

一次性收付款项是指在某一时点上一次性收取或支出，经过一段时间后再相应地一次性收取或支出的款项。

终值又称将来值，是指现在一定量的资金在未来某一时点上的价值，俗称本利和。

现值又称本金,是指未来某一时点上的一定量资金按照一定的利率计算的现在价值,可用终值倒求本金的方法计算。

1. 单利终值和现值的计算

(1) 单利终值的计算。单利终值是指一定量的本金按单利计息法计算的若干期后的本利和。单利终值的一般计算公式为:

$$F=P(1+i\times n)$$

式中,F 为终值;P 为现值,即 0 年(第一年年初)的价值;i 为利率;n 为计息期数。

【例 2-1】 某人在年初向银行存入 100 元,年利率为 8%,则 5 年后的本利和为:

$$F=100\times(1+8\%\times5)=140(\text{元})$$

(2) 单利现值的计算。单利现值是指今后某一特定时间收到或付出的一笔款项,按一定的利率所计算的现在价值,可用单利终值倒求本金的方法计算。单利现值的计算公式为:

$$P=\frac{F}{1+i\times n}$$

式中,F 为终值;P 为现值,即 0 年(第一年年初)的价值;i 为利率;n 为计息期数。

【例 2-2】 某人希望 5 年后得到本利和 800 元,已知年利率为 8%,则他现在应该向银行存入:

$$P=\frac{800}{1+8\%\times5}=571.43(\text{元})$$

由于单利计息法没有考虑利息在周转使用过程中的资金时间价值,所以现代财务管理中一般采用复利计息法来计算资金的时间价值。

2. 复利终值和现值的计算

复利是指不仅对本金计息,而且对利息也要计算利息,即每隔一定时期计算一次利息,并将利息并入本金作为下一期计算利息的基数。可见,复利计息法下资金的时间价值不仅包括本金的利息,而且包括利息所生的利息。

(1) 复利终值的计算。复利终值是指一定量的本金按复利计算若干期后的本利和。复利终值的一般计算公式如下:

$$F=P(1+i)^n$$

式中,F 为终值;P 为现值,即 0 年(第一年年初)的价值;i 为利率;n 为计息期数。

式中的 $(1+i)^n$ 被称为复利终值系数或 1 元的复利终值,用符号 $(F/P,i,n)$ 表示。则上式也可写作:

$$F=P\cdot(F/P,i,n)$$

复利终值系数可以通过查阅"复利终值系数表"直接获得。

【例 2-3】 李华现在存入银行 60 万元,准备 5 年后购买住房,存款利率 5%。问:她能买得起价格为多少的房屋?

$$\begin{aligned}F&=P(1+i)^n\\&=60\times(1+5\%)^5\\&=60\times(F/P,5\%,5)\\&=60\times1.2763\\&=76.578(\text{万元})\end{aligned}$$

(2) 复利现值的计算。复利现值是指今后某一特定时间收到或付出的一笔款项，按一定的贴现率所计算的现在价值。复利现值的一般计算公式如下：

$$P = F(1+i)^{-n}$$

式中，F 为终值；P 为现值，即 0 年(第一年年初)的价值；i 为利率；n 为计息期数。

式中的$(1+i)^{-n}$通常称作“复利现值系数”，记作$(P/F,i,n)$，可以直接查阅“复利现值系数表”获得。上式也可写作：

$$P = F\cdot(P/F,i,n)$$

【例 2-4】 某人存入一笔钱，想 5 年后得到 10 万元，若银行存款利率为 5%，按照复利计息，现在应存入银行多少资金？

$$P = 10\times(P/F,5\%,5) = 10\times0.7835 = 7.835(\text{万元})$$

三、年金终值和现值的计算

年金(Annuity)是指一定时期内每次等额收付的系列款项。年金的形式多种多样，例如折旧、租金、保险金、养老金等。年金按照其收付时点的不同可分为普通年金、预付年金、递延年金、永续年金等几种。

1. 普通年金终值和现值的计算

普通年金(或称后付年金)是指发生在每期期末的等额收付款项。

(1) 普通年金终值的计算。普通年金终值，是指发生在每期期末等额收付款项的复利终值之和。根据复利终值的方法计算普通年金终值 F 的公式为：

$$F = A + A\cdot(1+i) + A\cdot(1+i)^2 + A\cdot(1+i)^3 + \cdots + A\cdot(1+i)^{n-1} \qquad (1)$$

等式两边同乘$(1+i)$，则得到如下公式：

$$F\cdot(1+i) = A\cdot(1+i) + A\cdot(1+i)^2 + A\cdot(1+i)^3 + A\cdot(1+i)^4\cdots + A\cdot(1+i)^n \qquad (2)$$

公式(2) − 公式(1)：

$$F\cdot(1+i) - F = A\cdot(1+i)^n - A$$

$$F\cdot i = A\cdot[(1+i)^n - 1]$$

$$F = A\cdot\frac{(1+i)^n - 1}{i}$$

式中的 $\frac{(1+i)^n - 1}{i}$ 被称作“年金终值系数”，记为$(F/A,i,n)$，可通过查阅“1 元年金终值系数表”获取。普通年金终值的计算公式可以表示为：

$$F = A\cdot(F/A,i,n)$$

即：

普通年金终值 = 年金 × 年金终值系数

【例 2-5】 武冰每年年末存入银行 100 元，银行存款利率为 10%。计算其第五年年末可从银行提取多少元钱？

$$F=100\times\left[\frac{(1+i)^5-1}{10\%}\right]$$
$$=100\times(F/A,10\%,5)$$
$$=100\times6.1051$$
$$=610.5(元)$$

(2) 偿债基金的计算。偿债基金是指为了在约定的未来某一时点清偿某笔债务或积聚一定数额的资金而必须分次等额提取的存款准备金,也就是为使年金终值达到既定金额每年年末应支付的年金数额。

根据普通年金终值的计算公式:

$$F=A\cdot\frac{(1+i)^n-1}{i}$$

可知:

$$A=F\cdot\frac{i}{(1+i)^n-1}$$

【例2-6】 公司计划5年后还清10 000元债务,从现在起每年年末等额存入银行一笔款项。假设银行存款利率为10%,每年需要存入多少元钱?

$$A=10\,000\cdot\frac{10\%}{(1+10\%)^5-1}=1\,638(元)$$

(3) 普通年金现值的计算。普通年金现值,是指一定时期内每期期末等额收付款项的复利现值之和。其计算公式如下:

$$P=A\cdot(1+i)^{-1}+A\cdot(1+i)^{-2}+A\cdot(1+i)^{-3}+\cdots+A\cdot(1+i)^{-n}$$

整理上式,可得到:

$$P=A\cdot\frac{1-(1+i)^{-n}}{i}$$

式中的 $\frac{1-(1+i)^{-n}}{i}$ 被称作"年金现值系数",记为 $(P/A,i,n)$,可通过查阅"1元年金现值系数表"获取。上式也可写作:

$$P=A\cdot(P/A,i,n)$$

即:

普通年金现值=年金×年金现值系数

【例2-7】 某企业融资租赁设备一台,为期5年,每年年末需要支付租金1 000元,年利率为10%,则其相当于租入时一次性支付租金(现值)为:

$$P=1\,000\times\frac{1-(1+10\%)^{-5}}{10\%}$$
$$=1\,000\times(P/A,10\%,5)$$
$$=1\,000\times3.7908$$
$$=3\,790.8(元)$$

(4) 年投资回收额的计算

年投资回收额，是指在给定的年限内等额回收或清偿初始投入的资本或所欠的债务。

根据普通年金现值的计算公式：

$$P = A \cdot \frac{1-(1+i)^{-n}}{i}$$

可知：

$$A = P \cdot \frac{i}{1-(1+i)^{-n}}$$

式中的$\frac{i}{1-(1+i)^{-n}}$是普通年金现值系数的倒数，它可以把普通年金现值折算为年金，称作投资回收系数。

【例 2-8】 假设以 10% 的利率借款 20 000 元，投资于某个寿命为 10 年的项目，每年至少要收回多少现金才是有利的？

$$\begin{aligned} A &= P \cdot \frac{i}{1-(1+i)^{-n}} \\ &= 20\,000 \times \frac{10\%}{1-(1+10\%)^{-10}} \\ &= 20\,000 \times 0.1627 \\ &= 3\,254(\text{元}) \end{aligned}$$

因此，每年至少要收回 3 254 元，才能还清贷款本利。

2. 预付年金终值和现值的计算

预付年金，是指发生在每期期初的等额收付款项。

(1) 预付年金终值的计算。预付年金终值，是指一定时期内每期期初等额收付款项的复利终值之和。预付年金终值的计算公式为：

$$F = A \cdot (1+i) + A \cdot (1+i)^2 + \cdots + A \cdot (1+i)^n$$

式中各项为等比数列，首项为 $A \cdot (1+i)$，公比为 $(1+i)$，根据等比数列的求和公式可知：

$$\begin{aligned} F &= \frac{A \cdot (1+i)[1-(1+i)^n]}{1-(1+i)} \\ &= A \cdot \frac{(1+i)-(1+i)^{n+1}}{-i} \\ &= A \cdot \left[\frac{(1+i)^{n+1}-1}{i} - 1\right] \end{aligned}$$

式中的$\frac{(1+i)^{n+1}-1}{i}-1$是预付年金终值系数，或称 1 元的预付年金终值。它和普通年金终值系数$\frac{(1+i)^{n-1}}{i}$相比，期数加 1，而系数减 1，可记作 $[(F/A,i,n+1)-1]$。可利用“年金终值系数表”查得 $(n+1)$ 期的值，减去 1 后得出 1 元预付年金终值。

【例2-9】 李东每年年初为自己的儿子存入银行3 000元，使之成为6年后儿子上大学的教育基金。假设银行存款利率为5%，第六年年末李东可以取出多少本利和？

$$F = A[(F/A,i,n+1)-1]$$
$$= 3\,000 \times [(F/A,5\%,7)-1]$$
$$= 21\,426(\text{元})$$

（2）预付年金现值的计算。预付年金现值，是指一定时期内每期期初等额收付款项的复利现值之和。

预付年金现值的计算公式：

$$P = A + A\cdot(1+i)^{-1} + A\cdot(1+i)^{-2} + \cdots + A\cdot(1+i)^{-(n-1)}$$

式中各项为等比数列，首项是A，公比是$(1+i)^{-1}$，根据等比数列求和公式可知：

$$P = \frac{A\cdot[1-(1+i)^{-n}]}{1-(1+i)^{-1}}$$
$$= A\cdot\frac{1-(1+i)^{-n}}{\frac{1+i}{1+i}-\frac{1}{1+i}}$$
$$= A\cdot\frac{[1-(1+i)^{-n}](1+i)}{i}$$
$$= A\cdot\left[\frac{1-(1+i)^{-(n-1)}}{i}+1\right]$$

式中的$\frac{1-(1+i)^{-(n-1)}}{i}+1$是预付年金现值系数，或称1元的预付年金现值。它和普通年金现值系数$\frac{1-(1+i)^{-n}}{i}$相比，期数要减1，而系数要加1，可记作$[(P/A,i,n-1)+1]$。可利用“年金现值系数表”查得$(n-1)$期的值，然后加1，得出1元的预付年金现值。

【例2-10】 刘先生采用分期付款方式购买厂房，每年年初付200万元，分6年付清。设银行利率为10%，该项分期付款相当于一次现金支付的购买价格是多少？

$$P = A[(P/A,i,n-1)+1]$$
$$= 200 \times [(P/A,10\%,5)+1]$$
$$= 200 \times (3.7908+1)$$
$$= 958.16(\text{万元})$$

3. 递延年金终值和现值的计算

递延年金是指第一次收付发生在第二期或以后各期的年金。

递延年金的支付形式见图2-1。从图2-1中可以看出，前三期没有发生支付；一般用m表示递延期数，即$m=3$；第一次支付在第四期期末，连续支付4次，即$n=4$。

$m=3$，$i=10\%$，$n=4$

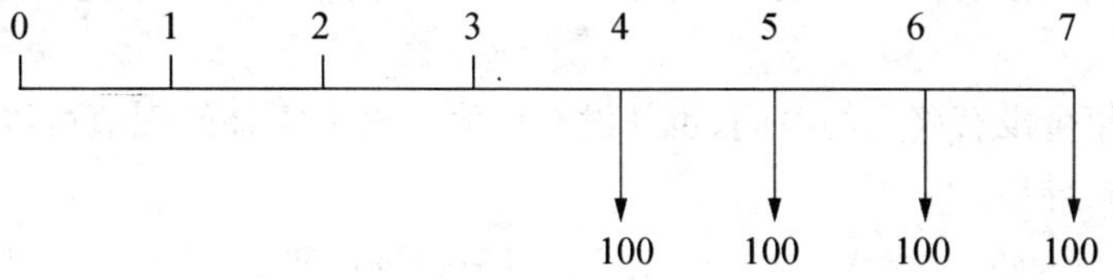

图 2-1　递延年金的支付形式

（1）递延年金终值的计算。递延年金终值的计算方法和普通年金终值类似：

$$\begin{aligned} F &= A(F/A,i,n) \\ &= 100\times(F/A,10\%,4) \\ &= 100\times 4.641 \\ &= 464.10(\text{元}) \end{aligned}$$

（2）递延年金现值的计算。递延年金现值的计算方法有两种：

第一种方法，是把递延年金视为 n 期普通年金，求出递延期末的现值，然后再将此现值调整到第一期期初（即图 2-1 中 0 的位置）。

$$\begin{aligned} P_3 &= A(P/A,i,n) \\ &= 100\times(P/A,10\%,4) \\ &= 100\times 3.170 \\ &= 317(\text{元}) \end{aligned}$$

$$\begin{aligned} P_0 &= P_3(1+i)^{-m} \\ &= 317\times(1+10\%)^{-3} \\ &= 317\times 0.7513 \\ &= 238.16(\text{元}) \end{aligned}$$

第二种方法，是假设递延期中也进行支付，先求出 $(m+n)$ 期的年金现值，然后，扣除实际并未支付的递延期 (m) 的年金现值，即可得出最终结果。

$$\begin{aligned} P_{(m+n)} &= 100\times(P/A,i,m+n) \\ &= 100\times(P/A,10\%,3+4) \\ &= 100\times 4.8684 \\ &= 486.84(\text{元}) \end{aligned}$$

$$\begin{aligned} P_m &= 100\times(P/A,i,m) \\ &= 100\times(P/A,10\%,3) \\ &= 100\times 2.4869 \\ &= 248.69(\text{元}) \end{aligned}$$

$$\begin{aligned} P_n &= P_{(m+n)} - P_m \\ &= 486.84 - 248.69 \\ &= 238.15(\text{元}) \end{aligned}$$

4. 永续年金的计算

无限期定额支付的年金，称为永续年金。现实中的存本取息，可视为永续年金的一个例子。

永续年金没有终止的时间，也就没有终值。永续年金的现值可以通过普通年金现值的计算公式导出：

$$P = A \cdot \frac{1-(1+i)^{-n}}{i}$$

当 $n \to \infty$ 时，$(1+i)^{-n}$ 的极限为零，故上式可写成：

$$P = \frac{A}{i}$$

【例 2-11】 拟建立一项永久性的奖学金，每年计划颁发 10 000 元奖金。若利率为 10%，现在应存入多少元钱？

$$P = 10\ 000 \times \frac{1}{10\%} = 100\ 000(\text{元})$$

四、资金时间价值计算的灵活运用

1. 内插法的应用

【例 2-12】 宏信公司欲购置设备，现有 A、B 两台设备可供选用，A 设备的年使用费比 B 设备低 2 000 元，但价格高于 B 设备 8 000 元。若资本成本为 7%，A 设备的使用期至少应长于多少年，选用 A 设备才是有利的。

根据资料，可知：

$$8\ 000 = 2\ 000 \times (P/A, 7\%, n)$$

因此：

$$(P/A, 7\%, n) = 4$$

查"年金现值系数表"，可在 $i = 7\%$ 的栏中找一个最接近 4，但比 4 小的现值系数，为 3.3872，其所对应的期数是 4；然后，再在此栏中找一个最接近 4，但比 4 大的现值系数，为 4.1002，其所对应的期数是 5。因此，所要求的 n 值一定是介于 4 和 5 之间。这样，就可以采用内插法（见图 2-2）进行计算：

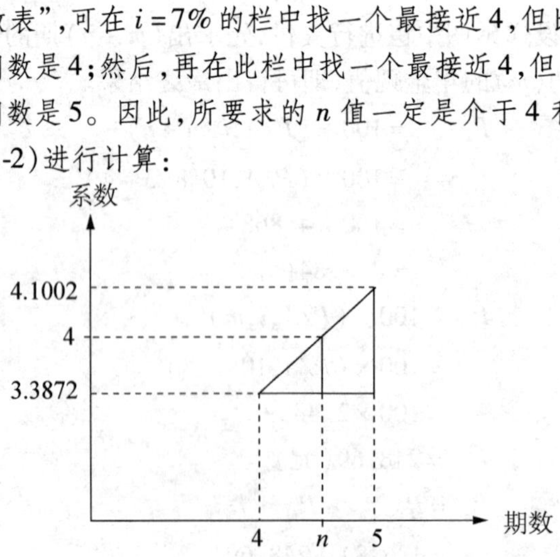

图 2-2 内插法的应用

$$\frac{n-4}{5-4}=\frac{4-3.3872}{4.1002-3.3872}$$

$$n=4.86(\text{年})$$

2. 名义利率和实际利率

如果以"年"作为基本计息期,每年计算一次复利,此时的年利率为名义利率(r),如果按照短于1年的计息期计算复利,并将全年利息额除以年初的本金,此时得到的利率为实际利率(i)。现举例说明名义利率和实际利率的应用。例如某人存入银行1 000元,年利率12%,分别计算年、半年、季度、月的复利终值。

(1) 按年计算复利终值为:

$$F=1\,000\times(F/P,12\%,1)=1\,120(\text{元})$$

(2) 按半年计算复利终值为:

$$F=1\,000\times(F/P,12\%/2,2)=1\,123.6(\text{元})$$

(3) 按季度计算复利终值为:

$$F=1\,000\times(F/P,12\%/4,4)=1\,125.51(\text{元})$$

(4) 按月计算复利终值为:

$$F=1\,000\times(F/P,12\%/12,12)=1\,126.83(\text{元})$$

此例中名义利率为12%,按年计算复利时,实际利率为12%,但是在按半年、季度、月计算复利时,名义利率与实际利率是有差异的。

实际利率为全年利息除以年初的本金。

$$i=\frac{P\cdot\left(1+\frac{r}{m}\right)^m-P}{P}$$

$$=\left(1+\frac{r}{m}\right)^m-1$$

式中,m为一年计息次数;r为名义利率;P为本金。

因此,在按半年计算复利时,实际利率为12.36%;在按季度计算复利时,实际利率为12.55%;在按月计算复利时,实际利率为12.68%。

【例2-13】 宏信公司正在平价发行每半年计息一次的债券,若投资人期望获得10%的年利率,宏信公司的名义利率至少为多少?

$$i=[1+(r/m)]^m-1$$

$$10\%=[1+(r/2)]^2-1$$

$$r=(\sqrt{1+10\%}-1)\times2=9.7618\%$$

【本章小结】

本章讲授了资金时间价值的含义及应用,其要点包括:

1. 资金时间价值的含义。资金时间价值是指货币经历一定时间的投资和再投资所增加的价值。在现实经济生活中,等量资金在不同时期具有不同的价值。从量的规定性来看,资金的时间价值是在没有风险和没有通货膨胀条件下的社会平均资金利润率。

2. 复利终值和现值的计算。复利终值是指一定量的本金按复利计算若干期后的本利和。复利现值是指今后某一特定时间收到或付出的一笔款项,按一定的贴现率所计算的现在价值。

3. 年金终值和现值的计算。年金是指一定时期内每次等额收付的系列款项。年金的形式多种多样,年金按照其收付时点的不同可分为普通年金、预付年金、递延年金、永续年金等几种。普通年金(或称后付年金)是指发生在每期期末的等额收付款项。普通年金终值,是指发生在每期期末等额收付款项的复利终值之和。普通年金现值,是指一定时期内每期期末等额收付款项的复利现值之和。预付年金,是指发生在每期期初的等额收付款项。预付年金终值,是指一定时期内每期期初等额收付款项的复利终值之和。预付年金现值,是指一定时期内每期期初等额收付款项的复利现值之和。递延年金是指第一次收付发生在第二期或以后各期的年金。永续年金是指无限期定额支付的年金。永续年金没有终止的时间,也就没有终值,只能计算现值。

【思考题】

1. 什么是资金时间价值? 资金时间价值的原理是什么?
2. 资金时间价值的大小是如何衡量的?
3. 资金时间价值与利率的区别是什么?

【综合案例】

冀凯实业集团是从事矿山机械装备、金刚石制品、大型模铸造和液晶材料研发、生产的高新技术企业。集团通过了 ISO 9001: 2000 国际质量体系认证和质量与安全联盟(OSA)认证,多种系列产品通过了 CE 认证,是国家级守合同重信用企业,是多家金融机构的"AAA 级"信用客户,多次获得英国渣打银行"中国最具成长性新锐企业奖",被科技部确定为"国际科技合作基地"。其生产的矿山机械装备中的煤矿支护设备连续多年市场占有率居世界首位,并出口到澳大利亚、俄罗斯、印度、越南、叙利亚、土耳其等十几个国家和地区;金刚石制品类产品,除满足国内市场外,主要出口到欧美等发达国家和地区;铸造类产品主要包括各种型号的刮板输送机中部槽,自主研发出的特殊耐磨合金,通过特殊工艺一次性铸造成一个整体,大幅度提高了中部槽的强度和耐磨性;液晶显示材料是集团近几年从事研发的一类新产品,该类产品的技术准备已经完成,已从实验室阶段向小批量生产阶段转化。该集团拟租赁一间厂房,期限是 10 年,假设年利率是 10%,出租方提出以下几种付款方案:

(1) 即付全部款项共计 20 万元;

(2) 从第四年开始每年年初付款 4 万元,至第十年年初结束;

(3) 第一年到第八年每年年末支付 3 万元,第九年年末支付 4 万元,第十年年末支付 5 万元。

要求:

通过计算回答该集团应选择哪一种付款方案比较合算?

第三章　投资风险价值

【本章导航】

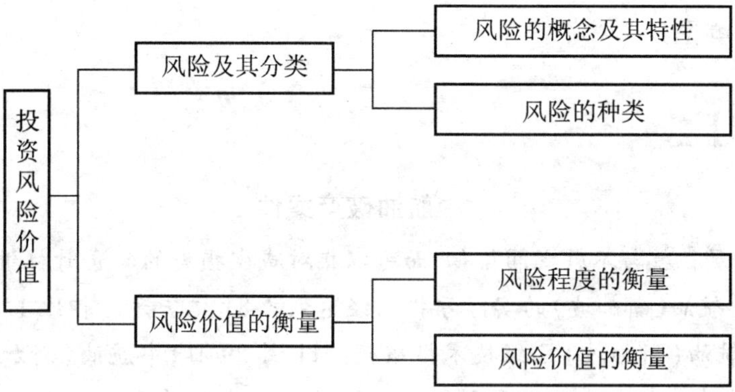

【知识目标】

通过本章的学习,学生应了解风险价值的含义,风险的概念及分类;理解风险与报酬的关系;掌握风险及风险价值的衡量。

【技能目标】

通过本章的学习,要求学生能利用各种投资的相关数据进行风险的衡量,并确定与风险相应的报酬率。

【引导案例】

中航油破产案件

中航油高层在救与不救之间徘徊,而可以相对减少损失的斩仓时机继续被错过。至11月25日,中航油(新加坡)的实际亏损已经达到3.81亿美元。相比1.45亿美元的净资产规模,中航油(新加坡)已经技术性破产。11月29日,中航油(新加坡)申请停牌。翌日,公司正式向市场公告了已亏3.9亿美元、潜亏1.6亿美元的消息,并向法院申请债务重组。一位资深人士指出,50万美元就是一条停止线,亏损超过50万美元就必须自动斩仓。中航油(新加坡)的最后损失已超过5.5亿美元,这意味着"要撞到这条停止线110次"。他的结论是:要么风险控制体系没有启动,要么就是有人在说谎。

"如果再给我5亿美金……"说这话的时候,陈久霖一定觉得自己只不过是刚做了一场噩梦。他相信自己还有机会重新创造那个临危受命、只身携21万美元赴风雨飘摇的新加坡创业、6年内将总资产做大到近30亿美元的商业奇迹。

但他显然没有这个机会了。这位中航油(新加坡)的总裁犯了一个可以与10年前英国毛头小伙李森搞垮巴林银行相提并论的错误。

陈久霖和中航油的悲剧,表面看与今年国际石油市场价格突变有关,但本质原因是中航油的内部风险控制不严所造成的。很显然,中航油内部的风险控制机制没有起到任何作用。据一些媒体报道,陈久霖最后干脆自己操盘,陷入标准的赌徒心态,既不考虑及时止亏,又不进行其他风险对冲,而是寄希望于有朝一日能挽回损失。中国期货业协会一位副会长在接受本刊记者采访时作的判断是:"他完全是疯了。"

不论是国家政策还是企业内部的风险控制机制,抑或是起码的商业逻辑,只要这其中任何一个环节能起到作用,中航油都不应该面临如此命运,都不应该让陷入疯狂的陈久霖操盘数以亿计的资金。

中航油的惨痛教训同时也警示广大投资者,投资是有风险的,不能一味地追求高收益而置风险于不顾,否则将自酿苦果。

资料来源:白万钢.中航油(新加坡)事件的两大根源.牛津管理评论,2007。

第一节　风险及其分类

一、风险的概念及其特性

风险是现代企业财务管理环境的一个重要特征，在企业财务管理的每一个环节都不可避免地要面对风险。关于风险，多数人认为是对企业的目标产生负面影响的事件发生的可能性。这种表述有其一定的合理性，但不够全面。风险实质上是一把"双刃剑"，即在未来对企业构成的影响可能是正面的，也可能是负面的。因此，严格地说，风险是指任一行动在一定条件下和一定时期内各种可能发生的结果相对于目标值的偏离程度。从财务管理的角度看，风险就是企业在各项财务活动过程中，由于各种难以预料或无法控制的因素作用，使企业的实际收益与预计收益发生背离的可能性。

风险意味着事件未来结果的不唯一性，常常与不确定性联系在一起，这是客观存在的。投资主体不论是个人还是企业，其不同的投资活动，风险程度是不一样的。如果某项投资的结果是确定的，则说明该项投资没有风险，比如办理银行定期储蓄或投资政府债券，通常到期可以按照事先确定的利率取得利息收益，属于无风险的投资。当然这是相对其他投资活动而言的。现实中，没有绝对的无风险投资，即便是银行储蓄或政府债券，风险也是存在的，毕竟未来的投资收益能否兑现取决于银行或政府当时的经济状况与诚信，只不过风险程度极低。如果某项投资的结果是不确定的，则说明该项投资有风险，属于风险性投资，如投资于股票、基金等有价证券。

风险与不确定性有一定的联系，但又有着显著的区别。风险是预先可以知道某一行动所有可能的结果及每种结果出现的概率。例如甲、乙两队参加拔河比赛，我们预先知道比赛结果有甲队获胜和乙队获胜两种情况，而且知道各自获胜的概率各占一半，但具体到谁将获胜则不能肯定，这就是风险。而不确定性则是预先并不知道某一行动的所有可能的后果，或者虽然知道所有可能的后果，但不知道它们出现的概率。比如，企业决定投入200万元研究开发新的游戏软件，但能否研发成功无法确定，更谈不上对其计量。这就是不确定性。当投资者面临不确定性时，就要依靠主观判断，预先设定各种可能出现的结果及其相应的概率，将不确定性转化为风险问题进行分析。

综上所述，风险的特性可归纳为客观存在性、相对性及"双刃性"。

二、风险的种类

从风险的影响范围来看，风险分为系统风险和非系统风险。

1. 系统风险

系统风险是指由于某种全局性因素的变动对所有投资性资产的收益产生影响的风险，包括社会、政治、经济等各个方面，如宏观经济政策、战争、通货膨胀等。由于这些因素来自企业外部，会对所有企业投资产生不同程度的影响，是无法抗拒和回避的，无法通过多元化投资而分散，因此又称为"不可分散风险"或者"市场风险"。

系统风险具体包括:利率风险、再投资风险、购买力风险等。利率风险是指市场利率的波动引起投资性资产价格产生变动的可能性。再投资风险是指由于市场利率下降而造成的无法通过投资实现预期收益的可能性。购买力风险又称通货膨胀风险,是指由于通货膨胀、货币贬值给投资者带来实际收益水平下降的风险。

2. 非系统风险

非系统风险是指发生于个别公司的特有事件造成的风险。如某家公司新产品研发失败、产品出现质量问题、客户流失、诉讼失败等。这类事件是非预期的、随机发生的,它只影响某个或某几个公司,不会对整个市场造成重大影响。由于非系统风险可以通过多元化投资来分散,即发生于某公司的不利事件可以被其他公司的有利事件抵消,因此又称为"可分散风险"或"公司特有风险"。

非系统风险具体包括经营风险和财务风险。经营风险是指由生产经营方面的原因给企业目标带来不利影响的可能性,如由于原材料市场供求的变化带来的供应方面的风险;由于生产组织不合理带来的生产方面的风险;由于销售决策失误带来的销售方面的风险。财务风险又称筹资风险,是指因举债使公司可能丧失到期偿债能力而导致投资者预期收益下降的风险。企业举债经营,全部资金中除自有资金外还有一部分借入资金,这会在一定程度上提高自有资金的盈利性,同时,借入资金需还本付息,一旦无力偿付到期债务,企业便会陷入财务困境甚至破产。当企业息税前资金利润率高于借入资金利息率时,使用借入资金获得的利润除了补偿利息外还有剩余,因而使自有资金利润率提高。但是,当企业息税前资金利润率低于借入资金利息率时,使用借入资金获得的利润还不够支付利息,需动用自有资金的一部分利润来支付利息,从而使自有资金利润率降低,导致企业发生亏损。若企业亏损严重,财务状况恶化,丧失支付能力,就会出现无法还本付息甚至招致破产的危险。

第二节　风险价值的衡量

一、风险程度的衡量

为了正确地衡量投资项目的风险价值,以保证财务决策的正确性,必须掌握每个投资项目的风险程度。风险客观存在,广泛影响着企业的财务和经营活动,因此,正视风险并将风险程度予以量化,进行较为准确的衡量,便成为企业财务管理中的一项重要工作。投资项目分为单一投资和投资组合。对于投资项目,其风险程度可用实际收益结果与期望收益结果的偏离程度加以衡量。由于投资的未来收益有多种可能结果,故可以投资收益率作为随机变量,利用数学概率确定其期望值,即投资的期望结果;并据以确定标准离差和标准离差率,用以反映投资项目的收益率的偏离程度,即风险的高低。

(一) 单一投资项目的风险衡量

1. 期望值

期望值是一个概率分布中的所有可能结果以各自相应的概率为权数计算的加权平

均值,是加权平均的中心值,通常用符号$\overline{E}$来表示,其计算公式如下:

$$\overline{E} = \sum_{i=1}^{n} X_i P_i$$

期望收益反映预计收益的平均化,在各种不确定因素的影响下,它代表投资者的合理预期。

【例 3-1】 某企业有 A、B 两个投资项目,两个投资项目的收益率及其概率分布情况如表 3-1 所示。

表 3-1　项目 A 和项目 B 投资收益率的概率分布

项目实施情况	该种情况出现的概率		投资收益率	
	项目 A	项目 B	项目 A	项目 B
好	0.2	0.3	15%	20%
一般	0.6	0.4	10%	15%
差	0.2	0.3	0	-10%

根据公式计算项目 A 和项目 B 的期望投资收益率分别为:

项目 A 的期望投资收益率 $=0.2\times15\%+0.6\times10\%+0.2\times0=9\%$

项目 B 的期望投资收益率 $=0.3\times20\%+0.4\times15\%+0.3\times(-10\%)=9\%$

从计算结果可以看出,两个项目的期望投资收益率都是 9%。但是否可以就此认为两个项目是等同的呢?我们还需要了解概率分布的离散情况,即计算标准离差和标准离差率。

2. 标准离差

标准离差是反映随机变量离散程度的指标。标准离差也叫均方差,通常用符号 σ 来表示。其计算公式为:

$$\sigma = \sqrt{\sum_{i=1}^{n} (X_i - \overline{E})^2 \cdot P_i}$$

标准离差以绝对数衡量决策方案的风险,在期望值相同的情况下,标准离差越大,风险越大;反之,标准离差越小,则风险越小。

【例 3-2】 以【例 3-1】中的数据为例,则 A、B 两个项目投资收益率的标准离差分别为:

(1) 项目 A 的标准离差

$$\begin{aligned}\sigma &= \sqrt{\sum_{i=1}^{n} (X_i - \overline{E})^2 \cdot P_i} \\ &= \sqrt{0.2\times(0.15-0.09)^2+0.6\times(0.10-0.09)^2+0.2\times(0-0.09)^2} \\ &= \sqrt{0.0024} \\ &= 0.049\end{aligned}$$

（2）项目 B 的标准离差

$$\sigma = \sqrt{\sum_{i=1}^{n}(X_i - \overline{E})^2 \cdot P_i}$$

$$= \sqrt{0.3 \times (0.20 - 0.09)^2 + 0.4 \times (0.15 - 0.09)^2 + 0.3 \times (-0.10 - 0.09)^2}$$

$$= \sqrt{0.0159}$$

$$= 0.126$$

以上计算结果表明项目 B 的风险要高于项目 A 的风险。

3. 标准离差率

标准离差作为绝对数，只适用于期望值相同的决策方案风险程度的比较。对于期望值不同的决策方案，评价和比较其风险程度只能借助于标准离差率指标。标准离差率是标准离差同期望值之比，通常用符号 V 表示，其计算公式为：

$$V = \frac{\sigma}{E} \times 100\%$$

标准离差率是一个相对指标，它以相对数反映投资项目的风险程度。在期望值不同的情况下，标准离差率越大，项目风险越大；反之，标准离差率越小，项目风险越小。

【例 3-3】 现仍以【例 3-1】中的有关数据为例，项目 A 和项目 B 的标准离差率分别为：

$$V_A = \frac{0.049}{0.09} \times 100\% = 54.44\%$$

$$V_B = \frac{0.126}{0.09} \times 100\% = 140\%$$

当然，在此例中项目 A 和项目 B 的期望投资收益率是相等的，可以直接根据标准离差来比较两个项目的风险水平。但如果比较项目的投资收益率不同，则一定要计算标准离差率才能进行比较。

通过上述方法将决策方案的风险加以量化后，决策者便可据此作出决策。对于单个方案，决策者可根据其标准离差率的大小，将其同设定的可接受的此项指标最高限值对比，看前者是否低于后者，然后作出取舍。对于多方案择优，应选择低风险高收益的方案，即选择标准离差最低、期望收益最高的方案。然而高收益的方案往往伴有高风险，低收益的方案其风险程度往往也较低，究竟选择何种方案，就要权衡期望收益与风险，而且还要视决策者对风险的态度而定。对风险比较反感的投资者可能会选择期望收益较低同时风险也较低的方案，喜欢冒风险的投资者则可能选择风险虽高但同时收益也高的方案。

（二）投资组合的风险衡量

上述研究的是单一投资项目的风险。而在现实中，投资者为了规避风险，通常会将资金投资于若干个不同项目，这种投资被称为投资组合。对于投资组合，同样需要衡量其风险程度。当然作为投资组合，不同于单一投资，其未来的收益率作为随机变量，实际上是一个多维的随机变量，是关于组合中不同项目的收益率的函数关系式，对其风险程度的计量，需要首先确定期望值，进而求得标准差或标准离差率。此外，选择何种投资组合，才能真正分散风险，这同样是需要考虑的问题。在此，仅对两两组合投资进行探讨。

1. 期望值

投资组合的收益率作为随机变量，其期望值即期望收益率，应是组合中两个不同项目的收益率的期望值以投资比例作为权数的加权平均值，用符号$\overline{E_p}$表示。若以符号 W 表示投资比例，则计算公式如下：

$$\overline{E_p} = \sum_{i=1}^{2} E_i \times W_i$$

2. 标准离差

投资组合的风险并不是简单的各单项资产标准差的加权平均，若以σ_{12}表示两个单项资产收益率的协方差，则其计算公式如下：

$$\sigma_p = \sqrt{(W_1\sigma_1)^2 + (W_2\sigma_2)^2 + 2W_1W_2\sigma_{12}}$$

由上式可知，投资组合的标准差即风险程度的大小受到组合中两个单项资产的协方差的影响。依概率论所知，协方差与相关系数之间的关系可用以下公式表示：

$$\rho_{12} = \frac{\sigma_{12}}{\sigma_1 \cdot \sigma_2}$$

相关系数的取值区间为[-1,1]。依据上式，当相关系数$\rho_{12}=1$，表明两个单项资产完全正相关，即两项资产的收益变动方向与变动比例完全相同，此时投资组合的标准差即风险等于两个单项资产标准差的加权，即$\sigma_p = W_1\sigma_1 + W_2\sigma_2$。然而多数情形下，相关系数小于1。若$\rho_{12} = -1$，表明两个单项资产完全负相关，即两项资产的收益变动比例相同，但方向相反，即其中一个项目收益增长，另一个项目则随之减少，此时投资组合的标准差即风险$\sigma_p = W_1\sigma_1 - W_2\sigma_2$或$W_2\sigma_2 - W_1\sigma_1$。若$\rho_{12}=0$，则表明两个单项资产不相关。

3. 标准离差率

投资组合的收益率，其标准离差率等于标准离差除以期望值，计算公式如下：

$$V_p = \frac{\sigma_p}{\overline{E_p}} \times 100\%$$

二、风险价值的衡量

(一) 风险价值的概念及表现形式

第二章讲述的资金时间价值是投资者在无风险条件下进行投资所要求的收益率。这是以确定的收益率为计算依据的，也就是以肯定能取得的收益为条件的。但是，企业财务和经营管理活动总是处于或大或小的风险之中。在投资活动中，投资者宁愿要确定的某一收益率，而不要不确定的同一收益率，这种现象称为风险反感。在风险反感普遍存在的情况下，诱使投资者进行风险投资的因素是风险收益，即风险价值。风险价值，也称为风险报酬或风险溢价，是指投资者因冒风险投资而获得的超过资金时间价值的额外收益。

风险价值的表现形式有绝对值(风险报酬额)和相对值(风险报酬率)之分。一个有风险的投资项目,其投资报酬率等于无风险报酬率与风险报酬率之和。如下式所示:

投资报酬率 = 无风险报酬率 + 风险报酬率

(二) 风险价值的衡量

为了简化决策分析工作,在短期财务决策中一般不考虑风险因素。而在长期财务决策中,则不得不考虑风险因素,需要计量风险程度,衡量风险收益。

标准离差率虽然能正确评价投资风险程度的大小,但还是无法将风险与收益结合起来进行分析。假设我们面临的决策不是评价与比较两个投资项目的风险水平,而是要决定是否对某一投资项目进行投资,此时,我们就需要计算出该项目的风险收益率。因此,我们需要一个指标将对风险的评价转化为收益率指标,这便是风险价值系数。风险价值系数(b)是指该项投资的风险收益率占该项投资的标准离差率的比率,反映承担单位风险应获得的报酬。风险收益率、风险价值系数和标准离差率之间的关系可用公式表示如下:

$$R_R = b \cdot v$$

式中,R_R 为风险收益率;b 为风险价值系数;v 为标准离差率。

在不考虑通货膨胀因素的情况下,投资的总收益率(R)为:

$$R = R_F + R_R = R_F + b \cdot v$$

式中,R 为投资收益率;R_F 为无风险收益率;R_R 为风险收益率。其中,无风险收益率可用加上通货膨胀溢价的资金时间价值来确定,在财务管理实务中一般把短期政府债券的收益率作为无风险收益率。风险价值系数的大小在很大程度上取决于投资者对待风险的偏好,一般来说,比较敢于冒风险的投资者往往把风险价值系数定得低一些;而比较稳健的投资者,则往往将风险价值系数定得高一些。

【例3-4】 现仍以【例3-1】中的有关数据为例,并假设无风险收益率为10%,风险价值系数为10%,则两个项目的风险收益率和投资收益率分别为:

项目 A 的风险收益率 = 10% × 54.44% = 5.44%

项目 A 的投资收益率 = 10% + 10% × 54.44% = 15.44%

项目 B 的风险收益率 = 10% × 140% = 14%

项目 B 的投资收益率 = 10% + 10% × 140% = 24%

【本章小结】

本章主要讲授了风险价值原理,揭示了风险与报酬之间的关系,主要内容包括:

1. 风险从财务角度主要指无法达到预期报酬的可能性,包括系统风险(市场风险或不可分散风险)和非系统风险(公司特有风险或可分散风险)。公司特有风险又分为经营风险和财务风险。

2. 风险程度的衡量包括单一投资项目和投资组合的风险计量。风险程度意味着实际偏离预期目标的程度，可利用数理统计的相关指标期望值、标准离差、标准离差率等进行计量。相对于单一投资项目，投资组合的风险计量还涉及协方差与相关系数。

3. 风险价值，也称风险报酬，是指投资者因冒风险进行投资而获得超过时间价值的额外报酬，其表示方法有风险报酬额和风险报酬率。风险报酬率是风险价值系数与标准离差率的乘积。

【思考题】

1. 什么是风险？风险与不确定性的联系与区别是什么？
2. 什么是投资风险价值？
3. 请说明投资项目之间的风险比较，标准离差与标准离差率的适用情形。

【综合案例】

浙江省创业投资集团有限公司是经浙江省人民政府批准设立的专业性风险投资机构，公司成立于2000 年9 月，注册资金人民币1 亿元，股东单位分别为浙江省发展资产经营有限公司、浙江汇丰控股有限公司、浙江巨化股份有限公司、浙江东南发电股份有限公司、浙江省电力实业总公司。公司现有花卉园艺与复合纤维两个投资项目，计划投资额均为1 000 万元，其未来的预期报酬率及发生的概率如下表所示：

市场状况	甲方案(花卉园艺)		乙方案(复合纤维)	
	预期报酬率	概率	预期报酬率	概率
繁荣	6%	0.2	8%	0.3
一般	5%	0.6	4%	0.5
萧条	3%	0.2	3%	0.2

要求：

请比较上述两个投资项目的风险大小。

第四章　资金筹集管理

【本章导航】

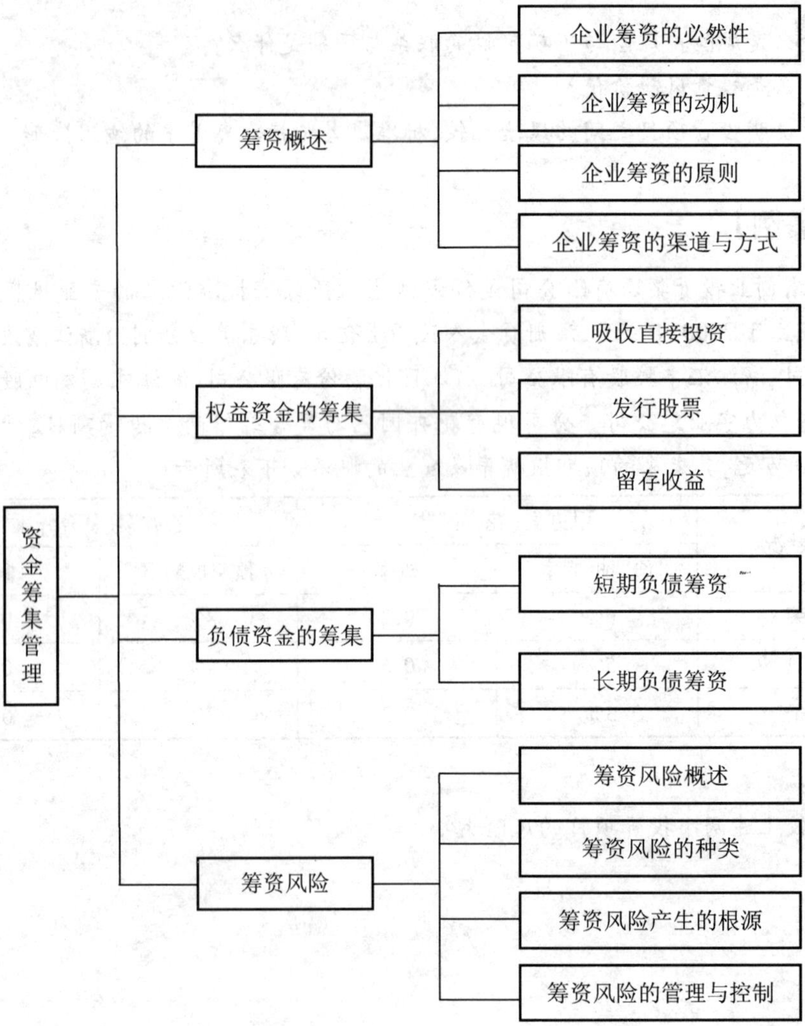

【知识目标】

通过本章的学习，学生应了解吸收直接投资、发行股票、发行债券的一般程序及股票、债券的种类；了解企业筹资的必然性、动机、原则及各种筹资方式的评价；掌握各种筹资方式定量计算方法的应用。

【技能目标】

通过本章的学习，要求学生掌握企业筹集资金的动机、目的、资金来源渠道和取得的方式，会进行筹资能力分析。

【引导案例】

中国移动(香港)公司的筹资方案

中国移动(香港)公司是中国移动通信集团下属的全资子公司，1997年成立，注册地为香港。1997年10月，中国移动(香港)公司在香港和纽约上市，融资42.2亿美元；1999年11月，公司增发新股，又融资20亿美元。2000年10月7日，中国移动(香港)公司通过其全资子公司中国移动(深圳)有限公司，与由中国建设银行和中国银行联合牵头的8家国内外银行签署了125亿元人民币的银团贷款协议，用于中国移动(香港)有限公司向其控股母公司中国移动通信集团收购内地7个省份移动通信资产的部分资金需要。此次银团贷款是迄今中国最大规模的人民币银团贷款，也是中国移动(香港)有限公司首次尝试在国内融资。采用这种融资方式，主要是考虑到通过人民币融资不仅能降低资金综合成本，进一步优化公司资本结构，也能有效地规避外汇风险，同时也借此加强与国内金融机构的合作。2000年11月，中国移动(香港)公司通过其全资内地子公司中国移动(广东)公司发行50亿元人民币的十年期浮动利率公司债券，创下当时企业债券发行规模新纪录。董事会认为，本期债券的发行能使中国移动(香港)公司拓宽融资渠道及投资者基础，有助于优化融资结构，降低资金成本及规避风险。2002年，又通过中国移动(广东)公司发行80亿元人民币的五年期和十五年期公司债券，在不到3个月的时间内，中国移动(香港)公司就顺利完成了从债券发行到上市的过程，并受到投资者追捧。此次80亿元的中国移动债券是国内最大规模的一次发债行动，它具有双重担保，中国移动(香港)公司担保发行人中国移动(广东)公司，中国移动通信集团再担保中国移动(香港)公司，这种方式在国内尚不多见。

通过此案例我们可以思考以下问题：中国移动(香港)公司成功运用了哪些筹资方式？这些筹资方式分别属于债权性筹资、股权性筹资还是混合性筹资？中国移动(香港)公司灵活运用各种筹资方式的意义何在？中国移动(香港)公司分别在哪几个地方筹集了资金？中国移动(香港)公司的筹资体现了哪些筹资原则？下面我们带着这些问题进入本章的学习。

资料来源：2007年全国高等自学考试《金融理论与实务》实践试题。

第一节 筹资概述

一、企业筹资的必然性

企业筹资是指企业通过金融市场或有关渠道,运用各种筹资方式,经济有效地筹措和集中企业生产经营以及发展所需资金的一项财务活动。企业筹资活动是企业的一项基本财务活动,企业筹资管理是企业财务管理的重要内容,它的存在是十分必要的。

1. 企业创建的需要

资金不仅是企业从事经营活动的保证,而且是企业创建和履行民事责任的基本条件。任何企业在创建之时都必须按照国家法律规定筹集最低资金限额,并依据法定程序到工商行政管理部门办理注册登记手续,才能开展正常的经营活动。

2. 企业发展的需要

在激烈的市场竞争条件下,企业只有不断追加资金投入,才能在实现内涵扩大再生产的同时,增加人力、物力,采用先进技术,合理调整产品结构,优化资产配置,以使企业得以生存,并不断发展壮大。

3. 保证经营活动顺利进行的需要

企业在经营过程中对资金的需要与供应之间经常存在着背离。为了校正这个背离,保证资金供需在数量和时间上的协调一致,财务管理人员一方面要认真编制财务预算和加强对资金的日常调度;另一方面,当资金供需严重失衡或必须偿还到期债务时,就要及时筹措短期资金,以保证经营活动顺利进行和维护企业的信誉。

4. 调整资本结构的需要

企业全部资本中负债资本与权益资本的不同组合,就形成了不同的资本结构。一般来说,企业的资本结构具有相对稳定性。但是,不同的资本结构给企业带来的收益和风险是不同的,财务管理人员可以根据客观条件和企业的实际情况主动地运用调整资本结构的财务决策,来达到降低企业风险或提高收益水平的目的。例如,通过筹资增加权益资本相应减少负债资本,以降低财务风险;或增加负债资本相应减少权益资本,以增加每股盈余,从而使资本结构趋于合理。

二、企业筹资的动机

企业筹资的基本目的,是为了自身的维持和发展。但每次采取的具体的筹资活动,则往往是受特定动机的驱使。

1. 新建筹资动机

新建筹资动机是在企业新建时为满足正常生产经营活动所需的铺底资金而产生的筹资动机。企业新建时,要按照经营方针所确定的生产经营规模核定固定资金需要量和流动资金需要量,同时筹措相应数额的资本金——所有者权益,资本金不足部分还需筹集短期或长期的银行借款(或发行债券)。

2. 扩张筹资动机

扩张筹资动机是企业因扩大生产经营规模或追加对外投资而产生的筹资动机。具有良好发展前景,处于成长时期的企业,通常会产生扩张筹资动机。诸如,企业生产经营的产品供不应求,需要购置设备增加市场供应;需要引进技术,开发生产适销对路的新产品;扩大有利的对外投资规模;开拓有发展前途的对外投资领域;等等。扩张筹资动机产生的直接结果,是企业资产总额和权益总额增加。

3. 偿债筹资动机

偿债筹资动机是企业为了偿还某项债务而形成的借款动机,即借新债还旧债。偿债筹资有两种情况:一是调整性偿债筹资,即企业具有足够的能力支付到期旧债,但为了调整原有的资本结构,而举借一种新债务,从而使资本结构更加合理;二是恶化性偿债筹资,即企业现有的支付能力已不足以偿付到期旧债,被迫举新债还旧债,这表明企业财务状况已经恶化。

4. 混合筹资动机

企业既需要扩大经营的长期资金,又需要偿还债务的现金而形成的筹资动机,即混合筹资动机。这种筹资包含了扩张筹资和偿债筹资两种动机,其结果既会增大企业资产总额,又能调整企业资本结构。

三、企业筹资的原则

筹资的宗旨是满足企业对资金的需求,最终保证企业价值最大化目标的实现。因此,企业筹资时应遵循以下基本原则:

1. 合理确定筹资数量

合理确定资金的需求量是企业筹资活动的依据和前提。资金不足会影响企业的正常生产经营和发展,但资金过剩也会影响资金的使用效益。企业筹资不论通过哪些筹资渠道、运用哪些筹资方式,在进行资金筹措时,都要根据资金的用途来决定各种不同资金的数量,做到以"投"定筹、以"用"定筹。

2. 确保资金及时供应

筹措取得的资金要按照资金投放使用时间来合理安排,使筹资与用资在时间上尽量相衔接,筹取过早会造成资金的闲置、降低资金使用效益;筹取过迟将影响生产经营或错失投资的良好时机。资金及时供应取决于外部环境和自身条件。因此,企业在筹资时,要能够审时度势,善于根据企业内、外环境的不同状况及对资金的要求,通过各种资金来源和筹资方式的比较,选择可以在需要时能及时得到的资金来源,使资金在数量上和时间上得到保证。

3. 力求降低资金成本

在资金的所有权与使用权相分离的条件下,企业无论从什么渠道、采用何种方式筹集和使用资金,都必须付出代价,这就是资金成本。采用不同的方式筹集资金,其资金成本是不同的。在其他条件基本相同的前提下,资金成本的高低是选择筹资方式和各种筹资组合方案的主要标准。企业必须综合考察影响资金成本的各种因素,以尽可能低的资金成本筹集生产经营所需要的资金。

4. 努力控制财务风险

不同的筹资组合会带来不同的财务风险,企业应根据外部环境条件、企业所处行业以及企业本身的经营状况,选择适合自己的筹资组合,既提高资金使用效益,又将财务风险控制在合理范围内。这一原则体现在以下三个方面:一是负债率和还债率要控制在偿还能力范围内,做到量力而行;二是保持企业资金具有一定的流动性和机动性;三是要尽量保持对企业的控制权。

上述基本原则是既相互联系又相互制约的,在企业进行筹资时要综合考虑各原则,并予以平衡,力求找出适合企业的最佳筹资方案。

四、企业筹资的渠道与方式

(一) 筹资渠道

筹资渠道是指企业取得资金来源的方向和通道。它旨在说明企业资金是从哪些途径筹措的。企业的筹资渠道一般有以下七种:

1. 国家财政资金

国家财政资金历来是我国国有企业资金来源的主要渠道。但随着我国经济体制改革的深入,除了国家重点扶持的一些大中型国有企业和重点项目投资外,国家财政资金在企业自有资金中的比例逐步减少。

2. 银行信贷资金

银行信贷资金目前是我国企业负债资金的主要来源,由于其贷款方式灵活多样,限制相对较少,是企业生产经营和发展所需长、短期资金的主要筹资渠道。

3. 非银行金融机构资金

非银行金融机构所提供的金融服务比银行更为广泛,既包括信贷资金的投放,也包括物资的融通,还可以为企业提供证券承销等金融服务。因此,也是企业筹资的重要渠道。

4. 其他法人单位资金

其他法人单位资金是指企业经营过程中的闲置资金在企业间的相互融通以及企业在商品交易中由于延期付款、预收货款或延期交货而形成的一种借贷关系,是企业之间的一种直接信用行为,是企业短期资金的重要来源之一。

5. 企业内部积累资金

企业内部积累资金是指企业通过提取盈余公积金和保留未分配利润而形成的资金。这是企业能保持持续增长能力的一种良好的资金来源,一些发达国家的企业使用内部积累资金的比例相当高,形成了良好的资金周转循环。内部积累资金的大小取决于企业盈利能力和企业利润分配政策。

6. 民间资金

民间资金是指企业职工和城乡居民的节余货币未转化为银行储蓄的社会“游离”资

金,这部分资金也可以用于对企业的投资而成为企业筹资的渠道。

7. 外商和港、澳、台资金

外商和港、澳、台资金是指外国投资者以及我国港、澳、台投资者投入的资金。我国改革开放后,通过贷款,发行股票、债券,租赁,合资、合作经营,出口信贷等方式的综合利用,企业从国外及港、澳、台金融机构、企业及社会公众那里获得大量资金,筹资渠道日益扩大。

(二) 筹资方式

筹资方式是指企业筹集资金所采取的具体形式。它旨在说明企业财务管理人员运用什么样的具体形式从各种渠道筹措所需的资金。不同的筹资方式各具特点,企业应根据自身条件选择适当的筹资方式以及各种不同筹资方式的有效组合,以达到提高筹资效益和降低筹资风险的目的。

目前,我国企业的筹资方式主要有:(1)吸收直接投资;(2)发行股票;(3)银行借款;(4)发行企业债券;(5)融资租赁;(6)商业信用。其中,吸收直接投资和发行股票属于权益资金的筹资方式,其余几种筹资方式属于负债资金的筹资方式。

筹资渠道和筹资方式有着密切的关系,筹资渠道是说明企业的资金是从哪里取得的,而筹资方式则说明企业运用何种形式筹集资金。一定的筹资方式既可以适用于某一特定的筹资渠道,也可以适用于不同的筹资渠道;同一渠道的资金往往可以采用不同的方式筹集。企业进行筹资,必须实现两者的合理配合。筹资方式与筹资渠道的配合情况见表 4-1。

表 4-1 筹资方式与筹资渠道配合表

筹资方式 筹资渠道	吸收直接投资	发行股票	银行借款	发行企业债券	融资租赁	商业信用
国家财政资金	√	√				
银行信贷资金	√	√	√	√		
非银行金融机构资金	√	√		√		
其他法人单位资金	√	√		√		√
企业内部积累资金	√	√				
民间资金	√	√		√		
外商和港、澳、台资金	√	√		√	√	

第二节 权益资金的筹集

一、吸收直接投资

吸收直接投资是指企业按照“共同投资、共同经营、共担风险、共享利润”的原则吸收国家、企业单位、个人、外商投入资金的一种筹资方式。吸收直接投资是非股份制企业筹集权益资金的基本方式。

（一）吸收直接投资的种类

（1）吸收国家投资，由此形成国家资本金。

（2）吸收企业、事业等法人单位投资，由此形成法人资本金。

（3）吸收城乡居民和企业内部职工投资，由此形成个人资本金。

（4）吸收外国和我国港、澳、台地区投资，由此形成外商资本金。

（二）吸收直接投资的形式

（1）吸收现金投资。吸收现金投资是企业吸收直接投资的重要形式。企业有了现金，可以购买各种生产资料，支付各种费用，有很大的灵活性，因此，企业要争取投资者尽可能采用现金方式出资。许多国家的《公司法》或《投资法》对现金的出资数额都有明确的规定。我国有关法规尚无现金出资数额的规定，一般由企业和投资者双方协商确定。

（2）吸取非现金投资。企业吸取非现金投资可分为两类：一类是投资者以房屋、建筑物等固定资产和原材料、产品等流动资产作价出资；一类是投资者以专利权、商标权、非专利技术以及土地使用权等无形资产作价出资。吸收非现金投资必须符合适用性、公平作价及效益性等条件。

（三）吸收直接投资的程序

（1）确定吸收投资所需要的资金数量。企业新建或扩大经营时采取吸收直接投资方式，应运用销售百分比法、资金性态模型法等确定资金的需要量。

（2）联系投资单位，商定投资数额和出资方式。企业能向哪些单位吸收投资，这要由企业和有关投资者进行双向选择。投资单位确定以后，企业与投资方便可进行具体协商，确定出资数额和出资方式。从使用的灵活性来考虑，企业应尽可能吸收现金投资，如果投资方确有先进且适合需要的固定资产和无形资产，也可以吸收非现金投资。

（3）签署筹资决定或协议。企业吸收直接投资，不论是为了新建还是为了增资，都应当由有关方面签署决定或协议等书面文件。对于国有企业，应由国家授权投资的机构等签署创建或增资拨款决定；对于合资企业，应由合资各方共同签订合资或增资协议。

（4）取得所筹集的资金。签署拨款决定或出资协议后，应按规定或计划取得资金。

（四）吸收直接投资的评价

吸收直接投资是我国企业曾普遍采用的一种权益资金筹集方式。其主要优点有：

（1）有利于提高企业的信誉。吸收直接投资所筹集的资金属于企业的权益资金，与借入资金相比，它能提高企业的资信和举债能力。

（2）有利于增强企业市场竞争实力。吸收直接投资不仅可以筹集到现金，增强企业支付能力，而且能够获取企业所需的先进设备和技术，与仅是筹集现金的方式相比较，能尽快地形成生产经营能力。

（3）有利于降低财务风险。吸收直接投资不仅不存在还本问题，而且向投资者支付报酬也具有一定的灵活性，因而财务风险较小。

但吸收直接投资也有其缺点：

(1) 资金成本较高。吸收直接投资一般要根据企业盈利的多少和出资数额来确定向投资者支付的报酬,与负债筹资方式相比较,资金成本较高。

(2) 容易分散企业的控制权。吸收直接投资由于没有证券为媒介,产权关系有时不够明晰,不便于产权的控制和交易。

二、发行股票

(一) 股票的种类

股票是股份公司为筹集权益资金而发行的有价证券,是持股人拥有公司股份的入股凭证。它证明持股人在股份公司中拥有的所有权。股票可按不同的标准进行分类：

(1) 股票按股东权利和义务的不同,分为普通股和优先股。普通股是股份公司依法发行的权利最大和风险最大的一种股票,它是股份公司股本的基本组成部分。优先股是股份公司发行的优先于普通股股东分配股利和取得公司剩余财产的股票。

(2) 股票按票面有无记名,分为记名股票和无记名股票。记名股票是指在股票票面上注明股东的姓名,并列入股份公司股东名册的股票。无记名股票是指在股票票面上不记载股东姓名的股票。

(3) 股票按票面是否标明金额,分为面值股票和无面值股票。面值股票是指在股票票面上标有金额的股票。无面值股票是指在票面上只标明股数,而不标明每张股票的面值的股票。目前我国规定股票应标明面值,不承认无面值股票。

(4) 股票按投资主体的不同,分为国家股、法人股、个人股和外资股。国家股是指有权代表国家投资的部门或机构以国有资产向公司投资形成的股份。法人股是指企业法人以其依法可支配的资产向公司投资形成的股份,或具有法人资格的事业单位和社会团体以国家允许用于经营的资产向公司投资形成的股份。个人股是指社会个人或公司职工以个人合法财产投入公司形成的股份。外资股是指外国投资者和我国港、澳、台的投资者以购买人民币特种股票形式向公司投资形成的股份。

(5) 股票按发行对象和上市地点,分为A股、B股、H股、N股和S股。A种股票即人民币普通股票。它由我国境内的公司发行,供境内机构、组织和个人以人民币认购和交易,不向外国和我国港、澳、台的投资者出售。B种股票即人民币特种股票。它以人民币标明面值,以外币认购和进行交易,在境内(上海、深圳)证券交易所上市交易。它的投资人限于:外国和我国港、澳、台的机构、组织和个人,定居在国外的中国公民,中国证监会规定的其他投资人。H股是指注册地在内地、上市地在香港的外资股,取香港的英文Hong Kong字首。以此类推,N股是指注册地在内地、上市地在纽约的外资股。S股是指注册地在内地、上市地在新加坡的外资股。

(二) 股票的发行程序

(1) 公司设立发行原始股程序:①发起人议定公司注册资本,并认缴股款;②提出发行股票的申请;③公告招股说明书,制作认股书,签订承销协议;④招认股份,缴纳股款;⑤召开创立大会,选举董事会、监事会,办理公司设立登记,交割股票。

（2）公司增资发行新股程序：①作出发行新股的决议；②提出发行新股的申请；③公告招股说明书，制作认股书，签订承销协议；④招认股份，缴纳股款，交割股票；⑤改选董事、监事，办理变更登记。

（三）股票的发行方法与推销方式

（1）股票的发行方法有：①有偿增资；②股东无偿配股；③有偿无偿并行增股。

（2）股票的推销方式有：①自销方式；②承销方式。

（四）股票发行价格的确定

股票的发行价格，是指股份公司将股票出售给投资者所采用的价格，也就是投资者认购股票时所支付的价格。股票发行价格通常由发行公司根据股票面额、股市行情和其他有关因素决定。公司设立首次发行股票时，由发起人决定；公司增资发行新股时，由股东大会或董事会决定。

1. 股票价值

（1）票面价值。票面价值简称面值，是指每股股票票面载明的金额。它在公司经营过程中只表明股东投入资本在公司资本总额中所占的比例，作为确定股东所有权、表决权、收益分配权的依据，与企业资产并无直接联系。(2)账面价值。账面价值即净资产价值，是指股票所包含的实际资产价值。它是根据公司会计报表资料计算出来的结果，数字准确，可信度高，因而它是证券经营者分析股票价格、股票投资者进行投资评估分析的依据之一。(3)市场价值。市场价值又称市价，是指股票在股票市场上进行交易时具有的价值。它通常与企业的盈利能力直接相关，并受许多因素的影响，是一种经常变动的数值。它直接反映着股票市场行情，所以成为投资者的直接参考依据。(4)清算价值。清算价值是指公司破产清算时每股可得到的剩余财产的金额。其中，在优先股清算价值能够按股本清偿时，每股普通股的清算价值则视最后的剩余财产金额的多少而定。

2. 股票发行价格的计算

（1）分析法。以资产净值为基础计算，接近于账面价值。其计算公式为：

$$\text{每股价格}=\frac{\text{资产总额}-\text{负债总额}}{\text{投入资本总额}}\times\text{每股面值}$$

【例 4-1】 东方公司投入资本总额为 800 万元，每股面值为 10 元，资产总额为 1 360 万元，负债总额为 400 万元。则每股价格为：

$$\text{每股价格}=\frac{1\ 360-400}{800}\times 10=1.2\times 10=12(\text{元})$$

（2）综合法。以公司收益能力为基础计算，接近于市场价值。其计算公式为：

$$\text{每股价格}=\frac{\text{年平均利润}\div\text{行业资本利润率}}{\text{投入资本总额}}\times\text{每股面值}$$

【例 4-2】 承【例 4-1】，若东方公司年平均利润为 156 万元，行业资本利润率为 15%。则每股价格为：

$$\text{每股价格}=\frac{156\div 15\%}{800}\times 10=1.3\times 10=13(\text{元})$$

（3）市盈率法。以市盈率为基础，乘以每股利润计算确定，能充分反映市价和盈利之间的关系。其计算公式为：

$$每股价格 = 市盈率 \times 每股利润$$

【例 4-3】 大鹏公司每股利润为 1.5 元,市盈率为 11。则每股价格为：

$$每股价格 = 11 \times 1.5 = 16.5(元)$$

3. 股票发行价格的决策

股票发行价格计算出来以后,还要依据股份公司的具体情况采用等价、时价或中间价。

(1) 等价。等价就是以股票面值为价格发行股票,即股票的发行价格与其面值等价,亦称平价发行。等价发行股票一般比较容易推销,但发行公司不能得到溢价收入,难以激发其发行股票的积极性。通常在资本市场不发达的情况下,发行公司运用等价发行可以确保及时足额地募集资本。

(2) 时价。时价也称市价,即以公司原发行同种股票的现行市场价值为基准来选择增发新股的发行价格。选用时价发行股票,考虑了股票的现行市场价值,可以促进股票的顺利发行。

(3) 中间价。中间价是取股票市场价值与面值的中间值作为股票的发行价格。如某股票的现行市价为 80 元,面值为 60 元,若按中间价增发该种新股票,其发行价便为 70 元。显然,中间价兼具等价和时价的特点。

选择时价或中间价发行股票,可能属于溢价发行,也可能属于折价发行。溢价发行是指按超过股票面值的价格发行股票;折价发行是指按低于股票面值的价格发行股票。如属溢价发行,则发行公司获得发行价格超过股票面值的溢价款列于资本公积金。根据资本充实的原则,世界上大多数国家的法律都规定不允许折价发行股票。我国《公司法》也规定,股票发行价格可等于票面金额(即等价),也可以超过票面金额(即溢价),但不得低于票面金额(即折价)。

(五) 发行股票筹资的评价

(1) 股票筹资的优点:①有利于提高公司的信誉;②没有固定的到期日,不用偿还;③没有固定的利息负担;④筹资风险小。

(2) 股票筹资的缺点:①资金成本较高;②容易分散公司的控制权;③可能会导致股价下跌。

三、留存收益

(一) 留存收益的概念

留存收益是企业所有者权益的一部分,是指对企业税后净利润进行分配所形成的公积金及未分配利润。它是企业资金的一项重要来源,可直接供企业支配使用。

(二) 留存收益筹资的评价

(1) 留存收益筹资的优点:①一般不发生融资费用;②可以合理避税;③有利于增强企业获取信用的能力。

(2) 留存收益筹资的缺点:①容易受到股东的限制;②留存收益过多,现金股利支付过少,不仅会影响今后的外部融资,还不利于股票价格的上涨,使企业在证券市场上的形象受损。

第三节　负债资金的筹集

一、短期负债筹资

(一) 商业信用

商业信用是指商品交易中以延期付款或预收货款方式进行购销活动而形成的借贷关系,是企业之间的直接信用行为。商业信用是由商品交换中货与钱在空间和时间上的分离而产生的,其主要形式有两种:先取货后付钱;先收钱后交货。商业信用是自然性融资,运用广泛。在西方一些国家里,90% 的商品销售方式采用的是商业信用。在我国,随着商品经济的发展,经济体制改革的不断深入,商业信用也在逐步推广,成为企业筹集短期资金的一种方式。商业信用的表现形式很多,主要有以下几种:

1. 应付账款

应付账款即赊销商品,是一种典型的商业信用形式。应付账款的实质是卖方向买方提供的一种短期信用。采用这种形式交易时,卖方先给买方商品,并允许在此后一定时期内付款,即在这段时间内,卖方向买方提供贷款,这样既解决了买方暂时资金短缺的困难,又便于卖方推销商品。同时,买方不需提供任何正式的法律契约,卖方仅以发货单、运单作为收款依据。买卖双方分别在会计账簿上记录"应付账款"和"应收账款",全凭信用维持赊账关系,因此又称"挂账信用"。这种商业信用形式必须是在卖方对买方的信用和财务状况充分了解的基础上采用。

应付账款的信用条件是卖方对偿付期限和现金折扣所作的具体规定。偿付期限是卖方允许货款拖欠的最长时间,一般的偿付期限为 30 天,超过这一期限,即为拖欠。现金折扣是买方在偿付期限内提前付款所享受的折扣,如 2/10、1/20、n/30,表明偿付期限为 30 天,买方在 10 天付款可享受 2% 的现金折扣;在 10 天以后到 20 天内付款,可享受 1% 的现金折扣;在 20 天以后到 30 天内付款,不享受现金折扣;超过 30 天视为拖欠。

对于应付账款的商业信用形式,买方企业可以有三种选择:

(1) 享受现金折扣。通常认为享受现金折扣优惠,不仅可以享受折扣期内的折扣收益,而且也不会发生筹资成本,故对筹资企业是有利的。但是,享受现金折扣仍然要发生成本,这种成本是放弃了剩余信用期间(折扣期外至信用期满)资金占用的机会成本。只有当享受现金折扣的收益大于剩余信用期的机会成本,才能说明享受现金折扣是有利的。

【例 4-4】 广华公司赊购商品 200 000 元,信用条件"2/10,n/30",该公司年平均资金收益率 18%。计算现金折扣收益及机会成本,并说明该公司是否应享受现金折扣?

该公司若享受现金折扣,其现金折扣收益为:200 000 × 2% = 4 000(元)

机会成本为：$200\ 000 \times 18\% \times \frac{30-10}{360} = 2\ 000$（元）

机会利润为：$4\ 000 - 2\ 000 = 2\ 000$（元）

基于现金折扣收益大于机会成本，故该公司应采用享受现金折扣的方案；相反，若机会成本大于现金折扣收益，则该公司不应采用享受现金折扣的方案。

（2）不享受现金折扣，在信用期满时付款。如果放弃现金折扣，在信用期满时付款，买方将承受不享受现金折扣成本。该成本相当于买方企业取得的信用额度（发票金额扣除现金折扣的差额）在剩余信用期内负担的机会成本，即商业信用资金成本率。计算公式为：

$$商业信用资金成本率 = \frac{CD}{1-CD} \times \frac{360}{N} \times 100\%$$

式中，CD 为现金折扣率；N 为剩余信用期。

若商业信用资金成本率大于资金收益率，就不应放弃现金折扣；反之，则应放弃现金折扣。

【例 4-5】　承【例 4-4】，其商业信用资金成本率为：

$$商业信用资金成本率 = \frac{2\%}{1-2\%} \times \frac{360}{30-10} \times 100\% = 36.73\%$$

很显然，在资金收益率为 18% 的条件下，放弃现金折扣将承受 36.73% 的成本，故享受现金折扣对买方更有利；只有当资金收益率高于 36.73% 时，放弃现金折扣，在信用期满时付款才是合算的。

（3）信用展期。信用展期也称欠账展延。信用展期可以使买方企业获得展期信用，即超过信用期而获得的商业信用。展期信用虽不付出代价，但买方企业会不可避免地承受双重展延成本，即放弃现金折扣损失和可能损害企业信誉的隐含成本。因此，是不可取的。

2. 应付票据

应付票据是企业在对外经济往来中，对应付债务所开出的票据。使用应付票据一般是在卖方知道买方信用不佳或对买方信用不了解，必须以法律凭据来承诺在未来一定时期内偿还债务的情况下进行的。应付票据主要是商业汇票，包括银行承兑汇票和商业承兑汇票。

商业汇票是一种期票，是反映应付账款或应收账款的书面凭证，在财务上作为应付票据或应收票据处理。商业汇票必须经过承兑才有效，承兑期限由交易双方商定，一般为 1—6 个月，最长不超过 9 个月，遇有特殊情况可以适当延长。采用商业汇票可以起到约期结算、防止拖欠的作用。同时，在一定程度上，商业承兑汇票具有流动性，卖方可以提前到银行贴现，获取现金，也可作为借款担保抵押品，买方可以在签发日至到期日这段时间里自主地使用这部分资金。因此，它是一种很好的短期融资方式。

3. 预收账款

预收账款是指卖方按合同或协议规定，在商品未发出以前向买方预收的全部或部分货款所发生的商业信用，即卖方向买方借入以商品归还为条件的一笔借款。预收账款对于买方来说，可以取得期货，对于卖方来说，可以预先收入一笔款项。预收账款通常适用于两种情况：(1)买方对紧俏商品乐于采用这种商业信用形式，以便获得所需要的商品；(2)对于生产周期长、价值高的商品，如轮船、飞机、机车等，生产厂商往往向订货者分次预收货款，以解决生产过程中资金的供需矛盾。但是，采用这种商业信用方式，可能发生有的单位借商品供不应求之机，乱收预收账款，不合理地占用其他企业资金，故应有所控制。

4. 应付费用

应付费用是指企业应付而未付的费用。它主要包括应付工资、应付福利费、应付税金、其他应付款等。应付费用有指定的支付日期，同应付账款一样，也是一种自然性的短期融资来源，应按规定正确计算、及时支付。利用应付费用没有实际成本这一特点，可为企业节省利息费用。但应付费用并非企业主动筹资的结果，企业也无权扩大规模，不同于一般的筹资。

综上所述，商业信用是一种自然性融资。它具有筹资便利、限制条件少、有时无筹资成本等优点，这便决定了它是一种很好的筹集短期资金的方式。但商业信用也有不足之处，主要表现为期限较短，如果到期不付款，则会影响企业信誉，给以后筹资和交易带来不便。

（二）银行信用

银行信用是指企业向银行及其他金融机构借入的期限不到 1 年的短期借款。银行信用可分为担保贷款和无担保贷款两种。

1. 担保贷款

担保贷款是指借款企业以担保物作为借款本息偿还保证的贷款。这主要是对一些信用不好、财务状况不佳的企业贷款时所采取的措施，以便向银行提供债务得以履行的担保，在企业不能履行还款义务时，银行有权出售担保品，以获得贷款的偿还。

担保的形式主要有：(1)证人担保。证人担保是指由企业以外的第三者向银行提供的担保，当企业不能履行债务时，由第三者代为偿还。(2)财产担保。财产担保是指企业以自己的财产作抵押品的担保，当企业不能履行债务时，银行可请求法院拍卖其抵押品而得到优先偿还。(3)留置担保。留置担保是指银行按合同、协议规定占有企业财产的担保，当企业不能履行债务时，银行有权扣留其财产，折价变卖以偿还债务。(4)货币担保。货币担保是指企业预交一定数额的定金，以担保合同履行的担保。

2. 无担保贷款

无担保贷款是借款企业以其良好的信用素质和优越地位作为借款本息偿还保证的贷款，亦称信用贷款。商业银行向企业提供无担保贷款，往往附带一定的信用条件，以增强贷款的安全性。无担保贷款的信用条件主要有以下几种：

(1) 信用额度。信用额度是银行向客户提供无担保贷款的最高限额。在此限额内企业可以灵活机动地依据自身的实际需要签发正式期票办理借款。信用额度的有效期通常为一年，借款人超过信用额度的有效期继续向银行借款，银行将不予办理。由于银行不负有向企业提供信用额度的法律义务，一旦企业违约或信誉趋于恶化，即使银行已同意的信用额度尚有结余，银行也可以自行中止提供贷款。

(2) 周转信贷协定。周转信贷协定是银行在法律上有义务向借款企业提供不超过某一最高限度的信贷额。在协议有效期内(通常为一年),只要企业借款总额未超过规定的限额,就可以持续地循环借还。但借款企业享受周转贷款协定的同时,通常要对贷款限额的未使用部分,向银行支付一定比例的承诺费,以补偿银行的机会损失。

(3) 补偿性余额。补偿性余额是银行要求借款人在银行中保留一定数额的最低存款余额(通常为贷款限额的10%—20%)。其目的是为了降低银行贷款风险,补偿其可能遭受的损失。对借款企业来讲,则减少了实际使用的资金,提高了借款的实际利率,加重了利息负担。

【例4-6】 兴业公司急需短期资金20万元,拟向银行申请贷款,年利率10%,银行要求企业保留贷款的20%作为补偿性余额。则该公司应贷款数额及实际利率为:

$$应贷款数额=\frac{所需金额}{1-补偿性余额(\%)}=\frac{20}{1-20\%}=25(万元)$$

$$实际利率=\frac{应贷款数额\times 利率}{所需金额}\times 100\%=\frac{25\times 10\%}{20}\times 100\%=12.5\%$$

或,

$$实际利率=\frac{名义利率}{1-补偿性余额(\%)}=\frac{10\%}{1-20\%}=12.5\%$$

综上所述,银行实力雄厚、资金充足,能为企业提供较多的短期贷款,采用银行信用方式筹集资金,不仅能满足企业经常性和季节性的资金需要,而且弹性较好,可根据资金情况安排借款和还款。但是与商业信用相比,银行贷款不仅成本高、限制较多,而且银行还要对企业实行一定的控制。

二、长期负债筹资

(一) 长期借款

长期借款是指企业向银行以及其他金融机构借入的期限在1年以上的借款。长期借款主要用于企业长期资产投资和满足永久性流动资产的资金需要。

由于长期借款数额较大,期限较长,贷款单位十分谨慎,必须按照严格的程序进行:(1)企业提出申请。其申请在符合贷款原则和条件的前提下,言明借款原因、借款期限以及借款数额。(2)贷款单位进行审批。其审批要依据有关政策和贷款条件,对借款企业进行审查,并在允许的权限内,核准企业申请的借款金额和用款计划。(3)签订借款合同和协议书。借款合同和协议书要规定借贷双方的权利、义务和经济责任。(4)企业取得借款。借款合同生效后,贷款单位在核定的贷款指标范围内,根据用款计划和实际需要,一次或分次将贷款转入企业的存款结算户,以便企业支用借款。(5)企业偿还借款。企业应按借款合同规定付息还本。

长期借款与长期债券相比,具有所需时间较短、获取资金较快,可在税前支付利息,借款成本低,以及在借款期间企业财务状况有变化可直接与贷款单位协商等优点。但是,长期借款也具有必须定期还本付息、财务风险大、限制条件多、筹资数额有限等缺点。因此,一般运用于资金需要量不太大、资金要求时间不太长的企业。

（二）长期债券

债券是债务人为筹集负债资金而发行的，承诺在规定时间按照一定的利息率向债权人支付利息，并到期还本的一种有价证券。债券是持券人拥有公司债权的凭证，它代表持券人同公司之间的债权债务关系。持券人可按期取得固定利息，到期收回本金，但无权参与公司经营管理，也不参加分红，对企业的经营亏损也不承担责任。按照国际惯例，股份公司和有限责任公司发行的债券称为公司债券，我国亦然。

1．债券的种类

企业发行的债券种类很多，可按不同标准进行分类。

（1）债券按有无财产担保，分为抵押债券和信用债券。抵押债券是以发行债券企业的稳定财产为担保品，如债券到期不能偿还，持券人可以行使其抵押权，拍卖抵押品作为补偿。抵押债券按其抵押品的不同，又可分为不动产抵押债券、动产抵押债券和证券抵押债券。其中，证券抵押债券是债券发行人以所持有的有价证券作为抵押品而发行的债券。信用债券又称无抵押担保债券，是仅凭企业自身的信用发行的、没有抵押品作抵押或担保人作担保的债券。在公司清算时，信用债券的持有人因无特定的资产做担保品，只能作为一般债权人参与剩余财产的分配。

（2）债券按发行方式，分为记名债券和不记名债券。记名债券是在债券的券面上记有持券人的姓名或名称的一种企业债券。记名债券转让时要办理过户手续。不记名债券是指在债券的券面上不记载债权人姓名或名称的一种企业债券。不记名债券流动方便，转让无须过户。

（3）债券按偿还方式，分为定期偿还债券和不定期偿还债券。定期偿还债券是指到期还本付息或分期偿还的债券。不定期偿还债券是指按抽签确定债券号码偿还本金和利息的债券。

（4）债券按计息标准，分为固定利率债券和浮动利率债券。固定利率债券是指债券的利息率在债券的年限内保持固定的债券。浮动利率债券是指利息率随着基本利率变动而变动的债券。

（5）债券按可否转换，分为可转换债券和不可转换债券。可转换债券是指可以转换普通股的债券。可转换债券在规定时期内（一般为债券期限）转换时，应按规定的价格或一定比例转换为普通股。不可转换债券是指不能转换为普通股的债券。

2．债券发行的程序

依据我国《企业债券管理条例》规定，企业发行债券应当由证券经营机构承销，并且必须通过公开发行的形式进行。其基本程序如下：

（1）作出发行债券的决议。企业发行债券要由董事会制订方案，股东会或其他有关机构作出决议。发行债券方案中应确定债券总额、利率、发行的起止日期，特别是要分析发行债券筹得资金的用途和效益，以便对债券发行的可行性作出评价。

（2）提出发行债券的申请。企业发行债券应当按规定程序报请国务院证券管理部门批准。办理申请时应提交公司登记证明、公司章程、公司债券募集办法、资产评估报告和验资报告。

（3）公告企业债券募集办法。企业发行债券的申请经批准后，应当向社会公告债券募集办法。企业债券募集办法中应当载明债券总额、债券票面金额、债券利率、还本付息的期限和方式、债券发行的起止日期、企业净资产额、企业已发行而尚未到期的债券总额、债券的承销机构。

（4）委托证券经营机构发售。公募、间接发行是世界各国通行的公司债券发行方式。在这种发行方式下，发行公司要与数家证券公司或投资银行组成的承销团签订承销协议，由其代销或包销。

（5）发售债券，收缴债券款，登记债券存根簿。发行债券通常不需经过填写认购证过程，由债券购买人直接向承销单位付款购买，承销单位付给债券购买人企业债券。然后，由承销单位向企业汇缴债券款及结算从企业预收的债券。企业还应在置备的债券存根簿中登记债券的相关事项。

（6）按期还本付息。一般情况下，分定期偿还和随时偿还两种形式。

3. 债券发行价格的确定

债券发行价格的高低，取决于四项因素：(1)债券票面价值，即债券面值。债券售价的高低，从根本上取决于面值大小，但面值是企业将来归还的数额，而售价是企业现在收到的数额。如果不考虑利息因素，从资金时间价值来考虑，企业应按低于面值的售价出售，即按面值进行贴现收取债券价款。(2)债券利率。债券利息是企业在债券发行期间内付给债券购买者的，债券利率越高，则债券售价也越高。(3)市场利率。市场利率是衡量债券利率高低的参照指标，与债券售价成反比例的关系。(4)债券期限。债券发行的起止日期越长，则风险越大，售价越低。企业债券通常按债券面值等价发行，但在实践中往往要按低于面值的折价发行或高于面值的溢价发行。这是因为债券利率是参照市场利率制定的，市场利率经常变动，而债券利率一经确定就不能变更。

从资金时间价值来考虑，债券的发行价格由两部分组成：(1)债券到期还本面额的现值；(2)债券各期利息的年金现值。其计算公式如下：

$$\text{债券发行价格} = \frac{\text{债券面值}}{(1+\text{市场利率})^n} + \sum_{t=1}^{n} \frac{\text{债券面值} \times \text{债券利率}}{(1+\text{市场利率})^t}$$

式中，n 为债券期限；t 为付息期数；市场利率是指债券发售时的市场利率；债券利率是指债券的票面利率（通常为年利率）。

【例 4-7】 某公司发行面值为 1 000 元的债券，债券票面利率为 10%，每年年末付息一次，五年到期。则当市场利率分别为 10%、12%、8% 时的债券发行价格分别为：

(1) 当市场利率为 10%（即等于债券利率）时

债券发行价格 = 债券面额现值 + 每期利息现值

= 1 000 × 0.621 + 1 000 × 10% × 3.791

= 1 000（元）

(2) 当市场利率为 12%（即高于债券利率）时

债券发行价格 = 债券面额现值 + 每期利息现值

= 1 000 × 0.567 + 1 000 × 10% × 3.605

= 927（元）

(3)当市场利率为8%(即低于债券利率)时

$$债券发行价格 = 债券面额现值 + 每期利息现值 = 1\ 000 \times 0.681 + 1\ 000 \times 10\% \times 3.993 = 1\ 080(元)$$

4. 发行债券筹资的评价

发行长期债券筹资的主要优点是:(1)资金成本较低;(2)具有财务杠杆作用;(3)可保障控制权;(4)有利于调整资本结构。其缺点是:(1)财务风险高;(2)限制条件多;(3)筹资额有限。

(三)融资租赁

融资租赁是指由租赁公司按承租单位要求出资购买设备,在较长的契约或合同期内提供给承租单位使用的信用业务。它是以融通资金为主要目的的租赁。一般借贷的对象是资金,而融资租赁的对象是实物。融资租赁是融资与融物相结合的、带有商品销售性质的借贷活动,是企业筹集资金的一种新方式。

1. 融资租赁的基本程序

(1)选择租赁公司,提出委托申请;(2)选择租赁设备,探询设备价格;(3)签订购货协议;(4)签订租赁合同;(5)交货验收;(6)结算货款;(7)投保;(8)交付租金;(9)合同期满处理设备。

上述程序,如图4-1所示。

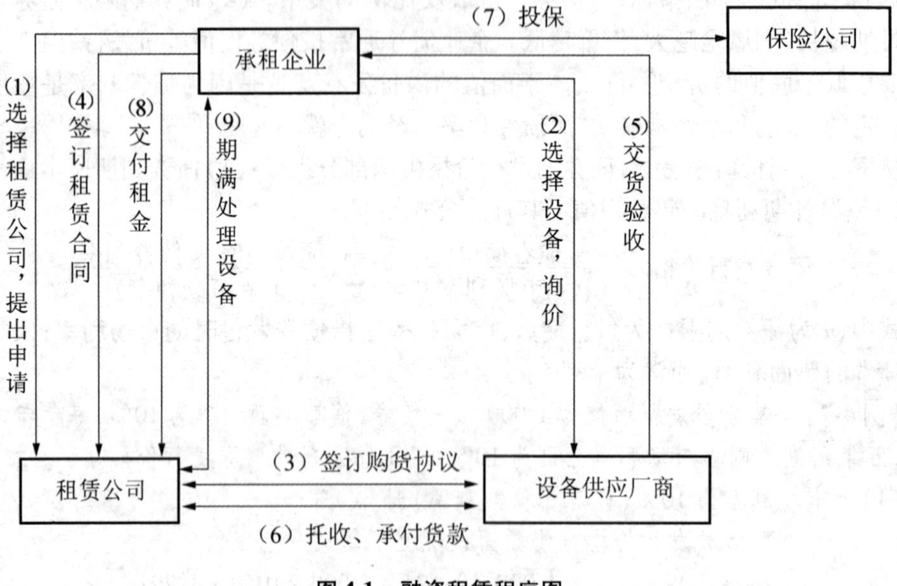

图4-1 融资租赁程序图

2. 融资租赁租金的确定

(1)租金总额的组成。①设备原价。指设备的购置成本,包括设备买价、运输费、安装调试费、保险费等。②预计设备残值。指设备租赁期满后,出售可得的市价。③利息。指租赁公司为承租企业购置设备垫付资金所应支付的利息。④租赁手续费。指租赁公司承办租赁设备所发生的营业费用,不包括维修、保养费用,可包括一定的盈利。

(2) 租金的计算方法。租金计算方法很多,我国融资租赁实务中,大多采用平均分摊法和等额年金法。以下仅介绍平均分摊法。平均分摊法是先以商定的利息率和手续费率计算出租赁期间的利息和手续费,然后连同设备成本按支付次数平均计算每次支付的租金。这种方法没有充分考虑资金时间价值因素。其计算公式为:

$$R=\frac{(C-S)+I+F}{N}$$

式中,R 为每次支付的租金;C 为租赁设备购置成本;S 为租赁设备预计残值;I 为租赁期间利息;F 为租赁期间手续费;N 为租期。

【例 4-8】 兴业公司于 2012 年 1 月 1 日从租赁公司租入一套设备,价值 100 000 元,租期为 5 年,预计租赁期满时的残值为 6 000 元,归租赁公司,年利率 9%,租赁手续费率为设备价值的 2%。租金每年年末支付一次。则每年年末支付的租金为:

$$每年年末支付的租金=\frac{(100\,000-6\,000)+[100\,000\times(1+9\%)^5-100\,000]+100\,000\times2\%}{5}$$

$$=\frac{94\,000+53\,862+2\,000}{5}$$

$$=29\,972(元)$$

3. 融资租赁的评价

其优点是:(1)能迅速获得所需资产;(2)筹资限制较少;(3)可避免设备陈旧过时的风险;(4)到期还本负担轻;(5)能减少所得税。其缺点主要是:资金成本高,租金通常比举借银行借款或发行债券所负担的利息高得多,且租金总额通常要高于设备价值的 30%。

第四节　筹 资 风 险

一、筹资风险概述

企业筹资风险又称财务风险(Financial Risk),是指企业因借入资金而产生的丧失偿债能力的可能性和企业利润(股东收益)的可变性。企业在筹资、投资和生产经营活动各环节中无不承担一定程度的风险。筹资活动是一个企业生产经营活动的起点。一般企业筹集资金的主要目的,是为了扩大生产经营规模,提高经济效益。企业为了取得更多的经济效益而进行筹资,必然会增加按期还本付息的筹资负担,由于企业资金利润率和借款利息率都具有不确定性(都可能提高或降低),从而使得企业资金利润率可能高于或低于借款利息率。如果企业决策正确、管理措施有效,就可以实现其经营目标(使企业的资金利润率高于借款利息率)。但在市场经济条件下,由于市场行情的瞬息万变,企业之间的竞争日益激烈,都可能导致决策失误、管理措施失当,从而使得筹集资金的使用效益具有很大的不确定性,由此产生了筹资风险。

企业承担的风险程度因负债方式、期限及资金使用方式等不同,面临的偿债压力也有所不同。因此,筹资决策除规划资金需要数量,并以合适的方式筹措到所需资金以外,还必须正确权衡不同筹资方式下的风险程度,并提出规避和防范风险的措施。

二、筹资风险的种类

企业筹资渠道可分为两大类:一类是所有者投资,包括企业的资本金及由此衍生的公积金、未分配利润等;另一类是借入资金。对于借入资金这一类筹资活动而言,筹资风险的存在是显而易见的。借入资金均严格规定了借款人的还款方式、还款期限和还本付息金额,如果借入资金不能产生效益,导致企业不能按期还本付息,就会使企业付出更高的经济和社会代价。例如向银行支付罚息,低价拍卖抵押财产,引起企业股票价格下跌等,严重的则会导致企业破产倒闭。因此,借款筹资的风险,表现为企业能否及时足额地还本付息。

对于所有者投资而言,它不存在还本付息的问题,而是属于企业的自有资金,这部分筹入资金的风险,只存在于其使用效益的不确定上。正是由于其使用效益的不确定,从而使得这种筹资方式也具有一定的风险性,具体表现在资金使用效果低下,无法满足投资者的投资报酬期望,引起企业股票价格下跌,使筹资难度加大,资金成本上升。此外,企业筹入资金的两大渠道的结构比例不合理,也会影响到资金成本的高低和资金使用效果的大小,影响到借入资金的偿还和投资报酬期望的实现。因此,筹资风险具体有借入资金的风险、自有资金的风险和筹资结构的风险三种表现形式。

三、筹资风险产生的根源

(一) 筹资风险的类型

按照筹资风险的成因不同,负债筹资风险可以分为现金性筹资风险和收支性筹资风险。

1. 现金性筹资风险

现金性筹资风险指由于现金短缺、现金流入的期间结构与债务的期限结构不相匹配而形成的一种支付风险。现金性筹资风险对企业未来的筹资影响并不大。同时由于会计处理上受权责发生制的影响,即使企业当期投入大于支出也并不等于企业就有现金流入,即它与企业收支是否盈余没有直接的关系。现金性筹资风险产生的根源在于企业理财不当,使现金预算安排不妥或执行不力造成支付危机。此外,在资本结构安排不合理、债务期限结构搭配不好时也会引发企业在某一时点的偿债高峰风险。

2. 收支性筹资风险

收支性筹资风险指企业在收不抵支的情况下出现的到期无力偿还债务本息的风险。收支性筹资风险是一种整体风险,它会对企业债务的偿还产生不利影响。从这一风险产生的原因看,一旦这种风险产生即意味着企业经营的失败,或者正处于资不抵债的破产状态。因此,它不仅是由于理财不当造成的,更主要的是由于企业经营不当造成的净产量总量减少所致。出现收支性筹资风险不仅将使债权人的权益受到威胁,而且将使企业所有者面临更大的风险和压力。因此它又是一种终极风险,其风险的进一步延伸会导致企业破产。

（二）筹资风险的内因分析

（1）负债规模。负债规模是指企业负债总额的大小或负债在资金总额中所占比重的高低。企业负债规模大,利息费用支出增加,由于收益降低而导致丧失偿付能力或破产的可能性也增大。同时,负债比重越高,企业的财务杠杆系数越大,股东收益变化的幅度也随之增加。所以负债规模越大,财务风险也越大。

（2）负债的利息率。在同样负债规模的条件下,负债的利息率越高,企业所负担的利息费用支出就越多,企业破产危险的可能性也随之增大。同时,利息率对股东收益的变动幅度也大有影响,因为在息税前利润一定的条件下,负债的利息率越高,财务杠杆系数越大,股东收益受影响的程度也越大。

（3）负债的期限结构。负债的期限结构是指企业所使用的长短期借款的相对比重。如果负债的期限结构安排不合理,例如应筹集长期资金却采用了短期借款,或者相反,都会增加企业的筹资风险。原因在于:第一,如果企业使用长期借款来筹资,它的利息费用在相当长的时期中将固定不变;但如果企业用短期借款来筹资,则利息费用可能会有大幅度的波动。第二,如果企业大量举借短期借款,并将短期借款用于长期资产,则当短期借款到期时,可能会出现难以筹措到足够的现金来偿还短期借款的风险。此时,若债权人由于企业财务状况差而不愿意将短期借款展期,则企业有可能被迫宣告破产。第三,长期借款的融资速度慢,取得成本通常较高,而且还会有一些限制性条款。

（三）筹资风险的外因分析

（1）经营风险。经营风险是企业生产经营活动本身所固有的风险,其直接表现为企业息税前利润的不确定性。经营风险不同于筹资风险,但又影响筹资风险。当企业完全用股本融资时,经营风险即为企业的总风险,完全由股东均摊。当企业采用股本与负债融资时,由于财务杠杆对股东收益的扩张性作用,股东收益的波动性会更大,所承担的风险将大于经营风险,其差额即为筹资风险。如果企业经营不善,营业利润不足以支付利息费用,则不仅股东收益化为泡影,而且要用股本支付利息,严重时会导致企业丧失偿债能力,被迫宣告破产。

（2）预期现金流入量和资产的流动性。负债的本息一般要求以现金(货币资金)偿还,因此,即使企业的盈利状况良好,但其能否按合同、契约的规定按期偿还本息,还要看企业预期的现金流入量是否足额、及时和资产的整体流动性如何,现金流入量反映的是现实的偿债能力,资产的流动性反映的是潜在的偿债能力。如果企业投资决策失误或信用政策过宽,不能足额或及时地实现预期的现金流入量,以支付到期的借款本息,就会面临财务危机。此时,企业为了防止破产可以变现其资产,各种资产的流动性(变动能力)是不一样的,其中库存现金的流动性最强,而固定资产的变现能力最弱。企业资产的总体流动性不同,即各类资产在资产总额中所占比重不同,对企业的财务风险关系甚大,当企业资产的总体流动性较强,变现能力强的资产较多时,其财务风险就较小;反之,当企业资产的整体流动性较弱,变现能力弱的资产较多时,其财务风险就较大。很多企业破产不是没有资产,而是因为其资产不能在较短时间内变现,结果不能按时偿还债务,只好宣告破产。

(3)金融市场。金融市场是资金融通的场所。企业负债经营要受金融市场的影响,如负债利息率的高低就取决于取得借款时金融市场的资金供求情况,而且金融市场的波动,如利率、汇率的变动,都会导致企业的筹资风险。当企业主要采取短期贷款方式融资时,如遇到金融政策紧缩、银根抽紧、短期借款利率大幅度上升,就会引起利息费用剧增、利润下降,更有甚者,一些企业由于无法支付高涨的利息费用而破产清算。

筹资风险的内因和外因相互联系、相互作用,共同诱发筹资风险。一方面,受经营风险、预期现金流入量和资产的流动性及金融市场等因素的影响,只有在企业负债经营的条件下,才有可能导致企业的筹资风险;而且负债比率越大,负债利息越高,负债的期限结构越不合理,企业的筹资风险越大。另一方面,虽然企业的负债比率较高,但如果企业已进入平稳发展阶段,经营风险较低,且金融市场的波动不大,那么企业的筹资风险相对就较小。

四、筹资风险的管理与控制

企业筹集资金的主要目的是为了扩大生产经营规模,提高经济效益,投资项目若不能达到预期效益,就会影响企业获利水平和偿债能力。如果企业决策正确、管理有效,就可以实现其经营目标。在筹资过程中,企业管理者拓展投资渠道,必须谨慎,应着重进行对外投资决策控制与分析,对重大投资项目进行可行性研究。盲目投资、没有进行事前周密的财务分析和市场调研是造成失误的主要原因。管理者应该从企业经济利益出发,对经济活动的正确性、合理性、合法性和有效性进行全面的监督,并分析不同渠道资金的成本以及对公司经营的影响,尽量以最低的成本获得充足的资金供应。因此,对筹资风险的管理与控制就成为企业财务风险管理的首要环节和内容。

1. 合理确定财务结构、筹资规模,控制负债经营风险

在资金结构中,若负债的比例过大,即过度负债经营,那么依赖于外界的因素过多,也就加大了企业的经营风险和财务风险,生产经营环节稍有脱节,资金回收不及时,资金成本将大幅度增加,降低了企业经营利润并削弱了企业活力。因此,企业应把握好负债经营的"度"。要合理确定债务资金与自有资金、短期资金与长期资金的比例关系,并随着企业生产的变化而变化,使企业始终处于一种动态的管理过程中。合理确定企业一定时期所需筹集资金的数额是企业筹资管理的重要内容。企业一方面要筹集到足够的资金以满足企业生存和发展的需要,另一方面还要注意筹集的资金不能过多,防止产生资金的配置风险,出现资金的闲置,增加企业的债务负担。因此,要权衡举债经营的财务风险来确定债务比率,同时还要考虑债务清偿能力,要尽量做到资金的筹集量与资金的需求量相互平衡。

2. 正确选择筹资方式

企业的筹资方式可归为两大类,即负债筹资和股票筹资。一般来说,负债筹资资金成本相对较低,利息税前支付,但偿还风险相对较大,表现为能否及时足额地还本付

息。企业管理者应根据利率走势,合理安排筹资。当利率处于高水平或处于由高向低过渡的时期,应尽量少筹资,对必须筹措的资金,应尽量采用浮动利率的计息方式。当利率处于低水平或由低向高过渡的时期,筹资较为有利,应尽量采用固定利率的计息方式来保持较低的资金成本。股票偿还风险相对较小,股票筹资不存在还本付息的问题,它的风险只在于其使用效益的不确定。但是股票筹资的利息需税后支付,资金成本相对较高。

3. 选择适当的筹资机会

筹资机会是客观存在的,能否把握筹资的机会,不仅影响到筹资的效益,而且关系到筹资的风险。企业在选择筹资机会时要考虑以下几点:要与企业经济活动的周期和财务状况相匹配,要与企业的股票行市相匹配,要与企业未来现金流量相匹配。

4. 采用不同渠道、方式确定合理的筹资结构

企业筹集的资金,由于来源、方式、期限或成本的不同,其筹资风险也不同。企业全部资金来源通常可分为自有资金和借入资金、长期资金和短期资金、内部筹资和外部筹资、直接筹资和间接筹资。应将负债经营资产收益率与债务资本成本率进行对比,只有前者大于后者,才能保证本息到期归还,实现财务杠杆收益;根据组合风险分散理论,多元化筹资可以有效地分散企业的筹资风险,单一化筹资不仅是不现实的,也可能是非常危险的或成本很高的。筹资结构的确定就是要使筹资组合中各筹资方式所占比例,既能将筹资风险最小化,同时又使加权资金成本最小化。

5. 加强财务监控机制,防范金融风险

近几年,中央反复强调要加强金融监控,并加大了监管力度,但对许多企业仍然收效甚微,金融风险有增无减。这主要表现为重视了外部环境的制约,而对内控制度的建设抓得不够。面对不断变化的财务管理环境,企业应设置高效的财务管理机构,配备高素质的财务管理人员,健全财务管理规章制度,强化财务管理的各项基础工作,使企业财务管理系统有效运行,以防范因财务管理系统不适应环境变化而产生的财务风险。

【本章小结】

本章讲授了资金筹资管理的基本理论与方法,主要内容包括:

1. 企业筹资是指企业通过金融市场或有关渠道,运用各种筹资方式,经济有效地筹措和集中企业生产经营以及发展所需资金的一项财务活动。企业筹资活动是企业的一项基本财务活动,企业筹资管理是企业财务管理的重要内容,它的存在是十分必要的。

2. 权益资金也叫自有资金,其形式有吸收资本和发行股票两种,在资产负债表上形成股东权益类账户。自有资金具有资本成本高而财务风险低的特点,对于资产负债率高的企业,可以通过融入权益资金降低资产负债率,提高资信水平和借贷能力;自有资金的资本成本高,因此,当企业负债水平较低时,应尽量采用借入资金来融通资金,以降低企业综合资本成本。

3. 企业负债资金的筹集方式主要有吸收直接投资、银行借款、发行股票、发行债券、融资租赁和商业信用等。其中，长期筹资方式有银行长期借款、发行长期债券和融资租赁。

4. 企业筹资风险又称财务风险(Financial Risk)，是指企业因借入资金而产生的丧失偿债能力的可能性和企业利润(股东收益)的可变性。企业在筹资、投资和生产经营活动各环节中无不承担一定程度的风险。企业承担风险程度因负债方式、期限及资金使用方式等不同面临的偿债压力也有所不同。因此，筹资决策除规划资金需要数量，并以合适的方式筹措到所需资金以外，还必须正确权衡不同筹资方式下的风险程度，并提出规避和防范风险的措施。

【思考题】

1. 企业筹集资金的动机有哪些?
2. 我国企业的筹资方式主要有哪些?
3. 发行股票筹资的优缺点有哪些?
4. 股票价值如何组成?
5. 债券发行价格的高低取决于哪些因素?

【综合案例】

华能国际作为央企，在资金筹集上积极拓宽融资渠道，在筹资过程的早期在美国、中国香港、中国内地发行股份筹集资金，有效弥补了资金的不足，在当时具有创新意义。

但是在华能国际上市的前几年，依靠持续收购不断扩大规模，虽然这种规模扩张带来了明显的短期业绩增长，但是这种扩张需要大量资金，这么大的资金支出必然需要通过融资来实现。

近年来华能国际的筹资力度加大，主要是由于开展一系列资产并购及基建建设开发所致，而不断发行短期融资券也是为了满足公司营运资金的需求。一旦华能国际在融资上遇到障碍影响到其规模扩张，无疑会对其业绩的增长产生重要影响。

近几年华能国际的债券发行数额较大，此举说明华能国际面临着资金紧缺的情况，反映出华能国际大规模扩容带来的资金压力(当然这也凸显了电力股普遍面临的成长性尴尬困境)。

华能国际的债务资本筹集方式和其资金使用状况也反映出电力市场的普遍问题——短债长投。因为短期债成本低，而且可以逃避很多费用，资金来源快。但是短期债作长期项目投资增加了公司的财务风险，很容易导致资金断裂。在最近市场状况不佳的情况下，这一问题更加突出，甚至传出国家注资的可能。

纵向资本结构分析:

单位:元

年份	负债资本	权益资本
2005	50 931 737 516	39 081 551 960
2006	62 753 134 446	49 398 959 064
2007	71 373 606 719	50 765 743 689
2008 年第三季度	119 034 395 910	42 983 317 319

横向资本结构分析：

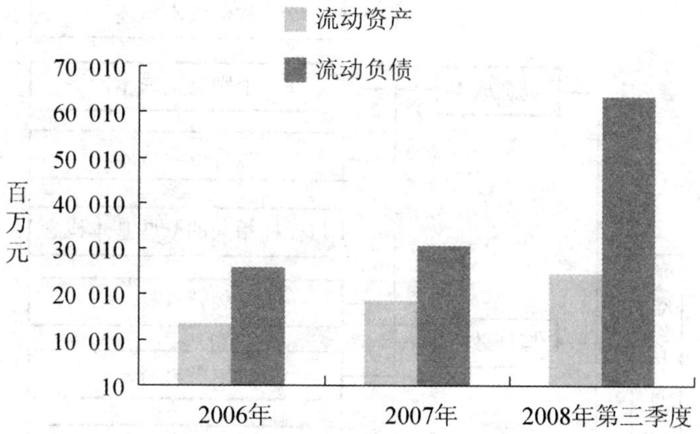

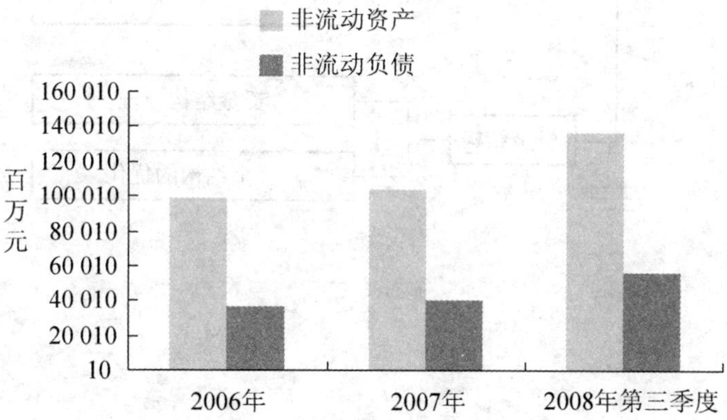

要求：

请给华能国际提出一些筹资管理上的合理化建议。

第五章　资金结构管理

【本章导航】

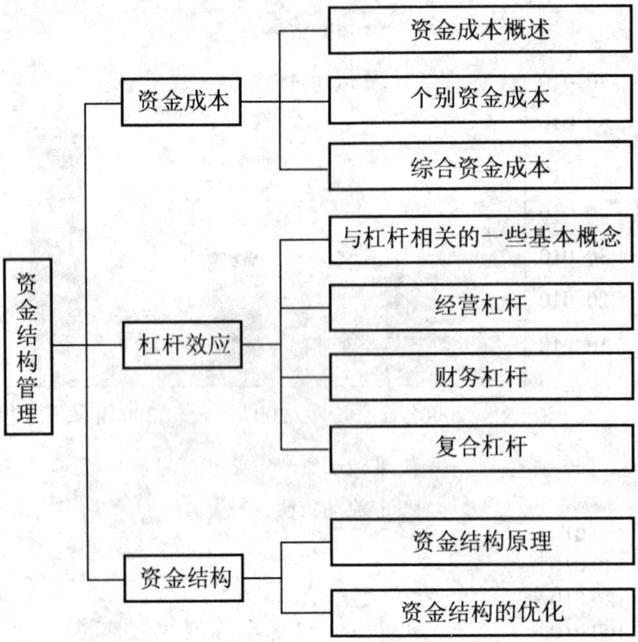

【知识目标】

通过本章的学习,学生应了解资金结构及其作用、资金结构理论;理解资金成本和杠杆原理及资金结构原理;明确不同的杠杆效应,掌握资金成本、经营杠杆系数、财务杠杆系数、复合杠杆系数及最佳资金结构的计算。

【技能目标】

通过本章的学习,要求学生能够灵活运用各种方法进行资本结构优化的决策。

【引导案例】

大宇集团轰然倒下的根源

韩国第二大企业集团大宇集团 1999 年 11 月 1 日向新闻界正式宣布,该集团董事长金宇中以及 14 名下属公司的总经理决定辞职,以表示对大宇的债务危机负责,并为推行结构调整创造条件。韩国媒体认为,这意味着"大宇集团解体进程已经完成","大宇集团已经消失"。

大宇集团于 1967 年开始奠基立厂,其创办人金宇中当时是一名纺织品推销员。经过 30 年的发展,通过政府的政策支持、银行的信贷支持和在海内外的大力购并,大宇成为直逼韩国最大企业——现代集团的庞大商业帝国,业务涉及贸易、汽车、电子、通信设备、重型机械、化纤、造船等众多行业,大宇成为国际知名品牌。大宇是"章鱼足式"扩张模式的积极推行者,认为企业规模越大,就越能立于不败之地,即所谓的"大马不死"。据报道,1993 年金宇中提出"世界化经营"战略时,大宇在海外的企业只有 15 家,而到 1998 年底已增至 600 多家,"等于每三天增加一个企业"。还有更让韩国人为大宇着迷的是:在韩国陷入金融危机的 1997 年,大宇不仅没有被危机困倒,反而在国内的集团排名中由第 4 位上升到第 2 位,金宇中本人也被美国《财富》杂志评为亚洲风云人物。

1997 年年底韩国发生金融危机后,其他企业集团都开始收缩,但大宇仍然我行我素,结果债务越背越重。大宇认为,只要提高开工率,增加销售额和出口额就能躲过这场危机。因此,它继续大量发行债券,进行"借贷式经营"。1998 年大宇发行的公司债券达 7 万亿韩元(约合 58.33 亿美元)。1998 年第 4 季度,大宇的债务危机已初露端倪,在各方援助下才躲避过债务灾难。此后,在严峻的债务压力下,大梦方醒的大宇虽作出了种种努力,但为时已晚。1999 年 7 月中旬,大宇向韩国政府发出求救信号;7 月 27 日,大宇因"延迟重组",被韩国 4 家债权银行接管;8 月 11 日,大宇在压力下屈服,割价出售两家财务出现问题的公司;8 月 16 日,大宇与债权人达成协议,在 1999 年年底前,将出售盈利状况最佳的大宇证券公司,以及大宇电器、大宇造船、大宇建筑公司等,大宇的汽车项目资产免遭处理。《8 · 16 协议》的达成,表明大宇已处于破产清算前夕,遭遇"存"或"亡"的险境。由于在此后的几个月中，经营依然不善，资产负债率仍然居高不下，大宇最终不得不走向本文开头所述的那一幕。

大宇集团为什么会倒下？在其轰然坍塌的背后，存在的问题固然是多方面的，但从根本上说，大宇集团的解散，是其资本结构严重失衡造成的结果。

资料来源：李海燕. 从大宇集团的倒闭中谈财务杠杆的运用与控制. 商场现代化，2007(14)。

第一节　资金成本

一、资金成本概述

(一) 资金成本的概念

资金成本是指企业为筹集和使用资金而付出的代价。在市场经济条件下，企业不能无偿使用资金，必须向资金提供者支付一定数量的费用作为补偿。企业使用资金就要付出代价，所以，企业必须节约使用资金。

资金成本包括筹资费用和用资费用两个部分。

(1) 筹资费用。筹资费用是指企业在筹措资金过程中为获取资金而支付的费用，如向银行支付的手续费，因发行股票、债券而支付的发行费等。筹资费用通常是在筹措资金时一次支付的，在用资过程中不再发生，属固定费用性质。

(2) 用资费用。用资费用是指企业在投资过程中因使用资金而支付的代价，如向股东支付的股利、向债权人支付的利息等，属变动费用性质。

资金成本可以用绝对数表示，也可以用相对数表示，但在财务管理中，一般用相对数表示，即表示为用资费用与实际筹得资金（即筹资数额扣除筹资费用后的差额）的比率。其通用计算公式为：

$$K=\frac{D}{P-F}$$

或，

$$K=\frac{D}{P(1-F_i)}$$

式中，K 为资金成本，用百分数表示；D 为用资费用；P 为筹资总额；F 为筹资费用；F_i 为筹资费用率，即筹资费用占筹资总额的比率。

(二) 资金成本的性质

1. 资金成本是取得资金使用权的一种付出

在市场经济条件下，资金的使用权和所有权相分离，要取得资金的使用权，就要支付一定的代价，这个支付的代价就是资金成本。

2. 资金成本是一种成本

与企业生产经营活动的其他耗费一样，资金成本最终要通过项目投资取得收益予以弥补，因此，资金成本也成为投资项目取舍的标准。

3. 资金成本是一种机会成本概念

资金是稀缺的，在发达金融市场上，资金存在多种用途，资金投入某个企业意味着放弃投入其他领域。投入其他领域的潜在收益便成为某个企业使用资金的机会成本。

4. 资金成本是资金时间价值与风险价值的统一

资金成本与资金时间价值既有联系，又有区别：资金成本的基础是资金时间价值，资金时间价值越大，资金成本也就越高；反之，资金时间价值越小，资金成本也就越低。但二者在数量上又不一致。资金成本不仅包括货币时间价值，也包括投资风险价值。

(三) 资金成本的作用

资金成本在许多方面都可以加以应用，主要用于筹资决策和投资决策。

1. 资金成本在筹资决策中的作用

(1) 资金成本是企业选择资金来源和筹资方式的基本依据。企业的资金可以从不同的渠道、采用不同的方式筹集。就筹集长期资金来说，既可以吸收权益资金，又可以向商业银行或其他金融机构借款，还可以向政府申请借款。企业究竟通过哪些渠道，采用什么方式筹集资金，首先要考虑的因素就是资金成本的高低。如果仅就几种筹资方式进行比较，在其他条件基本相同的情况下，企业应选择筹资成本最低的筹资方式。而在进行多种筹资方式组合时，在投资收益率大于资金成本的前提下，只有能使企业综合资金成本最低的方案才是最佳筹资方案。

(2) 资金成本是确定最优资金结构的主要参数。不同的资金结构，会给企业带来不同的风险和成本，从而引起股票价格的变动。企业在确定最优资金结构时，考虑的因素主要有资金成本和财务风险。资金成本并不是企业筹资决策中所要考虑的唯一因素。企业筹资还要考虑财务风险、资金期限、偿还方式、限制条件等。但资金成本作为一项重要的因素，直接关系到企业的经济效益，是作筹资决策时需要考虑的一个首要问题。

2. 资金成本在投资决策中的作用

资金成本是评价投资项目可行性，选择投资方案时衡量的主要经济标准。

(1) 在计算投资评价指标中的净现值指标时，通常以资金成本作为贴现率。只有当项目的净现值为正时，才说明项目是有利可图的，在经济上是可行的；反之，如果净现值为负，则说明该项目将无利可图，在经济上是不可行的。因此，采用净现值指标评价投资项目时离不开资金成本。

(2) 在利用内部收益率指标进行项目可行性评价时，一般以资金成本作为基准收益率。即只有当投资项目的内部收益率高于资金成本时，投资项目才可行；反之，当投资项目的内部收益率低于资金成本时，投资项目不可行。

二、个别资金成本

个别资金成本是指各种筹资方式的成本。其主要包括长期借款成本、债券成本、优先股成本、普通股成本和留存收益成本，前两者统称为债务资金成本，后三者统称为权益资金成本。

(一) 债务资金成本

债务资金主要是指通过银行借款和发行企业债券所筹集到的资金。这两种筹资方式的资金成本具有以下共同特点：

第一，利息是按照预先确定的利息率计算的，利息的多少不受企业经营业绩和成本高低的影响。

第二，利息从税前利润中列支，有抵减所得税的效应，对于企业来说得到了少缴纳一部分所得税的好处。故企业实际承担的债务利息是利息费用扣除抵减所得税之后的净额，即债务利息 = 利息费用 ×（1 - 所得税税率）。

1. 长期借款成本

长期借款资金成本一般是由借款利息和手续费两部分组成，其中借款利息为用资费用，手续费为筹资费用。长期借款成本的计算公式为：

$$K_l = \frac{I(1-T)}{L(1-F)}$$

式中，K_l为长期借款资金成本；I为长期借款年利息；T为所得税税率；L为长期借款筹资总额；F为长期借款筹资费用率。

【例 5-1】 ABC 公司欲从银行取得一笔长期借款 100 万元，手续费率为 0.1%，年利率为 5%，期限为 3 年，每年付息一次，到期一次还本。公司所得税税率为 25%。则该笔银行借款的资金成本为：

$$\text{银行借款成本} = \frac{100 \times 5\% \times (1-25\%)}{100 \times (1-0.1\%)} = 3.75\%$$

2. 债券成本

债券成本中的利息费用在税前支付，具有减税效应。债券的筹资费用一般较高，这类费用主要包括申请发行债券的手续费、债券注册费、印刷费、上市费以及推销费用等。债券成本的计算公式为：

$$K_b = \frac{I(1-T)}{B(1-F)}$$

式中，K_b为债券资金成本；I为债券年利息；T为所得税税率；B为债券筹资额；F为发行债券筹资费用率。

企业债券可以按面值发行，也可以溢价发行或折价发行。由于发行企业债券的筹资总额是投资者实际缴付的资金，所以筹资总额应按发行价格计算，而各期利息应按面值计算。

【例 5-2】 某企业发行一笔期限为 10 年的债券，债券面值为 100 万元，票面利率为 12%，每年支付一次利息，发行费率为 3%，所得税税率为 25%，债券按面值等价发行。则该笔债券的成本为：

$$\text{债券成本} = \frac{100 \times 12\% \times (1-25\%)}{100 \times (1-3\%)} = 9.28\%$$

（二）权益资金成本

权益资金是指所有者投入的和企业经营积累形成的资金，包括优先股、普通股和留存收益。权益资金成本由投资者的预期报酬和筹资费用两部分构成。发行优先股和普通股的筹资费用与发行企业债券类似，而投资者的预期报酬与企业债券利息虽然都是资

金成本,但二者却有很大的差别:

第一,企业债券利息是按事先预定的利息率计算的,而权益资金投资者的报酬除了受企业经营业绩影响外,还受其他因素(如股利政策)的影响,具有较大的不确定性。

第二,债务资金的利息费用可以在所得税前列支,有抵减所得税的效应,而权益资金的报酬是用税后利润支付的,对于企业来说不可能得到抵减所得税的好处。

因此,通常情况下权益资金成本比债务资金成本要高得多。

1. 优先股成本

企业发行优先股,既要支付筹资费用,又要定期支付固定股利。它与债务筹资不同的是股利在税后支付,且没有固定到期日。优先股成本的计算公式为:

$$K_p = \frac{D}{P(1-F)}$$

式中,K_p为优先股资金成本; D 为优先股年股利;P 为优先股筹资额;F 为优先股筹资费用率。

【例5-3】 某企业按面值发行100万元的优先股,筹资费率为4%,每年支付12%的股利,则优先股的成本为:

$$\text{优先股成本} = \frac{100 \times 12\%}{100 \times (1-4\%)} \times 100\% = 12.5\%$$

企业破产时,优先股股东的求偿权位于债券持有人之后,但先于普通股股东。优先股股东的风险大于债券持有人的风险,这就使得优先股的股利率一般要大于债券的利息率。另外,优先股股利要从净利润中支付,不减少公司的所得税,所以,优先股成本通常要高于债券成本。

2. 普通股成本

普通股是股份公司的原始股本,与优先股相比,其主要区别表现在普通股股利的不确定性,因此,普通股是一种风险最大的股票。从理论上讲,普通股资金成本是普通股股东在一定风险条件下所要求的最低投资报酬率。普通股股东承担的风险越大,其要求的报酬也越高。普通股报酬随企业生产经营状况的变化而变化,与负债成本和优先股成本的估算相比,普通股成本的估算较为复杂,仅靠某一种方法难以作出较为准确的估算,在计算普通股成本时,通常有三种计算方法。下面分别介绍这三种普通股成本估算方法。

(1) 股利折现模型。普通股的市场价值是一系列期望股利现金流量的现值之和,即:

$$P_0 = \frac{D_1}{(1+K_c)} + \frac{D_2}{(1+K_c)^2} + \frac{D_3}{(1+K_c)^3} + \cdots + \frac{D_\infty}{(1+K_c)^\infty}$$

上式可表示为:

$$P_0 = \sum_{t=1}^{\infty} \frac{D_t}{(1+K_c)^t}$$

式中,P_0 为普通股筹资净额,即发行价格扣除发行费用;D_t 为普通股第 t 年的股利;K_c 为普通股必要投资报酬率,即普通股资金成本。

若运用上述模型估算普通股资金成本,会因具体的股利政策不同而有所不同。

如果公司采用固定股利政策,即每年分派现金股利 D 元,则普通股的资金成本可按下式计算:

$$K_c = \frac{D}{P_0} \times 100\%$$

【例 5-4】 某公司拟发行一批普通股,发行价格为 12 元,每股发行费用为 2 元,预定每年分派现金股利 1.5 元,则其资金成本为:

$$K_c = \frac{1.5}{12-2} \times 100\% = 15\%$$

如果公司采用固定增长股利政策,股利增长率为 G,则普通股的资金成本可按下式计算:

$$K_c = \frac{D_1}{P_0} + G$$

其中,D_1 为第 1 年的股利。

【例 5-5】 宏达公司准备增发普通股,每股发行价格为 15 元,筹资费用率为 20%。预定第 1 年分派现金股利为每股 1.5 元,以后每年股利增长率为 3%。其资金成本为:

$$K_c = \frac{1.5}{15 \times (1-20\%)} + 3\% = 15.5\%$$

(2) 资本资产定价模型。根据资本资产定价模型,假定普通股股东的相关风险只是市场风险,那么投资者所期望的风险报酬就取决于该股票的 β 系数和市场风险报酬,普通股股东的期望收益率可以用下式表示:

$$K_c = R_f + \beta(R_m - R_f)$$

式中,R_f 为无风险收益率;β 为股票的贝塔系数;R_m 为市场期望投资收益率。

【例 5-6】 假定宏远公司普通股股票的 β 值为 2.0,无风险收益率为 7%,市场期望投资收益率为 15%,则按资本资产定价模型计算该公司的普通股股票的资金成本为:

$$K_c = R_f + \beta(R_m - R_f) = 7\% + 2.0 \times (15\% - 7\%) = 23\%$$

(3) 债券收益加风险报酬法。这种方法的理论依据是基于普通股的求偿权居于债权之后,且无到期日,因而持有普通股的风险要大于持有债权的风险。这样,普通股股东就必然要求获得一定的风险补偿,即在债券投资者要求的收益率的基础上再要求一定的风险报酬率。按照这一方法,普通股的资金成本计算公式为:

$$K_c = K_b + RP_c$$

式中,K_b 为债券成本;RP_c 为股东比债权人承担更大风险所要求的风险溢价。

【例 5-7】 ABC 公司已发行债券的投资报酬率为 8%。现准备发行一批股票,经分析该股票高于债券的投资风险溢价为 6%。则该股票的必要投资报酬率即资金成本为:

$$K_c = K_b + RP_c = 8\% + 6\% = 14\%$$

3. 留存收益成本

留存收益是企业的税后净利润形成的,包括提取的盈余公积和未分配利润。留存收益是企业的一项重要的资金来源,它不仅可以作为以后分配股利的来源,而且可以作为企业扩大再生产的资金来源。从资本产权界定来说,留存收益属于所有者权益,应归属于普通股股东。因此,企业使用留存收益也存在资金成本问题。留存收益的资金成本可视同普通股股东放弃目前享受这些资金,对企业进行追加投资的机会成本。故留存收益资金成本可以比照普通股资金成本确定,只是在计算留存收益资金成本时不考虑筹资费用。留存收益成本的计算公式为:

$$K_R = \frac{D_1}{P_0} + G$$

式中,K_R为留存收益资金成本;D_1为普通股第1年的股利;P_0为普通股发行价格;G为股利年增长率。

【例5-8】 某公司为满足未来的财务需求,拟增发300万股普通股,每股发行价格10元,发行费用率5%;同时,从当年的税后净利中留存500万元。预期每股股利1元,股利增长率4%。求其普通股资金成本和留存收益资金成本。

$$普通股资金成本\ K_c = \frac{1}{10 \times (1 - 5\%)} + 4\% = 14.53\%$$

$$留存收益成本\ K_R = \frac{1}{10} + 4\% = 14\%$$

三、综合资金成本

企业经营所需要的全部资金可以通过多种渠道、采用多种方式进行组合筹集,而每种筹资方式的资金成本是不一样的。为了正确进行筹资和投资决策,除了要分别计算不同筹资方式的个别资金成本,还要计算企业全部资金的综合资金成本。综合资金成本是指分别以各种个别资金成本为基础,以不同方式筹集资金占全部资金的比重为权数计算出来的加权平均资金成本。加权平均资金成本率是由个别资金成本率和各种资金比重这两个因素所决定的。其计算公式为:

$$K_w = \sum_{i=1}^{n} K_i W_i \quad (其中,\sum_{i=1}^{n} W_i = 1)$$

式中,K_w为加权平均资金成本;K_i为某一个别资金成本;W_i为某一个别筹资额占筹资总额的比重。

【例5-9】 某企业共有资金100万元,其中,长期银行借款10万元,企业债券30万元,优先股10万元,普通股40万元,留存收益10万元。各种资金的成本分别为6%、8%、10%、15.5%和15%。则该企业加权平均的资金成本为:

(1)计算各种资金所占的比重

$$长期银行借款占资金总额的比重\ W_1 = \frac{10}{100} \times 100\% = 10\%$$

$$企业债券占资金总额的比重\ W_2 = \frac{30}{100} \times 100\% = 30\%$$

$$优先股占资金总额的比重\ W_3 = \frac{10}{100} \times 100\% = 10\%$$

$$普通股占资金总额的比重\ W_4 = \frac{40}{100} \times 100\% = 40\%$$

留存收益占资金总额的比重 $W_5 = \frac{10}{100} \times 100\% = 10\%$

（2）计算加权平均资金成本

在已知个别资金成本及各种资金占全部资金总额比重的前提下，即可计算加权平均资金成本：

$$
\begin{aligned}
K_w &= K_1W_1 + K_2W_2 + K_3W_3 + K_4W_4 + K_5W_5 \\
&= 6\% \times 10\% + 8\% \times 30\% + 10\% \times 10\% + 15.5\% \times 40\% + 15\% \times 10\% \\
&= 11.7\%
\end{aligned}
$$

以上计算过程也可以通过下表来完成，如表 5-1 所示。

表 5-1 加权平均资金成本计算表

资金种类	个别资金成本(%)	资金额(万元)	比重(%)	加权平均资金成本(%)
长期银行借款	6	10	10	0.6
企业债券	8	30	30	2.4
优先股	10	10	10	1
普通股	15.5	40	40	6.2
留存收益	15	10	10	1.5
合计		100	100	11.7

第二节 杠杆效应

一、与杠杆相关的一些基本概念

财务管理中的杠杆通常有经营杠杆、财务杠杆和复合杠杆三种形式。每一种杠杆效应都涉及杠杆利益与风险两个方面。要阐明这些杠杆原理，必须先了解一些基本概念。

1. 成本的习性与分类

成本习性，也称成本性态，是指成本总额与业务量之间的数量变动关系。按成本习性可将成本划分为固定成本、变动成本、混合成本。

固定成本是指在一定时期和一定业务量范围内总额保持不变的成本。例如，固定资产的折旧费、管理人员的工资、长期借款的利息等等。固定成本总额不变，业务量越多，单位固定成本就越小。

变动成本是指总额随着业务量的变动成正比例变动的那部分成本。例如，直接材料、直接人工、按销售量一定比例提取的佣金等。

混合成本是指总额虽然在变化，但变动幅度并不同业务量的变动保持正比例关系的那部分成本。在实践中，需要将混合成本分解为固定成本和变动成本，以便管理决策。

2. 边际贡献

边际贡献是指销售收入与变动成本之间的差额。

3. 息税前利润与净利润

息税前利润指企业支付利息和企业所得税之前的利润。其计算公式为:

$$息税前利润(EBIT) = 销售收入 - 变动成本 - 固定成本$$

净利润指企业扣除所有成本、费用(包括利息和企业所得税)之后的利润。

息税前利润与净利润之间的关系为:

$$净利润 = 息税前利润 - 利息 - 企业所得税$$

4. 普通股每股收益

普通股每股收益是指一定时期企业为普通股股东所创造的收益。其计算公式为:

$$普通股每股收益(EPS) = \frac{净利润}{发行在外的普通股股数}$$

二、经营杠杆

(一) 经营杠杆与经营风险

经营杠杆(Operating Leverage),又称营业杠杆,是指企业在经营中由于存在固定成本而造成的经营利润(一般用息税前利润表示)变动率大于产销量变动率的现象。在一定的产销规模内,由于固定成本并不随产品销售量的增加而增加,而是随着销售量的增长,单位销售量所负担的固定成本会相对减少,从而为企业带来额外的收益。反之,产销量的减少会提高单位固定成本,降低单位利润,使息税前利润下降率也大于产销量下降率,这时给企业带来的就是经营风险。可见,经营杠杆是一把“双刃剑”,企业要想获取经营杠杆利益,就需要承担由此带来的经营风险,必须权衡经营杠杆利益和经营风险,以便作出正确的经营决策。

经营风险主要由以下因素决定:

(1) 产品市场需求的变动。在其他条件不变的情况下,市场对企业产品的需求越稳定,其经营风险越小;反之,经营风险越大。

(2) 产品销售价格的变动。产品价格变动同经营风险成反比,即价格上升,经营风险减小;反之,价格下降,经营风险上升。

(3) 产品单位变动成本的变动。产品单位变动成本与经营风险成正比,即单位变动成本降低,营业利润上升,经营风险小;反之,经营风险大。

(4) 固定成本占全部经营成本的比重变动。一般来说,在其他因素不变的情况下,经营成本中的固定成本比重越大,经营风险越大;反之,经营风险越小。

(二) 经营杠杆系数

只要企业存在固定成本,就存在经营杠杆效应的作用。但不同企业或同一企业不同产销量基础上的经营杠杆效应的大小是不完全一致的。为了反映经营杠杆作用的程度,正确估计经营杠杆利益的大小,衡量经营风险的高低,需要计算经营杠杆系数。

经营杠杆系数是指息税前利润变动率相当于产销量变动率的倍数。经营杠杆系数的计算公式如下：

$$DOL=\frac{\frac{\Delta \text{EBIT}}{\text{EBIT}}}{\frac{\Delta Q}{Q}}$$

式中，DOL 为经营杠杆系数；EBIT 为变动前息税前利润；ΔEBIT 为息税前利润变动额；Q 为变动前销售数量；ΔQ 为销售变动量。

为了计算方便，上式可以进行推导：

$$\begin{aligned}\text{EBIT}&=Q(P-V)-F\\ \Delta\text{EBIT}&=(Q+\Delta Q)(P-V)-F-[Q(P-V)-F]\\ &=\Delta Q(P-V)\\ \text{DOL}_Q&=\frac{\Delta Q(P-V)}{Q(P-V)-F}\div\frac{\Delta Q}{Q}\\ &=\frac{Q(P-V)}{Q(P-V)-F}\end{aligned}$$

式中，DOL_Q 为销售量是 Q 时的经营杠杆系数；P 为产品单位销售价格；V 为产品单位变动成本；F 为固定成本总额。

经营杠杆系数也可以按照销售额确定，计算公式为：

$$\text{DOL}_S=\frac{S-VC}{S-VC-F}$$

式中，DOL_S 为销售额是 S 时的经营杠杆系数；S 为销售额；VC 为变动成本总额；F 为固定成本总额。

"$S-VC$"为边际贡献总额，其等于"EBIT + F"，"$S-VC-F$"为息税前利润（EBIT），因此，经营杠杆系数可以按以下公式简化计算：

$$\text{DOL}=\frac{\text{EBIT}+F}{\text{EBIT}}$$

【例 5-10】 XYZ 公司的产品销售量为 4 万件，单位产品售价 100 元，固定成本总额为 80 万元，单位变动成本为 60 元。则该公司的经营杠杆系数是：

$$\begin{aligned}\text{EBIT}&=Q(P-V)-F\\ &=4\times(100-60)-80\\ &=80(\text{万元})\end{aligned}$$

$$\text{DOL}=\frac{\text{EBIT}+F}{\text{EBIT}}=\frac{80+80}{80}=2$$

以上计算结果表明，当销售量增长 1 倍时，息税前利润将以 2 倍的幅度增长；同样，当销售量下降 1 倍时，息税前利润也将以 2 倍的幅度下降。销售量增长时表现为经营杠杆利益，销售量下降时则表现为经营风险。一般而言，企业的经营杠杆系数越大，经营杠杆利益和经营风险就越高；企业的经营杠杆系数越小，经营杠杆利益和经营风险就越小。当企业的销售额接近盈亏平衡点（息税前利润为零）时，经营杠杆系数趋于无穷大。

【例 5-11】 某企业生产 A 产品，固定成本为 60 万元，变动成本率为 40%，当企业的销售额分别为 400 万元、200 万元、100 万元时，经营杠杆系数分别为：

$$DOL_1 = \frac{400 \times (1-40\%)}{400 \times (1-40\%)-60} = \frac{240}{180} = 1.33$$

$$DOL_2 = \frac{200 \times (1-40\%)}{200 \times (1-40\%)-60} = \frac{120}{60} = 2$$

$$DOL_3 = \frac{100 \times (1-40\%)}{100 \times (1-40\%)-60} = \frac{60}{0} \to \infty$$

以上计算结果表明，在固定成本不变的条件下，销售额越大，经营杠杆系数越小，经营风险也就越小；反之，销售额越小，经营杠杆系数就越大，经营风险也就越大。因此，企业可以通过扩大销售、降低变动成本、降低固定成本总额等措施使经营杠杆系数下降，从而降低经营风险。

三、财务杠杆

（一）财务杠杆的作用

财务杠杆（Financial Leverage）是指由于债务利息费用和优先股股息的存在，使权益资本净利率（用每股盈余来表示）的变动率大于息税前利润变动率的现象。

在资本结构（即负债比率）一定的条件下，企业利用财务杠杆作用，可以获得更多的利润，从而提高权益资本净利率。因为，在投资报酬率大于负债利息率的前提下，无论企业息税前利润是多少，债务利息是固定的。当息税前利润增加时，每一元息税前利润负担的债务利息就会相对下降，其创造的税后利润相应增加，从而给投资者带来额外收益，即财务杠杆利益。反之，当息税前利润下降时，每一元息税前利润负担的债务利息就会相对提高，其创造的税后利润相应减少，从而给投资者带来额外损失，即财务风险。可见，财务杠杆是一把“双刃剑”，企业在经营决策中必须权衡财务杠杆利益和财务风险，以便作出正确的经营决策。

财务风险也称筹资风险，是指在息税前利润下降的情况下，由于固定利息费用的原因使得净利润即普通股每股盈余下降的幅度更大。企业为了获得财务杠杆利益，就需要增加债务资本，债务利息也相应增加。一旦息税前利润下降，就会引起每股盈余更大幅度的下降，造成股票价格下跌，给普通股股东带来额外的损失。当息税前利润不足以补偿债务利息支出时，就会发生亏损。如果扭亏无望或无力偿还到期债务，就会导致企业破产，这就是财务杠杆给企业带来的负效应。

可见，财务风险来自债务资本，没有债务资本，就不存在财务杠杆作用，也就不存在财务风险。

导致企业财务风险的主要原因有：(1)债务资本供求关系变化而引起资本结构的变化是导致财务风险的根本原因。(2)债务利率变动。在其他因素不变的情况下，债务利率变动与财务风险呈同方向变动。(3)获利能力变动。企业获利能力与财务风险呈反方向变动，即获利能力增强，财务风险下降；相反，获利能力下降，财务风险加大。

由于财务风险的存在，企业要想获得财务杠杆利益，必须同时承担由此而引起的财务风险。

（二）财务杠杆系数

只要企业存在债务资本，就存在财务杠杆效应的作用。为了反映财务杠杆作用的程度，正确估计财务杠杆利益的大小，衡量财务风险的高低，需要计算财务杠杆系数。

财务杠杆系数，亦称财务杠杆程度，是指普通股每股盈余的变动率相当于息税前利润变动率的倍数。财务杠杆系数的计算公式如下：

$$\mathrm{DFL}=\frac{\frac{\Delta \mathrm{EPS}}{\mathrm{EPS}}}{\frac{\Delta \mathrm{EBIT}}{\mathrm{EBIT}}}$$

式中，DFL 为财务杠杆系数；EPS 为普通股每股盈余；ΔEPS 为普通股每股盈余变动额；EBIT 为息税前利润；ΔEBIT 为息税前利润变动额。

为了便于计算，可以将上式进行推导：

$$\mathrm{EPS}=\frac{(\mathrm{EBIT}-I)(1-T)-D_P}{N}$$

$$\Delta \mathrm{EPS}=\frac{(\mathrm{EPS}+\Delta \mathrm{EBIT}-I)(1-T)-D_P}{N}-\frac{(\mathrm{EBIT}-I)(1-T)-D_P}{N}$$

$$=\frac{\Delta \mathrm{EBIT}(1-T)}{N}$$

将 EPS 和 ΔEPS 的表达公式代入上述财务杠杆系数的定义公式中，经推导得出：

$$\mathrm{DFL}=\frac{\mathrm{EBIT}}{\mathrm{EBIT}-I-\frac{D_P}{1-T}}$$

式中，I 为债务利息；D_P为优先股股息；N 为流通在外的普通股股数。

【例 5-12】 有 A、B、C 三家企业，其全部长期资本皆为 1 000 万元。A 企业无负债，无优先股，全部为普通股股本；B 企业的借入资本为 300 万元，利率为 10%，普通股股本为 700 万元，无优先股；C 企业的借入资本为 500 万元，利率为 10%，优先股 100 万元，股息率为 12%，普通股股本为 400 万元。假定三个公司预期息税前利润均为 200 万元，所得税税率为 25%，每股面值均为 1 元，分别计算三个公司的财务杠杆系数如下：

$$\mathrm{DFL_A}=\frac{\mathrm{EBIT}}{\mathrm{EBIT}-I}=\frac{200}{200}=1$$

$$\mathrm{DFL_B}=\frac{\mathrm{EBIT}}{\mathrm{EBIT}-I}=\frac{200}{200-300\times 10\%}=1.18$$

$$\mathrm{DFL_C}=\frac{\mathrm{EBIT}}{\mathrm{EBIT}-I-\frac{D_p}{1-T}}=\frac{200}{200-500\times 10\%-\frac{100\times 12\%}{1-25\%}}=1.5$$

进一步计算发现：

A 企业的税后利润为 150 万元，每股盈余为 15%；

B 企业的税后利润为 127.5 万元，每股盈余为 18.21%；

C 企业的税后利润为 112.5 万元，属于普通股的税后利润为 100.5 万元，每股盈余为 25.13%。

以上计算表明，长期资本中债务资本所占比重越大，财务杠杆系数越大，普通股本利润率也越大。其根本原因在于：由于三个公司的投资报酬率 20% 大于利息率 10%，大于股息率 12%，从而导致随着固定性财务费用的增加，财务杠杆利益越大。

在资本总额、息税前利润相同的情况下，负债比率越高，财务杠杆系数就越大，财务风险越高，但预期的每股盈余也越高。在债务利息不变的情况下，息税前利润越大，财务杠杆系数越小，财务风险也越小。因此，企业可以通过合理安排负债比率和增加息税前利润，使财务杠杆利益大于财务风险的不利影响，从而使普通股每股盈余稳步增长。

四、复合杠杆

（一）复合杠杆的作用

复合杠杆也称联合杠杆或总杠杆，用来反映企业综合利用经营杠杆和财务杠杆对普通股收益产生的影响。由以上分析可知，由于存在固定成本，产生经营杠杆效应，使息税前利润的变动率大于产销量的变动率；同样，由于存在固定财务费用，产生财务杠杆效应，使企业每股盈余的变动率大于息税前利润的变动率。如果两种杠杆共同起作用，那么销售额稍有变动就会使每股盈余产生更大幅度的变动。这种由于固定成本和固定财务费用的共同存在而导致的每股盈余的变动率大于产销量变动率的杠杆效应，称为复合杠杆。因此，企业在筹资和经营决策中，可以通过合理使用经营杠杆和财务杠杆的作用，达到提高普通股每股盈余的目标。

（二）复合杠杆系数

复合杠杆作用的程度可以用复合杠杆系数来表示。所谓复合杠杆系数，是指每股盈余变动率相当于产销量变动率的倍数。其计算公式如下：

$$\mathrm{DCL}=\frac{\dfrac{\Delta \mathrm{EPS}}{\mathrm{EPS}}}{\dfrac{\Delta Q}{Q}}$$

式中，DCL 为复合杠杆系数；EPS 为普通股每股盈余；ΔEPS 为普通股每股盈余变动额；Q 为变动前销售数量；ΔQ 为销售变动量。

复合杠杆系数实际上是经营杠杆系数和财务杠杆系数的乘积。

$$\begin{aligned}\mathrm{DCL}&=\mathrm{DOL}\times\mathrm{DFL}\\&=\frac{\mathrm{EBIT}+F}{\mathrm{EBIT}}\times\frac{\mathrm{EBIT}}{\mathrm{EBIT}-I-\dfrac{D_P}{1-T}}\\&=\frac{\mathrm{EBIT}+F}{\mathrm{EBIT}-I-\dfrac{D_P}{1-T}}\end{aligned}$$

【例 5-13】 ABC 公司的经营杠杆系数为 2，同时财务杠杆系数为 3，则该公司的复合杠杆系数为：

$$\mathrm{DCL}=\mathrm{DOL}\times\mathrm{DFL}=2\times3=6$$

以上计算结果表明,当产销量增长1倍时,普通股每股盈余则以6倍的幅度增长;反之,当产销量下降1倍时,普通股每股盈余将以6倍的幅度下降。产销量增长时表现为复合杠杆利益,产销量下降时表现为复合风险。一般而言,复合杠杆系数越大,企业的复合杠杆利益和复合风险就越高;复合杠杆系数越小,企业的复合杠杆利益和复合风险就越低。

由上例我们可以看到,复合杠杆的影响程度超过了单个经营杠杆或财务杠杆的影响程度。因此,在财务管理中我们可以借助复合杠杆系数同经营杠杆系数和财务杠杆系数之间的依存关系,通过对经营杠杆系数和财务杠杆系数多种组合形式的调整,以期实现企业财务管理目标所要求的总的杠杆利益和总风险水平。例如,经营杠杆系数较高的企业,可以使用较低的财务杠杆;而经营杠杆系数较低的企业,则可以在较高的程度上使用财务杠杆。

第三节　资 金 结 构

一、资金结构原理

(一) 资金结构的含义

资金结构是指企业各种资金的构成及其比例关系。资金结构有广义和狭义之分。狭义的资金结构是指企业长期资金各项目(包括长期借款、长期债券、优先股和普通股等)的构成和比例关系。广义的资金结构是指企业全部资金(包括长期资金和短期资金)的构成和比例关系。

资金结构是企业财务管理理论和实践中的一个极其重要的问题,也是企业筹资管理的核心问题。

(二) 资金结构的作用

企业资金结构是由企业采用的各种筹资方式筹集资金而形成的,各种筹资方式不同的组合类型决定着企业资金结构及其变化。企业筹资方式虽然很多,主要分为债务资金和权益资金两类,资金结构问题总的来说是债务资金的比例问题,即合理安排负债在全部资金中所占的比重。因此,必须了解债务资金的作用。

1. 合理利用债务资金有利于降低资金成本

由于债务资金必须按期还本付息,对资金供应者来说,其风险明显小于权益资金,因此,负债利息率一般低于权益资金的报酬率。同时,负债利息可以在税前支付,债务资金成本必然低于权益资金成本。在一定的限度内增加负债筹资,就可以降低加权平均资金成本,从而提高企业价值。

2. 合理利用债务资金有利于提高权益资金的收益水平

根据财务杠杆原理,在资产报酬率大于负债利息率的前提下,适当提高负债比率,就可以使得权益资本获得很大的财务杠杆利益,在一定程度上提高股票的每股盈余,从而使股票价格上扬。

3. 合理安排债务资金比例可以增加企业的价值

一般来说,企业的价值等于其债务资金的市场价值与权益资金的市场价值之和,用公式表示为:

$$V = B + S$$

式中,V 为企业总价值;B 为债务资金的市场价值;S 为权益资金的市场价值。

上述公式清楚地表达了按资金的市场价值反映的资金结构与企业价值之间的内在关系。企业的总价值与资金结构是紧密联系的,合理安排债务资金在一定程度上有利于增加企业的市场价值。

4. 过度负债会造成较大的财务风险

债务资金对于企业来说是一把“双刃剑”。虽然债务资金的利息率一般低于权益资金报酬率,合理利用负债可以给企业带来降低加权平均资金成本、提高每股盈余的好处,但过度负债也加大了企业的财务风险。这种风险是由未来息税前利润的不确定性造成的,当息税前利润降低时,过高的固定利息支付不仅给企业造成严重的负担,从而使每股盈余大幅度地下降,而且,过高的债务负担增加了还本的压力,加大了企业破产的风险。

(三) 影响资金结构的因素

1. 企业财务状况

企业获利能力越强、财务状况越好、变现能力越强,就越有能力负担财务上的风险。因而,随着企业变现能力、财务状况和盈利能力的增强,举债筹资就越有吸引力。当然,有些企业因为财务状况不好,无法顺利发行股票,只好以高利率发行债券来筹集资金。衡量企业财务状况的指标主要有流动比率、利息周转倍数、固定费用周转倍数、投资收益率等。

2. 企业资产结构

企业资产结构会以多种方式影响企业的资金结构:(1)拥有大量固定资产的企业主要通过长期负债和发行股票来筹集资金;(2)拥有较多流动资产的企业,更多依赖流动负债来筹集资金;(3)资产适用于抵押贷款的公司举债额较多,如房地产公司的抵押贷款就相当多;(4)以技术研究开发为主的公司则负债很少。

3. 企业产品销售情况

企业产品销售是否稳定对企业资金结构具有重要影响。如果企业的销售比较稳定,其获利能力也相对稳定,则企业负担固定财务费用的能力相对较强;如果销售具有较强的周期性,则企业负担固定财务费用将冒较大的财务风险。另外,企业销售的增长速度,也决定财务杠杆能在多大程度上扩大每股盈余,如果销售增长较快,使用具有固定财务费用的债务筹资,就会增加普通股的每股盈余。

4. 投资者和管理人员的态度

企业投资者和管理人员的态度对资金结构也有重要影响,因为企业资金结构的决策最终是由他们作出的。一个企业的股票如果被众多投资者所持有,谁也没有绝对的控制权,这个企业可能会更多地采用发行股票的方式来筹集资金,因为企业所有者并不担心控制权旁落的问题。反之,有的企业被少数股东所控制,股东们很重视控制权问题,企业为了保证少数股东的绝对控制权，一般尽量避免采用普通股筹资，而是采用优先股或负债方式筹集资金。管理人员对待风险的态度，也是影响资金结构的重要因素。喜欢冒险的财务管理人员，可能会安排比较高的负债比例；反之，一些持稳健态度的财务人员则只会使用较低的债务比例。

5．贷款人和信用评级机构的影响

每位企业财务经理对如何运用财务杠杆都有自己的分析，但贷款人和信用评级机构的态度实际上往往成为决定财务结构的关键因素。一般而言，企业财务管理人员都会与贷款人和信用评级机构商讨其财务结构，并充分尊重他们的意见。大部分贷款人都不希望企业的负债比例太大，如果企业坚持使用过多债务，则贷款人可能拒绝贷款。同样，如果企业债务太多，信用评级机构可能会降低企业的信用等级，这样会影响企业的筹资能力，提高企业的资金成本。

6．行业因素

不同的行业，资金结构有很大差别。财务经理必须考虑本企业所处的行业，以便采用合理的资金结构。

7．所得税税率的高低

企业利用负债可以获得减税利益，因此，所得税税率越高，负债的好处就越多；反之，如果税率很低，则采用举债方式的减税利益就不十分明显。

8．利率水平的变动趋势

利率水平的变动趋势也会影响到企业的资金结构。如果企业财务管理人员认为利率暂时较低，但不久的将来有可能上升的话，便会大量发行长期债券，从而在若干年内把利率固定在较低的水平上。

（四）资金结构理论

资金结构理论是揭示资金结构与企业价值之间关系的理论。对资金结构理论的研究始于西方。最早提出资金结构理论这一问题的是美国经济学家戴维·杜兰德（David Duland）。杜兰德认为，早期企业的资金结构是按照净收益法、净营业收益法和传统折中法建立的。1958 年莫迪格利尼和米勒又提出了著名的 MM 理论。在此基础上，后人又进一步提出了平衡理论、代理理论和等级筹资理论。

从资金结构理论形成和发展过程来看，可分为早期资金结构理论、MM 资金结构理论和新的资金结构理论。

1．早期资金结构理论

早期资金结构理论主要有三种观点：

（1）净收益理论。净收益理论，也称净利说，该理论认为，在企业的资金结构中，债务资金的比例越大，企业获取的财务杠杆利益就越大，企业的净收益或税后利润就越多，从而企业的价值就越高。对于企业来说，只要权益资金成本高于债务资金成本，利用债务资金就可以降低企业的加权平均资金成本。这是因为，债务资金在企业全部资金中所占的比重越大，加权平均资金成本越接近债务资金成本，又由于债务资金成本一般较低，所以，负债程度越高，加权平均资金成本就越低，企业价值越大。当负债比率达到 100%

时，加权平均资金成本就等于债务利息率，此时企业价值将达到最大。

这是一种极端的资金结构理论，这一理论虽然考虑到财务杠杆利益，但忽略了财务风险。很明显，如果企业的债务资金过多，债务资金比例过高，企业的财务风险就会很高，企业的加权平均资金成本就会上升，企业的价值反而下降。

(2) 净营业收益理论。净营业收益理论，也称营业净利说，该理论认为，企业的价值与资金结构无关，决定企业价值高低的关键要素是企业的净营业收益。这是因为，如果企业增加成本较低的债务资金，即使债务资金成本本身不变，但由于加大了企业的财务风险，也会导致企业的权益资金成本的提高。这一升一降，相互抵消，企业的加权平均资金成本仍保持不变。也就是说，不论企业的负债程度如何，其整体的加权平均资金成本不变，企业的价值也就不受资金结构的影响。这就意味着对于企业来说不存在一个最佳资金结构，因此，也就不存在资金结构决策问题了。

这是另外一种极端的资金结构理论。这一理论虽然认识到债务资金比例的变动会给企业带来财务风险，也可能影响企业的权益资金的成本，但是实际上企业的加权平均资金成本不可能是一个常数。

(3) 传统折中理论。传统折中理论是介于净收益理论和净营业收益理论之间的一种折中理论。该理论认为，企业在一定的负债范围内，增加债务资金尽管会导致权益资金成本上升，但是权益资金成本上升的幅度并不会完全抵消债务资金使加权平均资金下降的幅度，因此，在这个限度内增加债务资金可以降低加权平均资金成本，从而增加企业价值。但一旦债务资金超过这一限度，权益资金成本的上升就不再能为债务资金的低成本所抵消，加权平均资金成本会上升，企业价值开始下降。此后，当债务资金继续增加时，加权平均资金成本上升得更快，企业价值也随着加权平均资金成本的上升而大幅度下降。因此，传统折中理论认为，每个企业都存在一个最佳资金结构点，并且可以通过适当调整负债比例来达到。

2. MM 资金结构理论

早期资金结构理论是建立在对企业所有者行为的一种推论和经验判断的基础之上的，既没有充分的经验基础，也没有经过科学的数学推导和统计分析，故难以令人信服。由莫迪格利尼和米勒提出的 MM 理论则是一种较为严格的科学理论。MM 理论的出现，使资金结构理论研究进入了一个崭新的领域。1958 年 6 月，莫迪格利尼和米勒在《美国经济评论》上发表了题为“资金成本、企业理财和投资理论”一文。该文深入探讨了企业资金结构与企业价值之间的关系，创立了 MM 资金结构理论，并开创了现代资金结构理论的研究，这两位作者也因此荣获诺贝尔经济学奖。

MM 资金结构理论在其研究过程中形成了一系列极其严格的基本假设：

(1) 存在高度完善和均衡的资金市场，没有交易成本和佣金，投资者可以像企业一样以相同的利率借款；

(2) 投资者对于未来收益和风险的估计是完全相同的；

(3) 企业经营风险的高低由息税前利润标准差来衡量，企业经营风险决定其风险等级；

（4）企业为零增长企业，财务杠杆利益全部分配给股东；

（5）企业和个人的负债均无风险，即负债利率属于无风险利率；

（6）企业无破产成本。

在以上假设条件的基础上，莫迪格利尼和米勒经过严格的数学推导，得出了无企业所得税和有企业所得税条件下的两个重要的命题。

命题1：无企业所得税的MM模型

MM理论认为，在没有企业所得税的情况下，不仅负债无风险，而且负债利息无减税效应，因此，企业的价值独立于负债比例，其等于企业的息税前利润除以适用于其风险等级的收益率。这一命题认为权益资金成本会随着负债程度的提高而增加，这样，增加负债所带来的利益完全被上涨的权益资金成本所抵消。因此，风险相同的企业，其价值不受有无负债及负债程度的影响。也就是说，在无企业所得税的条件下，不存在最佳资金结构问题。

命题2：有企业所得税的MM模型

在有企业所得税的条件下，由于负债利息在税前列支，具有减税效应。企业价值会随负债程度的提高而增加，股东也可获得更多好处，负债越多，企业价值就越大。负债企业的价值等于同等风险等级的无负债企业的价值加上负债利息的节税收益。即负债节税收益的增加额全部增加企业价值，而不存在风险增加而使企业价值下降的情况。

从有企业所得税的MM模型来看，最佳资金结构应该是负债比率为100%。但实际上没有一个企业会完全接受MM理论所设想的资金结构模型。导致MM不实用的原因在于它使用了一些不符合实际的假设，如忽视资金市场的交易成本和佣金，只考虑个人和企业的举债所带来的纳税利益，而不考虑债务风险等等。但正因为如此，才使得MM理论能够成功地利用数学模型来揭示资金结构中负债的重要作用以及资金结构与企业价值之间的关系，使人们对资金结构理论的研究向前跨出了关键性的一步。以后不少学者都是在MM理论的基础上逐步放宽了MM理论的某些假设，并进行了大量的实证研究，使MM理论更加接近实际。在MM理论的基础上，逐渐形成了平衡理论、代理理论和等级筹资理论等比较有影响的新的资金结构理论，使资金结构理论得到空前的发展，这就是MM资金结构理论的历史性贡献。

3. 新的资金结构理论

（1）平衡理论。20世纪70年代，人们发现制约企业无限追求免税优惠或负债最大化的关键因素在于债务上升所带来的财务风险和费用。企业债务的增加使企业陷入财务危机甚至破产的可能性增加。随着企业债务增加而提高的风险和各种费用会增加企业的额外成本，从而使其市场价值下降。因此，企业最佳资金结构应当是在负债价值最大化和债务上升带来的财务危机成本之间的平衡，被称为平衡理论。这一理论可以说是对MM理论的再修正。该理论认为，当负债程度较低时，企业价值因节税利益的存在会随负债水平的上升而增加；当负债达到一定界限时，负债节税利益开始为财务危机成本所抵消。当边际负债节税利益等于边际财务危机成本时，企业价值最大，资金结构最优；若企业继续追加负债，企业价值会因财务危机成本大于负债节税利益而下降，负债越多，企业价值下降越快。

（2）代理理论。代理理论的创始人詹森和麦克林认为，企业资金结构会影响经理人员的工作水平和其他行为选择，从而影响企业未来现金收入和企业市场价值。例如，当经理人不作为内部股东而作为代理人时，其努力的成本由自己负担，而努力的收益却归于他人（股东）；其在职消费的好处由自己享有，而消费成本却由他人负责。这时，他可能偷懒或采取有利于自身效用的满足而损害委托人利益的行动。该理论认为，债权筹资有更强的激励作用，并将债务视为一种担保机制。这种机制能够促使经理多努力工作，少一些个人享受，并且作出更好的投资决策，从而降低由于两权分离而产生的代理成本。但是，负债筹资可能导致另一种代理成本，即企业接受债权人监督而产生的成本。这种债权的代理成本也得由经营者来承担，从而举债比例上升导致举债成本上升。均衡的企业资金结构是由股权代理成本和债权代理成本之间的平衡关系来决定的。

（3）等级筹资理论。由于传统的筹资优序理论与现实的差异，梅耶斯等学者提出了一种新的优序筹资理论。梅耶斯于1984年通过建立一个投资项目信息不对称的简单模型提出了等级筹资假设。首先，外部筹资的成本不仅包括管理和证券承销成本，以及新发行证券被低估的成本，而且包括不对称信息所产生的“投资不足效应”而引起的成本。在信息不对称条件下，企业可能会选择不发行证券，即使净现值为正的投资机会，也有可能放弃。为消除“投资不足效应”而引起的成本，企业可以选择用内部积累的资金去保障净现值为正的投资机会。所以，通过比较外部筹资和内部筹资的成本，当企业面临投资决策时，理论上首先考虑运用内部资金。其次，梅耶斯认为债务筹资优于股权筹资。他认为总的原则是先发行安全的证券，然后才是风险性证券，这样就能很好地从理论上解释清优序筹资理论的两个中心思想：①偏好内部筹资；②如果需要外部筹资，则偏好债务筹资。

由于企业所得税的节税利益，负债筹资可以增加企业的价值，即负债越多，企业价值增加越多，这是负债的第一种效应；但是，财务危机成本期望值的现值和代理成本的现值会导致企业价值的下降，即负债越多，企业价值的减少额越大，这是负债的第二种效应。负债比率较小时，第一种效应大；负债比例较大时，第二种效应大。上述两种效应相抵消，企业应适度负债，所以公司的资金结构中应有一定数量的负债。由于非对称信息的存在，企业要保留一定的负债容量以便有利可图的投资机会来临时可发行债券，避免以太高的成本发行新股。

从成熟的证券市场来看，企业的筹资优序模式首先是内部筹资，其次是借款、发行债券、发行可转换债券，最后是发行新股筹资。但是对于新兴证券市场来说却未必如此。20世纪80年代新兴证券市场上企业股票筹资增长迅速，虽然信息不对称的情形与成熟市场相比严重得多，但是企业对股票筹资十分热情，具有明显的股票筹资偏好，企业筹资秩序的选择几乎与等级筹资模型是背道而驰的。例如，在我国，资本市场不发达、市场法律环境不完善、存在严重的信息不对称和股东的监控较薄弱，大多数企业的筹资偏好顺序是：内部筹资（留存收益）优于发行股票，而前两种筹资方式（即留存收益和股票筹资）又都优于举债筹资；如果可能（股票发行与上市条件宽松），肯定是将发行股票放在最优先的位置上。目前,全国在创业板市场排队等待发行股票并上市的数千家企业就是明证;即使是上市公司,也通过配股或增发等手段拼命"圈钱"。

股票筹资偏好的主要原因有以下三点:第一,在不健全的资金市场机制前提下,市场和股东对代理人(企业董事会和经理)的监督效率很低,经理们有较多的私人信息和可自由支配的现金流量;第二,代理人认为企业股权筹资的成本是以股利来衡量的,而股利的发放似乎是按代理人的计划分配的,从而使他们认为股票筹资的成本是廉价的;第三,经理利用股权筹资可使他们承担较小的破产风险。在我国现阶段的证券市场,企业的股利支付率很低,使代理人错误地认为股权筹资的成本很低。另外,在我国企业的财务实务中,有相当多的代理人还没有把筹资优序理论应用到企业筹资中去,多半是以简单的直观判断和表面的资金成本来选择筹资方式,这无疑走进了股权筹资偏好的误区。实际上,在我国证券市场进行股票筹资的成本是较高的,远远高于银行目前的贷款利率,对于处于稳定成长期或成熟期的企业来讲,股票筹资并不经济。

由此可得出如下启示:股票筹资的成本并不低,也不是上市公司或拟上市公司筹资的唯一途径。特别是对于已经进入稳定成长期或成熟期的企业来说,其筹资的最优策略选择应是发行债券及可转换债券,或通过银行等金融机构进行商业借贷更为合理。无理性地进行大规模的股票筹资,不仅带来资金成本的提高,而且其经营业绩压力也是不可忽视的。这也是西方国家企业在进入成熟期后举债筹资回购股票的主要原因。因此,股票筹资并不是企业筹资策略的唯一选择。

二、资金结构的优化

从上述分析可知,利用债务资金具有双重作用,适当利用负债,可以降低企业资金成本,但当企业负债比率太高时,会带来较大的财务风险。为此,企业必须权衡财务风险和资金成本的关系,确定最优的资金结构。所谓最优资金结构,是指在一定条件下使企业加权平均资金成本最低、企业价值最大的资金结构。

确定最佳资金结构的方法有每股盈余分析法、比较资金成本法和企业价值比较法。

1. 每股盈余分析法

负债的偿还能力是建立在未来盈利能力基础之上的。研究资金结构,不能脱离企业的盈利能力。企业的盈利能力,一般用息税前利润(EBIT)来表示。负债筹资又是通过它的杠杆作用来增加股东财富的,确定资金结构不能不考虑它对股东财富的影响。股东财富用每股盈余(EPS)来表示。

每股盈余分析法,是指根据各种筹资方式下的每股盈余的比较来进行资金结构决策的一种方法。由于这种决策方法是利用每股盈余无差别点进行决策的,故也称为筹资无差别点分析法。所谓每股盈余无差别点,是指能使两个筹资方案每股盈余相等的盈利水平。即当盈利水平为无差别点时,无论是采用债务筹资还是采用股权筹资都具有相同的效益。当预计盈利水平超过每股盈余无差别点时,由于财务杠杆的正效应,债务筹资下的每股盈余必然高于股权筹资下的每股盈余,增加债务筹资可以优化资金结构。但是,当盈利水平低于每股盈余无差别点时,由于财务杠杆的负效应,债务筹资下的每股盈余必然低于股权筹资下的每股盈余,在此情况下,增加股权筹资可以优化资金结构。每股盈余分析法就是通过各种筹资方案下的每股盈余的比较,来选择能够使资金结构优化的追加筹资方案。

每股盈余的计算公式如下(不考虑优先股股利,如考虑优先股股利,则分子还应减去优先股股利):

$$EPS = \frac{(S - VC - F - I)(1 - T)}{C} = \frac{(EBIT - I)(1 - T)}{C}$$

设每股盈余无差别点的盈利水平为$\overline{EBIT}$,得:

$$\frac{(\overline{EBIT} - I_1)(1 - T)}{C_1} = \frac{(\overline{EBIT} - I_2)(1 - T)}{C_2}$$

式中,EPS 为普通股每股盈余;$\overline{EBIT}$为每股盈余无差别点;I 为负债利息;I_1、I_2 为两种筹资方式下的年负债利息;T 为所得税税率;C 为流通在外的普通股股数;C_1、C_2 为两种筹资方式下流通在外的普通股股数。

在每股盈余无差别点$\overline{EBIT}$既定的基础上,只要追加筹资下预计的 EBIT 大于$\overline{EBIT}$,选择债务资金的追加筹资方式可以提高每股盈余,其相对应的资金结构即为最佳资金结构;反之,则应选择权益资金的追加筹资方式。

【例 5-14】 ABC 公司目前拥有资本总额 1 600 万元。其中,公司债券 600 万元,年利率 10%;普通股 100 万股,每股面值 10 元;所得税税率 25%。为了扩大业务,公司研究决定追加筹资 400 万元,有两个筹资方案可供选择:(1)增发公司债券 400 万元,年利率 12%(原债券利率不变);(2)增发普通股 40 万股,每股面值 10 元。预计该公司追加筹资后的总资产报酬率可达到 20%,请对该公司应选择何种追加筹资方案进行决策。

设每股盈余无差别点的盈利水平为 EBIT,得:

$$\frac{[\overline{EBIT} - (600 \times 10\% + 400 \times 12\%)](1 - 25\%)}{100} = \frac{(\overline{EBIT} - 600 \times 10\%)(1 - 25\%)}{100 + 40}$$

$$\overline{EBIT} = 228(\text{万元})$$

每股盈余无差别点为 228 万元时每股盈余为:

$$EPS = \frac{(228 - 600 \times 10\%)(1 - 25\%)}{100 + 40} = 0.9(\text{元})$$

$$\text{预测的 } EBIT = (1\,600 + 400) \times 20\% = 400(\text{万元})$$

由于预测的 EBIT(400 万元)大于 228 万元,应该选择方案 1 追加筹资较为有利,此时,每股盈余可达到:

$$EPS = \frac{[400 - (600 \times 10\% + 400 \times 12\%)](1 - 25\%)}{100} = 2.19(\text{元})$$

若选用方案 2 追加筹资,每股盈余为:

$$EPS = \frac{(400 - 600 \times 10\%)(1 - 25\%)}{100 + 40} = 1.82(\text{元})$$

可见,ABC 公司发行企业债券比发行普通股追加筹资多增加 0.37 元(2.19 - 1.82)的每股盈余,故采用发行企业债券追加筹资所形成的资金结构就是最佳资金结构。

根据【例 5-14】的资料,通过绘制每股盈余分析图,也可以得出与以上计算结果相同的结论(见图 5-1)。

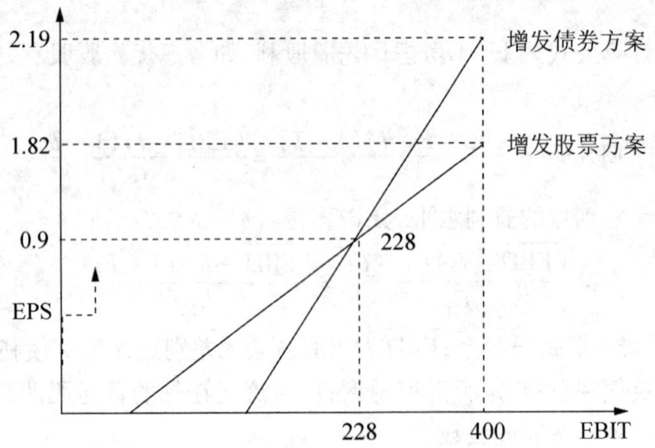

图 5-1　每股盈余分析图

从图 5-1 中可以形象地看出,EBIT 为 228 万元时,无论是发行债券还是发行股票追加筹资,每股盈余都是 0.9 元。当预计 EBIT 大于 228 万元(筹资无差别点)时,债券追加筹资的每股盈余大于股票追加筹资的每股盈余;相反,当预计 EBIT 小于 228 万元时,发行股票追加筹资可以提高每股盈余。

应当说明的是,这种分析方法只考虑了资金结构对每股盈余的影响,并假定每股盈余最大,股票价格也就最高。但没有考虑资金结构对风险的影响,是不全面的。因为随着负债的增加,投资者的风险加大,股票价格和企业价值也会有下降的趋势,所以,单纯地用每股盈余分析法有时会作出错误的决策。但在资金市场不完善的时候,投资人主要根据每股盈余的多少来作出投资决策,每股盈余的增加也的确有利于股票价格的上升。

2. 比较资金成本法

比较资金成本法,是通过计算各方案加权平均的资金成本,并根据加权平均资金成本的高低来确定最佳资金结构的决策方法。

企业根据经营规模所拟定的资金需要量,可以采用多种筹资方式进行筹集。在资金总额既定的条件下,各种筹资方式的不同组合筹资就形成了不同的资金结构方案,分别计算各种筹资方案的加权平均资金成本并进行比较。其中,加权平均资金成本最低的筹资方案,即为最佳资金结构。

企业筹资可以分为初始筹资和追加筹资两种情况,与此相对应,企业的资金结构决策也可以分为初始筹资的资金结构决策和追加筹资的资金结构决策。

(1) 初始筹资的资金结构决策

初始筹资的资金结构决策是指在企业创立之时,对各种筹资方案分别计算其加权平均资金成本,其中加权平均资金成本最低的方案即为最佳方案。

【例 5-15】 ABC 公司在初创时需 5 000 万元的资金,有如下三种筹资方案可供选择,有关资料如表 5-2 所示。

表 5-2 ABC 公司初始筹资方案资料表 单位:万元

筹资方式	初始筹资额	方案 1 的资金成本	初始筹资额	方案 2 的资金成本	初始筹资额	方案 3 的资金成本
长期借款	400	6%	500	6.5%	800	7%
发行债券	1 000	7%	1 500	8%	1 200	7.5%
优先股	600	12%	1 000	12%	500	12%
普通股	3 000	15%	2 000	15%	2 500	15%
合计	5 000	—	5 000	—	5 000	—

假定 ABC 公司的三个筹资方案的财务风险相当,都是可以承受的。下面分两步来计算这三个筹资方案的加权平均资金成本并比较其高低,从而确定最佳资金结构。

第一步,计算各方案各种筹资方式的筹资额占筹资总额的比例及加权平均资金成本。

(1) 方案 1:各种筹资方式的筹资比例

$$长期借款=\frac{400}{5\ 000}=8\%$$

$$发行债券=\frac{1\ 000}{5\ 000}=20\%$$

$$优先股=\frac{600}{5\ 000}=12\%$$

$$普通股=\frac{3\ 000}{5\ 000}=60\%$$

加权平均资金成本 $=6\%\times8\%+7\%\times20\%+12\%\times12\%+15\%\times60\%=12.32\%$

(2) 方案 2:各种筹资方式的筹资比例

$$长期借款=\frac{500}{5\ 000}=10\%$$

$$发行债券=\frac{1\ 500}{5\ 000}=30\%$$

$$优先股=\frac{1\ 000}{5\ 000}=20\%$$

$$普通股=\frac{2\ 000}{5\ 000}=40\%$$

加权平均资金成本 $=6.5\%\times10\%+8\%\times30\%+12\%\times20\%+15\%\times40\%=11.45\%$

(3) 方案 3:各种筹资方式的筹资比例

$$长期借款=\frac{800}{5\ 000}=16\%$$

$$发行债券=\frac{1\ 200}{5\ 000}=24\%$$

$$优先股=\frac{500}{5\ 000}=10\%$$

$$普通股=\frac{2\ 500}{5\ 000}=50\%$$

加权平均资金成本 =7% ×16% +7.5% ×24% +12% ×10% +15% ×50% =11.62%

第二步,比较各方案的加权平均资金成本并作出选择:筹资方案1、2和3的加权平均资金成本分别是12.32%、11.45%和11.62%。经比较,方案2的加权平均资金成本最低,在适度的财务风险下,方案2为最佳筹资方案,由此形成的资金结构为最佳资金结构。因此,应选择方案2进行筹资。

(2) 追加筹资的资金结构决策

追加筹资是指企业在持续的生产经营活动过程中,由于经营业务或对外投资的需要而追加筹措新资。在追加筹资的情况下,各种筹资方式的资金额不仅有不同的组合,而且个别资金成本也会发生变化,从而引起资金结构的变动,使原有的最佳资金结构不复存在,因此,需要重新计算追加筹资方案的加权平均资金成本,从中选择最佳资金结构。

【例5-16】 远光公司原来的资金结构如表5-3所示。普通股每股面值1元,发行价格10元,目前价格也为10元,今年期望股利为每股1元,预计以后每年增加股利5%,该公司适用的所得税税率为25%,假设无筹资费用。

表5-3 资金结构 单位:万元

筹资方式	筹资金额
债券(年利率10%)	8 000
普通股(每股面值1元,800万股)	8 000
	16 000

公司现拟追加筹资4 000万元,以扩大生产经营规模,现有如下三个方案可供选择。

甲方案:增加发行4 000万元的债券,因负债增加,投资人风险加大,债券利率增至12%才能发行,预计普通股股利不变,但由于风险加大,普通股市价降至8元/股。

乙方案:发行债券2 000万元,年利率为10%,发行股票200万股,每股发行价10元,预计普通股股利不变。

丙方案:发行股票250万股,普通股市价增至16元/股。

(1) 计算追加筹资前的加权平均资金成本。

各种资金的筹资比例和资金成本分别为:

发行债券:
$$W_b=\frac{8\ 000}{16\ 000}=50\%$$

$$K_b=10\%\times(1-25\%)=7.5\%$$

发行普通股:
$$W_c=\frac{8\ 000}{16\ 000}=50\%$$

$$K_c=\frac{1}{10}+5\%=15\%$$

追加筹资前加权平均资金成本为：

$$50\% \times 7.5\% + 50\% \times 15\% = 11.25\%$$

(2) 计算甲方案的加权平均资金成本。

各种资金的筹资比例和资金成本分别为：

发行债券：
$$W_{b1} = \frac{8\ 000}{16\ 000 + 4\ 000} = 40\%$$

$$K_{b1} = 10\% \times (1 - 25\%) = 7.5\%$$

$$W_{b2} = \frac{4\ 000}{16\ 000 + 4\ 000} = 20\%$$

$$K_{b2} = 12\% \times (1 - 25\%) = 9\%$$

发行普通股：
$$W_c = \frac{8\ 000}{16\ 000 + 4\ 000} = 40\%$$

$$K_c = \frac{1}{8} + 5\% = 17.5\%$$

甲方案的加权平均资金成本为：

$$40\% \times 7.5\% + 20\% \times 9\% + 40\% \times 17.5\% = 11.8\%$$

(3) 计算乙方案的加权平均资金成本。

发行债券：
$$W_b = \frac{8\ 000 + 2\ 000}{16\ 000 + 4\ 000} = 50\%$$

$$K_b = 10\% \times (1 - 25\%) = 7.5\%$$

发行普通股：
$$W_c = \frac{8\ 000 + 2\ 000}{16\ 000 + 4\ 000} = 50\%$$

$$K_c = \frac{1}{10} + 5\% = 15\%$$

乙方案的加权平均资金成本为：

$$50\% \times 7.5\% + 50\% \times 15\% = 11.25\%$$

(4) 计算丙方案的加权平均资金成本。

发行债券：
$$W_b = \frac{8\ 000}{16\ 000 + 4\ 000} = 40\%$$

$$K_b = 10\% \times (1 - 25\%) = 7.5\%$$

发行普通股：
$$W_c = \frac{8\ 000 + 4\ 000}{16\ 000 + 4\ 000} = 60\%$$

$$K_c = \frac{1}{16} + 5\% = 11.25\%$$

丙方案的加权平均资金成本为：

$$40\% \times 7.5\% + 60\% \times 11.25\% = 9.75\%$$

在上列计算中，根据股票的同股同利原则，原有股票应按新发行股票的资金成本率计算，即全部股票按新发行股票的资金成本率计算其总的资金成本率。

从以上计算可以看出,丙方案的加权平均资金成本最低,所以应选用丙方案,即该企业应选择这样的资金结构:40%为负债资金,60%为自有资金。

这种方法通俗易懂,计算过程也不是十分复杂,是确定资金结构的一种常用方法。

3. 企业价值分析法

企业价值分析法,是通过计算和比较各种资金结构下企业的市场总价值进而确定最佳资金结构的方法。这种方法的出发点是,从根本上讲,财务管理的目标在于追求企业价值的最大化。然而只有在风险不变的情况下,每股盈余的增长才会导致股价上升。实际上经常是随着每股盈余的增长,企业的风险也加大,投资者要求的报酬相应也会提高。如果每股盈余的增长不足以弥补风险增加所需的报酬,尽管每股盈余增加,股价仍可能下降。所以最佳资金结构应当是使企业的总价值最高,而不是每股盈余最大的资金结构。同时,企业的总价值最高的资金结构,企业的资金成本也是最低的。

$$\text{企业的市场总价值} = \text{股票的总价值} + \text{债券的总价值}$$

为简化起见,假设债券的市场价值等于其面值。股票市场价值的计算公式如下:

$$\text{股票市场价值} = \frac{(\text{EBIT} - I) \times (1 - T)}{K_c}$$

式中,EBIT为息税前利润;I为利息费用;T为所得税税率;K_c为普通股的资金成本。

K_c可采用资本资产定价模型计算:

$$K_c = R_f + \beta(R_m - R_f)$$

式中,R_f为无风险收益率;β为股票的贝塔系数;R_m为市场期望投资收益率。

【例5-17】 假设ABC公司息税前利润为500万元,资金全部由普通股资金构成,股票账面价值为2 000万元,公司适用的所得税税率为33%。该公司认为目前的资金结构不够合理,准备用发行债券购回部分股票的方法予以调整。经调查,该公司目前的债务利息与权益资金成本的情况如表5-4所示。

表5-4 债务利息与权益资金成本

债券的市场价值(百万元)	债券利率(%)	β系数	无风险收益率(%)	市场期望投资收益率(%)	权益资金成本(%)
0	0	1.20	10	14	14.80
2	10	1.25	10	14	15.00
4	10	1.30	10	14	15.20
6	12	1.40	10	14	15.60
8	14	1.55	10	14	16.20
10	16	2.10	10	14	18.40

根据表5-4,可计算该公司筹措不同金额的债务时的公司价值和加权平均资金成本,见表5-5。

表 5-5　公司价值和加权平均资金成本

债券市场价值（百万元）	股票市场价值（百万元）	公司市场价值（百万元）	债务资金比例(%)	权益资金比例(%)	债券资金成本(%)	权益资金成本(%)	加权平均资金成本(%)
0	22.64	22.64	0	100	0	14.80	14.80
2	21.44	23.44	10	90	6.70	15.00	14.17
4	20.28	24.28	20	80	6.70	15.20	13.50
6	18.38	24.38	30	70	8.04	15.60	13.33
8	16.04	24.04	40	60	9.38	16.20	13.47
10	12.38	22.38	50	50	10.72	18.40	14.56

从表 5-5 可以看出，在没有债务的情况下，公司的总价值就是其股票的市场价值。当公司用债务资金部分地替换权益资金时，一开始公司总价值上升，加权平均资金成本下降。当债务资金达到 600 万元时，公司总价值最高，加权平均资金成本最低。当债务资金超过 600 万元时，公司总价值下降，加权平均资金成本上升。可见，债务为 600 万元时的资金结构是该公司最佳的资金结构。

【本章小结】

本章主要讲授了资金成本、杠杆效应及资本结构理论与决策方法，主要内容包括：

1. 资金成本是指企业为筹集和使用资金而付出的代价，通常包括筹资费用和用资费用两部分。资金成本是商品经济条件下资本所有权与使用权相分离的必然结果，具有特定的经济性质。资金成本可分为个别资金成本、加权平均资金成本和边际资金成本。个别资金成本是企业单项融资方式的资金成本，一般用于比较和评价不同筹资方式；加权平均资金成本即综合资金成本是对各种个别资金成本进行加权平均而得到的结果，一般用于资本结构决策；边际资金成本是指新筹集部分资本的成本，在计算时也需要进行加权平均，一般用于追加筹资决策。

2. 财务管理中的杠杆效应通常有三种形式，即经营杠杆、财务杠杆和复合杠杆。经营杠杆效应是指企业在经营中由于存在固定成本而造成的经营利润（一般用息税前利润来表示）变动率大于产销量变动率的现象。经营风险是指在销售下降的情况下，由于固定成本的存在会使息税前利润下降的幅度更大。经营风险大小可用经营杠杆系数进行衡量。财务杠杆效应是指由于固定债务利息费用的存在，使权益资本净利率（用每股盈余来表示）变动率大于息税前利润变动率的现象。财务风险也称筹资风险，是指在息税前利润下降的情况下，由于固定利息费用的原因使得净利润即普通股每股盈余下降的幅度更大。财务风险大小可用财务杠杆系数进行衡量。复合杠杆是用来反映企业综合利用经营杠杆和财务杠杆对普通股收益产生的影响。

3. 资本结构是企业融资的核心问题，资本结构理论及决策对财务目标的实现起着至关重要的作用。资本结构理论是关于公司资本结构、公司资金成本与公司价值三者之间关系的理论,是现代企业财务理论的重要内容,也是资本结构决策的理论基础。资本结构理论主要有早期资本结构理论、MM 资本结构理论和新资本结构理论。所谓最佳资本结构,是指在适度财务风险的条件下,使企业加权资金成本最低,同时使企业价值最大的资本结构。确定企业的最佳资本结构,可采用每股盈余分析法、比较资金成本法和企业价值分析法等定量评价方法。

【思考题】

1. 什么是资金成本？资金成本包括哪些内容？
2. 资金成本在现代财务管理中有何重要作用？
3. 负债筹资方式与权益筹资方式的资金成本如何构成？
4. 为什么要考虑留存收益的资金成本？
5. 什么是综合资金成本？综合资金成本有何作用？
6. 什么是经营杠杆？什么是经营杠杆系数？经营杠杆系数的大小说明什么问题？
7. 什么是经营风险？经营风险是怎样引起的？
8. 什么是财务杠杆？什么是财务杠杆系数？财务杠杆系数的大小说明什么问题？
9. 什么是财务风险？财务风险是怎样引起的？
10. 什么是复合杠杆？什么是复合杠杆系数？
11. MM理论的基本内容是什么？
12. 什么是资金结构？研究资金结构有何意义？
13. 什么是每股盈余分析法？试说明采用每股盈余分析法进行资金结构决策的基本步骤。
14. 如何运用比较资金成本法确定最佳资金结构？

【综合案例】①

天友利标准光源有限公司是国内首家专门从事标准光源产品进口、开发、生产和销售为一体的大型公司,其产品 TILO 已是国内颜色检测行业的第一品牌。该公司早在1998 年就进口、开发、生产标准光源产品,比同类公司早 6 年以上,拥有经得起市场考验的优质产品和自主产权的成熟技术,国际检测机构和品质部门广泛采用 TILO 品牌,已拥有上万家国内外优质客商。该公司 2004 年度标准光源产品的产量已赶上美国品牌的产量,2005 年度的产量超过美国品牌 30% 以上,是全球标准光源箱的最大生产基地。公司有关资料如下:

资料一 公司于1998 年成立时,计划筹集资金1 000 万元,企业所得税税率30% ,资料如下:

---

① 资料来源:吴瑕. 中小企业融资案例与实务指引. 北京:机械工业出版社,2001。

(1) 向银行申请借款100万元,年利息率7%,手续费率2%;

(2) 发行优先股250万元,年股息率12%,筹资费用率4%;

(3) 发行普通股40万股,每股10元,按面值发行,筹资费用率6%,预计第一年每股股利1.2元,以后每年递增8%;

(4) 其余所需资金由公司留存收益取得。

要求:

(1) 计算采用各种筹资方式下的资金成本;

(2) 计算该公司的加权平均资金成本。

资料二　公司生产和销售产品——精密色差仪,其总成本习性模型为 $Y=10\ 000+3X$。假定该公司2011年度产品销量为10 000件,每件售价为5元;按市场预测2009年产品的销售数量将增长10%。

要求:

(1) 计算2011年该公司的边际贡献总额;

(2) 计算2011年该公司的息税前利润;

(3) 计算2011年该公司的经营杠杆系数;

(4) 计算2011年该公司的息税前利润增长率;

(5) 假定该公司2011年发生负债利息5 000元,计算该公司2011年的复合杠杆系数。

资料三　公司原有资本7 000万元,其中债务资本2 000万元(每年负担利息240万元),普通股资本5 000万元(发行普通股100万股,每股面值50元)。由于扩大业务,需追加筹资3 000万元,其筹资方式有两种:一是全部发行普通股:增发60万股,每股面值50元;二是全部筹借长期债务:债务利率仍为12%,利息360万元。公司的预计销售额为8 000万元,变动成本率为60%,固定成本为1 800万元,企业所得税税率为25%。

要求:

通过计算确定该公司应该选择何种筹资方案?

第六章　营运资金管理

【本章导航】

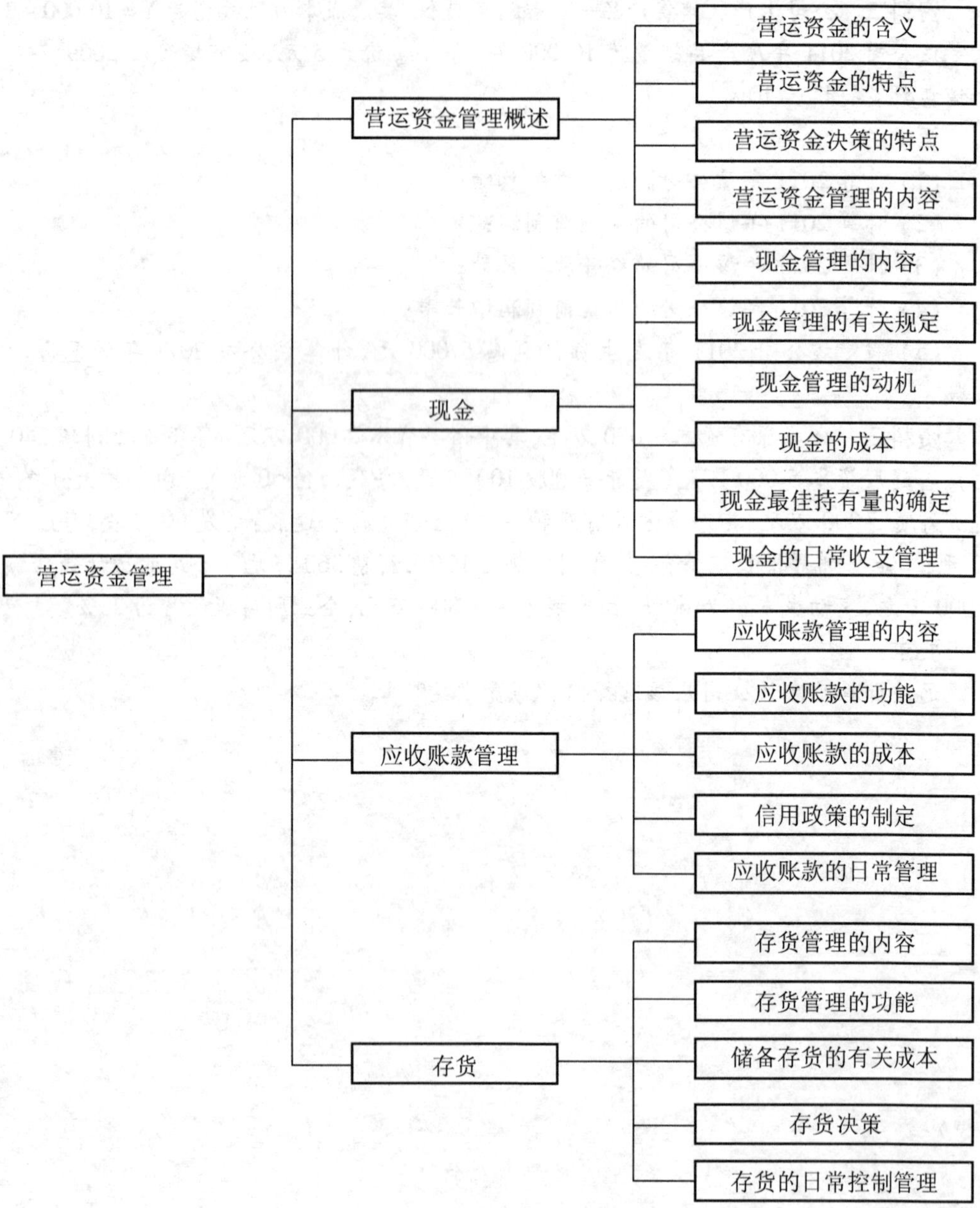

【知识目标】

通过本章的学习，学生应掌握营运资金的含义、内容以及如何在日常经营中进行现金、应收账款、存货等流动资产项目的管理。

【技能目标】

通过本章的学习，要求学生掌握最佳现金持有量、应收账款信用条件的选择、存货经济订货批量的确定。

【引导案例】

Daimler Chrysler 公司与联合太平洋公司的协议

2001 年 8 月，Mercedes 和 Chrysler 汽车的制造商 Daimler Chrysler 公司宣布了与联合太平洋公司(Union Pacific Corporation)之间的一项协议。协议规定，联合太平洋公司将负责每年把 Daimler Chrysler 公司 300 万辆成品车从组装厂运送到遍及北美洲的经销商。Daimler Chrysler 公司相信新的协议在下一年度将能够把它的成品车运送时间从 12 天缩短到 9 天，而接下来 5 年的目标是 6 天的运送期。Daimler Chrysler 公司预计，作为这项协议的成果之一，接下来 5 年内它将在存货持有成本上节约 2.8 亿美元。

资料来源：罗斯. 公司理财(第 6 版). 北京：机械工业出版社，2004。

第一节　营运资金管理概述

一、营运资金的含义

营运资金又称营运资本，是指企业生产经营活动中占用于流动资产上的资金。营运资金有广义和狭义之分。广义的营运资金又称总营运资金，是指一个企业投放在流动资产的总额。狭义的营运资金又称净营运资金，是指流动资产减去流动负债后的余额。用公式表示为：

$$净营运资金 = 流动资产 - 流动负债$$

1. 流动资产

流动资产指在一年内或者超过一年的一个营业周期内变现或者耗用的资产，根据其具体形态的不同，流动资产可分为现金及各种存款、短期投资、应收及预付款项、存货等项目。

2. 流动负债

流动负债指在一年内或长于一年的一个营业周期到期的负债。由于流动负债是企业的短期资金来源，所以流动负债又称企业的短期融资。流动负债具有周期短、成本低的特点，包括短期借款、应付及预收货款、应付票据、应付短期融资券、应付税金、应付股利和其他应付款、预付费用等。

二、营运资金的特点

营运资金具有以下特点：

1. 周期短

投资于营运资金的资金一般在一年或一个营业周期内收回，对企业影响的时间比较短，因此，营运资金投资所需要的资金一般可通过商业信用、短期银行借款等加以解决。

2. 形式多样

营运资金在循环周转过程中，各种不同形态的营运资金在空间上同时并存，在时间上依次继起。因此，合理地配置营运资金各项目的比例，是保证营运资金得以顺利周转的必要条件。

3. 流动性强

营运资金相对固定资金等长期资金来说比较容易变现。这对于财务上满足临时性资金需求具有重要意义。

4. 易波动

营运资金易受到企业内外环境的影响，其资金占用量的波动往往很大。

三、营运资金决策的特点

营运资金决策与长期融资决策的主要区别有三点：

（1）营运资金决策多为短期决策，长期融资决策多为长期决策；

（2）营运资金决策是一种经常性决策，而长期融资决策为非经常性决策；

（3）营运资金决策的失误通常会很快影响到企业的现金周转，而长期融资决策对企业现金运用的影响有一个较长的时滞。

四、营运资金管理的内容

1. 营运资金综合管理

主要是指流动资产与流动负债的配合管理，在满足公司经营管理需要的流动资产占用量的基础上，其流动资产与流动负债筹资相配合。

2. 现金管理

现金是收益率最低的资产，在满足公司经营需要的情况下，如何降低公司的现金持有量是现金管理的主要内容。

3. 应收账款管理

一方面要确定公司的信用标准和信用政策，另一方面要制定收款政策，加速应收账款收回。

4. 存货管理

存货是流动资产中所占比例最大的资产。存货管理一方面要满足企业生产的需求，另一方面要考虑如何筹集存货资金并使其资金成本最小。

第二节　现　　金

一、现金管理的内容

现金是指企业生产经营过程中暂时处于货币形态的流动资产,包括库存现金、银行存款、其他货币资金等。现金管理的内容是由现金的特点、现金持有的动机和现金管理的目标决定的。

现金管理的主要内容包括:

(1) 根据国家有关现金管理的规定和企业的需求,建立现金内部控制制度。

(2) 合理确定管理环节,做好日常现金收支的管理与控制。

(3) 确定企业的最佳现金持有量。

二、现金管理的有关规定

按照现行规定,国家有关部门对企业使用现金有如下规定:

(1) 规定了现金的使用范围。这里的现金,是指人民币现钞,即企业用现钞从事交易,只能在一定范围内进行。该范围包括:支付职工工资、津贴;支付个人劳务报酬;根据国家规定颁发给个人的科学技术、文化艺术、体育等各种奖金;支付各种劳保、福利费用以及国家规定的对个人的其他支出;向个人收购农副产品和其他物资的价款;出差人员必须随身携带的差旅费;结算起点(1 000 元)以下的零星支出;中国人民银行确定需要支付现金的其他支出。

(2) 规定了库存现金限额。企业的库存现金,由其开户银行根据企业的实际需要核定限额,一般以 3—5 天的零星开支额为限。

(3) 不得坐支现金。即企业不得从本单位的人民币现金收入中直接支付交易款。现金收入应于当日终了时送存开户银行。

(4) 不得出租、出借银行账户。

(5) 不得签发空头支票和远期支票。

(6) 不得套用银行信用。

(7) 不得保存账外公款,包括不得将公款以个人名义存入银行和保存账外现金等各种形式的账外公款。

三、现金管理的动机

企业持有现金的动机一般包括三种:

(1) 交易动机。交易动机是指企业为了满足日常发生的经常性交易的结算需要而持有现金。例如购买固定资产、原材料和支付工资、缴纳税款等。企业每天的现金收入和现金支出很少同时等额发生,置存一定的现金余额可使企业在现金支出大于现金收入时,不致因现金结算问题而中断交易或遭受处罚。满足交易需要的现金数额受多项因素的影响。正常营业活动所产生的现金收入和支出以及它们之间的差额,一般同销售量呈正相关关系。

(2) 预防动机。预防动机是指企业为了应付意外的现金需求而持有现金。预防动机对企业的持有现金有很大的影响。一般来说,自然灾害、生产事故、主要顾客失信等,都会打破企业的现金收支计划,使现金收支失衡。为减少这些意外事件的冲击,适当持有预防性现金是必要的。预防动机所需现金的多少取决于以下三个因素:一是现金收支预测的可靠程度;二是企业临时筹措现金的能力;三是企业承担风险的能力和愿意。在实际工作中,企业还可以通过持有一定数量的有价证券来满足预防动机,在正常情况下,有价证券和现金之间的转化非常容易实现。相对于持有现金而言,这种准现金资产可以获得较高的回报率,因此通过投资有价证券来满足预防动机是一种合理的选择。

(3) 投机动机。投机动机是指企业为了等待或捕捉潜在的不寻常的获利机会而持有现金。例如,为利用原材料价格的波动进行投机而持有现金;为择机购入价格有利的股票、债券等有价证券进行盈利性炒作而持有现金;等等。一般来说,除了金融和投资公司外,其他企业专门为投资性需要而特别置存现金的不多见。

四、现金的成本

企业拥有任何资产都有成本,现金也不例外,现金的成本通常由以下三个部分组成:

(1) 持有成本。现金的持有成本是指企业因保留一定现金余额而增加的管理费用及丧失的再投资收益。前者具有固定成本的性质,是管理成本,它在一定范围内与现金持有量的多少关系不大,是决策无关成本。

因企业持有现金,放弃了将现金投资于其他项目的机会及相应的投资收益,而放弃的现金再投资收益也就成为持有现金的代价,也称机会成本。例如,某企业持有现金 10 万元,若投资于证券,可以获得 10% 的收益率,即现金的再投资收益为 1 万元(10 × 10%);由于现在这 10 万元没有投资于证券,那么相应的 1 万元再投资收益就形成了企业选择持有现金 10 万元的机会成本。现金的机会成本属于变动成本,它与现金的持有量呈正比例关系,即现金持有量越大,机会成本就越高;反之,则越小。

持有现金的管理费用是指企业为了对所持有的现金进行管理而发生的费用,主要包括管理人员的工资及必要的安全设施费用等。持有现金的管理费用具有固定成本的性质,在一定范围内,它一般与所持现金的数量不相关。

(2) 转换成本。转换成本是指企业用现金购入有价证券以及转让有价证券换取现金时付出的交易费用,即现金同有价证券之间相互转换的成本,如委托买卖佣金、委托手续费、证券过户费、实物交割手续费等。

严格地讲,转换成本并不都是固定费用,例如按照委托成交金额计算的委托买卖有价证券的佣金、手续费就具有变动成本的性质。但是,在证券总额既定的条件下,无论转换次数是多少,所需支付的委托成交费用是相同的。因此,从这个意义上讲,那些依据委托成交金额计算的转换成本与证券转换次数关系不大,属于决策的无关成本。而与决策相关的只有与证券转换次数密切相关的那部分转换成本，即其中的固定性交易费用。这时，转换成本与证券转换次数呈线性关系，即：

转换成本总额 = 证券转换次数 × 每次的固定性转换成本

证券转换成本与现金持有量的关系是：在现金需要量既定的前提下，每次现金持有量即有价证券变现额的多少，必然对有价证券的变现次数产生影响，即现金持有量越少，进行证券变现的次数就越多，相应的转换成本就越大；反之，现金持有量越多，进行证券变现的次数就越少，相应的转换成本就越小。因此，现金持有量的不同必然通过证券变现次数的多少而对转换成本产生影响。

(3) 短缺成本。现金短缺成本是指在现金持有量不足而又无法及时通过有价证券变现加以补充而给企业造成的损失，包括直接损失和间接损失。现金的短缺成本与现金持有量呈反方向变动关系。例如，由于短缺现金而无法及时购进急需的原材料，从而使企业的生产经营中断给企业造成的损失。这是现金短缺的直接损失。间接损失是指由于现金的短缺给企业的信用和形象造成损害等无形损失。

五、现金最佳持有量的确定

现金是一种收益性较差的资产，持有过多会增加企业的机会成本，持有不足则可能影响企业的生产经营，加大企业的财务风险。对于如何确定最佳现金持有量，经济学家提出了许多模式，这里只介绍几种常用的方法。

1. 成本分析模式

成本分析模式是根据现金有关成本，分析预测其总成本最低时现金持有量的一种方法。即在不考虑前述的现金转换成本的情况下，通过对持有成本和短缺成本进行分析而找出最佳现金持有量的一种方法。由于持有成本分为机会成本和管理费用，所以，成本分析模式是通过找到机会成本、管理费用和短缺成本所组成的总成本曲线中最低点所对应的现金持有量，作为最佳现金持有量，如图 6-1 所示。

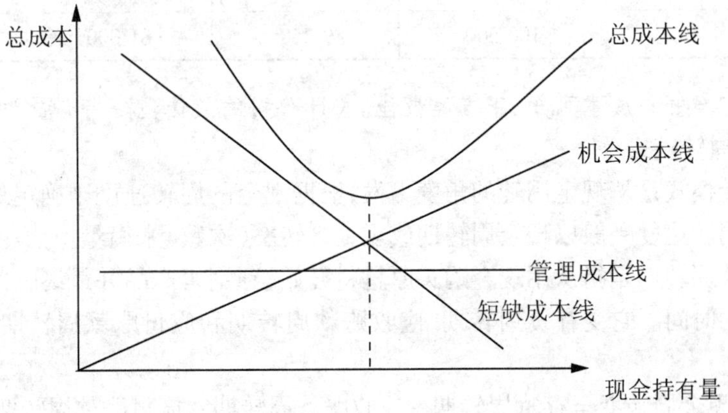

图 6-1　成本分析模式

持有现金的机会成本 = 现金持有量 × 有价证券收益率，其与现金持有量成正比。管理费用具有固定成本的属性，不随现金持有量变化。而现金短缺成本与现金持有量成反比,现金持有量越大,短缺成本越小;反之,现金持有量越小,短缺成本越大。从图6-1中可以看出,总成本线呈抛物线形,抛物线的最低点即为总成本的最低点,其所对应的现金持有量便是最佳现金持有量。

在实际工作中,运用该模式确定最佳现金持有量的具体步骤为:(1)根据各种可能的现金持有量测算有关成本数值;(2)编制最佳现金持有量的测算表,从中找出总成本最低时的现金持有量,即最佳现金持有量。

【例6-1】 GH公司有四种现金持有方案,它们各自的机会成本、管理成本、短缺成本如表6-1所示,机会成本率即该企业的资本收益率为6%。

表6-1 现金持有量及相关成本表 单位:元

项目 \ 方案	甲	乙	丙	丁
现金持有量	75 000	150 000	225 000	300 000
机会成本	4 500	9 000	13 500	18 000
管理成本	60 000	60 000	60 000	60 000
短缺成本	36 000	20 250	7 500	0

根据表6-1,可编制最佳现金持有量测算表,如表6-2所示。

表6-2 最佳现金持有量测算表 单位:元

项目 \ 方案	甲	乙	丙	丁
机会成本	4 500	9 000	13 500	18 000
管理成本	60 000	60 000	60 000	60 000
短缺成本	36 000	20 250	7 500	0
总成本	100 500	89 250	81 000	78 000

比较各方案的总成本可知,丁方案最佳。GH公司的最佳现金持有量为300 000元。

2. 现金周转模式

现金周转模式是从现金周转的角度出发,根据现金的周转速度来确定最佳现金持有量。现金的周转速度一般以现金周转期或现金周转率(次数)来衡量。

所谓现金周转期是指从用现金购买原材料开始,到销售产品并最终收回现金的整个过程所花费的时间。它受存货周转期、应收账款周转期和应付账款周转期的影响,其计算公式为:

$$现金周转期 = 存货周转期 + 应收账款周转期 - 应付账款周转期$$

式中,存货周转期是指将原材料转化为产成品并出售所需要的时间;应收账款周转期是指应收账款从发生到收现所需要的时间;应付账款周转期是指从收到尚未付款的原材料到以现金支付货款所需要的时间。

所谓现金周转率是指一年中用现金完成从购买原材料开始到销售产品并最终收回现金的循环的次数。其计算公式为：

现金周转率(次数)=360(天)÷现金周转期

一般来说，利用现金周转模式确定最佳现金持有量，包括以下三个步骤：(1)计算现金周转期；(2)计算现金周转率；(3)计算最佳现金持有量。

最佳现金持有量=预计全年现金需用量÷现金周转率

【例6-2】 新华公司全年的现金需求量为240万元，其原材料购买和产品销售均采用赊购赊销方式，应收账款的平均收账期为40天，应付账款的平均付款期为40天，存货平均周转期为60天，则该公司最佳现金持有量为：

$$现金周转期=60+40-40=60(天)$$

$$现金周转率=\frac{360}{60}=6(次)$$

$$最佳现金持有量=\frac{240}{6}=40(万元)$$

现金周转期模式简单明了、易于计算，但在应用时应注意两个前提条件：(1)公司生产经营活动保持相对稳定，以保证未来年度的现金总需求量可以根据产销计划比较准确地预计；(2)公司能够根据历史资料比较准确地预测出未来年度的现金周转期与周转率，预测结果应符合实际，保证科学与准确。

3. 存货模式

存货模式又称鲍莫模式(Baumol Model)，它是1952年由美国经济学家William. J. Baumol首先提出的，他认为公司现金持有量在许多方面与存货相似，存货经济订货批量模型可用于确定目标现金持有量，并以此为出发点，建立了鲍莫模式。存货模式主要考虑现金的机会成本和转换成本，即现金的机会成本和转换成本的总和构成最佳现金持有量决策的相关总成本。由于随着现金持有量的变化，现金的机会成本与转换成本呈反方向变动关系，因此，存货模式的最佳现金持有量就是使现金的机会成本与转换成本之和最低的现金持有量，如图6-2所示。

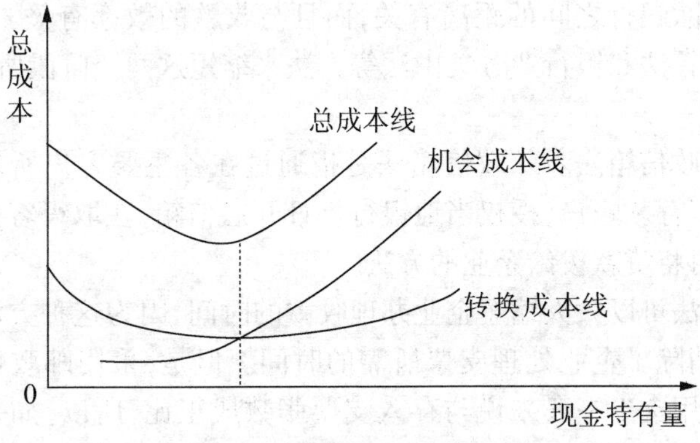

图6-2 现金的成本构成

设 T 为一个周期内现金的总需求量(假设总需求量可预估)，F 为每次转换有价证券的固定成本(假设每次转换量相同),K 为持有现金的机会成本率,Q 为最佳现金持有量,TC 为持有现金的相关总成本,则:

持有现金的相关总成本 = 现金的机会成本 + 转换成本

即:
$$TC = (Q/2) \times K + (T/Q) \times F$$

对自变量 Q 求导数可知:

$$\frac{d(TC)}{dQ} = \frac{K}{2} - \frac{TF}{Q^2}$$

令:
$$\frac{d(TC)}{dQ} = 0$$

则:
$$\frac{K}{2} = \frac{TF}{Q^2}$$

从而:
$$Q = \sqrt{2TF/K}$$

将其代入公式 $TC = (Q/2) \times K + (T/Q) \times F$ 中,则可得到此时最低现金管理总成本 $TC = \sqrt{2TFK}$。

【例6-3】 新华企业预计全年需要现金100 000元,现金与有价证券的转换成本为每次200元,有价证券的利息率为10%。计算该企业最佳现金持有量和最低现金管理总成本。

最佳现金持有量(Q) = $\sqrt{(2 \times 100\ 000 \times 200) \div 10\%}$ = 20 000(元)

最低现金管理总成本(TC) = $\sqrt{2 \times 100\ 000 \times 200 \times 10\%}$ = 2 000(元)

六、现金的日常收支管理

(一) 加速收款

为了加速现金的周转,确保预算现金收入的实现,在赊销比例一定的情况下,企业应尽量缩短应收账款的回收时间。一般来说,企业应收账款的收回需要经过四个阶段,即客户开出付款票据、企业收到票据、票据交存银行、银行将款项划给企业。在这四个阶段中,都需要一定的时间,日常管理的重点是缩短前面两个阶段的时间,这两个阶段所需时间不仅与客户、企业、银行之间的距离有关,而且与收款的效率有关。在实际工作中,企业通常采取邮政信箱法和银行业务集中法等方法来缩短这两个阶段所需的时间。

1. 锁箱法

锁箱法又称邮政信箱法。邮政信箱法是指通过在各主要客户所在地承租专门的邮政信箱,并开立分行存款账户,授权当地银行每日开启信箱,在取得客户支票后立即予以结算,并通过电汇再将货款拨给企业的方法。

采用邮政信箱法可以大大缩短企业办理收款的时间,因为这种方法不仅缩短了支票的邮寄时间,而且消除了企业处理支票所需的时间。但是,采用邮政信箱法需要支付额外的费用。这种费用支出一般来说与存入支票张数成正比,所以,如果平均汇款数额较小,采用这种方法不一定有利。

2. 银行集中法

银行集中法是指通过指定集中银行和设立多个收款中心来加快现金回收的方法。

在这种方法下，企业要指定一个主要开户银行（通常是总部的开户银行）为集中银行，并在收款额较集中的若干地区设立若干个收款中心，客户首先将款项交给较近的收款中心，然后由收款中心将款项交给集中银行。

集中银行法的具体做法如下：(1)企业以服务地区和各销售地区的账单数量为依据，设立若干收款中心，并指定一个账户为集中银行。(2)企业通知客户将货款就近送到指定的收款中心办理款项结算手续。(3)收款中心将当天收到的货款存入当地银行，当地银行在进行票据交换后，立即将款项转给集中银行。

采用银行集中法的优点是：(1)账单和货款邮寄时间可大大缩短。账单由收款中心寄发该地区顾客，与由总部寄发相比，顾客能较早收到。顾客付款时，可到最近的收款中心办理，通常也较直接邮寄给企业所需时间短。(2)支票兑现的时间可以缩短。收款中心收到客户汇来的支票存入该地区的地方银行，而支票的付款银行通常也在该地区内，因而支票兑现较方便。

采用银行集中法的缺点是：(1)每个收款中心的地方银行都要求有一定的补偿余额，而补偿余额是一种闲置的、不能使用的资金。开设的收款中心越多，补偿余额也越多，闲置资金也越多。(2)设立收款中心需要投入一定的人力和物力，费用较高。

（二）现金支出管理

企业在收款时，应尽量加快收款的速度，而在控制现金支出时，应尽量延缓现金支出的时间。企业现金支出的控制主要包括金额上的控制和时间上的控制。控制现金支出的方法有以下几种：

1. 采用零余额账户的方法控制现金的支出

采用此方法的前提条件是由银行提供一套账户系统。在这一系统下，由一个主支付账户为其他所有的子账户服务。每日终了，当所有转账支付票据都被结算完毕之后，特定的子账户就会出现负余额，此时，银行自动从主账户向这些特定子账户划拨足够的资金，使得子账户恢复零余额。

采用零余额账户的优点是：(1)加强了企业对现金支付的控制；(2)减少了企业在地方银行账户上用于支付账款的超额现金；(3)增加了现金的支付时滞。

2. 合理使用现金“浮游量”

所谓现金“浮游量”，是指企业账户上的现金余额与银行账户上列示的存款余额之间的差额。一般来说，公司的付款活动会产生支付浮游量，而收款活动则会产生收款浮游量。支付浮游量与收款浮游量的差即是净浮游量。在任何一个时点上的净浮游量就是公司的可动用余额和账面余额之间的差额。如果净浮游量是正的，那么公司的可动用余额就超过它的账面余额；否则，可动用余额就低于它的账面余额。

使用现金“浮游量”可以减少企业现金持有量，从而提高企业的现金使用效率。但是，使用现金“浮游量”也有一定的风险，一方面可能会出现支付不及时的情况，破坏企业之间的信用关系，另一方面可能会出现银行存款的透支现象。所以在使用现金“浮游量”时，必须注意控制好使用的额度和使用时间。

3. 尽量推迟支付应付账款的时间

企业可以在不影响信誉的情况下,尽量推迟应付账款的支付时间。可供借鉴的方法很多,下面试列举两种常见的方法:(1)采用承付汇票延迟付款。与普通支票不同的是,承付汇票不是"见票即付"的票据。当它被提交给开票方开户银行时,开户行还必须将它交给签发者(付款人)以获承兑,然后,付款人将一笔相当于汇票金额的资金存入银行,这样就适当推迟了企业支付现金的时间。(2)充分享受折扣期和信用期,延迟付款。譬如,如果供货方提供的现金折扣条件是"2/10,n/45",购货方则要么选择在发票开出后的第10天付款,得到现金折扣;要么就应该延迟到第45天才付款,以充分享受信用期。否则,若于第10天之前即行付款,会抵消一部分现金折扣利益;若于第11天至第44天之间付款,会加大放弃现金折扣的成本,两种做法都是不明智的。

4. 力争现金流量同步

一般来说,对于同一个经济业务,其现金流入与现金流出往往并不同步。但是企业一般同时进行许多经济业务,它们发生的时间有先有后,作为企业的财务管理人员,就应该想方设法使企业的现金流入与现金流出发生的时间趋于一致。这样可以将企业所持有的交易性现金持有量降到最低水平,提高企业现金的使用效率。

第三节　应收账款管理

一、应收账款管理的内容

应收账款是指因对外销售产品、材料、供应劳务及其他原因,应向购货单位或接受劳务的单位及其他单位收取的款项,包括应收销售款、其他应收款、应收票据等。为适应市场竞争环境,企业必须提供商业信用,采取赊销方式。赊销可以扩大销售,增加企业的市场占有率和盈利。但赊销又是一把双刃剑,在带来好处的同时,也会使企业应收账款占用的资金大量增加,现金的回收时间延长,增加机会成本和管理成本,甚至会使企业遭受不能收回应收账款的风险。可见,应收账款的功能不能无限扩大,应收账款的规模应适当控制。而应收账款的规模往往受经济状况、产品定价、产品质量和企业的信用政策等因素影响。这些影响因素中除最后一项外,其他因素并不是财务管理部门所能控制的。所以,财务管理部门管理应收账款,主要是通过权衡不同信用政策的得失,控制风险,制定适当的信用政策来改变应收账款的水平,实现管理目标的。

具体来讲,企业应收账款管理的内容主要包括:(1)制定合理的信用政策;(2)进行应收账款的日常追踪分析、账龄分析、收现率分析,加速应收账款的回收;(3)做好应收账款的日常管理工作,建立减少坏账损失的评估决策制度。

二、应收账款的功能

应收账款具有以下功能:

1. 促进销售的功能

企业销售产品时既可以采取现销,又可以采取赊销。显然,现销对本企业有利,赊销对客户有利。在竞争激烈的市场经济条件下,促销已经成为企业普遍采取的经营战略。企业促销的手段虽然多种多样,但在银根偏紧、市场偏软、资金短缺的情况下,赊销的促销作用是十分明显的。它既可以使购买者及时得到自己需要的商品,又可以暂不付款,减轻自己的资金压力,因而对顾客具有很大的吸引力。特别是在企业销售新产品、开拓新市场时,赊销就更加具有重要的意义。

2. 减少存货的功能

由于赊销具有促销功能,可以扩大产品的销售,降低库存商品数量,这有利于加速存货周转,降低存货的管理费用、仓储费用和保险费用等支出。因此,无论是季节性经营企业还是非季节性经营企业,当库存压力增大时,一般都会采用较优惠的信用条件进行赊销,把存货转化为应收账款,减少库存,节约支出,效果一般都不错。

三、应收账款的成本

企业持有应收账款,也要付出一定的代价。应收账款的相关成本主要有:

1. 机会成本

应收账款的机会成本是指因资金占用于应收账款而丧失投资于其他项目的机会所丧失的投资收益。如投资于有价证券会有利息收入和股息收入。这一成本的大小通常与企业维持赊销业务所需要的资金数量(即应收账款占用资金)、资金成本有关。其计算公式为:

$$应收账款机会成本 = 维持赊销业务所需的资金 \times 资金成本率$$

其中,资金成本率一般可按有价证券利息率计算;维持赊销业务所需的资金可按下列步骤计算:

(1) 计算应收账款平均余额。

$$\begin{aligned}应收账款平均余额 &= 年赊销额 \div 360 \times 平均收账天数\\ &= 平均每日赊销额 \times 平均收账天数\end{aligned}$$

(2) 计算维持赊销业务所需要的资金。

$$\begin{aligned}维持赊销业务所需的资金 &= 应收账款平均余额 \times 变动成本率\\ &= 应收账款平均余额 \times (变动成本 \div 销售收入)\end{aligned}$$

从上述算式中不难分析出,随着赊销业务的扩大,赊销收入增加越多,应收账款占用资金就越多,而应收账款的收现期(即周转期)越短,应收账款占用资金就越少。所以,提高应收账款的周转速度是减少应收账款机会成本的有效方法。

2. 管理成本

应收账款的管理成本是指企业对应收账款进行管理而耗费的开支,主要包括对客户的资信调查费用、收账费用和其他费用。

3. 坏账成本

坏账成本,也叫坏账损失,是指由于种种原因导致应收账款不能收回而给企业造成的损失。坏账成本一般与应收账款数量同方向变动。因此,为了减少坏账给企业生产经营活动带来的冲击，企业除应尽量降低坏账发生的几率和水平之外，还应按规定按应收账款余额的一定比例建立坏账准备金。

四、信用政策的制定

加强应收账款的管理关键是制定适当的信用政策。信用政策又称应收账款管理政策，是企业对应收账款投资进行规划与控制而确立的基本原则与行为规范，一般由信用标准、信用条件和收账政策这三部分组成。

1. 信用标准

信用标准是企业同意向客户提供商业信用而要求对方必须具备的最低条件，通常以坏账损失率表示。企业的信用标准越高，坏账损失就越少，同时，应收账款的机会成本和管理成本也就越少。但是过高的信用标准，会将许多不能达标的客户拒之门外，不利于企业扩大销售；反之，如果企业的信用标准过低，虽然有利于企业扩大销售，提高产品的市场占有率，但是会相应增加坏账损失和应收账款的机会成本与管理成本。

企业在制定信用标准时，首先应进行定性分析。在分析中主要考虑以下三个方面的问题：

（1）同行业竞争对手的情况。如果竞争对手实力很强，企业就应考虑是否可以采取较低的信用标准，增强对客户的吸引力；反之，则可以考虑制定较严格的信用标准。

（2）企业承担客户违约风险的能力。当企业具有较强的抵抗客户违约风险的承担能力时，就可以考虑采用较低的信用标准，以提高企业产品的竞争能力；反之，如果企业承担客户违约风险的能力较弱时，则应制定较高的信用标准，减少坏账的发生。

（3）客户的资信情况。企业在制定信用标准时，应对客户的资信情况进行调查与分析，然后在此基础上，判断客户的信用状况，并决定是否给该客户提供商业信用。客户的信用状况通常可以从品质、能力、资本、抵押品和经济状况五个方面来评价。

① 品质（Character），是指客户履约或违约的可能性。客户是否愿意按期支付货款，与该客户在以往的交易过程中所表现出来的品质有很大的关系，因此，品质是信用评价体系中的首要因素。

② 能力（Capacity），是指客户支付货款的能力。客户支付货款的能力取决于其现金资产的持有水平和非现金流动资产的数量和质量等因素。一般来说，企业持有的现金资产和非现金流动资产的数量越多、质量越好，其变现和支付货款的能力就越强；反之，就越弱。

③ 资本（Capital），是指客户的经济实力和财务状况。它是客户偿付债务的最终保证。

④ 抵押品（Collateral），是指客户拒付或无力支付款项时能被用作抵押的资产。当对客户的信用状况不了解时，如果客户能够提供足够的抵押品，就可以向其提供商业信用。一旦客户违约，可以变卖抵押品，挽回经济损失。

⑤ 经济状况（Conditions），是指可能影响客户付款能力的经济环境，包括一般经济发展趋势和某些地区的特殊经济发展环境。

上述五个方面的评价也称“5C”系统评价法，其各种相关信息资料主要取得渠道为：商业代理机构或资信调查机构所提供的客户信息资料及信用等级标准资料；委托往来银行信用部门向与客户有关联业务的银行索取信用资料；与同一客户有信用关系的其他企业相互交换该客户的信用资料；客户的财务报告资料；企业自己总结的经验与其他可取得的资料等。

2. 信用条件

信用条件是指企业接受客户信用订单时所提出的付款要求，主要包括信用期限、折扣期限和现金折扣等。信用条件的一般形式如“2/10，n/30”，表示若客户在10天内付款，可以享受2%的现金折扣；若客户放弃现金折扣，则必须在30天内全额付款。在此，30天为信用期限，10天为折扣期限，2%为现金折扣百分比。

(1) 信用期限。信用期限是指企业允许客户从购货到支付货款的时间间隔。通常，延长信用期限，可以在一定程度上扩大销售量；但不适当地延长信用期限，会给企业带来不良后果。过长的信用期限可能会给企业带来以下问题：一是会使应收账款的平均收账期限延长，占用在应收账款上的资金也会相应增加，这样会增加应收账款的机会成本；二是会增加企业的坏账损失和收账费用，因为赊销的时间越长，发生坏账的可能性就会增大，收回账款的费用也会相应增加。

(2) 现金折扣和折扣期限。为了缩短客户的实际付款时间，加速资金的周转，同时减少坏账损失，企业常常可以给客户提供一个折扣期限，客户在折扣期限内付款，则可以享受按销售收入的一定比率的现金折扣。企业究竟应当核定多长的现金折扣期限，以及给予顾客多大程度的现金折扣优惠，必须将信用期限及加速收款所得到的收益与付出的现金折扣成本结合起来考察。

(3) 信用条件的选择。信用条件的选择与信用标准的选择相似，即比较不同的信用条件的销售收入及相关成本，最后计算出各自的净收益，并选择净收益最大的信用条件。

【例6-4】 新华企业采用赊销方式销售甲产品，该产品的单位售价为20元，变动成本率为75%。目前企业采用的信用条件为“n/45”，产品的年销售量为100 000件，应收账款的平均回收期为45天，坏账损失率为2%。为了增加销售，同时加速应收账款的回收，企业拟向客户提供的信用条件为“2/10，n/30”。估计采用这一新的信用条件后，销售量将增加20%，有60%的客户将在折扣期内付款，其余40%的客户则会在信用期内付款，坏账损失率将降为1%。另外，假设该企业的资本成本为20%；企业的生产能力和市场容量均可满足销售增长的需要。则，该企业应采用何种信用条件的决策？

(1) 采用旧的信用条件

信用成本前收益 = 100 000 × 20 × (1 − 75%) = 500 000(元)

应收账款的机会成本 = 2 000 000/360 × 45 × 75% × 20% = 37 500(元)

应收账款的坏账成本 = 2 000 000 × 2% = 40 000(元)

信用成本后收益 = 500 000 − 37 500 − 40 000 = 422 500(元)

(2) 采用新的信用条件

信用成本前收益 = 100 000 × (1 + 20%) × 20 × (1 − 75%) = 600 000(元)

应收账款的机会成本 =2 400 000/360 ×18 ×75% ×20% =18 000(元)

应收账款的坏账成本 =2 400 000 ×1% =24 000(元)

现金折扣成本 =2 400 000 ×60% ×2% =28 800(元)

信用成本后收益 =600 000 -18 000 -24 000 -28 800 =529 200(元)

通过计算可知,新的信用条件可使企业新增信用成本后收益 106 700 元,所以应采用新的信用条件。

3. 收账政策

收账政策是指客户超过信用期限而仍未付款时,企业采取的收账措施。企业如果采取积极的收账政策,就会减少应收账款的坏账损失,但会增加收账成本;反之,如果收账不力,虽然可以减少收账费用,却会增加坏账损失。企业可以选择的收账方式主要有:(1)定期向客户寄发账单;(2)由训练有素的催款员用电话与客户联系;(3)寄发催款纸质或电子信件,信中说明客户拖欠货款的时间与金额,并要求付款;(4)派员上门催款;(5)对随后的发货采用预收货款方式;(6)停止发货直到客户还清大部分或全部货款为止;(7)委托中介机构催收款项;(8)向恶意拖欠的客户提起法律诉讼。

无论采取何种方式进行催收账款,都需要付出一定的代价,即产生收账费用。一般来说,收账的花费越大,收账措施越有力,可收回的账款就越多,坏账损失也就越小。因此制定收账政策,需要在收账费用和所减少坏账损失之间作出权衡,若前者小于后者,则说明制定的收账政策是可取的。下面举例说明如何制定收账政策。

【例 6-5】 假设某企业资金利润率为 20%,企业应收账款原有的收账政策和拟改变的收账政策如表 6-3 所示。

表 6-3 收账政策备选方案

项目	现行的收账政策	拟改变的收账政策
年收账费用(万元)	6	10
平均收账天数(天)	60	30
坏账损失率(%)	3	2
赊销额(万元)	480	480
变动成本率(%)	60	60

根据以上资料计算如表 6-4 所示。

表 6-4 收账政策分析评价表

项目	现行的收账政策	拟改变的收账政策
赊销额(万元)	480	480
应收账款平均收账天数(天)	60	30
应收账款平均余额(万元)	480 ÷360 ×60 =80	480 ÷360 ×30 =40
应收账款占用的资金(万元)	80 ×60% =48	40 ×60% =24

（续表）

项目	现行的收账政策	拟改变的收账政策
收账成本：		
应收账款机会成本（万元）	48×20%=9.6	24×20%=4.8
坏账损失（万元）	480×3%=14.4	480×2%=9.6
年收账费用（万元）	6	10
收账总成本（万元）	30	24.4

计算结果表明，拟改变的收账政策相关的收账成本低于现行收账政策的收账成本，因此，改变收账政策的方案是可以接受的。

五、应收账款的日常管理

应收账款是企业对外提供商业信用的结果，其中往往蕴涵着巨大的风险，前面介绍的信用政策制定，是从制度层面上加强应收账款管理的方法，但仅此是不够的，还必须加强其日常管理，采用有效的方法和措施进行日常分析、控制，及时发现问题，解决问题。应收账款日常管理的方法和措施主要包括：应收账款的追踪分析、账龄分析、收现保证率分析，以及根据有关会计法规建立应收账款坏账准备金制度、开展应收账款保理业务等。

1. 应收账款追踪分析

一般来说，客户赊销了产品，能否按期偿还货款，主要取决于客户的信用品质、客户的财务状况和客户是否可以实现该产品的价值转换或增值等因素。其中，客户信用品质和财务状况这两个因素尽管在企业同意赊销之前就已进行过分析，但是不能因此忽略对它的关注，在赊销之后，仍然应进行追踪分析，因为这两个因素是有可能随时发生变化的。当发现客户的这两个因素有发生变化的可能性时，企业应采取果断的措施，尽快地收回应收账款，哪怕只能暂时收回部分的应收账款也在所不惜。第三个因素，对客户能否及时支付应收账款也具有重大的影响。如果客户可以实现该产品的价值转换，尤其是可以实现该产品的价值增值，那么客户就会愿意及时付款。一方面是由于他此时有付款的能力，另一方面是由于他希望建立良好的信誉，为以后的交易打下基础。从这个意义上说，应收账款问题并不仅仅是交易双方的问题，常常会涉及第三方。在商品的流通过程中，有一个环节出了问题，将可能会导致一系列的信用危机。所以，应收账款的追踪分析应时刻关注客户及其交易伙伴情况的变化，以便及时作出决策。当然，企业不可能也没有必要对全部的应收账款都进行追踪分析。企业应该将主要精力集中在交易金额大、交易次数频繁或信用品质有疑问的客户身上。

2. 应收账款账龄分析

应收账款的账龄是指未收回的应收账款从其产生日起到目前为止的全部时间。企业已发生的应收账款的账龄有长有短，性质也有差异，有的尚处在信用期内，有的已逾期。我们进行应收账款账龄分析的重点是已逾期拖欠的应收账款。

一般来说，应收账款被拖久的时间越长，催收的难度就越大，转化成为坏账的可能性也就越高。美国邓白氏公司(Dun & Bradstreet Corp.)的一份调查数据显示,应收账款逾期的时间越长,那么追账的成功率就越低。当逾期时间为一个月时,追账成功率为93.80%;当逾期半年时,成功率急降至57.80%;而当逾期两年左右时,成功率只能达到13.50%。所以,开展应收账款账龄分析,将应收账款按账龄分类,密切关注应收账款的回收情况,适时地采取相应的对策和措施是加强应收账款日常管理的重要环节。

【例 6-6】某企业应收账款规模及账龄结构如表 6-5 所示。

表 6-5　应收账款账龄分析表

应收账款账龄	金额(万元)	比重(%)
信用期内	1 200	60
超过信用期 1—20 天	400	20
超过信用期 21—40 天	200	10
超过信用期 41—60 天	100	5
超过信用期 61—100 天	80	4
超过信用期 100 天以上	20	1
应收账款总计	2 000	100

利用账龄分析表,企业可以了解到以下情况:

(1) 有多少欠款尚在信用期内。表 6-5 显示,有价值 1 200 万元的应收账款处在信用期内,占全部应收账款的 60%。这些款项未到偿付期,欠款是正常的;但到期后能否收回,还要待时再定。故及时的监督仍是必要的。

(2) 有多少欠款超过了信用期,超过时间长短的款项各占多少,有多少欠款会因拖欠时间太久而可能成为坏账。表 6-5 显示,有价值 800 万元的应收账款已超过了信用期,占全部应收账款的 40%。不过,其中拖欠时间较短的(20 天内)有 400 万元,占全部应收账款的 20%,这部分欠款收回的可能性很大;拖欠时间较长的(21—100 天)有 380 万元,占全部应收账款的 19%,这部分欠款的回收有一定难度;拖欠时间很长的(100 天以上)有 20 万元,占全部应收账款的 1%,这部分欠款有可能成为坏账。对不同拖欠时间的欠款,企业应采取不同的收账方法,制定出经济、可行的收账政策;对可能发生的坏账损失,则应提前做好准备,充分估计这一因素对损益的影响。

对企业应收账款的账龄进行分析以后,如果发现逾期的应收账款比重较大,首先应分析产生这种情况的原因,如果属于企业信用政策的问题,应立即进行信用政策的调整;其次,应具体分析拖欠客户的情况,搞清这些客户发生拖欠的原因是什么;再次,针对不同的情况采取不同的收账方法,制订出经济可行的收账方案。同时,对尚未过期的应收账款也不应放松管理和账龄分析,防止发生新的逾期拖欠。

3. 应收账款收现保证率分析

应收账款收现保证率是指在一定会计期间内必须收现的应收账款占全部应收账款的比重。所谓必须收现的应收账款是指在一定会计期间内,为了保证企业正常的现金流转，特别是满足具有刚性约束的纳税及偿付不能展期的到期债务的需要，而必须通过应收账款收现来补充的现金，其数值等于当期必要现金支付总额与当期其他稳定可靠的现金流入总额之间的差额。即：

必须收现的应收账款 = 当期必要现金支付总额 − 当期其他稳定可靠的现金流入总额

应收账款收现保证率 = 必须收现的应收账款/全部应收账款

其中，当期其他稳定可靠的现金流入总额是指从应收账款收现以外，可以取得的其他稳定可靠的现金流入数额，主要包括短期有价证券变现净额、可随时取得的银行贷款额等。

企业当期现金支付需要量与当期应收账款之间存在着密切的关系，企业的应收账款的回收是企业现金的主要来源，但是应收账款的收现期却往往不稳定，它与现金的需要时间也往往不一致。所以，必须确定一个应收账款收现的最低标准，以保证企业的现金需要。应收账款收现保证率的设置正是满足这种需要的产物。

4. 建立应收账款坏账准备金制度

只要有应收账款就有发生坏账的可能性。按照权责发生制和谨慎性原则的要求，必须对坏账发生的可能性预先进行估计，并计提相应的坏账准备金。坏账准备金的计提比例与应收账款的账龄存在着密切的关系。应收账款坏账准备金的具体计提比例可以由企业根据自己的实际情况和以往的经验加以确定。

【例 6-7】 根据【例 6-6】的资料，若该企业已制定如下的应收账款坏账准备金提取比例：

(1) 信用期内，按其余额的 5% 计提；

(2) 超过信用期 1—20 天，按其余额的 10% 计提；

(3) 超过信用期 21—40 天，按其余额的 15% 计提；

(4) 超过信用期 41—60 天，按其余额的 20% 计提；

(5) 超过信用期 61—100 天，按其余额的 30% 计提；

(6) 超过信用期 100 天以上，按其余额的 50% 计提。

则：该企业应计提的坏账准备金 = 1 200 × 5% + 400 × 10% + 200 × 15% + 100 × 20% + 80 × 30% + 20 × 50% = 184(万元)

应收账款计提坏账准备以后，坏账不一定会发生。一般来讲，企业的应收账款符合下列情形之一的，才被确认为坏账：

(1) 债务人死亡，以其遗产清偿后仍然无法收回的部分；

(2) 债务人破产，以其破产财产清偿后仍然无法收回部分；

(3) 债务人较长时间内未履行其偿债义务，并且有足够的证据表明无法收回或收回的可能性极小。

需要强调的是，对第三种情形确认为坏账的应收账款，并不意味着企业已经放弃了对它的追索权，一旦情况发生变化，债务人具有了偿债能力，企业就应该积极追偿。

5. 开展应收账款保理业务

应收账款保理业务是指企业把由于赊销而形成的应收账款有条件地转让给银行，银行为企业提供资金,并负责管理、催收应收账款和坏账担保等业务,企业可借此收回账款,加快资金周转。保理业务是一种集融资、结算、账务管理和风险担保于一体的综合性服务业务,对于销售企业来说,它能使供应企业免除应收账款管理的麻烦,提高应收账款的周转率。但保理业务在我国起步较晚,相关法律、规章制度还不够健全,由此途径收回的应收账款的代价也较高,因此,目前此类业务的开展还不够普遍。

第四节　存　　货

一、存货管理的内容

存货是指企业在生产经营过程中为了生产或销售而储备的物资。具体而言,为生产而储备的存货主要包括企业的库存原材料、辅助材料、包装物、低值易耗品等;为销售而储备的存货主要包括库存商品、产成品等。存货在流动资产中所占比重较大,存货管理水平的高低,对企业生产经营的顺利与否具有直接的影响,并且最终会影响到企业的收益、风险、流动性的综合水平,因此,存货的管理在整个投资决策中具有重要的地位。

存货管理的内容主要包括:(1)合理确定存货的经济采购批量,降低相关成本;(2)明确存货管理目标,加强存货的保本保利期控制;(3)加强存货的日常控制与监督,充分发挥存货的作用。

二、存货管理的功能

存货的功能是指存货在企业生产经营过程中所具有的作用。存货主要包括以下几个方面的功能:

(1) 防止生产经营中断。企业主要是通过产品或商品的不断流转而获得利润的。如果这种流转过程不顺畅、不连续,那么就会给企业造成经济损失。对于生产企业来说,如果原材料存货不足,就必然会造成生产中断,停工待料;对于商业企业来说,如果商品库存不足,就必然会失去销售良机。而对于生产或销售具有季节性的企业来说,持有一定数量的存货就具有更加重要的意义。虽然随着自动化程度的提高,有些企业正在推行适时制,提出了“零存货”的口号,但从目前的情况看,要真正做到这一点并非易事,有些行业甚至不可能做到“零存货”。

(2) 降低进货成本。一般来说,企业采购时,其进货的总成本与其采购物资的单位售价及采购的次数有密切的关系。许多企业为了鼓励客户购买其产品,往往给购货方提供较优厚的商业折扣,即当客户的采购量达到一定数量时,便可以在价格上给予相应的价格折扣。所以,企业往往会考虑以适当增加库存为代价来较大批量地集中进货,就可以降低单位物资的买价。同时,由于采购总量一定,采购批量较大时,采购次数就会减少,从而还可以降低采购费用。

(3) 适应市场的变化。企业面对的市场是千变万化的,市场对本企业生产产品的需求量一般来说是不稳定的。一定数量的存货储备能够增加企业在生产和销售方面的机动性以及适应市场变化的能力。企业有了足够的库存,当市场的需求量突然增加时就能及时地满足市场的变化。另外,当某种市场紧缺的商品的价格持续大幅上涨时,适当地储备一定数量的存货,能使企业获得物价上涨的好处。

(4) 维持均衡生产。许多产品的市场需求具有季节性,例如空调、电风扇、羽绒服等产品,企业的生产安排一般可以随着市场的变化而作相应的调整。但是,这些产品的生产并不能完全按市场需求的季节性来安排,否则,就会造成生产的不均衡,忙时超负荷运转,闲时生产能力得不到充分利用。这样不仅会导致生产成本的提高,而且对企业的生产设备、生产人员也是十分不利的。所以对这些产品的生产既要考虑到季节性的变动,又要考虑到生产的均衡性,在销售淡季适当增加产品库存。

(5) 有利于企业产品的销售。企业的产品一般是成批生产、成批销售的,对于客户来说,也有一个经济采购批量的问题,所以,企业保持一定的产成品库存是有利于销售的。否则,当碰到客户的大订单需求量时,就可能会丧失商机。进行存货管理,就是要尽力在各种存货成本与存货效益之间作出权衡,达到两者的最佳结合。这也是存货管理的目标。

三、储备存货的有关成本

虽然存货具有以上许多功能,企业持有存货必不可少,但是,并不是说持有存货越多越好,因为储备存货是有代价的,必然会发生一定的成本、费用支出。储备存货成本包括以下几个方面:

(1) 取得成本 。所谓取得成本是指企业取得存货时的成本费用支出,主要包括存货的购置成本和进货费用两个方面。其中,购置成本在数量上等于采购量与单位存货的采购单价的乘积。由于采购量是根据生产经营部门的需要决定的,所以,购置成本管理的重点是如何降低单位存货的采购单价。年需要量用 A 表示,单价用 U 表示,于是购置成本用公式可表示为:

$$购置成本 = A \times U$$

进货费用又称订货成本,是指企业为组织进货而开支的有关费用,如办公费、差旅费、邮资费、电信费、运输费、检验费、入库搬运费等。订货成本中有一部分与订货次数无关,如常设采购机构的基本开支等,称为订货的固定成本,用 F_1 表示;另一部分与订货次数有关,如差旅费、邮资等,称为订货的变动成本。每次订货的变动成本用 B 表示;订货次数等于存货年需要量 A 与每次进货量 Q 之商。订货成本的计算公式为:

$$订货成本 = F_1 + \frac{A}{Q} \times B$$

订货成本加上购置成本,就等于存货的取得成本。其公式可表达为:

$$\begin{aligned} 取得成本 &= 订货成本 + 购置成本 \\ &= 订货固定成本 + 订货变动成本 + 购置成本 \end{aligned}$$

$$TC_a = F_1 + \frac{A}{Q} \times B + A \times U$$

(2) 储存成本。所谓储存成本是指企业为持有存货而发生的成本费用支出，主要包括存货的机会成本、仓储费用、保险费用、存货库存损耗等。存货的机会成本主要是指以现金购买存货而失去的其他投资机会可能带来的投资收益，一般可以用证券投资收益来衡量。存货成本中的机会成本和保险费用与存货储存数量有密切关系，存货储存数量增大，其成本数额也随之变大；反之，存货储存数量减小，其成本数额也随之变小，故也称为变动性储存成本，单位变动性储存成本用 C 来表示。存货成本中也有一部分与存货的储存数量没有密切的关系，例如仓库折旧费用、仓库职工的固定工资等，故也称为固定性储存成本，常用 F_2 表示。用公式表达的储存成本为：

储存成本 = 储存固定成本 + 储存变动成本

$$TC_c = F_2 + C \times \frac{Q}{2}$$

(3) 短缺成本。所谓短缺成本是指因存货不足而给企业造成的损失，主要包括由于原材料供应中断造成的停工待料损失、产品供应中断导致延误发货的信誉损失以及丧失市场机会的有形与无形损失等。缺货成本因其计量较为困难，所以在决策中常常未予考虑。

四、存货决策

存货的经济订货批量是指能够使企业一定时期存货的相关总成本最低的单批采购数量。由于存货的进货成本、储存成本和缺货成本，有些是固定性的成本，有些是变动性的成本，其中固定性成本不受单批采购数量的多少影响，因此，只有变动性成本才是与经济订货批量决策有关的成本。与经济订货批量决策相关的成本主要包括：变动性进货成本、变动性储存成本以及允许缺货时的缺货成本。不同的成本项目与进货批量（即单批采购数量）有着不同的变动关系，订购的批量大，平均储存的存货就多，储存成本就高，同时，采购次数减少，进货费用和缺货成本也减少；相反，订购的批量小，平均储存的存货就少，储存成本就低，同时，采购次数增多，进货费用和缺货成本也增多。经济订货批量决策就是要权衡这些成本和费用，努力使得它们的总和最低。

1. 存货经济订货批量的基本模型

存货经济订货批量的基本模型是指以一系列基本假设为前提的经济订货批量决策模式。这一系列基本假设是：

(1) 企业的需求量稳定，一定时期的进货总量可以较为准确地预测；

(2) 每当存货量下降为零时，下一批订货能适时、集中地到货补充；

(3) 存货的价格稳定，且不考虑商业折扣；

(4) 不允许出现缺货；

(5) 所需存货市场供应充足，仓储条件及所需现金不受限制。

在满足以上基本假设的前提下，存货经济订货批量实际上与其买价（购置成本）和短缺成本无关，而仅与变动性的进货费用（简称进货费用）与变动性的储存成本（简称储存成本）相关。由于进货费用与储存成本互为反向变动关系，所以存货经济订货批量即为进货费用与储存成本相等（此时进货费用与储存成本之和最低）时的订货批量。

假设以 Q 表示经济订货批量，A 表示存货的全年需要量，B 表示平均每次进货费用，C 表示单位存货年平均储存成本，U 表示单位采购价格，则存货的相关总成本（TC_Q）可用公式表示为：

$$TC_Q = \frac{A}{Q} \times B + \frac{Q}{2} \times C$$

式中，$\frac{A}{Q}$为年进货次数；$\frac{A}{Q} \times B$ 为年进货费用；$\frac{Q}{2}$为年平均存货量；$\frac{Q}{2} \times C$ 为年储存成本。当式中 A 和 C 为常数量时，TC_Q的大小取决于 Q。为求出 TC 的极小值，对其进行求导演算，可得出下列存货经济订货批量的基本模型及其他演变模型：

$$存货的经济订货批量(Q) = \sqrt{\frac{2AB}{C}}$$

$$经济批量的相关总成本(TC_Q) = \sqrt{2ABC}$$

$$最佳订货批量的资金平均占用额(W) = U \times \frac{Q}{2}$$

【例 6-8】 某企业每年耗用甲材料 28 800 公斤，该材料的单位采购价格为 10 元，每公斤材料年储存成本平均为 2 元，平均每次进货费用为 800 元。则该甲材料的经济订货批量及其相关指标的计算分析如下：

依题意 $A = 28\ 800$ 公斤，$B = 800$ 元，$C = 2$ 元，$U = 10$ 元，则：

$$Q = \sqrt{\frac{2AB}{C}} = \sqrt{\frac{2 \times 28\ 800 \times 800}{2}} = 4\ 800(公斤)$$

$$TC_Q = \sqrt{2ABC} = \sqrt{2 \times 28\ 800 \times 800 \times 2} = 9\ 600(元)$$

$$N = \frac{A}{Q} = 28\ 800/4\ 800 = 6(次)$$

$$W = U \times \frac{Q}{2} = 10 \times 4\ 800/2 = 24\ 000(元)$$

即该材料的经济订货批量为采购 4 800 公斤。

2. 存货经济订货批量的基本模型的扩展

以上经济订货批量基本模型是在上述五项假设的前提下建立的。在实践中，常常不满足以上全部的假设条件，那么要确定存货的经济订货批量，就需要对上述决策方法进行修正。下面讨论放松部分假设条件情况下的经济订货批量决策问题。

（1）存货陆续供应和使用情况下的经济订货批量决策。在建立存货经济订货批量基本模型时，是假设每批订购的存货为一次性集中到货，然后才开始领用的。但现实中，每批订购的存货陆续到达入库的也很常见，而且在该批次存货完全到齐之前，因生产或销售的需要就已经开始领用或发出。显然，在这种情况下存货的平均存货量较一次性集中到货的要低，相应的储存成本的发生额也会减少，经济订货批量的模型因此也应作一些修改。

设 P 表示每日到货量，d 表示每日耗用量或销售量，则每批订货全部到达所需时间（也可称为送货期）为 Q/P，送货期内的全部耗用（发出）量为 $Q/P \times d$，每批订货全部到达时的存货最高储存量为 $Q - Q/P \times d$，该存货的年平均存货量为$(Q - Q/P \times d)/2$，即与批量有关的总成本为：

$$TC_Q = A/Q \times B + Q(1-d/P)/2 \times C$$

在变动订货成本与变动储存成本相等时，TC_Q有最小值，故存货陆续供应和使用情况下的经济订货批量模型为：

$$存货的经济订货批量(Q) = \sqrt{2AB/C \times P/(P-d)}$$

$$经济批量的相关总成本(TC_Q) = \sqrt{2ABC(1-d/P)}$$

在存货陆续供应和使用情况下，存货数量的变动见图 6-3。

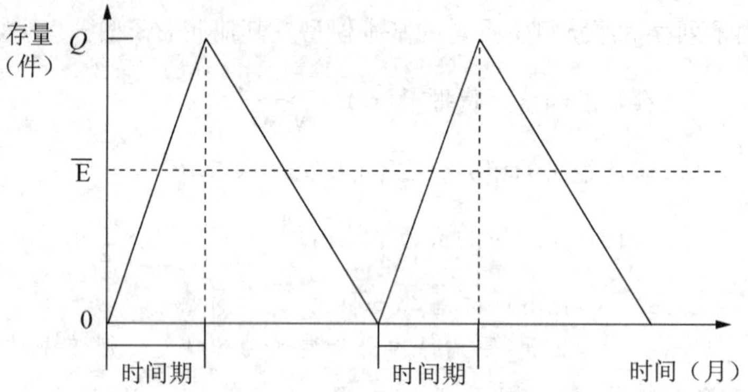

图 6-3　陆续供货时存货数量的变动

【例 6-9】　假设【例 6-8】中所购甲材料为陆续到达，每日到货量为 1 080 公斤，每日耗用量为 80 公斤，其他条件不变。则甲材料的经济订货批量和相关总成本为：

$$Q = \sqrt{2 \times 28\ 800 \times 800/2 \times 1\ 080/(1\ 080-80)} \approx 5\ 366(公斤)$$

$$TC_Q = \sqrt{2 \times 28\ 800 \times 800 \times 2 \times (1-80/1\ 080)} \approx 9\ 237(元)$$

存货陆续供应和使用的经济订货量模型，也可用于存货自制还是外购的分析选择。使用该模型用于分析确定自制存货的经济投产批量时，其相关总成本则为每批存货投产前的生产准备成本和储存成本，二者也互为反向变动关系。经济投产批量即为每批存货投产前的生产准备成本和储存成本相等时的投产批量。这时模型中 Q 表示经济投产批量，B 表示每批存货投产前的生产准备成本，P 表示每日的产量，其余符号表示的内容不变，即 A 表示存货的全年需要量，C 表示单位存货年平均储存成本，U 表示单位采购价格。

（2）存在商业折扣情况下的存货经济订货批量决策。在市场经济条件下，为了鼓励客户多购买自己的产品，销售方常常以提供商业折扣的方式吸引购买方。此时，购买方在进行存货采购的经济订货批量决策时，除了考虑进货费用和储存成本外，还必须考虑采购数量对采购价格的影响，即存货的购置成本也与决策相关。这时的经济订货批量决策程序是：首先，确定无数量折扣情况下的基本经济订货批量及其全年相关总成本；其次，确定享受商业折扣情况下的最低批量的全年总成本；最后，比较这两种情况下的总成本并选择较低的采购方案。

【例 6-10】　假设在【例 6-8】中，若规定一次订购甲材料大于等于 5 760 公斤，可以获得 2% 的商业折扣，则此时的最佳订货批量的决策过程如下：

(1) 计算按经济订货批量(即一次采购4 800公斤)采购时的相关总成本

总相关成本 = 年需要量 × 单价 + 经济订货批量下的存货相关总成本

= 28 800 × 10 + 9 600

= 297 600(元)

(2) 计算按享受商业折扣的最低批量(即一次采购5 760公斤)的总成本

总成本 = 年需要量 × 单价 + 年储存成本 + 年采购费用

= 28 800 × 10 × (1 − 2%) + 5 760/2 × 2 + 28 800/5 760 × 800

= 292 000(元)

比较可知,应享受商业折扣,即应一次采购5 760公斤,这样可以节约5 600元的总成本。

(3) 采购需要时间情况下的采购决策。以前讨论假定存货采购不需要时间,这在实际中很难做到,因此必须提前采购。订购下一批存货时本批存货的储存量称为再订货点。它的大小取决于订货提前期的长短和平均每天正常用量的多少,即:

再订货点(R) = 每天平均正常用量 × 订货提前期

式中,订货提前期,是指从发出订单到存货运抵企业验收入库所用的时间。

【例6-11】 承【例6-9】中,甲材料的正常用量为80公斤,采购甲材料需要时间为10天,则:

存货的再订货点 = 80 × 10 = 800(公斤)

即当甲材料尚存800公斤时,就应当再次订货,等到下批订货到达时,原有甲材料刚好用完。

按照某一订货批量(如经济订货批量)和再订货点发出订单后,如果需求增大或送货延迟,就会发生缺货或供货中断。为防止由此造成的损失,就需要多储备一些存货以备应急之需,这被称为保险储备(或称安全存量)。这些存货在正常情况下不动用,只有当存货过量使用或送货延迟时才动用。保险储备是指为防止耗用突然增加或交货误期等而建立的储备。

保险储备量 = (预计每天最大用量 − 平均每天正常用量) × 订货提前期

若有保险储备时,再订货点将提高为:

再订货点 = 平均每天正常用量 × 订货提前期 + 保险储备

【例6-12】 承【例6-11】,预计甲材料的每天最大用量为100公斤,试确定甲材料的再订货点。

保险储备量 = (100 − 80) × 10 = 200(公斤)

再订货点 = 80 × 10 + 200 = 1 000(公斤)

五、存货的日常控制管理

(一) 存货储存期控制管理

为了加快存货的流转,企业应该尽量缩短存货的储存期,尤其是应该缩短待售产品或商品的储存期。这是因为储存存货会占用资金和增加仓储管理费,而且在市场瞬息万变的情况下，储存期过长有可能导致企业的产品或商品滞销而给企业带来巨大的损失。因此，尽力缩短存货储存期，加速存货周转，是提高企业经济效益，降低企业经营风险的重要手段。

企业持有存货而发生的费用，按照其与储存时间的关系可以分为固定储存费用与变动储存费用两类。前者与存货储存期的长短无直接关系。后者则与存货储存期的长短有密切关系，如存货资金占用费、存货储存管理费等。它们与利润存在以下关系：

利润 = 毛利 − 销售税金及附加 − 固定储存费 − 变动储存费

= 毛利 − 销售税金及附加 − 固定储存费 − 每日变动储存费 × 储存期

假设等式左边的利润为0，则由上式变换可得存货储存期的计算公式为：

$$存货储存期 = \frac{毛利 - 销售税金及附加 - 固定储存 - 目标利润}{每日变动储存费}$$

对存货储存期的管理，可以及时为经营决策者提供存货的储存状态信息。这样，决策者就可以对不同的存货采取相应的措施。一般来说，凡是已过保本期的产品或商品大多属于积压滞销的存货，企业应该采取降价促销的办法，尽快将其推销出去；对超过保利期但未过保本期的存货，应当分析原因，找出对策，力争在保本期内将其销售出去；对尚未超过保利期的存货，企业应当密切监督，防止发生过期损失。企业每隔一段时间应对各类产品的销售状况作出总结，调整企业未来的产品结构，提高存货的周转速度和投资效益。下面分别举例说明在批进批出和批进零出两种情形下的储存期管理问题。

【例 6-13】 某商品批发企业购进甲商品 3 000 件，单位进价（不含增值税）50 元，单位售价 70 元（不含增值税），经销该商品的固定费用为 30 000 元，销售税金及附加为 2 000 元，每日变动储存费为 200 元，该批商品已购入并储存了 60 天。则该批存货的保本储存期和目标利润为 20 000 元的保利储存期为：

存货保本储存期 = [（70 − 50）× 3 000 − 2 000 − 30 000]/200 = 140（天）

保利储存期 = [（70 − 50）× 3 000 − 2 000 − 30 000 − 20 000]/200 = 40（天）

该商品的实际储存期（60 天）介于保本储存期与保利储存期之间，但比较接近保利储存期，说明销售情况较好，可以获利 16 000 元（20 000 − 200 × 20）。

【例 6-14】 某商品零售企业购进甲商品 1 225 件，单位进价 50 元（不含增值税），单位售价 70 元（不含增值税），经销该商品的固定费用为 10 000 元，销售税金及附加为 2 500 元，每日变动储存费为 200 元，平均每日销售 25 件。则该批存货的保本储存期、实际零售天数、平均实际储存天数和预计可获利金额计算如下：

甲商品的保本储存期 = [（70 − 50）× 1 225 − 10 000 − 2 500]/200 = 60（天）

甲商品的平均实际储存天数 =（实际零售天数 + 1）/2 =（1225/25 + 1）/2 = 25（天）

预计可获利额 = 200 ×（60 − 25）= 7 000（元）

（二）存货的 ABC 分类控制管理

19 世纪意大利经济学家巴雷特首创了 ABC 控制法，存货的 ABC 分类管理就是这种方法在存货管理中的具体应用。一般来说，企业的存货品种繁多、数量很大，如何对这些存货加强管理是企业财务管理工作的重要课题。

1. 存货 ABC 分类的标准

存货的 ABC 分类管理就是将存货按照一定的标准分成 A、B、C 三类，然后，按照各类存货的重要程度分别采取不同的方法进行管理。这样，企业就可以分清主次，突出管理重点，提高存货管理的整体效率和效果。存货的划分标准主要有两个：一是存货的金额，二是存货的品种数量。而存货的金额则是主要的划分标准。

虽然每个企业的生产特点不同，存货的具体情况也不尽相同。但是，一般来说，A、B、C 三类存货的特点和划分标准大体如下：

（1）A 类存货。存货金额很大，约占整个存货金额比重的 70%；存货的品种数量很少，约占整个存货品种数量的 10%。

（2）B 类存货。存货金额较大，约占整个存货金额比重的 20%；存货的品种数量较多，约占整个存货品种数量的 20%。

（3）C 类存货。存货金额较小，约占整个存货金额比重的 10%；存货的品种数量繁多，约占整个存货品种数量的 70%。

将存货分类后，再采取不同的管理方法。A 类存货应进行重点管理，经常检查这类存货的库存情况，严格控制该类存货的支出。由于该类存货的品种数量很少，而占用企业资金很多，所以，企业应对其按照每一个品种分别进行管理。B 类存货的金额相对较大，数量也较多，可以通过划分类别的方式进行管理，或者按照其在生产中的重要程度和采购难易程度分别采用 A 类或 C 类存货的管理方法进行管理。C 类存货占用的金额比重很小，品种数量又很多，可以只对其进行总量控制和管理。

2. 存货 ABC 分类法的步骤

存货 ABC 分类法的步骤如下：

（1）计算每一种存货在一定时期内的资金占用额。

（2）计算每一种存货资金占用额占全部资金占用额的百分比，并按大小顺序排列。

（3）累计金额百分比并作出存货 A、B、C 类别的划分。将金额百分比累加到 70% 以上的存货划为 A 类；将金额百分比累加到 70%—90% 之间的存货划为 B 类；其余的则划为 C 类。

【例 6-15】　某企业共有 20 种原材料，共占用资金 100 000 元，按占用资金多少和比重大小顺序排列后，根据上述原则划分成 A、B、C 三类，具体情况见表 6-6。

表 6-6　存货 A、B、C 分类表

材料品种（编号）	占用资金（元）	金额比重（%）	类别	各类存货种数		各类存货占用资金	
				数量	比重	金额（元）	比重
1 2	40 000 30 000	40 30	A	2	10%	70 000	70%
3 4 5 6	10 000 5 000 3 000 2 000	10 5 3 2	B	4	20%	20 000	20%

（续表）

材料品种（编号）	占用资金（元）	金额比重（%）	类别	各类存货种数		各类存货占用资金	
				数量	比重	金额（元）	比重
7	1 500	1.5	C	14	70%	10 000	10%
8	1 400	1.4					
9	1 300	1.3					
10	1 200	1.2					
11	1 100	1.1					
12	1 000	1					
13	900	0.9					
14	800	0.8					
15	200	0.2					
16	190	0.19					
17	180	0.18					
18	170	0.17					
19	50	0.05					
20	10	0.01					
合计	100 000	100		20	100%	100 000	100%

【本章小结】

本章讲授了营运资金管理的基本理论与方法，主要内容包括：

1. 营运资金管理的含义、特点、内容。营运资金又称营运资本，是指企业生产经营活动中占用于流动资产上的资金。营运资金有广义和狭义之分。广义的营运资金又称总营运资金，是指一个企业投放在流动资产的总额。狭义的营运资金又称净营运资金，是指流动资产减去流动负债后的余额。营运资金的特点主要是：周期短、形式多样、流动性强、易波动。营运资金管理包括：营运资金综合管理、现金管理、应收账款管理、存货管理。

2. 现金管理。现金管理是强化短期财务周转规划、严格财务控制的核心内容。现金管理内容包括：根据国家有关现金管理的规定和企业的需求，建立现金内部控制制度；合理确定管理环节，做好日常现金收支的管理与控制；确定企业的最佳现金持有量等诸多内容。

3. 应收账款管理。应收账款有增加销售量、减少存货的功能，但也会增大应收账款的成本和风险，必须加强应收账款管理。应收账款管理主要包括：制定合理的信用政策；进行应收账款的日常追踪分析、账龄分析、收现率分析，加速应收账款的回收；做好应收账款的日常管理工作，建立减少坏账损失的评估决策制度。

4. 存货管理。购进存货数量会影响存货收益与风险。存货管理需要权衡存货的成本与收益,将存货保持在最优水平。存货管理主要包括:合理确定存货的经济采购批量,降低相关成本;明确存货管理目标,加强存货的保本保利期控制;加强存货的日常控制与监督,充分发挥存货的作用。

【思考题】

1. 企业持有现金的动机包括哪些?
2. 企业应收账款信用政策主要包括哪些内容?信用政策决策的方法和步骤是什么?
3. 储备存货相关的成本有哪些?

【综合案例】

博深工具有限公司是专业研究和生产金刚石工具产品的科技创新型企业,是国内金刚石工具行业的龙头企业。企业拥有自营进出口权,"博深"商标已在美国等24个国家办理注册,是国家驰名商标,主要产品有金刚石圆锯片、工程薄壁钻头、钻切类电动工具,共有三大类2 000多个品种,年产1 000多万片(套)各种规格金刚石工具产品。"博深"金刚石工具已成为国内金刚石工具行业知名度高、市场占有率高、产品品质高的著名产品,连续多年产销量位居国内同行业首位。博深公司产品已覆盖全国各地,并打入欧美及东南亚市场。目前该公司的信用期和现金折扣条件为"2/10,n/30",年销售量为50万个,年销售额为100万元。收账费用为平均应收账款余额的4%,坏账损失率为平均应收账款余额的6%。折扣期内可收回50%的货款,平均收现期为40天。现拟改变现金折扣条件和信用期为"3/10,2/20,n/45"。作此改变后,预计销售额将扩大40%,10天折扣期内可收回50%的货款,20天折扣期内又可收回30%的货款,平均收现期为30天。收账费用仍为平均应收账款余额的4%,坏账损失率降为平均应收账款余额的4%。该公司的变动成本率为80%,资金成本率为20%。

要求:

分析该公司是否应该改变信用政策。

第七章　证券投资管理

【本章导航】

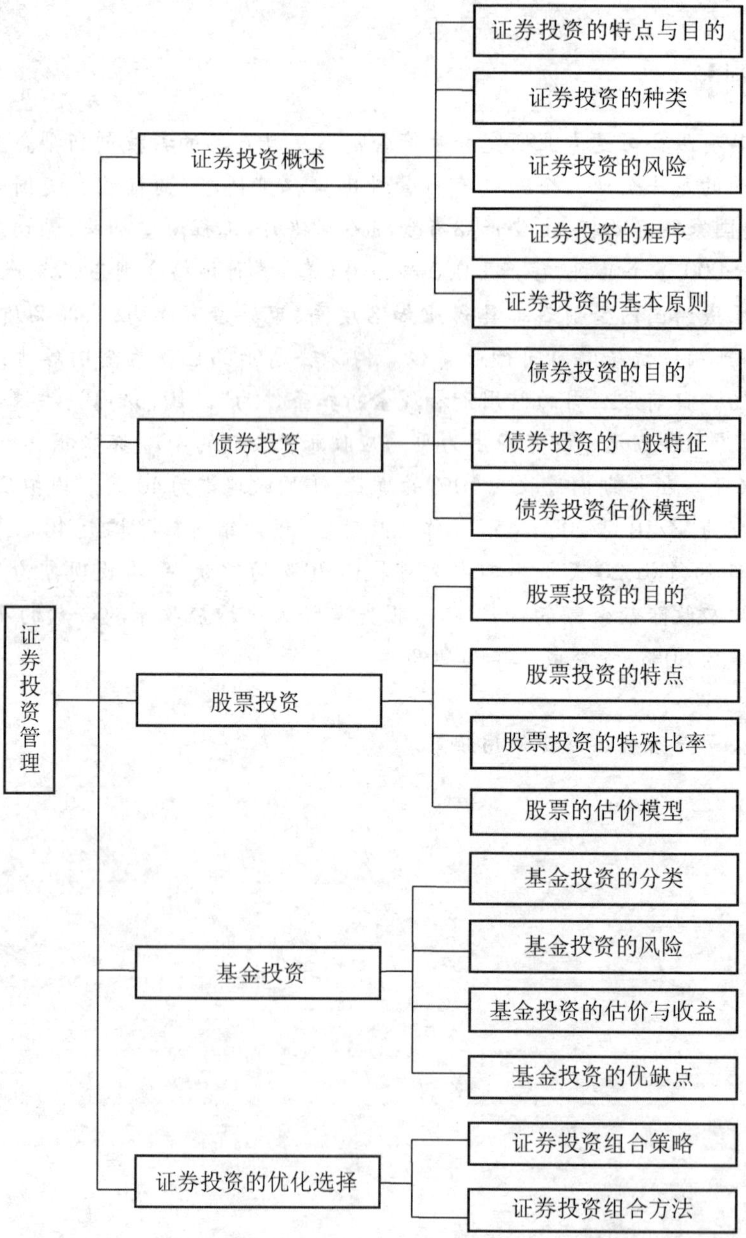

【知识目标】

通过本章的学习,学生应了解证券投资的类型;债券投资、股票投资、基金投资等的含义;掌握债券投资的风险与收益率;掌握企业债券投资的目的、估价与优缺点;了解基金的种类及优缺点;了解证券投资组合的策略和方法;了解影响证券投资决策的因素。

【技能目标】

通过本章的学习,要求学生能对证券投资进行分析和优化组合。

【引导案例】

还原中恒信案

中国资本市场迄今为止被发现的最大一起以"抢帽子"操纵市场案浮出水面。

2011 年 12 月 9 日,中国证监会对广东中恒信传媒投资有限公司(以下简称中恒信)薛书荣、郑宏中、杨晓鸿、黎睿咨等涉嫌操纵市场行为进行了通报。

证监会调查发现,自 2007 年 4 月至 2009 年 10 月,薛书荣、郑宏中、杨晓鸿、黎睿咨等人以 70 个自然人名义在 44 家证券营业部开立 112 个资金账户,使用 148 个证券账户,动用超过 20 亿元资金预先买入他们选定的股票。

与此同时,黎睿咨、张宏、欧阳宏、桑旭、何森等人安排人员制作上述股票的荐股 PPT,并将 PPT 传送至薛书荣、郑宏中等人控制的荐股节目主要制作单位——中恒信公司。同时,薛书荣、郑宏中等人先后私下联络 10 家证券公司和 8 家投资咨询机构的 30 名证券分析师,完全按 PPT 内容录制荐股节目。

薛书荣、郑宏中等人通过广州登立广告有限公司等 7 家公司,以 4 483 万元购买了 9 家电视台的早、午、晚间证券栏目时段,播放前述荐股节目,吸引投资者入市,并在节目播出当日或第二个交易日,将预先买入的股票迅速卖出获利,以"抢帽子"交易方式操纵股票价格。郑宏中等人通过上述方式共交易股票 552 只,累计交易金额 571.76 亿元,非法获利 4.26 亿元。

资料来源:节选于《财经网》,2011 年 12 月 16 日。

第一节　证券投资概述

证券是指票面载有一定金额,代表财产所有权或债权的一种信用凭证或金融工具。证券投资是企业将资金投放于金融市场,用于购买有价证券的一项理财活动。科学地进行证券投资管理,能增加企业收益,降低风险,有利于财务管理目标的实现。企业在进行证券投资时,需要熟悉证券的种类,明确证券投资的目的,充分认识证券投资的风险,并遵循证券投资的基本原则。

投资是经济学的一个重要范畴,它包含两层含义:一是指投资主体为了在未来获得经济效益或社会效益而进行的实物资产的投资,如购建厂房等,这也是人们常说的"直接投资";二是指企业或个人用其积累起来的货币购买股票、债券、基金等有价证券,借以获得收益的一种投资行为,人们将这种行为称为"间接投资"。在我国,一般人们所讲的"投资"指的都是第一层含义,如果专指第二层含义,人们习惯讲成"证券投资"。证券投资是指投资者(法人或自然人)购买股票、债券、基金等有价证券以及这些有价证券的衍生品,以获取红利、利息及资本利得的投资行为和投资过程,是间接投资的重要形式。

一、证券投资的特点与目的

1. 证券投资的特点

无论是实物资产投资,还是证券投资,都是以盈利为目的,即都是以投资的盈利与风险相比较为基础进行投资。但由于其投资对象不同,决定了两者具有完全不同的特点。证券投资与实物资产投资比较而言,具有以下特点:

(1) 可分割性。实物资产投资具有整体性要求,亦即投资者不可能建造1/2的厂房或准备生产经营活动所需的1/2的存货,否则,企业正常的生产经营活动就会受到影响。而证券投资则具有可分割性的特点,具体表现在:任何一个证券发行公司都将其总股本按等额的形式划分为若干股份,由此决定了任何一个投资者都可以根据自己的意愿购买其中某一百分比的股份,而不必一定要百分之百地持股。由此,在对证券投资的效益进行分析时,不必考虑规模经济问题。

(2) 流动性。投资者若将资金投资于实物资产,则这些资金将在较长的时期内受到束缚而不能流动。无论是固定资产上的投资还是存货、应收账款等营运资产上的投资,都有一个回收期或周转期。固定资产上的投资只有经过一定时期投资收回后才能周转使用。但在现代市场经济中,金融市场高度发达,金融资产上的投资,可以不受时间的约束。绝大部分金融证券,不论其到期期限如何,投资者随时都可以根据自身的意愿通过证券市场将其购入或出售,具有较高的流动性。因此,进行证券上的投资可以不必考虑时间因素。

(3) 相容性。实物资产的不可分割性,决定了在一定量的资金条件下,各种投资项目之间往往因资金量的约束而具有相互排斥的性质。投资者不可能同时投资于各种投资项目,而必须借助于净现值、内部收益率等经济评价指标对各种投资项目进行优化选择。然而,证券资产的可分割性,则决定了证券具有相容性,即投资者可以同时购买几种或多种金融证券,而不必依据个别证券的净现值和内部收益率进行择优决策。故证券投资可以不必考虑投资额的大小问题。

2. 证券投资的目的

证券投资主要有以下几个目的：

(1) 作为现金的替代物。企业为保证能够正常经营，必须适当持有现金。企业每天对现金的需求很难事先准确无误地预测出来，难免出现意外情况，对此企业可以通过增加现金（包括银行活期存款）持有量来应付这种现金的意外需求。但是由于现金是一种无收益或收益率较低的资产，所以过多增加现金的持有量不是一个好的策略，企业可以适当购买可上市流通的有价证券。当企业急需现金时，可将所购入的有价证券转让出去，获取现金。

(2) 提高资金的利用率。企业在经营过程中，经常会出现资金的暂时闲置。由于这部分资金在不远的未来有特定的用途，所以不能将其用于长期投资。但是如果企业仅以现金形式持有，则其收益率极低。造成现金暂时闲置的原因主要有以下几种情况：①经营具有季节性。不少企业产品的市场需求具有季节性，在产品销售淡季，产成品库存量大增，由此占用了大量资金，当产品销售旺季到来时，产品销售量大大增加，库存产品逐渐售出，企业收回大量现金。②长期筹资。企业通过发行股票或债券等方式一次性筹集大量长期资金，而企业无法立即将这些资金全部用完，在这种情况下，必然会造成资金的暂时闲置。③积累长期资金。企业因有一笔到期的债务或者准备进行一项固定资产投资而在未来需要一笔数额较大的资金，有时企业需要提前一段时间开始进行逐步积累，在积累的过程中就会出现资金的短期闲置。

当出现资金暂时闲置时，企业可以将其用于购买有价证券，一方面不会影响未来企业对资金的需求，另一方面会提高资金的利用率。

(3) 满足未来的财务需求。假如企业在不久的将来有一笔现金需求，如建一座厂房或归还到期债务，则将现有现金投资于证券，以便到时售出，满足其所需要的现金。

(4) 出于投机的需要。有时企业进行短期证券投资完全是出于投机目的，以求获得较高的收益。“投机”一词在西方的经济学中，是用于表述通过预期市场行情的变化而赚取利润的经济行为。可以说，投机与证券市场是不可分割的，有证券市场必然有证券投机。有的企业为了获取投机利润，也会进行证券投机。因此这种短期证券投资，从表面上看是一种投资活动，但实质上是一种投机行为。企业出于投机的目的进行证券投资时，一般风险较大，应当用企业较长时期闲置不用的资金进行投资，但也必须要控制风险，不能因此而损伤企业的整体利益。

(5) 获得对相关企业的控制权。有些企业往往从战略上考虑要控制另外一些企业，这可以通过股票投资实现。例如，一家汽车制造企业欲控制一家钢铁公司以便获得稳定的材料供应，这时便可动用一定资金来购买钢铁企业的股票，直到其所拥有的股权能够控制这家钢铁企业为止。

二、证券投资的种类

金融市场上的证券种类很多，证券投资按其投资的对象不同，可分为以下几种：

(1) 按证券的发行主体不同,可分为政府证券、金融证券和公司证券。政府证券是指中央政府或地方政府为筹集资金而发行的证券。金融证券是指银行或其他金融机构为筹集资金而发行的证券。公司证券又称企业证券,是指工商企业为筹集资金而发行的证券。从投资风险和收益的角度来看,政府证券的风险较小,金融证券次之,企业证券的风险视企业的规模、财务状况和其他情况而定。

(2) 按证券到期日的长短,可分为短期证券和长期证券。短期证券是指到期日短于一年的证券,如短期国债、商业票据、银行承兑汇票等。长期证券是指到期日长于一年的证券,如股票、债券等。一般而言,短期证券的风险小、变现能力强,但收益率相对较低;长期证券的收益率一般较高,但时间长、风险大。

(3) 按照证券收益状况的不同,可分为固定收益证券和变动收益证券。固定收益证券是指在证券的票面上规定有固定收益率的证券,如债券票面上一般有固定的利息率,优先股票面上一般有固定的股息率。变动收益证券是指证券的票面不标明固定的收益率,其收益情况随企业的经营状况而变动的证券。普通股股票是最典型的变动收益证券。一般来说,固定收益证券风险较小,但报酬不高;而变动收益证券风险大,但报酬较高。

(4) 按照证券体现的权益关系,可分为所有权证券和债权证券。所有权证券是指证券的持有人便是证券发行单位的所有者的证券,这种证券的持有人一般对发行单位都有一定的管理和控制权。股票是典型的所有权证券,股东便是发行股票企业的所有者。债权证券是指证券的持有人是发行单位的债权人的证券,这种证券的持有人一般无权对发行单位进行管理和控制。当一个发行单位破产时,债权证券要优先清偿,而所有权证券要在最后清偿,所有权证券一般要承担比较大的风险。

三、证券投资的风险

进行证券投资,必然要承担一定的风险,这是证券投资的基本特征之一。证券投资的风险主要来源于以下几个方面:

(1) 利率风险。由于利率的变动而引起金融资产价格波动,投资人遭受损失的风险,叫利率风险。由于证券的价格会随市场利率的变动而变动,一般而言,银行利率下降,则证券价格上升;银行利率上升,则证券价格下跌。即使没有违约风险的国库券,也会有利率风险。不同期限的证券,利率风险不一样,期限越长,风险越大。

【例 7-1】 某公司 2012 年按面值购进国库券 50 万元,票面利率为 8%,三年期。购进一年后,市场利率上升到 9%,则一年后这批国库券的价格下降到多少?

$$\text{国库券到期值} = 50 \times (1 + 3 \times 8\%) = 62(\text{万元})$$

$$\text{一年后的现值} = \frac{62}{(1 + 9\%)^2} = 52.18(\text{万元})$$

$$\text{一年后的本利和} = 50 \times (1 + 8\%) = 54(\text{万元})$$

$$\text{损失} = 54 - 52.18 = 1.82(\text{万元})$$

一年后这批国库券的价格下降到约 52.18 万元,损失 1.82 万元。

上述国库券的到期时间越长，利率风险越大，但长期债券的利率一般比短期债券的利率高。减少利率风险的办法是分散债券的到期日。

(2) 再投资风险。再投资风险是指由于货币市场利率的下降而导致投资者今后进行再投资时遭受损失的可能性。根据流动性偏好理论，长期投资的收益率应当高于短期利率。为了避免市场利率变动的利率风险，投资者可能会投资于短期证券，但短期证券又会面临着市场利率下降的再投资风险，即无法按预定收益率进行再投资而实现所要求的预期收益。例如，长期债券的利率为10%，短期债券的利率为8%，某投资者为减少利率风险购买了短期债券。在短期债券到期收回现金时，如果利率降到7%，这种情况下，购买短期债券就不如购买长期债券获取的收益高。为了弥补再投资风险，该投资者将不得不寻找报酬率高于7%的投资机会。

(3) 通货膨胀风险。通货膨胀风险，也叫购买力风险，是指因通货膨胀而导致证券市场价格波动，投资者本金与收益发生贬值损失的可能性。例如，债券投资的收益率有名义收益率和实际收益率之分。在通货膨胀比较严重的情况下，实际收益率会低于名义收益率，因为这时的名义收益率中包含有通货膨胀因素，因此，在计算实际收益率时应剔除通货膨胀因素。一般而言，在通货膨胀情况下，固定收益证券要比变动收益证券承受更大的通货膨胀风险，普通股票被认为比公司债券和其他有固定收入的证券能更好地避免购买力风险。

(4) 违约风险。证券发行人无法按期支付利息或偿还本金的风险，称为违约风险。导致发行人违约的原因有以下几个方面：①政治、经济形势发生重大变动；②发生自然灾害，如水灾、火灾等；③企业财务管理不善、成本高、浪费大；④企业在市场竞争中失败，主要顾客消失；⑤企业财务管理政策失误，不能及时清偿到期债务。一般而言，政府发行的证券违约风险小，金融机构发行的证券次之，工商企业发行的证券风险较大。避免违约风险的方法是不买质量差的证券。

(5) 流动性风险。流动性风险是指证券能否顺利地按目前合理的市场价格出售的风险。也就是说，如果投资者遇到另一个更好的投资机会，他想出售目前持有的证券以便进行再投资，但短期内找不到合适的买主按合理的价格将证券出售，他不是丧失投资机会就是蒙受降价损失，则说明该证券的流动性差，流动性风险也较大。相反，如果投资者能够在短期内顺利地将所持有证券按合理的价格出售，则说明该证券的流动性强，流动性风险也较小。例如，购买小公司的债券，想立即出售比较困难，因而流动性风险较大，但若购买国库券，几乎可以立即出售，则流动性风险较小。

四、证券投资的程序

多数企业的证券投资由企业财务部门设置相应机构进行操作，具体包括：证券投资的分析与选择，开户与买卖委托，成交、清算、交割及过户等一系列阶段。

(1) 证券投资的分析与选择。业务人员在进行证券投资时，首先要对各种可选证券加以分析并作出投资时机和投资对象的合理确定。这也是证券投资能否达到预期目的的关键。投资分析的核心是证券价格的变动。证券价格的变动受多种因素的制约和影响,包括宏观经济的高涨和衰退,行业的景气和循环,发行者的经营业绩,政府的金融政策、税收政策与投资者的预期等。这就要求企业的相关人员,充分收集有关情报和信息,对上述各种影响因素加以正确分析,从而作出证券价格走势及参与证券投资时机的选择,并形成证券投资组合。投资后,还必须对证券投资组合进行经常性的检查和分析,随时作出对各种证券买进和卖出的决策。

(2) 开户与买卖委托。当投资者不能直接进入证券交易所买卖证券时,只能委托证券经纪人代理证券的买卖事项。在代理专卖之前,企业要在交易所的任何一家会员公司办理登记,并开立资金账户和证券账户,从而确定企业与证券经纪公司的委托代理关系。具体的委托方式多种多样,但无论采取何种方式,都必须明确指示经纪人买进或卖出证券的名称与数量、委托价格等事项。证券经纪人在其营业所内接受客户的买卖委托后,应通知其在证券交易所的场内代表进行买卖交易,等交易完成后再向营业所报告交易结果,最后经纪人向客户报告,以便投资者准备办理交割事项。

(3) 成交、清算、交割及过户。经纪人接到投资者的买卖委托后,立即通知公司派驻在交易所大厅内的证券交易员进行申报竞价交易。一旦买卖成交,交易员应迅速将成交情况通过经纪人通知投资者。投资者接到成交单后,必须在规定的期限内办理价款的交割手续。所谓证券交割,是指买入证券方交付价款领取证券,卖出证券方交出证券收取价款的收交活动。目前的证券交易多采用计算机联网系统,所以证券的交割时间较短,一般在证券成交的第二个工作日即办理证券交割。对于记名证券的投资者,还需要持有有关身份证明材料、印鉴及证券买卖交割单等到过户机构办理证券的过户手续,只有在过户以后,证券交易的整个过程才算是结束。

五、证券投资的基本原则

证券投资是一项复杂的理财活动,需要投资者掌握许多的投资技巧。要获得理想的投资效果,投资者应遵循如下几项基本原则:

(1) 风险与收益权衡原则。企业进行证券投资的主要目的在于提高资金的收益率。通常投资收益率的提高会伴随着风险的增加。企业不能过分追求高收益率而忽略较高的投资风险,必须在收益率与风险之间进行权衡。

(2) 分散风险原则。为降低证券投资风险,企业在进行证券投资时,应注意不要将资金过分集中于购买一种或少数几种有价证券,同时还应尽量避免过多购买收益呈正相关关系的证券。

(3) 流动性原则。在进行短期证券投资时,企业应有意识地选择那些流动性强风险较小的证券。这是因为短期证券投资的主要目的在于准备应付企业所出现的意外情况对现金的需求。当企业购买了流动性较差的证券时,一旦遇到突发性的现金需求则会手足无措。

(4) 战略性原则。企业在进行长期证券投资时,要明确企业的总体长远目标,恰当选择投资对象,以实现一体化经营和多元化经营。

第二节　债券投资

债券投资是企业通过购入债券成为债券发行单位的债权人,并获取债券利息的投资行为。这种投资行为既可以在一级市场(发行市场)上进行,也可以在二级市场(交易市场)上进行;既可用于长期债券投资,又可用于短期债券投资。

一、债券投资的目的

债券反映了交易双方的债权债务关系,一般具有固定的到期日和固定的利息。企业进行短期债券投资的目的是为了配合企业对资金的需求,调节现金余缺,使现金余缺达到合理水平。企业进行长期债券投资的目的主要是为了获取稳定的收益。

二、债券投资的一般特征

债券投资的一般特征是:

(1) 风险较小。政府债券有国家担保、安全可靠。金融债券由于金融企业资金实力雄厚,一般也比较安全。企业债券由于发行人经过严格审批,资信度较高,投资风险也比较小。因此,债券本金一般都能收回。如果发行企业破产,债券持有人作为企业债权人,有优先清偿的权利。

(2) 收益稳定。债券投资收益包括利息收益和资本利得收益,利息收益固定不变。由于债券价格一般波动较小,债券的资本收益即债券卖出价与债券买入价一般相差不大。

(3) 投资者无权参与发行单位的经营管理。债券投资人与债券发行单位的关系是债权债务关系,债券投资者无权参与发行单位的经营管理。

三、债券投资估价模型

债券投资者购买债券实际上是取得了一种权利,即按时得到利息并在债券到期日收回本金。因此,债券持有者会得到一种现金流入量,这种现金流入量就是债券的价值。而债券价值受诸多因素影响,如风险因素、债券持有者要求的投资回报率因素,而这些因素会导致债券所使用的贴现率不同。确定债券价值的难点在于确定适当的贴现率。这也是债券估价模型所要解决的问题。

债券的估价模型有以下三种:

1. 按年付息、到期还本债券的估价模型

一年付息一次的债券是指每年年底债券的持有者都会得到当年的利息,在债券到期日收回本金,即债券面值。这种债券的持有者未来能够获得的现金流量包括两部分:一是每年年末的利息,它属于年金形式;二是到期一次偿还的本金。这类债券的价值可按下述公式确定:

$$V=\frac{I_1}{(1+i)}+\frac{I_2}{(1+i)^2}+\dots+\frac{I_n}{(1+i)^n}+\frac{P}{(1+i)^n}$$
$$=\sum_{t=1}^{n}\frac{I}{(1+i)^t}+\frac{P}{(1+i)^n}$$
$$=I(P/A,i,n)+P(P/F,i,n)$$

式中,V 为债券的价值;P 为债券面值;I 为债券每年的利息;i 为市场利率或投资者要求的必要收益率;n 为付息总期数。

【例 7-2】 某债券面值为 1 000 元,票面利率为 10%,期限为 5 年。某企业拟对该债券进行投资,要求的必要收益率为 12%,问该债券价值为多少?

$$V=1\,000\times10\%\times(P/A,12\%,5)+1\,000\times(P/F,12\%,5)$$
$$=100\times3.605+1\,000\times0.567$$
$$=927.5(\text{元})$$

即这种债券的价格必须低于或等于 927.5 元时,该企业才可以购买。

2. 到期一次还本付息且不计复利的债券估价模型

这种债券在未到期之前不支付利息,当债券到期时,一次支付本金和全部的利息。一般情况下,这种债券的利息是按单利计息。我国很多债券都属于这种类型。到期一次还本付息债券估价的计算公式为:

$$V=\frac{P+P\times n\times i}{(1+k)^n}$$
$$=\frac{P\times(1+n\times i)}{(1+k)^n}$$

式中,V 为债券的价值;P 为债券面值;i 为票面利率;k 为投资者要求的必要收益率;n 为付息总期数。

【例 7-3】 假设目前证券市场上有一种债券,面值为 2 000 元,票面利率为 8%,单利计息,期限为 5 年,到期一次还本付息。若市场利率为 7%、8%、9% 时,则该债券的价值为多少?

根据一次还本付息的债券估价模型,计算如下:

(1) 当市场利率为 7% 时:

$$V=\frac{P\times(1+n\times i)}{(1+k)^n}=\frac{2\,000\times(1+5\times8\%)}{(1+7\%)^5}=1\,996.4(\text{元})$$

(2) 当市场利率为 8% 时:

$$V=\frac{P\times(1+n\times i)}{(1+k)^n}=\frac{2\,000\times(1+5\times8\%)}{(1+8\%)^5}=1\,905.6(\text{元})$$

(3) 当市场利率为 9% 时:

$$V=\frac{P\times(1+n\times i)}{(1+k)^n}=\frac{2\,000\times(1+5\times8\%)}{(1+9\%)^5}=1\,819.8(\text{元})$$

3. 贴现发行债券的估价模型

贴现发行的债券是在债券上没有票面利率,只有票面值的债券。在债券发行时,以低于面值的价格发行，到期时按面值偿还，面值与发行价格之间的差额作为债券的利息。贴现发行债券的估价模型为：

$$V=\frac{P}{(1+i)^n}$$

式中，V 为债券的价值；P 为债券面值；i 为市场利率；n 为债券距到期日的时间。

【例 7-4】 某债券面值 1 000 元，期限 5 年，以贴现方式发行，期内不计利息，到期按面值偿还，当前的市场利率为 8%。其发行价格为多少时，投资者才可购买？

$$V=\frac{P}{(1+i)^n}=\frac{1\ 000}{(1+8\%)^5}=1\ 000\times(P/F,8\%,5)=1\ 000\times0.681=681\ (\text{元})$$

第三节　股票投资

股票是股份公司发行的，表示股东可按其持有的股份享有权益和承担义务的可转让的书面凭证。股份有限公司股东持有的股票，按其享有的权利，可以分为普通股和优先股两大类。普通股是股份有限公司的基本股份。普通股股东的权利主要有：投票表决权、优先认股权、收益分配权、剩余财产权。优先股股票是一种处于公司债券与普通股股票之间的混合性证券。优先股股东与普通股股东相比，一般不具有投票表决权和优先认股权。其之所以"优先"，主要是在收益和剩余财产的分配方面具有优先权。

一、股票投资目的

股票投资的目的主要有两种：一是获利，即作为一般的证券投资，获取股利收入及股票买卖差价。在这种情况下，企业仅将某种股票作为其证券组合的一个组成部分，不应冒险将大量资金投资于某一企业的股票上。二是控股，即通过购买某一企业的大量股票达到控制该企业的目的。这时，企业会集中资金投资于被控制企业的股票上，考虑更多的不应是目前利益——股票投资收益的高低，而应是长远利益——占有多少股权才能达到控制的目的。

二、股票投资的特点

股票投资具有高风险、高收益的特点。但相对债券投资而言，股票投资还具有如下特点：

（1）股票投资是股权性投资。股票投资与债券投资同是证券投资，但投资的性质不同，股票投资属于股权性投资，股票是代表所有权的凭证，普通股持有人作为发行公司的股东，有权参与公司的经营决策；而债券投资属于债权性投资，债券是代表债权债务的凭证，债券持有人作为发行公司的债权人，可以定期获取利息，但无权参与公司经营决策。

（2）股票投资的风险大。这是股票投资最为显著的特点之一。投资者购买股票之后，不能要求股份公司偿还本金，只能在证券市场上转让。因此，股票投资者至少面临两方面的风险:一是股票发行公司经营不善所形成的风险。如果公司发生了亏损,就会面临着投资没有收益的风险。二是股票市场价格变动所形成的价差损失风险。股票价格的高低,除了取决于公司经营状况外,还受政治、经济、社会等多种因素的影响,因而股票价格经常处于变动之中,其变动幅度往往高于债券价格的变动幅度。股票价格的变动既能为股东带来价格上升的收益,也会为股东带来价格下跌的损失。

(3) 股票投资的收益较高。由于投资的高风险性,股票作为一种收益不确定的证券,收益一般高于债券。股票投资收益的高低,取决于公司的盈利水平和整体经济环境的好坏。当公司经营状况好、盈利水平高且社会经济发展繁荣稳定时,股东既可以从发行公司领取高额股利,又可因股票升值而获取转让收益。

(4) 股票投资的收益不稳定。股票投资收益是由"收入收益"和"资本利得"两部分构成的。收入收益是指股票投资者以股东身份,按照持股的份额,在公司盈利分配中得到的股息和红利的收益。而资本利得是指投资者在股票价格的变化中所得到的收益,即将股票低价买进、高价卖出所得到的差价收益。相对于债券投资而言,股票投资的稳定性较差。股票股利直接与公司的经营状况相关,公司盈利多,就可能多发放股利,公司的盈利少,就会少发或不发股利;通过股票转让而获取的价差收益,主要取决于股票市场的行情,股市行情好,出售股票就能得到较大的价差收益,股市低迷时,出售股票将遭受损失。

(5) 股票价格的波动性大。股票是有票面价格的,但股票的买卖价格一般与股票的票面价格不一致。股票价格既受发行公司经营状况的影响,又受股市行情等的影响,波动性较大。

三、股票投资的特殊比率

投资者对股票进行投资,应关注与每股普通股有关的比率,以供其在进行股票投资决策时参考。

(1) 每股收益。每股收益也称每股盈余或每股盈利,反映企业一定时期平均对外发行的股份所享有的净利润。用公式表示为:

$$每股收益=\frac{可供普通股股东分配的净收益}{发行在外的普通股加权平均数}$$

一般来说,每股收益指标值越高,在利润较好的情况下,表明股东的投资效益越好,股东获取较高股利的可能性也就越大。这个指标是普通股股东最关心的指标之一,而且这个指标直接影响企业支付普通股股利的多少,如果没有足够的收益就不能支付股利。当然,股利的实际支付还要受企业现金状况的影响。

(2) 股票收益率。股票收益率即股利与市价的比率,是指企业普通股每股股利与普通股每股市价间的比率,用公式表示为:

$$每股收益率=\frac{普通股每股股利}{普通股每股市价}$$

从式中分子、分母的构成可以看出,股票价格的波动和股利水平的任何变化均会导致股票收益率的变化,该比率粗略地计量了当年投资当年回收的情况下收益的比率。

(3) 市盈率。市盈率是普通股每股市价与每股收益的比率。

$$市盈率=\frac{普通股每股市价}{普通股每股收益}$$

市盈率可以粗略地反映股价的高低,表明投资者愿意用盈利的多少倍的货币来购买某种股票,是市场对该股票的评价。

因为：

$$市盈率=\frac{普通股每股市价}{普通股每股收益}$$

所以：普通股股票市价＝该股票市盈率×该股票每股收益

普通股股票价值＝行业平均市盈率×该股票每股收益

根据证券机构提供的同类股票过去若干年的平均市盈率,乘上当前的每股盈余,可以得出股票的公允价值。用它和当前的市价比较,可以看出股票的投资价值是否合理。

一般认为,股票的市盈率比较高,表明投资者对公司的未来充满信心,愿意为每一元盈利多付买价,这种股票的风险比较小。但是,当股市受到不正常因素干扰时,某些股票价格被哄抬到不应有的高度,市盈利会很高。通常认为,超过 20 倍的市盈率是不正常的,很可能是股价下跌的前兆,风险相当大。

四、股票的估价模型

股票投资的关键是确定购买价格,判断股票的价格是否具有投资价值。根据股票投资得到的股利,结合资金的时间价值可以确定股票的价格。股利的特点是不固定,这样,每个不固定分配的股利就构成了普通股票投资的现金流入量。下面分几种情况分别建立股票的估价模型。

1. 基本模型

由于普通股票价值是由各年股利所形成的现金流入量来表示的,因此,将各年股利的现值加总即为普通股票的价值。

对永远持有的普通股票,其估价模型为：

$$P=\frac{d_1}{1+k}+\frac{d_2}{(1+k)^2}+\cdots+\frac{d_n}{(1+k)^n}=\sum_{i=1}^{n}\frac{d_i}{(1+k)^i}$$

式中,P 为普通股票的价值;d_i 为第 i 年应支付的股利;k 为投资者要求的报酬率。

若投资者只持有 n 期,在第 n 期期末将股票以 p_n 的价格出售,则股票估价模型为：

$$P=\frac{d_1}{1+k}+\frac{d_2}{(1+k)^2}+\cdots+\frac{d_n}{(1+k)^n}+\frac{p_n}{(1+k)^n}=\sum_{i=1}^{n}\frac{d_i}{(1+k)^i}+\frac{p_n}{(1+k)^n}$$

式中，P 为普通股票的价值；d_i 为第 i 年应支付的股利；p_n 为在第 n 期期末将股票出售的价格；k 为投资者要求的报酬率。

【例 7-5】 新华公司拟购入华美公司的股票，预计三年中每年获利依次为 10 万元、5 万元、20 万元；三年后出售，预计该股票售价为 300 万元，预期报酬率为 10%。则该股票的价值为：

$$P = 10(P/F,10\%,1)+5(P/F,10\%,2)+20(P/F,10\%,3)+300(P/F,10\%,3)$$
$$=253.64(\text{万元})$$

华美公司股票价值为 253.64 万元，如当前该股票的市场价格低于其价值，新华公司应购入该股票；否则，不宜购入。

2. 零增长模型

在股票投资中存在一些特殊的情形能够使我们获知股票的价值。即我们可以对未来的股利模式进行一些简单化的假设，如股利的增长率为零，也就是说每年的股利保持不变，这种股票的估价模型为：

$$P=\frac{d_0}{k}$$

式中，P 为普通股票的价值；d_0 为上一期支付的固定股利；k 为投资者要求的报酬率。

【例 7-6】 爱华公司购入某公司股票准备长期持有，该股票每年股利固定不变。预计未来每股股息为 5 元，期望回报率为 10%。该股票市价为 44 元，爱华公司是否能买进该股票？

$$P=\frac{5}{10\%}=50(\text{元})$$

该股票价值为 50 元，但市价仅为 44 元，说明其价值被低估，可以买进。

3. 固定增长模型

如果再次假设普通股票的股利每年都增长，并且增长速度相等。这种条件下，如果上年刚分配的股利为 d_0，股利的增长速度为 g，则：第 1 年年末的股利为 $d_1=d_0(1+g)$，第 2 年年末的股利为 $d_2=d_0(1+g)^2$，第 3 年年末的股利为 $d_3=d_0(1+g)^3$，…，第 n 年年末的股利为 $d_n=d_0(1+g)^n$。

根据股票估价的基本模型：

$$P=\sum_{i=1}^{n}\frac{d_i}{(1+k)^i}=\sum\frac{d_0(1+g)^i}{(1+k)^i}=\frac{d_0(1+g)}{k-g}=\frac{d_1}{k-g}$$

式中，P 为普通股票的价值；d_0 为上一期刚支付的股利；d_1 为下一期预计支付的股利；g 为股利的增长速度；k 为投资者要求的报酬率。

【例 7-7】 某公司普通股票上年每股分配股利 1.2 元，公司每年股利的增长速度为 3%，投资者要求的报酬率为 8%，则该公司的股票价格为多少？

$$P=\frac{d_0(1+g)}{k-g}=\frac{1.2\times(1+3\%)}{8\%-3\%}=24.72(\text{元})$$

第四节 基金投资

基金投资是一种间接的证券投资方式。基金管理公司通过发行基金份额,集中投资者的资金,由基金托管人(即具有资格的银行)托管,由基金管理人管理和运用资金,从事股票、债券等金融工具投资,然后共担投资风险、分享收益。目前,基金投资正日益成为一种理想的投资方式。

一、基金投资的分类

(1) 根据募集方式的不同,证券投资基金可分为公募基金和私募基金。

公募基金,是指以公开发行方式向社会公众投资者募集基金资金并以证券为投资对象的证券投资基金。它具有公开性、可变现性、高规范性等特点。

私募基金,是指以非公开方式向特定投资者募集基金资金并以证券为投资对象的证券投资基金。它具有非公开性、募集性、大额投资性、封闭性和非上市性等特点。

(2) 根据能不能在证券交易所挂牌交易,证券投资基金可分为上市基金和非上市基金。

上市基金,是指基金份额能在证券交易所挂牌交易的证券投资基金。比如交易型开放式指数基金(ETF)、上市开放式基金(LOF)、封闭式基金。

非上市基金,是指基金份额不能在证券交易所挂牌交易的证券投资基金。它包括可变现基金和不可流通基金两种。可变现基金是指虽不在证券交易所挂牌交易,但可通过"赎回"来收回投资的证券投资基金,如开放式基金。不可流通基金,是指既不能在证券交易所公开交易又不能通过"赎回"来收回投资的证券投资基金,如某些私募基金。

(3) 根据运作方式的不同,证券投资基金可分为封闭式证券投资基金和开放式证券投资基金。

封闭式证券投资基金,可简称为封闭式基金,又称为固定式证券投资基金,是指基金的预定数量发行完毕,在规定的时间(也称"封闭期")内基金资本规模不再增大或缩减的证券投资基金。从组合特点来说,它具有股权性、债权性和监督性等重要特点。

开放式证券投资基金,可简称为开放式基金,又称为变动式证券投资基金,是指基金的数量可因发行新的基金证券或投资者赎回本金而变动的证券投资基金。从组合特点来说,它具有股权性、存款性和灵活性等重要特点。

(4) 根据组织形式的不同,证券投资基金可分为公司型证券投资基金和契约型证券投资基金。

公司型证券投资基金,简称公司型基金,在组织上是指按照公司法(或商法)规定所设立的、具有法人资格并以盈利为目的的证券投资基金公司(或类似法人机构);在证券上是指由证券投资基金公司发行的证券投资基金证券。

契约型证券投资基金,简称契约型基金,在组织上是指按照信托契约原则,通过发行带有受益凭证性质的基金证券而形成的证券投资基金组织;在证券上是指由证券投资基金管理公司作为基金发起人所发行的证券投资基金证券。

(5) 根据投资标准不同,基金可分为股票基金、债券基金、货币基金、期货基金、期权基金、认股权基金、专门基金等。

① 股票基金。股票基金是所有基金品种中最为流行的一种类型。它是指投资于股票的投资基金,其投资对象通常包括普通股和优先股,其风险程度较个人投资股票市场要低得多,且具有较强的变现性和流动性,因此是一种比较受欢迎的基金类型。

② 债券基金。债券基金是指投资管理公司为稳健型投资者设计的,投资于政府债券、市政债券、企业债券等各类债券品种的投资基金。债券基金一般情况下定期派息,其风险和收益水平通常较股票基金低。

③ 货币基金。货币基金是指由货币存款机构投资组合,协助投资者参与外汇市场投资,赚取较高利息的投资基金。其投资工具包括银行短期存款、国库券、政府公债、公司债券、银行承兑票据及商业票据等。这类基金的投资风险小,投资成本低,安全性和流动性较高,在整个基金市场上属于低风险的安全基金。

④ 期货基金。期货基金是指投资于期货市场以获取较高投资回报的投资基金。由于期货市场具有高风险和高回报的特点,因此投资期货基金,投资者既可能获得较高的投资收益,但也面临着较大的投资风险。

⑤ 期权基金。期权基金就是以期权作为主要投资对象的基金。期权是一种选择权,是买卖期货合约的选择权利。期权交易就是期权购买者向期权出售者支付一定费用后,取得在规定时期内的任何时候,以事先确定好的协定价格,向期权出售者购买或出售一定数量的某种商品合约的权利。

⑥ 认股权基金。认股权基金是指以认股权证为主要投资对象的基金。认股权证是指由股份有限公司发行的、能够按照特定的价格、在特定的时间内购买一定数量该公司股票的选择权凭证。由于认股权证的价格是由公司的股价决定的,一般来说,认股权证的投资风险较通常的股票基金大得多,因此,认股权证基金也属于高风险基金。

⑦ 专门基金。专门基金由股票基金发展演化而成,属于分类行业股票基金或次级股票基金。它包括黄金基金、资源基金、科技基金及地产基金等。专门基金的投资风险较大,收益水平较易受到市场行情的影响。

二、基金投资的风险

基金投资具有以下风险:

1. 系统性风险

尽管基金本身有一定的风险防御能力,但对证券市场的整体系统性风险也难以完全避免。这类风险主要包括:

(1) 政策风险。主要是指因财政政策、货币政策、产业政策、地区发展政策等国家宏观政策发生明显变化,导致基金市场大幅波动,影响基金收益而产生的风险。

(2) 经济周期风险。是指随着经济运行的周期性变化,证券市场的收益水平呈周期性变化,基金投资的收益水平也会随之变化。

(3) 利率风险。金融市场利率的波动会导致证券市场价格和收益率的变动。基金投资于债券和股票,其收益水平会受到利率变化的影响。

(4) 通货膨胀风险。如果发生通货膨胀,基金投资于证券所获得的收益可能会被通货膨胀抵消,从而影响基金资产的保值增值。

(5) 流动性风险。基金投资组合中的股票和债券会因各种原因面临较高的流动性风险,使证券交易的执行难度提高,买入成本或变现成本增加。

2. 非系统性风险

非系统性风险主要包括:

(1) 上市公司经营风险。如果基金公司所投资的上市公司经营不善,其股票价格可能下跌,或者能够用于分配的利润减少,使基金投资收益下降。

(2) 操作风险和技术风险。基金的相关当事人在各业务环节的操作过程中,可能因内部控制不到位或者人为因素造成操作失误或违反操作规程而引发风险。此外,在开放式基金的后台运作中,可能因为系统的技术故障或者差错而影响交易的正常进行,甚至导致基金份额持有人利益受到影响。

(3) 基金未知价的风险。投资者购买基金后,如果正值证券市场的阶段性调整行情,由于基金价格变动的难以预测性,投资者将会面临购买基金被套牢的风险。

(4) 管理和运作风险。基金管理人的专业技能、研究能力及投资管理水平直接影响到其对信息的占有、分析和对经济形势、证券价格走势的判断,进而影响基金的投资收益水平。

(5) 信用风险。即基金在交易过程中可能发生交收违约或者所投资债券的发行人违约、拒绝支付到期本息等情况,从而导致基金资产损失。

三、基金投资的估价与收益

对投资基金进行财务评价旨在衡量投资基金的经营业绩,为投资者选择合适的基金作为投资对象提供参考。对投资基金财务评价所依据的信息来源主要是公开的基金财务报告信息。

1. 基金的价值

基金也是一种证券,与其他证券一样,基金的内涵价值也是指在基金投资上所能带来的现金净流量。但是,基金内涵价值的具体确定依据与股票、债券等其他证券又有很大的区别。

(1) 基金价值的内涵。债券的价值取决于债券投资所带来的利息收入和所收回的本金,股票的价值取决于股份公司净利润的稳定性和增长性。这些利息和股利都是未来收取的,也就是说,未来的而不是现在的现金流量决定着债券和股票的价值。基金的价值取决于目前能给投资者带来的现金流量,这种目前的现金流量用基金的净资产价值来表示。

基金的价值取决于基金净资产的现在价值，其原因有：股票的未来收益是可预测的，而投资基金的未来收益是不可预测的。由于投资基金不断变换投资组合对象，再加上资本利得是投资基金收益的主要来源，变幻莫测的证券价格波动，使得对投资基金未来收益的预计变得不太现实。既然未来不可预测，投资者把握的是“现在”，即基金资产的现有市场价值。

（2）基金的单位净值。基金的单位净值，也称单位净资产值或单位资产净值。基金的价值取决于基金净资产的现在价值，因此基金单位净值是评价基金业绩最基本和最直观的指标，也是开放型基金申购价格、赎回价格以及封闭型基金上市交易价格确定的重要依据。

基金单位净值是在某一时点每一基金单位（或基金股份）所具有的市场价值。其计算公式为：

$$\text{基金单位净值}=\frac{\text{基金净资产价值总额}}{\text{基金单位总份额}}$$

其中，

$$\text{基金净资产价值总额}=\text{基金资产总额}-\text{基金负债总额}$$

在基金净资产价值的计算中，基金的负债除了以基金名义对外融资借款以外，还包括投资者的分红、基金应付给基金经理公司的首次认购费、经理费用等各项基金费用。相对来说，基金的负债金额是固定的，基金净资产的价值主要取决于基金总资产的价值。这里，基金总资产的价值并不是指资产总额的账面价值，而是指资产总额的市场价值。

（3）基金的报价。从理论上说，基金的价值决定了基金的价格，基金的交易价格是以基金单位净值为基础的，基金单位净值高，基金的交易价格也高。封闭型基金在二级市场上竞价交易，其交易价格由供求关系和基金业绩决定，围绕着基金单位净值上下波动。开放型基金的柜台交易价格则完全以基金单位净值为基础，通常采用两种报价形式：认购价（卖出价）和赎回价（买入价）。

开放型基金柜台交易价格的计算公式为：

$$\text{基金认购价}=\text{基金单位净值}+\text{首次认购费}$$

$$\text{基金赎回价}=\text{基金单位净值}-\text{基金赎回费}$$

基金认购价也是基金经理公司的卖出价，卖出价中的首次认购费是支付给基金经理公司的发行佣金。基金赎回价也就是基金经理公司的买入价，赎回价低于基金单位净值是由于抵扣了基金赎回费，以此提高赎回成本，防止投资者的赎回，保持基金资产的稳定性。收取首次认购费的基金，一般不再收取赎回费。

2．基金收益率

基金收益率是用来反映基金增值的情况，它通过基金资产的价值变化来衡量。基金净资产的价值是以市价计量的，基金净资产的市场价值增加，意味着基金的投资收益增加，基金投资者的权益也随之增加。基金收益率的计算公式为：

$$\text{基金收益率}=\frac{\text{年末持有份数}\times\text{年末基金单位净值}-\text{年初持有份数}\times\text{年初基金单位净值}}{\text{年初持有份数}\times\text{年初基金单位净值}}$$

式中，持有份数是指基金单位的持有份数。如果年末和年初基金单位的持有份数相同，基金收益率就简化为基金单位净值在本年内的变化幅度。

年初的基金单位净值相当于购买基金的本金投资，基金收益率也就相当于一种简便的投资报酬率。

四、基金投资的优缺点

(一) 基金投资的优点

(1) 具有专家理财的优势。投资基金的管理人都是投资方面的专家，他们在投资前均进行多种研究，这能够降低风险、提高收益。

(2) 具有积少成多的优势。

(3) 注重投资组合，分散基金投资风险。

(4) 费用相对低廉（有税收优惠）。

(5) 透明度相对较高（如开放式基金）。

(二) 基金投资的缺点

(1) 无法获得很高的投资收益。投资基金在投资组合过程中，在降低风险的同时，也丧失了获得巨大收益的机会。

(2) 在大盘整体大幅度下跌的情况下，进行基金投资也可能会损失较多，投资人承担较大风险。

第五节　证券投资的优化选择

一、证券投资组合策略

人们在进行证券投资时，总是希望尽可能减少风险，增加收益。这是长期以来人们一直在探索的一个问题。20 世纪 50 年代初期，由美国经济学家哈里·马克威茨（Harry Markowitxz）等人创立的现代证券投资组合理论试图解决这一问题。证券投资的风险可以分为系统风险和非系统风险，系统风险是整个证券市场都要承担的风险，它不可能通过证券投资组合分散；而非系统风险是某一个别公司的风险，它可以通过证券投资组合分散。实践证明，只要科学地选择足够多的证券进行组合投资，就能基本分散大部分非系统风险。

证券投资组合策略就是根据市场上各种证券的具体情况以及投资者对风险的偏好与承担能力，选择相应的证券组合方式。通过长期的证券投资实践，人们总结出多种证券投资组合策略，常见的有以下几种：

(1) 保守型投资组合策略。这种策略认为，最佳证券投资组合策略是尽量模拟证券市场现状，将尽可能多的证券包括进来，以便分散全部可分散风险，得到与市场平均报酬率相同的投资报酬。保守型投资组合策略基本上能分散可分散风险，并且不需要太高深的证券投资知识，这种策略所得到的收益不会高于证券市场的平均收益，但这种投资组合的风险也不大。

(2) 冒险型投资组合策略。这种策略认为,与市场完全一样的组合不是最佳组合,只要投资组合做得好,就能击败市场或超越市场,取得远远高于平均水平的报酬。在这种组合中,尽可能多选择一些成长性好的股票,而少选择低风险、低报酬的股票,这样就可以使投资组合的收益高于证券市场的平均收益。另外,其组合随意性强,变动频繁。所以,采用这种投资组合,如果做得好,可以取得远远超过市场平均报酬的投资收益,但如果失败,会产生较大的损失。

(3) 适中型投资组合策略。这种策略认为,股票的价格终究会体现其优良的业绩。市场上股票价格的一时沉浮并不重要,只要企业经营业绩好,股票一定会上升到其未来的价值水平。采用这种策略的投资者,一般都善于对证券进行分析,如行业分析、企业业绩分析和财务分析等。通过分析,选择高质量的股票和债券组成投资组合。适中型组合策略如果做得好,就可以获得较高的投资收益,而又不会承担太大的风险。但进行这种投资组合要求投资者具有扎实的证券投资专业知识和丰富的投资经验。这种投资策略风险不太大,收益却比较高,所以是一种常用的投资组合策略。各种金融机构、投资基金和企事业单位在进行证券投资时一般都采用此策略。

二、证券投资组合方法

证券投资是一个充满风险的投资领域,由于风险的复杂性和多样性,投资者进行投资时必须防范风险。没有风险的证券投资是不存在的,而防范风险的最有效方法就是进行证券投资组合,以分散全部可以避免的风险。常用的证券投资组合方法主要有以下几种:

(1) 投资组合的三分法。比较流行的投资组合三分法是:1/3 的资金存入银行以备不时之需;1/3 的资金投资于债券、股票等有价证券;1/3 的资金投资于房地产等不动产。同样,投资于有价证券的资金也要进行三分,即 1/3 投资于风险较大的有发展前景的成长性股票;1/3 投资于安全性较高的债券或优先股等有价证券;1/3 投资于中等风险的有价证券。

(2) 按风险等级和报酬高低进行投资组合。证券的投资风险可以分为不同的等级,收益也有高低之分。投资者可以测定出自己期望的投资收益率和所能承担的风险程度,然后,在市场中选择相应风险和收益的证券作为投资组合。一般来说,在选择证券进行投资组合时,同等风险的证券,应尽可能选择报酬高的;同等报酬的证券,应尽可能选择风险低的;并且要选择一些风险呈负相关的证券进行投资组合。

(3) 选择不同的行业、区域和市场的证券作为投资组合。第一,尽可能选择足够数量的证券进行投资组合,这样可以分散大部分可分散风险。根据投资专家们的估算,在美国纽约证券市场上随机购买 40 种股票,就可以分散大部分可分散风险。第二,选择证券的行业也应分散,不可集中投资于同一个行业的证券。这是为了避免某个行业不景气,而使投资遭受重大损失。第三,选择证券的区域也应尽可能分散。这是为了避免因某个地区市场衰退而使投资遭受重大损失。第四,将资金分散投资于不同的证券市场。

这样可能防范同一证券市场的可分散风险。因为不同证券市场具有较大的独立性，即便在同一个国家，有时也可能一个市场强，一个市场弱。如在我国，深圳证券市场和上海证券市场有时就表现为一强一弱，同时在这两个证券市场上进行证券投资可以降低投资风险。

(4) 选择不同期限的投资进行组合。这种投资组合要求投资者根据未来的现金流量来安排各种不同投资期限的证券，进行长、中、短期相组合的投资组合。同时，投资者可以根据可用资金的期限来安排投资，长期不用的资金可以进行长期投资，以获取较大的投资收益；近期就可能要使用的资金，最好投资于风险较小、易于变现的有价证券。

【本章小结】

本章讲授了证券投资管理的基本理论与方法，主要内容包括：

1. 证券投资是企业将资金投放于金融市场，用于购买有价证券的一项理财活动。人们将这种行为又称为“间接投资”。科学地进行证券投资管理，能增加企业收益，降低风险，有利于财务管理目标的实现。

2. 证券投资具有可分割性、流动性、相容性等特点，其投资的目的主要有作为现金的替代物、提高资金的利用率、满足未来的财务需求、出于投机的需要以及获得对相关企业的控制权等。

3. 证券投资的种类繁多，按不同的划分标准有不同的分类方法，本章重点讨论了股票投资、债券投资、基金投资等。证券投资风险主要有利率风险、再投资风险、通货膨胀风险、违约风险以及流动性风险。

4. 多数企业的证券投资由企业财务部门设置相应机构进行操作，具体包括：证券投资的分析与选择，开户与买卖委托，成交、清算、交割及过户等一系列阶段。其投资的基本原则有风险与收益权衡原则、分散风险原则、流动性原则以及战略性原则。

5. 企业进行短期债券投资的目的是为了配合企业对资金的需求，调节现金余缺，使现金余缺达到合理水平。企业进行长期债券投资的目的则是为了获得稳定的收益。

6. 债券投资具有风险较小、收益稳定，但投资者无权参与债券发行单位的经营管理的特征。

7. 债券的估价模型有三种：第一种是按年付息、到期还本债券的估价模型，第二种是到期一次还本付息且不计复利的债券估价模型，第三种是贴现发行债券的估价模型。

8. 股票投资的目的：一是获利，二是控股。它是一种股权性投资，风险较大、收益较高，但不稳定，这与股票的收益不稳定、价格波动性较大是分不开的。与股票投资相关的几个比率有每股收益、股票收益率、市盈率等。

9. 股票的估价模型有三种：基本模型、零增长模型和固定增长模型。

10. 基金投资是一种间接的证券投资方式，也有很多分类方式，其风险也是无处不在的。基金收益率是一种简便的投资报酬率。基金投资具有诸多优势。

11. 证券投资有很多组合策略,因此在进行证券投资时一定要进行优化组合。

【思考题】

1. 什么是基金指数,什么是上证基金指数,什么是深市基金指数?
2. 简述证券投资的风险。
3. 债券投资的估价模型有哪些?
4. 股票投资的估价模型有哪些?

【综合案例】

绿野公司拟购买某公司债券作为长期投资,要求的必要收益率为6%。现在有三家公司同时发行5年期、面值均为1 000元的债券。其中,甲公司债券的票面利率为8%,每年付息一次,到期还本,债券发行价格为1 041元;乙公司债券的票面利率为8%,单利付息,到期一次还本付息,债券发行价格为1 050元;丙公司债券的票面利率为0,债券发行价格为750元,到期按面值还本。

要求:

(1) 计算绿野公司购入甲公司债券的价值;

(2) 计算绿野公司购入乙公司债券的价值;

(3) 计算绿野公司购入丙公司债券的价值;

(4) 根据上述计算结果,评价甲、乙、丙三种公司债券是否有投资价值,并为绿野公司作出购买何种债券的决策。

第八章　项目投资管理

【本章导航】

- 项目投资管理
  - 项目投资概述
    - 项目投资的概念及特点
    - 项目投资的分类
    - 项目投资的一般程序
    - 项目计算期的构成和投资资金的投入
  - 现金流量的内容及估算
    - 现金流量的概念和作用
    - 现金流量的内容
    - 现金流量的估计
    - 现金流量的计算
    - 投资决策中使用现金流量的原因
  - 项目投资的评价方法
    - 非贴现评价方法
    - 贴现评价方法
  - 项目投资决策分析应用
    - 互斥方案决策
    - 固定资产更新决策
    - 资本限量决策
    - 投资开发时机决策
    - 项目投资的风险决策

【知识目标】

通过本章的学习,学生应掌握项目投资现金流量的内容及计算,项目投资决策的方法及应用。

【技能目标】

通过本章的学习,要求学生熟练掌握项目投资决策的五种评估方法,力求在实践中能够运用这五种投资决策方法为个人理财或公司理财带来投资收益。

【引导案例】

把握自己的收入方式

大多数父母和老师会不停地重复这样一句话:“在学校时要好好学习,毕业后就可以找到一份好工作,拿到一份高薪水,从此之后就可以过上幸福快乐的生活了。”但对于大多数的学生来说,“找到一份好工作”仅仅是一种手段而绝非目的。他们并不把“找到一份好工作”看作是最终的目标。

我们要学会区分两种不同形式的收入:线性收入和投资收入。

线性收入是指报酬的多少取决于付出时间的多少。薪水就是这样一种线性的收入。你投入一个月的时间,就获得一个月的报酬,不多也不少。而投资收入的多少却并不完全取决于所投入的时间。如果投资(包括金钱、时间及其他资源)获得成功,你将从中得到持续不断的回报;如果失败,你将损失你的成本。举例来说,租金、股息、专利权、版权利息等都属于投资收入。你在最初要投入时间进行研究并投入金钱,如果成功,你就会获得持续不断的收入。

投资决策的好坏会给整个企业的财务状况造成一系列不可低估的影响,因而,在市场经济条件下,企业能否把筹集到的资金投放到收益高、回收快、风险小的项目上去,对企业的生存和发展是十分重要的。

资料来源:http://wenku. baidu. com/view/0817010c7cd184254b353507. html。

第一节 项目投资概述

一、项目投资的概念及特点

项目投资是一种以特定项目为对象,直接与新建项目或更新改造项目有关的长期投资行为。项目投资的直接投资主体是企业自身,其内容既可以是单纯的固定资产投资,也可以是完整的工业项目投资。项目投资决策对企业的稳定与发展有着十分重要的意义。

与其他形式的投资相比，项目投资具有投资内容独特（每个项目都至少涉及一项固定资产投资）、投资数额多、影响时间长（至少一年或一个营业周期以上）、发生频率低、变现能力差和投资风险大的特点。同时，项目投资决策必须严格遵守相应的投资程序。

二、项目投资的分类

从投资的时间看，项目投资可分为短期投资和长期投资。短期投资又称流动资产投资，是指在一年内能收回的投资。长期投资则是指一年以上才能收回的投资。由于长期投资中固定资产所占的比重最大，所以长期投资有时专指固定资产投资。

从决策的角度看，可把投资分为采纳与否投资和互斥选择投资。采纳与否投资是指决定是否投资于某一独立项目的决策。在两个或两个以上的项目中，只能选择其中之一的决策叫做互斥选择投资决策。

按项目投资的内容看，可分为新建项目投资和更新改造投资。新建项目投资还可进一步细分为单纯固定资产投资和完整工业投资项目。单纯固定资产投资项目特点在于在投资中只包括为取得固定资产而发生的垫支资本投入而不涉及周转资本的投入；完整工业投资项目则不仅包括固定资产投资，而且还涉及流动资金投资，甚至包括其他长期资产项目（如无形资产、长期待摊费用等）的投资。

从投资对企业的影响看，项目投资可以分为战术性投资和战略性投资。战术性投资是指不牵涉整个企业前途的投资；战略性投资是指对企业有重大影响的投资。

三、项目投资的一般程序

项目投资是一项复杂的系统工程。项目投资一旦决策失误，会对企业的未来产生重大影响，甚至会导致企业破产。因此，企业在进行项目决策时必须对项目进行科学、严密的可行性论证。

通常，企业的项目投资决策一般包括五个步骤：

1. 投资项目的提出

投资项目是企业根据自身所处的经济环境和企业的发展计划，在把握投资机会的情况下提出的。投资项目的提出是项目投资程序的第一步，项目的选择至关重要。

2. 投资项目的可行性分析

对提出的项目进行适当分类，计算项目的建设周期，预算项目投产后的收入、费用和经济效益，预测项目的现金流入和流出，运用各种分析指标，对项目的可行性进行分析，书写可行性分析报告。

3. 投资项目的决策

投资项目经过分析论证后应由项目所属部门作出决策。重大项目决策一般由董事会或股东大会决定。决策结论一般有三种：接受项目，进行投资；拒绝项目投资；重新论证。

4. 投资项目的实施与控制

为决定执行的项目筹集资金，保证项目能够顺利实施。在项目实施过程中要对项目的实施进度、项目质量、项目实施成本、项目预算等进行监督、控制和审核，确保项目完成的质量。

5. 实施事后审计

项目实施完后，应对项目的实施结果进行全方位的评估和项目责任审计，以对公司战略的可行性、项目和资本支出预算管理的有效性进行审核，并为未来项目管理提供借鉴。

四、项目计算期的构成和投资资金的投入

（一）项目计算期的构成

项目的计算期是指从投资建设开始到最终清理结束。所以，项目计算期包括项目建设期和项目经营期两部分，如图 8-1 所示。基于会计分期的假设和便于计算的考虑，建设期和经营期一般都以一年为一期。

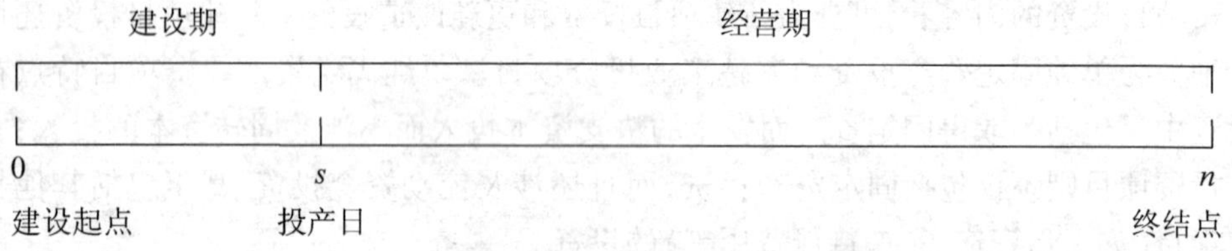

图 8-1　项目计算期的构成

投资建设开始（记作第 0 年）称作建设起点。

清理结束这 1 年（记作第 n 年）称作终结点。

企业不会从第 0 年就能生产产品，从第 s 年才能开始生产经营产品，第 s 年称作投产日，$s \geqslant 0$。

从第 0 年到第 s 年称作建设期，从第 s 年到第 n 年称作生产经营期（可分试产期和达产期）。

假设建设期为 s，生产经营期为 p，整个项目计算期为 n，则有：

$$n = s + p$$

【例 8-1】 K 公司拟新建一条生产线，预计主要设备的使用寿命为 5 年。在建设起点投资并投产，或建设期为 1 年情况下，分别确定该项目的计算期。

（1）项目计算期 =0 +5 =5（年）

（2）项目计算期 =1 +5 =6（年）

（二）项目投资资金的投入

1. 资金投入方式

项目投资资金的投入方式包括一次投入和分次投入两种。一次投入是指投资行为集中一次发生在项目计算期的第一个年末或年初；分次投入是指投资行为发生在两个或两个以上时间段，如在某一年年初投一部分，年末投一部分，或跨几个年度投入。

2. 原始投资额

原始投资额是指企业所需现时资金的全部价值。例如，买一台设备，需 100 万元资金。可能这 100 万元资金是借的，要支付利息，但原始投资额就是 100 万元，不包括利息。

3．投资总额

投资总额包括原始投资额和建设期资本化的利息。正如上例中100万元是借的，要支付利息，这些利息中一部分可以计入投资总额，但并不是所有利息都计入投资总额。利息处理原则是：设备未达到可使用状态之前和未正式投产之前产生的利息计入设备成本（利息资本化）；设备达到可使用状态，正式投产之后产生的利息计入财务费用（利息费用化）。

第二节 现金流量的内容及估算

一、现金流量的概念和作用

（一）现金流量的概念

现金流量是指投资项目周期内由生产经营活动和资金借贷活动等形成的流入流出项目系统的现金活动的增量，即一个投资项目引起的企业现金支出和现金收入增加的数量。这里的现金，是广义的现金，它不仅包括各种货币资金，而且还包括项目需要投入企业的非货币资源的变现价值。例如，一个项目需要使用原有的厂房、设备和材料等，则相关的现金流量是指它们的变现价值，而不是它们的账面成本。

（二）现金流量的作用

（1）现金流量对整个项目投资期间的现实货币资金收支情况进行了全面揭示，动态地描述了项目投资的流向与回收之间的投入产出关系；

（2）有利于科学地考虑资金的时间价值；

（3）评价投资项目的经济效益时，可以摆脱在贯彻财务会计的权责发生制时必然面临的困境；

（4）排除了非现金收付内部周转的资本运动形式，从而简化了评价指标的计算过程。

二、现金流量的内容

项目的现金流量按照其流向不同，划分为现金流出量、现金流入量和现金净流量。

1．现金流出量

一个方案的现金流出量是指该方案引起的企业现金支出的增加额，主要包括固定资产、无形资产和递延资产投资、垫支的流动资金以及项目寿命周期内的现金流出等。例如，企业购置一条生产线，通常会引起以下现金流出：

（1）购置生产线的价款。它可能一次性支出，也可能是分几次支出。

（2）生产线的维护、修理等费用。在该生产线的整个使用期限内，会发生保持生产能力的各种费用，应将其列入该方案的现金流出量。

（3）垫支的流动资金。由于该生产线扩大了企业的生产能力，引起了对流动资产需求的增加。这也是购置该生产线引起的，应将其列入该方案的现金流出量。

2. 现金流入量

一个方案的现金流入量是指该方案所引起的企业现金收入的增加额，主要包括经营现金流入、期末回收的残值和垫支的流动资金等。例如，企业购置一条生产线，通常会引起以下的现金流入：

(1) 经营现金流入。购置生产线扩大了企业的生产能力，使企业的销售收入增加，是该生产线引起的一项现金流入。

(2) 该生产线出售(报废)时的残值收入。资产出售或报废的残值收入，应作为投资方案的一项现金流入。

(3) 收回的流动资金。该生产线出售或报废时，企业收回的资金可以用于别处，因此应将此作为该方案的一项现金流入。

3. 现金净流量

现金净流量是指一定期间现金流入量和现金流出量的差额。这里的"一定期间"有时指一年，有时指投资项目延续的整个期间。如果现金流入量大于流出量，现金净流量为正值；反之，现金净流量为负值。

4. 现金流量小结

一般项目的现金流入和现金流出如表 8-1 所示。

表 8-1 项目现金流量表

现金流入	现金流出
1. 经营期营业收入 2. 项目净残值收入 3. 项目终结点回收的流动资金 4. 其他流入项目(如建设期的零星收入、经营期由项目本身带来的现金性营业外收入)	1. 建设期原始投资 2. 建设期垫支的流动资金 3. 经营期付现成本 4. 所得税支出 5. 其他流出项目，如经营期由项目本身带来的现金性营业外支出

三、现金流量的估计

(一) 现金流量估计的内容

估计项目投资方案所需要的资本支出以及该方案每年能产生的现金净流量会涉及很多的变量，并且需要企业的许多部门参与，这些部门主要包括：

(1) 销售部门，负责预测售价和销量，涉及产品价格弹性、广告效果、竞争者动向等。

(2) 产品开发和技术部门，负责估计投资方案的资本支出，涉及研制费用、设备购置、厂房建筑等。

(3) 生产和成本部门，负责估计制造成本，涉及原材料采购价格、生产工艺安排、产品成本等。

(4) 财务部门，为销售、生产等部门的预测建立共同的基本假设条件，如物价水平、贴现率、可供资源的限制条件等；协调参与预测的各部门人员，使之能相互衔接与配合；

防止预测者因个人偏好或部门利益而高估或低估收入和成本。

（二）现金流量估计应注意的问题

在确定投资方案的现金流量时，应遵循的最基本原则是：只有增量现金流量才是与项目相关的现金流量。所谓增量现金流量，是指接受或拒绝某个投资方案后，企业总现金流量因此发生的变动。只有那些由于采纳某个项目引起的现金支出增加额和现金流入增加额才是该项目的现金流出和现金流入。

1．区分相关成本与非相关成本

相关成本是指与特定决策有关的、在分析评价时必须加以考虑的成本。例如，差额成本、未来成本、重置成本、机会成本等都属于相关成本。与此相反，与特定决策无关的、在分析评价时不必加以考虑的成本是非相关成本。例如，沉没成本、过去成本、账面成本等往往属于非相关成本。

如果将非相关成本纳入投资方案的总成本，则一个有利的方案可能因此变得不利，一个较好的方案可能变为较差的方案，从而造成决策失误。

2．不要忽视机会成本

机会成本是指由于某个项目使用某项资产而失去了其他方式使用该资产所丧失的潜在收入。

机会成本不是我们通常意义的“成本”，它不是一种支出或费用，而是失去的收益，这种收益不是实际发生的而是潜在的。机会成本总是针对具体方案的，离开被放弃的方案就无从计量确定。

3．理解沉没成本的含义

沉没成本是指已经发生的成本。由于沉没成本是在过去发生的，它并不因接受或摒弃某个项目的决策而改变。正如“过去的就让它过去吧”，我们应该忽略这类成本。沉没成本不属于净增现金流量。

4．要考虑投资方案对其他部门的影响，即关联效应

最重要的关联效应是“侵蚀”，侵蚀是指来自于顾客和公司其他产品销售的现金流量转移到一个新项目上。

例如，某汽车公司正在计算一种新式敞篷运动轿车的净现值。一些将购买这种轿车的顾客是公司的轻型轿车的购买者。是不是所有的这种新式敞篷运动轿车的销售额和利润都是净增量呢？答案是否定的。因为这些现金流量的一部分是从其他产品线上转移而来的，这就是“侵蚀”。

5．要考虑投资方案对净营运资金的影响

一般情况下，当公司开办一个新业务并使销售额扩大后，对于存货和应收账款等流动资产的需求也会增加；另一方面，公司扩充的结果使应付账款与一些应付费用等流动负债也会同时增加。所谓净营运资金，是指增加的流动资产与增加的流动负债之间的差额。通常在投资分析时，假定开始投资时筹措的净营运资金在项目结束时收回。

四、现金流量的计算

（一）计算净现金流量的假设

（1）投资主体假设；

（2）全权益投资假设（负债的影响通过折现率来考虑）；

（3）建设期的净现金流量置于每期期初，经营期的净现金流量置于每期期末，建设期没有现金流入，经营期不再追加投资；

（4）折旧期、摊销期一般与项目寿命期完全对等；

（5）项目残值于项目终结点回收，营运资金于建设期垫支，项目终结时回收；

（6）不考虑增值税。

（二）净现金流量（NCF_t）的计算公式

1. 一般公式

$$NCF_t = CI_t - CO_t$$

式中，NCF_t 表示第 t 年净现金流量；CI_t 表示第 t 年现金净流入量；CO_t 表示第 t 年现金净流出量。

2. 分建设期和经营期的计算公式

（1）建设期：

$$NCF_t = -O_t (t = 0, 1, \cdots, s, s \geqslant 0)$$

式中，NCF_t 表示建设期第 t 年净现金流量；O_t 表示第 t 年的原始投资额。

（2）经营期：

NCF_t = 经营现金流入量 - 经营现金流出量 + 该年回收额

= 该年净利润 + 该年折旧 + 该年摊销 + 该年利息 + 该年回收额

其中：经营现金净流入 = 营业收入 - 付现成本 = 营业利润 + 折旧

如果考虑所得税的话，则有：经营现金净流入 = 营业净利润 + 折旧

需要说明的是：

第一，建设期没有现金流入，只有现金流出；

第二，经营现金流入包括营业收入及其他收入，经营现金流出包括付现的营运成本（即扣除利息、折旧、摊销后的账面成本）、所得税及其他税金支出，可以从会计核算推导出简单的计算公式；

第三，回收额包括税后净残值和垫支的营运资金。

【例 8-2】 新天地公司准备购入一台设备准备扩充生产能力，现有甲、乙两个方案可供选择。

甲方案：需投资 100 万元，使用寿命为 5 年，采用直线法计提折旧，5 年后设备无残值。5 年中每年的销售收入为 60 万元，每年的付现成本为 20 万元。

乙方案：需投资 120 万元。另外，在第 1 年垫支营运资金 20 万元，采用直线折旧法计提折旧，使用寿命也为 5 年，5 年后有残值收入 20 万元。5 年中每年的销售收入为 80 万

元,付现成本第1年为30万元,以后随着设备陈旧,逐年将增加修理费5万元。假设所得税税率为30%,试计算两个方案的现金流量。

解:(1) 先计算两个方案每年的折旧额

甲方案每年折旧额 = 100 / 5 = 20(万元)

乙方案每年折旧额 = (120 - 20) / 5 = 20(万元)

(2) 计算两个方案每年的NCF

甲方案每年相等的NCF = 营业收入 - 付现成本 - 所得税

= 60 - 20 - (60 - 20 - 100 / 5) × 30%

= 60 - 20 - 6

= 34 (万元)

表8-2　乙方案各年年末营业现金流量估算表　　单位:万元

项目	第1年	第2年	第3年	第4年	第5年
乙方案营业现金净流量:					
销售收入(1)	80	80.0	80	80.0	80
付现成本(2)	30	35.0	40	45.0	50
折旧(3)	20	20.0	20	20.0	20
税前利润(4) = (1) - (2) - (3)	30	25.0	20	15.0	10
所得税(5) = (4) × 30%	9	7.5	6	4.5	3
税后净利(6) = (4) - (5)	21	17.5	14	10.5	7
NCF(7) = (1) - (2) - (5)	41	37.5	34	30.5	27

表8-3　甲、乙方案各年现金净流量表　　单位:万元

项目	第0年	第1年	第2年	第3年	第4年	第5年
甲方案各年现金流量						
固定资产投资	-100					
营业现金流量		34	34	34	34	34
现金流量合计	-100	34	34	34	34	34
乙方案各年现金流量						
固定资产投资	-120					
营运资金垫支	-20					
营业现金流量		41	37.5	34	30.5	27
固定资产期末残值						20
流动资金垫支回收						20
现金流量合计	-140	41	37.5	34	30.5	67

【例 8-3】 北方公司拟购入某一设备以扩充生产能力,现有甲、乙两个方案可供选择。

甲方案:购入半自动控制设备,需要投资 120 万元,当年投入使用,使用寿命 5 年,设备采用直线法折旧,5 年后无残值。5 年中每年销售收入 80 万元,每年的付现成本 26 万元。

乙方案:购入全自动控制设备,需要投资 180 万元,当年投入使用,使用寿命 5 年,设备采用直线法计提折旧,5 年后有残值收入 30 万元。另外,在第 1 年需垫支营运资金 20 万元。5 年中每年销售收入 100 万元,付现成本第 1 年 35 万元,以后随着设备陈旧,逐年增加修理费用 5 万元。假设所得税税率为 30%,试估算两个方案的现金流量。

解:

表 8-4 甲方案各年年末营业现金流量估算表 单位:万元

项目	第 1 年	第 2 年	第 3 年	第 4 年	第 5 年
(1)销售收入	80	80	80	80	80
(2)付现成本	26	26	26	26	26
(3)非付现成本(折旧)	24	24	24	24	24
(4)税前利润	30	30	30	30	30
(5)所得税(30%)	9	9	9	9	9
(6)税后利润	21	21	21	21	21
(7)营业现金流量 = (3) + (6) = (1) - (2) - (5)	45	45	45	45	45

表 8-5 乙方案各年年末营业活动现金流量估算表 单位:万元

项目	第 1 年	第 2 年	第 3 年	第 4 年	第 5 年
(1)销售收入	100	100	100	100	100
(2)付现成本	35	40	45	50	55
(3)非付现成本(折旧)	30	30	30	30	30
(4)税前利润	35	30	25	20	15
(5)所得税(30%)	10.5	9	7.5	6	4.5
(6)税后利润	24.5	21	17.5	14	10.5
(7)营业现金流量 = (3) + (6) = (1) - (2) - (5)	54.5	51	47.5	44	40.5

表 8-6 甲、乙方案全时期各年现金净流量表 单位:万元

项目	第0年	第1年	第2年	第3年	第4年	第5年
甲方案:						
固定资产投资	-120					
营业现金流量		45	45	45	45	45
各年现金净流量	-120	45	45	45	45	45
乙方案:						
固定资产投资	-180					
营运资金垫支	-20					
营业现金流量		54.5	51	47.5	44	40.5
固定资产残值						30
营业资金收回						20
各年现金净流量	-200	54.5	51	47.5	44	90.5

五、投资决策中使用现金流量的原因

(1) 在整个投资有效期内利润总计与现金净流量总计相等,可以替代利润。

现金净流量与会计利润的联系是:现金净流量与利润在质上没有根本的区别,在项目整个投资有效期内,二者的总额是相等的;区别是:是否有利于科学地考虑货币的时间价值,是否有利于方案评价的客观性,是否有利于反映现金流动状况。

(2) 利润在各年的分布可能受折旧方法等人为因素的影响,而现金流量的分布不受这些人为因素的影响,从而可以保证评价的客观性。

(3) 在企业经营活动中,现金流量状况比盈亏状况更具重要性。企业需要以现金流量的变化来估计企业资金需求状况,从而及时调整投资和筹资策略。

第三节 项目投资的评价方法

企业在收集了有关长期投资资料后就可以运用评价投资方案的指标来分析、评价各种方案,以便作出取舍,根据分析、评价指标的类别,投资决策分析方法一般分为非贴现评价方法和贴现评价方法。

非贴现评价方法,是指没有考虑时间价值因素的方法,主要包括静态投资回收期法、会计报酬率法等。

贴现评价方法,是指考虑了时间价值因素的方法,主要包括净现值法、现值指数法和内含报酬率法等。

一、非贴现评价方法

(一) 静态投资回收期法

回收期,是指收回投资项目的全部投资所需要的时间。企业一般选择能在短期内收回全部投资的方案,认为回收期越短,方案越好。回收期一般以年为单位。

$$\sum_{t=1}^{n} \mathrm{CIF}_t = \sum_{t=1}^{n} \mathrm{COF}_t$$

式中,CIF_t 表示第 t 年的现金流入量;COF_t 表示第 t 年的现金流出量(投资额)。

【例 8-4】 某公司对于一项投资有五个备选方案,每个方案的具体现金流量如表 8-7 所示。

表 8-7 投资回收期分析表 单位:元

项目	现金流量				回收期(年)
	投资额	第一年收益	第二年收益	第三年收益	
A	-10 000	10 000	0	0	1
B	-10 000	8 000	4 000	0	1.5
C	-10 000	5 000	5 000	5 000	2
D	-10 000	0	10 000	10 000	2
E	-10 000	5 000	5 000	10 000	2

企业一般会确定一个回收期标准,如果某方案的回收期比标准短,该方案就可行,否则不可行。如果几个方案都达到回收期标准,并且只能选择一个方案时,应该选择回收期最短的方案。如果该公司预期回收期为 2 年,则所有方案都符合标准,但 A 方案的回收期最短,也就是最佳方案;如果该公司预定的回收期标准为 1 年,则只有 A 方案符合标准。

静态投资回收期法的优点是计算简便,反映直观,并且在一定意义上考虑了投资风险因素。但是由于该方法没有考虑资金的时间价值,也没有考虑投资回收期满后发生的现金流量变化情况。所以,静态投资回收期法只是作为一种粗略的筛选工具,用于对方案的初步评价。目前作为辅助方法,常与其他方法结合起来应用。

(二) 投资报酬率法

投资报酬率法是指投资方案的各年平均净收益(或年均净现金流量)与原始投资额的比率。其计算公式为:

$$投资报酬率 = \frac{年平均净收益}{初始投资额} \times 100\%$$

$$= \frac{平均现金流量 - 年折旧}{初始投资额} \times 100\%$$

【例 8-5】 上述某公司五个备选方案的投资报酬率分别为:

$$投资报酬率\ A = \frac{10\ 000 - 10\ 000}{10\ 000} = 0$$

$$投资报酬率\ B = \frac{(8\,000 + 4\,000)/2 - 5\,000}{10\,000} \times 100\% = 10\%$$

$$投资报酬率\ C = \frac{(5\,000 + 5\,000 + 5\,000)/3 - 3\,333}{10\,000} \times 100\% = 16.67\%$$

$$投资报酬率\ D = \frac{(10\,000 + 10\,000)/3 - 3\,333}{10\,000} \times 100\% = 33.33\%$$

$$投资报酬率\ E = \frac{(5\,000 + 5\,000 + 10\,000)/3 - 3\,333}{10\,000} \times 100\% = 33.33\%$$

可见，五个方案中D、E方案最优，而A方案投资报酬率最低，应拒绝。

投资报酬率法的优点是计算简单，便于比较，容易理解，且该指标考虑了项目计算期内所有年份的收益情况。但是，由于该方法没有考虑资金的时间价值，并且该指标的分子和分母的时间特征不一致，分子属于时期指标，分母属于时点指标，因此计算口径可比基础差，无法直接利用净现金流量信息。投资报酬率法也是对投资方案进行粗略筛选的工具，在投资决策时，应与其他方法结合使用。

二、贴现评价方法

(一) 净现值法

净现值法是将各年现金净流量按期望的报酬率或资金成本率换算为现值(PV)，以求得投资方案的净现值(NPV)的方法。

$$NPV = \sum_{t=0}^{n} \frac{CF_t}{(1+i)^t}$$

式中，t 表示第 t 年，$t=0$ 表示刚开始投资的时间；CF_t 表示第 t 年的现金净流量；i 表示贴现率(资本成本率或期望的报酬率)；n 表示开始投资到项目寿命结束时的年数。

【例8-6】 以【例8-4】中某公司的五个方案为例，五个方案的净现值计算如下：

假设 $i=10\%$

$$NPV_{(A)} = -10\,000 \times 1 + 10\,000 \times \frac{1}{(1+0.1)^1} = -909.1(元)$$

$$NPV_{(B)} = -10\,000 \times 1 + 8\,000 \times \frac{1}{(1+0.1)^1} + 4\,000 \times \frac{1}{(1+0.1)^2}$$
$$= 578.4(元)$$

$$NPV_{(C)} = -10\,000 \times 1 + 5\,000 \times \frac{1}{(1+0.1)^1} + 5\,000 \times \frac{1}{(1+0.1)^2} + 5\,000 \times \frac{1}{(1+0.1)^3}$$
$$= 2\,434(元)$$

$$NPV_{(D)} = -10\,000 \times 1 + 10\,000 \times \frac{1}{(1+0.1)^2} + 10\,000 \times \frac{1}{(1+0.1)^3}$$
$$= 5\,778(元)$$

$$NPV_{(E)} = -10\,000 \times 1 + 5\,000 \times \frac{1}{(1+0.1)^1} + 5\,000 \times \frac{1}{(1+0.1)^2} + 10\,000 \times \frac{1}{(1+0.1)^3}$$
$$= 6\,191(元)$$

从以上计算可知,A 方案的净现值为负数,说明该方案的报酬率低于10%,因而应该放弃,而其他方案的净现值都为正数,说明它们的报酬率都高于10%,在各个方案不互斥的情况下,都可以接受,但在各个方案互斥的情况下,只有采用最优的方案,显然这里的 E 方案最优,因为它的净现值最大。

净现值法考虑了资金时间价值和项目计算期的全部现金净流量,也考虑了投资的风险性。但是,净现值法不能揭示各个投资方案本身可能达到的实际报酬率;不利于原始投资额不同的方案之间进行比较;同时,现金净流量的估算和折现率的确定也比较困难。

(二) 现值指数法

现值指数(PI)是指未来现金流入现值与现金流出现值的比率。计算公式为:

$$PI = \frac{\sum_{t=0}^{n} \frac{CIF_t}{(1+i)^t}}{\sum_{t=0}^{n} \frac{COF_t}{(1+i)^t}}$$

采用现值指数进行项目判断的标准是:如果现值指数大于1,说明项目的收益率达到了期望收益率或资本成本率,项目可以接受;如果现值指数小于1,说明项目的收益水平低于期望收益率或资本成本率,项目不能接受。当存在多个项目且相容时,现值指数大于1的项目都是可接受的项目;而当各个项目间是互斥时,应该选择现值指数最大的项目,即现值指数最大的项目是最优的项目。

【例8-7】 仍以【例8-4】中某公司的五个备选方案为例,其现值指数计算如下:

A、B、C、D、E 五种方案的现值指数依次为0.909、1.0576、1.2434、1.5778和1.6191。在独立项目决策中,除A方案之外皆可选;若为互斥项目决策,则应选择E方案,因为其现值指数最大。

现值指数法考虑了资金的时间价值,能真实反映投资项目的盈亏程度。但现值指数法不能反映盈利额,现值指数高的项目其净现值不一定就高,如果选择了现值指数高但净现值低的项目,容易导致错误的决策。

(三) 内含报酬率法

内含报酬率(IRR)是指能够使未来现金流入量现值等于未来现金流出量现值的贴现率,或者说投资方案净现值为零的贴现率。

$$\sum_{t=0}^{n} \frac{CF_t}{(1+i)^t} = 0$$

满足该等式的 i 就是内含报酬率。显然上述公式是一个 n 次多项方程,比较难直接求出答案,可以采用试误法和内插法来进行测试,直到找到使净现值为零时的贴现率。

【例8-8】 仍以【例8-4】中某公司的五个备选方案为例,五个方案的内含报酬率计算如下:

A 方案:$-10\,000 \times 1 + 10\,000 \times \frac{1}{(1+i_A)} = 0$

解得:$i = 0$

B 方案：$-10\ 000 \times 1 + 8\ 000 \times \frac{1}{(1+i_B)} + 4\ 000 \times \frac{1}{(1+i_B)^2} = 0$

由于 B 方案在贴现率为 10% 时有正净现值，就可以提高贴现率测试，用 14% 来测试净现值：

$$-10\ 000 + 8\ 000 \times 0.8772 + 4\ 000 \times 0.7695 = 95.60(\text{元})$$

看来内含报酬率大于 14%，用 15% 来试：

$$-10\ 000 + 8\ 000 \times 0.8696 + 4\ 000 \times 0.7561 = -18.80(\text{元})$$

说明内含报酬率在 14%—15% 之间，使用内插法，如表 8-8 所示。

表 8-8　内插法

i	NPV
14%	95.6
x	0
15%	-18.8

可以通过下列列式来求 x：

$$\frac{15\% - 14\%}{-18.80 - 95.60} = \frac{x - 14\%}{0 - 95.60}$$

$$x = 14.83\%$$

所以，B 方案的内含报酬率为 14.83%。使用同样的方法可以算出：$i_C = 23.38\%$，$i_D = 32.48\%$，$i_E = 38.37\%$。

五个方案除 A 方案之外都达到了预期报酬率标准，但 E 方案的报酬率最高，如果这些方案是互斥的话，从报酬率方面来考虑应该选择 E 方案。

可见，对于独立项目，若 IRR > 资本成本或预期报酬率，则接受；若 IRR ≤ 资本成本或预期报酬率，则拒绝。对于互斥项目，若 $IRR_A > IRR_B$，且 $IRR_A >$ 资本成本，则接受 A 方案、拒绝 B 方案。

内含报酬率法考虑了资金的时间价值，并从相对指标上反映了投资项目的收益率。但是，内含报酬率中包含一个不现实的假设，即投资每期收回的款项都可以再投资，而且再投资收到的利率与内含报酬率一致；内含报酬率高的项目风险也高，如果选取了内含报酬率高的项目，意味着企业选择了高风险项目，所以内含报酬率高的项目不一定是企业的最佳目标；如果一个投资方案的现金流量是交错型的，则一个投资方案可能有几个内含报酬率，这对于实际工作很难选择。

（四）贴现现金流指标的比较

(1) 项目投资决策的贴现评价方法，包括净现值法、现值指数法和内含报酬率法。在一般情况下，三个指标具有相同的方向，即：

$$NPV \geq 0，\text{则 } IRR \geq i，PI \geq 1；$$

$$NPV < 0，\text{则 } IRR < i，PI < 1。$$

当采用一种方法来进行项目的评估时，能够作出肯定的结论和判断，但如果同时用三种方法来进行判断时，有时就会出现矛盾的结论。因为 IRR 为未来实际的折现率，而 i

是假定的,当 NCF_t 分布不均匀时,矛盾就会出现。

(2) 投资规模差异效应,即当项目的投资额不同时,就会出现使用不同方法得出的结论相互矛盾的现象。此时应该选用差量分析,就是在两个原始投资方案的差量净现金流量(ΔNCF)的基础上计算出差额净现值(ΔNPV)是否大于零,或者计算出差额内含报酬率(ΔIRR)是否大于行业基准折现率。

NPV 和 IRR 的比较如表 8-9 所示。

表 8-9　NPV 和 IRR 的比较

$i=10\%$	第 0 年	第 1 年	NPV	IRR
A 项目	-100	200	81.82	100%
B 项目	-200	350	118.18	75%

(3) 计算期差异效应,当项目计算期不同时,则该选用年等额回收法分析。若某方案的净现值为 NPV,设定行业基准折现率为 i,项目计算期为 n,则在年等额回收法下可以按下式计算年回收值 NA:

$$NA = 净现值 \times 回收系数 = 净现值 \times 1/(年金现值系数)$$

用这种方法计算,NA 最大的方案最优。

(4) 现金流模式差异效应,当项目的投资额相同,投资期限也相同时,项目经营性现金流量的变化趋势不同导致不同方法得出的结论相互矛盾的现象。此时,差量分析同样可以解决这一问题。

(5) 现金流符号变化效应,即当项目受某些不确定因素的影响,其各年的经营性净现金可能出现"时正时负"的现象,这种投资项目通常被称为"非常规项目"。使用 IRR 评价这类项目时,可能出现多个 IRR 或没有 IRR,也就是说 IRR 不适宜用于评价非常规项目的效益。

第四节　项目投资决策分析应用

一、互斥方案决策

互斥方案是指互相关联、互相排斥的方案,即一组方案中的各个方案彼此可以相互代替,采纳方案组中的某一方案就会自动排斥这组方案中的其他方案。

互斥方案的评价一般有净现值法和内含报酬率法两种方法。当两种方法的评价结论一致时,则根据评价结论选出最优方案;当两种方法的评价结论不一致时,需要通过差额内含报酬率法进行评价。互斥方案的比较方法,之所以会出现上述问题,其根本原因在于互斥方案的可比性。在评价中,选用的基准报酬率、投资额、时间等变量应具有可比性。规定互斥方案所采用的基准报酬率必须是相同的,互斥方案的计算期必须是相同的,若不同需对比较方案的计算期作适当处理,再进行评价。而对互斥方案投资额的可比性则没有强调,事实上互斥方案的投资额大多数也是不相等的,这就导致了两种评价方法结果不一致的现象。

(一)净现值法和内含报酬率法对互斥方案的决策

(1)如投资小的方案,其净现值大,则其内含报酬率必定也大,以净现值大作为标准选择投资小的方案;

(2)如投资大的方案,其净现值大,而且其内含报酬率也大,则根据净现值大作为标准选择投资大的方案;

(3)如投资大的方案,其净现值大,但其内含报酬率却小。投资大的方案其内含报酬率小,说明其单位投资的盈利能力小,其净现值之所以大,可能是依靠高投入得到的,则应根据差额净现值和差额内含报酬率作出决策。

(二)差额内含报酬率法对互斥方案的决策

差额内含报酬率(ΔIRR)是两个方案各年净现金流量差额的现值之和等于零时的折现率,其表达式为:

$$\sum_{t=1}^{n} \Delta CR_t (P/A, \Delta IRR, t) - \Delta I_0 = 0$$

式中,ΔCR_t是两个方案各年净现金流量的差额;ΔI_0是两个方案初始投资的差额。

差额内含报酬率(ΔIRR)大于或等于基准报酬率 i 时,投资大的方案为优;反之,则投资小的方案为优。

【例8-9】 现有A、B两个互斥方案,寿命相同,其各年的现金流量如表8-10所示,试对方案进行评价选择($i=10\%$)。

表8-10 A、B方案的净现金流及评价指标 单位:万元

年份	0	1—10	NPV	IRR
方案A的净现金流	-2 500	800	2 415.20	29.64
方案B的净现金流	-1 800	650	2 193.60	34.28
增量净现金流(A-B)	-700	150	221.60	17.72

解:首先计算两个方案的绝对经济效果指标NPV和IRR,计算结果见表8-10。

$$NPV_A = -2\,500 + 800(P/A, 10\%, 10) = 2\,415.2(\text{万元})$$

$$NPV_B = -1\,800 + 650(P/A, 10\%, 10) = 2\,193.6(\text{万元})$$

由方程式:

$$-2\,500 + 800(P/A, IRR, 10) = 0$$

$$-1\,800 + 650(P/A, IRR, 10) = 0$$

可求得:

$$IRR_A = 29.64\%, IRR_B = 34.28\%$$

NPV_A、NPV_B 均大于零,IRR_A、IRR_B 均大于基准折现率,所以方案A与方案B都能通过绝对经济效果检验,且使用NPV指标和使用IRR指标进行绝对经济效果检验结论是一致的。

由于 $NPV_A > NPV_B$，故按净现值最大准则，方案 A 优于方案 B。但计算结果还表明 $IRR_B > IRR_A$，若以内含报酬率最大为比选准则，方案 B 优于方案 A，这与按净现值最大准则比选的结论相矛盾。

计算方案 A 相对于方案 B 各年的增量净现金流，同时计算相应的差额净现值（ΔNPV）与差额内含报酬率（ΔIRR）。

$$\Delta NPV = -700 + 150(P/A, 10\%, 10) = 221.6（万元）$$

由方程式： $-700 + 150(P/A, \Delta IRR, 10) = 0$

可解得： $\Delta IRR = 17.72\%$

计算结果表明：$\Delta NPV > 0$，$\Delta IRR > i$，投资大的方案 A 优于投资小的方案 B。

二、固定资产更新决策

（一）新旧设备可使用年限相等的情况

在新旧设备可使用年限相等的情况下，一般采用现金净流量差量法进行方案决策。现金净流量差量法的思路是首先以新设备为标准计算新旧设备的差量现金净流量，然后计算差量现金净流量现值。如果差量现金净流量现值大于 0，则应更换新设备。

【例 8-10】 某企业有一台原始价值为 80 000 元，已使用 5 年，估计还可使用 5 年的旧设备，目前已提折旧 40 000 元，假定使用期满无残值，如果现在出售可得价款 20 000 元，使用该设备每年可获得收入 100 000 元，每年的付现成本为 60 000 元。该企业现准备用一台高新技术设备来代替原有的旧设备，新设备的购置成本为 120 000 元，估计可使用 5 年，期满有残值 20 000 元，使用新设备后，每年可获得收入 160 000 元，每年付现成本为 80 000 元，假定该企业的资本成本为 6%，所得税税率为 25%，新旧设备均用平均年限法计提折旧。问该企业是继续使用旧设备还是对其进行更新。

解：(1) 计算使用新旧设备各自的现金净流量

继续用旧设备的年现金流量：

$$NCF_{1-5} = 100\,000 - 60\,000 - [100\,000 - (60\,000 + \frac{80\,000}{10})] \times 25\% = 32\,000（元）$$

继续使用旧设备的现金流量用图形表示如下：

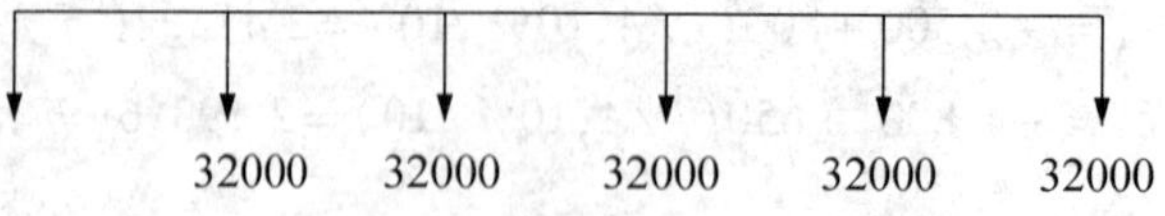

更新为新设备的现金流量：

$$NCF_0 = -120\,000 + 20\,000 + [(80\,000 - 40\,000) - 20\,000] \times 25\% = -95\,000（元）$$

$$NCF_{1-4} = 160\,000 - 80\,000 - [160\,000 - (80\,000 + \frac{120\,000 - 20\,000}{5})] \times 25\%$$

$$= 65\,000（元）$$

$$NCF_5 = 65\,000 + 20\,000 = 85\,000（元）$$

更新为新设备的现金流量用图形表示如下：

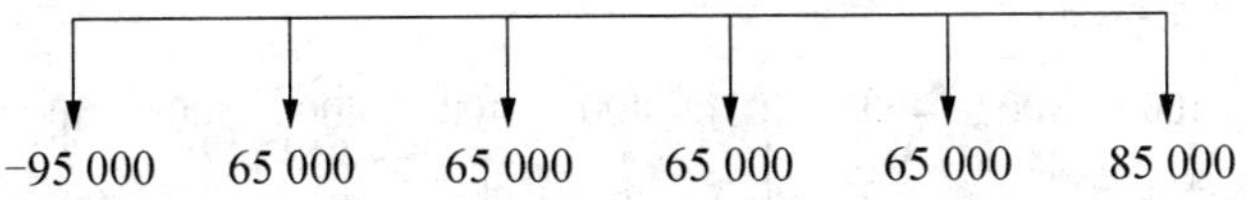

(2)计算两种方法差量现金净流量的现值

$NCF_0 = -95\ 000$

$NCF_{1-4} = 65\ 000 - 32\ 000 = 33\ 000$(元)

$NCF_5 = 85\ 000 - 32\ 000 = 53\ 000$(元)

$$
\begin{aligned}
NPV &= 33\ 000 \times (P/A, 6\%, 4) + 53\ 000 \times (P/F, 6\%, 5) - 95\ 000] \\
&= 33\ 000 \times 3.465 + 53\ 000 \times 0.747 - 95\ 000 \\
&= 114\ 345 + 39\ 591 - 95\ 000 \\
&= 58\ 936(\text{元})
\end{aligned}
$$

$NPV > 0$,故应更新设备。

(二) 新旧设备使用年限不等

对于新旧设备使用年限不等的互斥方案决策,一般采用比较年成本法。比较年成本法反映的是新旧设备引起的现金流出的年平均值。采用比较年成本法思路是首先计算现金流量的总现值,然后分摊给每一年。比较年成本法有利于设备使用年限不同的方案的比较。

【例8-11】 某企业有一旧设备,工程技术人员提出更新要求,有关数据如表8-11所示。

表8-11　新旧设备相关数据表　　　单位:万元

项目	旧设备	新设备
原值	2 200	2 400
预计使用年限	10	10
已经使用年限	4	0
最终残值	200	300
变现价值	600	2 400
年运行成本	700	400

假设该企业要求的最低报酬率为15%,不考虑税收问题,请分析是否应予更新。

解:(1) 计算新旧设备现金流量的总现值

继续使用旧设备($n = 6$)

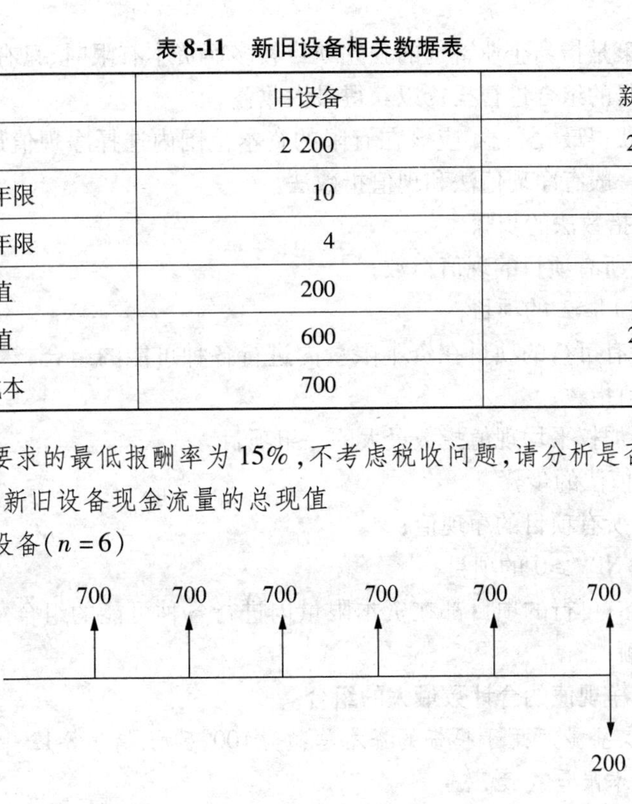

更换成新设备($n=10$)

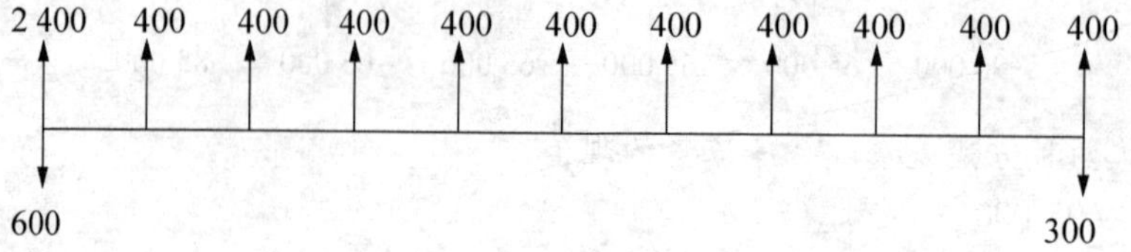

(2) 将新旧设备的现金流量现值分摊给每一年

$$旧设备平均年成本=\frac{700\times(P/A,15\%,6)-200\times(P/F,15\%,6)}{(P/A,15\%,6)}=677(元)$$

$$新设备平均年成本=\frac{(2\,400-600)+400\times(P/A,15\%,10)-300\times(P/F,15\%,10)}{(P/A,15\%,10)}$$

$$=744(元)$$

由计算结果可知,使用旧设备的平均年成本较低,故不宜进行设备更新。

平均年成本法的假设前提是将来设备再更换时,可以按原来的平均成本找到可代替的设备。如果有明显证据表明,6 年后可替换设备平均年成本会高于当前更新设备的平均年成本(677 元),则需要把 6 年后更新设备的成本纳入分析范围,合并计算综合平均年成本。使用平均年成本法时还应注意该法是把继续使用旧设备和购置新设备看成是两个互斥的方案,而不是一个更新设备的特定方案。因此,要有正确的"局外观"。

三、资本限量决策

资本限量决策是指当企业备选的独立项目较多而资本有限时,只有在资本限量范围内选择若干个项目的组合进行投资以获得最大收益。

为了使企业获得最大利益,应该在有限的资本范围内选择净现值最大的投资组合,可以采用的方法一般有净现值法和现值指数法。

1. 使用现值指数法的步骤

第一步:计算所有项目的现值指数;

第二步:选出 PI≥1 的项目;

第三步:对所有可行的项目在资本限量内进行各种可能的组合,然后计算出各种组合的加权平均现值指数;

第四步:接受加权平均现值指数最大的一组项目。

2. 使用净现值法的步骤

第一步:计算所有项目的净现值;

第二步:选出 NPV≥0 的项目;

第三步:对所有可行的项目都在资本限量内进行各种可能的组合,然后计算出各种组合的净现值总额;

第四步:接受净现值的合计数最大的组合。

【例 8-12】 某企业可用于投资的资本总额为 100 万元,有表 8-12 中的六个项目可供选择,要求进行资本限量决策。

表 8-12　备选项目数据资料　　　单位:元

投资项目	初始投资	净现值	现值指数
A	150 000	90 000	1.60
B	360 000	270 000	1.75
C	480 000	30 000	1.06
D	330 000	450 000	2.36
E	270 000	30 000	1.11
F	150 000	-30 000	0.80

计算结果如表 8-13 所示。

表 8-13　项目组合资料　　　单位:元

项目组合	初始投资	净现值总和	综合现值指数
ABC	990 000	390 000	1.39
ABD	840 000	810 000	1.96
ABE	780 000	390 000	1.50
BDE	960 000	750 000	1.78
ACD	960 000	570 000	1.59
ADE	750 000	570 000	1.76

在表 8-13BDE 三个项目的组合中,初始投资小于 100 万元,但净现值总和 75 万元高于其他各组,所以应选择 BDE 三个项目。

四、投资开发时机决策

自然资源属于稀缺资源,资源储量有限,由于不断开采,价格随着资源储量的下降而上升。那么,对于相同的开采量,较早开发者获得的收入会少于较晚开发者;然而,资金有时间价值,较早开发者比较晚开发者先拿到资金。那么,投资者是先开发获取资金的时间价值,还是晚开发获得更多的收入呢? 这需要一个开发时机的决策。

【例 8-13】 某企业拥有一座稀有矿藏,这种矿产品的价格在不断上升。根据预测,5 年后的价格将上升 50%。据分析,如果现在开发,其初始固定资本投资为 1 000 万元,其流动资产投资为 50 万元,其单位售价为 2 万元,付现成本为 800 万元;如果 5 年后开发,其初始固定资本投资为 1 200 万元,其流动资产投资为 60 万元,其单位售价为 3 万元,付现成本为 1 000 万元。假定该企业资本成本为 10%,所得税税率为 25%,所形成的固定资产均无残值,投产后每年产销量为 2 000 吨。请分析应该现在投资还是 5 年后投资。

解:(1) 计算现在开采的净现值

每年应计提的折旧:1 000/5 = 200(万元)

每年的净现金流量：

$NCF_0 = -1\,000$（万元）

$NCF_1 = -50$（万元）

$NCF_{2-5} = 2\,000 \times 2 - 800 - (2\,000 \times 2 - 800 - 200) \times 25\% = 2\,450$（万元）

$NCF_6 = 2\,000 \times 2 - 800 - (2\,000 \times 2 - 800 - 200) \times 25\% + 50 = 2\,500$（万元）

现在开采的净现值：

$$NPV = -1\,000 - 50 \times (P/F,10\%,1) + 2\,450 \times (P/A,10\%,4) \times (P/F,10\%,1) + 2\,500 \times (P/F,10\%,6)$$

$$= -1\,000 - 50 \times 0.909 + 2\,450 \times 4.641 \times 0.909 + 2\,500 \times 0.565$$

$$= 10\,703\text{（万元）}$$

（2）计算5年后开采的净现值

每年应计提的折旧：1 200/5 = 240（万元）

每年的净现金流量：

$NCF_5 = -1\,200$（万元）

$NCF_6 = -60$（万元）

$NCF_{7-10} = 2\,000 \times 3 - 1\,000 - (2\,000 \times 3 - 1\,000 - 240) \times 25\% = 3\,810$（万元）

$NCF_{11} = 2\,000 \times 3 - 10\,00 - (2\,000 \times 3 - 1\,000 - 240) \times 25\% + 60 = 3\,870$（万元）

5年后开采的净现值：

$$NPV = -1\,200 \times (P/F,10\%,5) - 60 \times (P/F,10\%,6) + 3\,810 \times (P/A,10\%,4) \times (P/F,10\%,6) + 3\,870 \times (P/F,10\%,11)$$

$$= -1\,200 \times 0.621 - 60 \times 0.565 + 3\,810 \times 3.17 \times 0.565 + 3\,870 \times 0.351$$

$$= 7\,403\text{（万元）}$$

由计算结果可知，5年后开发的净现值小于现在开发的净现值，所以应该现在开发。

五、项目投资的风险决策

项目投资的现金流量是未来产生的，带有不确定性，即风险性。决策者只能通过估计项目现金流量可能发生的结果及其结果发生的概率，来控制项目的风险水平。控制方法主要有两种：调整贴现率法和约当系数法。

1. 调整贴现率法——调整 i

调整贴现率法的基本思路是对高风险的项目，应该采用较高的折现率计算净现值。

$$\text{调整后净现值} = \sum \frac{\text{预期第 } t \text{ 期的现金净流量}}{(1 + \text{风险调整折现率})}$$

风险调整折现率是投资人对风险项目要求的报酬率，项目风险越大投资人要求的报酬率越高。这种方法的理论依据是资本资产定价模型，即 $i = R_f + \beta(R_m - R_f)$。若 i 调高后，NPV 仍然大于零，则此方案可行。在实际操作中，一般是人为估计风险报酬率。

2. 约当系数法——调整 NCF

约当系数法就是把不确定的现金流量调整为确定的现金流量，然后用无风险的报酬率作为折现率计算净现值。

$$调整后的净现值 = \frac{\alpha \times 第\ t\ 期现金流量净现值}{(1 + 无风险报酬率)^t}$$

式中，α 是第 t 年现金流量的约当系数，它介于 0—1 之间。

约当系数是指把不确定的一元现金流量期望值相当于使投资者满意的确定的金额的系数。它可以把各年不确定的现金流量换算为确定的现金流量。

如果 NCF 的差异不大，可以直接用净现值的计算公式乘以约当系数；如果 NCF 的差异比较大，则需要一个一个相乘然后加总，即：

$$NPV = \sum \frac{\alpha \times 第\ t\ 期现金流量期望值}{(1 + 无风险报酬率)^t}$$

一般根据 NCF 的标准差系数来选择约当系数，约当系数的选用因人而异。对于敢于冒险的人会选择较高的约当系数，而不愿冒险的人则会选择较低的约当系数。NCF 的标准差系数与约当系数基本对照关系如表 8-14 所示。

表 8-14　NCF 的标准差系数与约当系数基本对照关系表

NCF 标准差系数	约当系数 α
0—0.07	1.0
0.08—0.15	0.9
0.16—0.23	0.8
0.24—0.32	0.7
0.33—0.42	0.6
0.43—0.54	0.5
0.55—0.70	0.4

从实务上看，风险调整贴现率法应用较多，主要原因是风险调整贴现率比约当系数容易估计。此外，大部分财务决策都使用预期报酬率来决策，调整贴现率更符合理财人员的习惯。

【本章小结】

本章主要介绍了项目投资的概念、特点、分类和程序，项目现金流量的内容、计算及项目现金流量在项目决策中被使用的原因，项目投资的评价方法及决策分析的应用。

1. 项目投资是一种以特定项目为对象，直接与新建项目或更新改造项目有关的长期投资行为。项目投资有影响时间长、投资数额大、变现能力差等特点。项目投资的程序主要有：投资项目的提出、投资项目的可行性分析、投资项目的决策、投资项目的实施与控制和实施事后审计五个环节。

2. 项目投资决策使用项目现金流量的主要原因有:(1)在整个投资有效期内利润总计与现金净流量总计相等,可以替代利润;(2)现金流量的分布不受人为因素的影响,可以保证评价的客观性;(3)现金流量状况比盈亏状况更具重要性,在计算投资项目相关的现金流量时应注意只有增量现金流量才是与项目有关的现金流量。

3. 项目投资评价的方法主要有两类:非贴现评价方法,包括静态投资回收期法和会计报酬率法;贴现评价方法,包括净现值法、现值指数法和内含报酬率法。这些方法各有利弊。贴现评价方法在一般情况下结论是一致的,但在有些特殊情况下会有差异。

4. 讲述了几种情况下的项目投资决策:互斥方案决策、固定资产更新决策、资本限量决策、投资时机决策和项目投资的风险决策。投资总是有风险的,对于项目投资的风险决策主要有两种方法:调整贴现率法和约当系数法。

【思考题】

1. 什么是项目投资? 项目投资的类型、特点是什么?
2. 项目投资现金流量的估算原则是什么?
3. 项目投资非贴现评价方法包括哪些? 各有什么优缺点?
4. 如何对多个互斥方案进行投资决策分析?

【综合案例】

北京东方电子公司与上海浦华电子公司拟合资组建一新企业——东华电子公司。东华电子公司准备生产新型电子计算机,项目分析评价小组已收集到如下材料:

1. 组建该项合资企业,需固定资产投资12 000万元,另需垫支营运资金3 000万元,采用直线法计提折旧,双方商定合资期限为5年,5年后固定资产残值为2 000万元。5年中每年销售收入为8 000万元,付现成本第1年为3 000万元,以后随着设备陈旧,逐年将增加修理费400万元。

2. 为完成该项目所需的12 000万元固定资产投资,由双方共同出资,每家出资比例为50%,垫支的营运资金3 000万元拟通过银行借款解决。根据分析小组测算,东华电子公司的加权平均资本成本为10%,东方电子公司的加权平均资本成本为8%,浦华电子公司的加权平均资本成本为12%。

3. 预计东华公司实现的利润有20%以公积金、公益金的方式留归东华公司使用,其余全部进行分配,东方公司和浦华公司各得50%。但提取的折旧不能分配,只能留东华公司以补充资金需求。

4. 东方公司每年可以从东华公司获得800万元的技术转让收入,但要为此支付200万元的有关费用。浦华公司每年可向东华公司销售1 000万元的零配件,其销售利润预计为300万元,另外,浦华公司每年还可从东华公司获得300万元的技术转让收入,但要为此支付100万元的有关费用。

5. 设东方公司、浦华公司和东华公司的所得税税率均为30%,假设从子公司分得的股利不再缴纳所得税,但其他有关收益要按30%的所得税税率依法纳税。

6. 投资项目在第5年年底出售给当地投资者经营，设备残值、累计折旧及提取的公积金等估计售价为10 000万元，扣除税金和有关费用后预计净现金流量为6 000万元。该笔现金流量东方公司和浦华公司各分50%，假设分回母公司后不再纳税。

张玉强是一家投资咨询公司的项目经理，他分别从东华公司、东方公司和浦华公司的角度对项目进行了评价，评价结果如下：

1. 以东华公司为主体进行评价

(1) 计算该投资项目的营业现金流量，如表1所示。

表1　投资项目的营业现金流量计算表　　单位：万元

项目	第1年	第2年	第3年	第4年	第5年
销售收入①	8 000	8 000	8 000	8 000	8 000
付现成本②	3 000	3 400	3 800	4 200	4 600
折旧③	2 000	2 000	2 000	2 000	2 000
税前净利④=①-②-③	3 000	2 600	2 200	1 800	1 400
所得税⑤=④×30%	900	780	660	540	420
税后净利=⑥=④-⑤	2 100	1 820	1 540	1 260	980
现金流量⑦=①-②-⑤=③+⑥	4 100	3 820	3 540	3 260	2 980

(2) 计算该项目的全部现金流量，如表2所示。

表2　投资项目现金流量计算表　　单位：万元

项目	第0年	第1年	第2年	第3年	第4年	第5年
固定资产投资	-12 000					
营运资金垫支	-3 000					
营业现金流量		4 100	3 820	3 540	3 260	2 980
终结现金流量						6 000
现金流量合计	-15 000	4 100	3 820	3 540	3 260	8 980

(3) 计算该项目的净现值，如表3所示。

表3　投资项目净现值计算表　　单位：万元

年	现金流量	$(P/F,10\%,n)$	现值
0	-15 000	1	-15 000
1	4 100	0.909	3 727
2	3 820	0.826	3 155
3	3 540	0.751	2 659
4	3 260	0.683	2 227
5	8 980	0.621	5 577
净现值=2 345			

(4) 以东华公司为主体作出评价。该投资项目有净现值2 345 万元,说明是一个比较好的投资项目,可以进行投资。

2. 以东方公司为主体进行评价

(1) 计算技术转让费收入而带来的净现金流量,如表4 所示。

表4　投资项目营业现金流量计算表　　单位:万元

项　目	第1年	第2年	第3年	第4年	第5年
销售收入	800	800	800	800	800
付现成本	200	200	200	200	200
税前净利	600	600	600	600	600
所得税	180	180	180	180	180
税后净现金流量	420	420	420	420	420

(2) 计算进行该项投资的全部现金流量,如表5 所示。

表5　投资项目现金流量计算表　　单位:万元

项　目	第0年	第1年	第2年	第3年	第4年	第5年
初始投资	-6 000					
技术转让净现金流量		420	420	420	420	420
股利收入净现金流量		840	728	616	504	392
终结现金流量						3 000
现金流量合计	-6 000	1 260	1 148	1 036	924	3 812

在上表中,股利收入净现金流量是根据东华公司各年的净利,扣除20%以后,除以2得到的。

(3) 计算进行该项投资的净现值,如表6 所示。

表6　投资项目净现值计算表　　单位:万元

年	各年现金流量	$(P/F,8\%,n)$	现　值
0	-6 000	1	-6 000
1	1 260	0.926	1 166
2	1 148	0.873	984
3	1 036	0.816	823
4	924	0.763	679
5	3 812	0.713	2 596
净现值 = 248			

(4) 以东方公司为主体作出评价。该投资项目有净现值248 万元,说明可以进行投资。

3. 以浦华公司为主体进行评价

(1) 计算增加销售收入和技术转让费而带来的净现金值,见表7。

表7 营业现金流量计算表

单位:万元

项目	第1年	第2年	第3年	第4年	第5年
销售利润	300	300	300	300	300
技术转让利润	200	200	200	200	200
税前利润合计	500	500	500	500	500
所得税	150	150	150	150	150
税后净现金流量	350	350	350	350	350

(2) 计算进行该项投资的全部现金流量,见表8。

表8 全部现金流量计算表

单位:万元

项目	第0年	第1年	第2年	第3年	第4年	第5年
初始投资	-6 000					
销售和技术转让净现金流量		350	350	350	350	350
股利现金流量		840	728	616	504	392
终结现金流量						3 000
现金流量合计	-6 000	1 190	1 078	966	854	3 742

(3) 计算进行该项投资的净现值,见表9。

表9 净现值计算表

单位:万元

年	各年现金流量	$(P/F,12\%,n)$	现值
0	-6 000	1	-6 000
1	1 190	0.893	1 062
2	1 078	0.792	859
3	966	0.712	688
4	854	0.636	543
5	3 742	0.567	2 122
净现值 = -726			

(4) 以浦华公司为主体进行评价。当以浦华公司为主体进行评价时,该投资项目的净现值为-726万元,故不能进行投资。

本案例讲述了北京东方电子公司与上海浦华电子公司拟合资组建一新企业——东华电子公司,新组建公司的投资项目已经确定,相关的投资额销售收入成本预测资料已经取得，但是三个公司的净现金流量和加权平均资本成本不相同，从而导致从三方角度出发计算出来的项目投资净现值不同。从案例中我们可以看到以东华公司为主体进行评价时，该投资项目净现值为 2 354 万元；以东方公司为主体进行评价，该投资项目净现值为 248 万元；以浦华公司为主体进行评价时，该投资项目的净现值为 −726 万元。

案例讨论：

（1）你认为张玉强的评价方法是否正确？

（2）当从不同主体进行评价时，如果出现相互矛盾的情况，你认为应以谁为准？

（3）综合以上信息，你认为该项目投资是否可行？

第九章　收益分配管理

【本章导航】

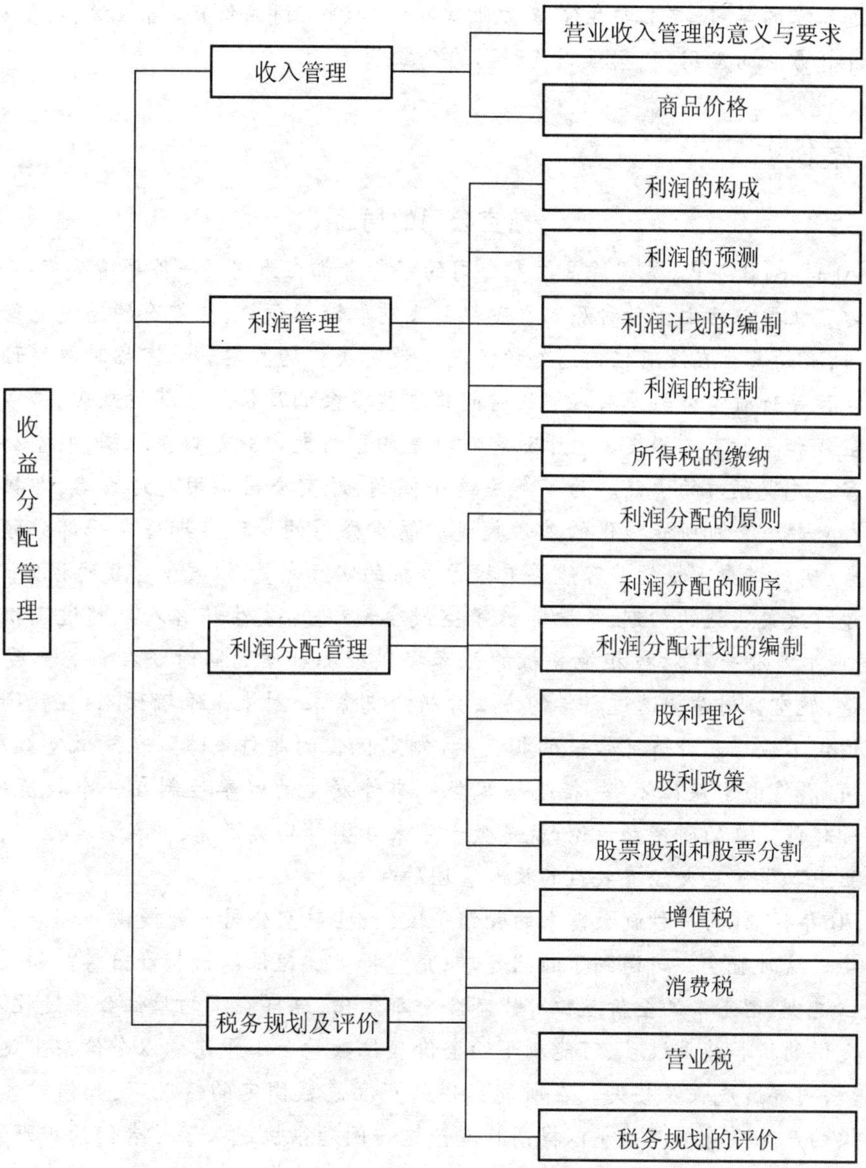

【知识目标】

通过本章的学习,学生应了解营业收入的意义、构成、影响因素及商品价格的种类、股利理论;理解商品价格的经济实质、定价的制约因素及策略,利润分配原则及影响股利政策的因素,对税务规划的内容有初步了解以及对其进行相关评价。

【技能目标】

通过本章的学习,要求学生掌握营业收入的预测及商品价格、增值税、消费税、营业税基本计算方法的应用,利润预测及利润的分配顺序。

【引导案例】

航空公司的局面

在20世纪60年代,美国许多航空公司的经营者都在为这样一件事情头疼:一部分旅客在预订了机票以后由于种种原因在飞机起飞前取消了预订,他们有的通过电话通知了航空公司,有的甚至在没有任何通知的情况下没有去机场签票。旅客临时取消预订机票的做法往往导致航空公司没有足够的时间将这些多余的座位卖给其他乘客,造成了一定程度的空载和收入上的损失。由于旅客对机票的预订大部分是口头承诺,航空公司无法追究旅客不兑现预订的责任。为了解决这个问题,航空公司采用超订策略,即接受的旅客预订人数超过飞机所能提供的座位数量。航空公司的管理者期望在一部分顾客取消预订以后,实际搭乘飞机的旅客能够更接近飞机的实际容量,以减少空载的损失。

在超订政策实施的初期,尽管降低了空载率,但也常发生旅客人数超过飞机容量的现象,这使航空公司在对被拒绝登机的旅客提供经济补偿的同时还在声誉上受到了损失。于是,航空公司希望通过科学的方法分析历史需求,对未来准确预测,在权衡座位空载和座位供不应求两种情况带来的损失后,制定优化的超订策略。在降低空载率、提高收入的同时,将由于座位不够,拒绝旅客登机事件发生的概率控制在一个较低的水平。对于这种超订策略的研究和讨论,就是数十年来在国外发展迅速,并在航空业、酒店业等服务行业中取得了巨大经济效益的收入管理的起源。

到70年代,作为一种刺激需求的营销手段,一些航空公司开始提供一部分座位以折扣价出售。这时航空公司遇到了新问题,即究竟将多少座位以折扣价出售?如果提供的折扣座位过少,留下来的全价座位可能不会全都售出,这样空下的座位会导致收入损失;而如果提供的折扣座位过多,可能剩下的全价座位数量会小于愿意以全价乘坐飞机的顾客需求数,同样造成收入损失。在所能提供的产品总数固定的情况下,如何对各细分市场上提供的产品数量加以控制以提高收入?这一问题很快进入了学者们的视野,本章的学习或许能解答一些疑问。

资料来源:收入管理:时效性资源的管理科学.经济与管理.2004(7)。

第一节 收入管理

一、营业收入管理的意义与要求

(一) 营业收入管理的意义

营业收入是指企业在销售产品、提供劳务及让渡资产使用权等日常经营活动中形成的、会导致所有者权益增加的、与所有者投入资本无关的经济利益的总流入。在市场经济条件下,企业是独立的商品生产者和经营者,为了在激烈的市场竞争中立于不败之地,必须增加营业收入,并加强其管理。

(1) 营业收入的实现体现了企业的经营目标。企业的最终目标是为了获利,只有当企业的产品或劳务顺利地走向市场,并被社会接受,才能创造价值,获取收益。若营业收入无法实现,资金不能及时回笼,补偿尚且不能,何谈盈利? 因此,加强营业收入管理,迅速开拓市场,扩大市场份额,是提升企业市场地位、增强市场竞争能力、实现企业经营目标的重要途径。

(2) 营业收入的实现展示着企业的社会贡献。评价一个企业的经济效益,不仅要看它的微观经济效益,同时要看它的宏观经济效益。换言之,一个企业在追求自身价值最大化的同时,还应同时讲求社会贡献最大化。营业收入的实现,不仅意味着企业生产经营活动过程中已耗费的物化劳动价值的实现,同时还意味着已耗费的活劳动价值的实现,这将有助于企业不断地发生和及时、足额地上缴增值税、营业税、消费税、城市维护建设税、所得税等各种税金,从而增加国家财政预算收入,积累社会财富。另外,营业收入的实现,不仅提供了商品或劳务,满足了社会公众日益增长的物质文化生活的需要,而且还有利于劳动者的就业,有利于职工工资及津贴的支付,从而促进社会的安定、团结和发展。

(3) 营业收入的实现标志着企业可持续发展。企业要想将生产经营活动持续顺利地进行下去,起码要保证生产经营活动中的各种耗费及时地得到补偿,保证生产经营活动期间各种到期债务的及时清偿。如果企业的营业收入无法实现,资金被大量占用于存货形态,则将造成企业营运资金的紧张,影响企业的持续经营。企业一旦出现营运资金周转失灵的局面,势必难以偿还到期债务,引发财务危机,走向破产的边缘。因此,加强营业收入管理,可以使企业的各种耗费得到合理补偿,有利于企业可持续发展。

(二) 营业收入管理的要求

(1) 科学预测,调整战略。随着社会主义市场经济体制的不断完善,企业已成为自主经营、自负盈亏的独立的商品生产者和经营者,企业的生产经营活动必须以市场为导向,根据市场的需求变化来调整自己的经营活动,为此,企业必须加强对市场的预测,为企业的经营决策提供充分的依据。否则,企业不了解市场的变化,盲目地生产经营,必然会给企业造成重大的经济损失,甚至会被淘汰。对市场进行预测分析,不仅要预测短期的市场需求,更要预测长期的市场变化趋势,以调整企业的经营战略,这样才能使企业在激烈的市场竞争中立于不败之地。

(2) 合理规划,组织营运。在科学预测的基础上,合理配置生产要素,协调供、产、销诸环节,制订生产经营计划。计划一旦制订,就要积极组织实施,加强生产经营管理,改进技术,强化服务意识,提高产品或劳务质量,使企业占有更多的市场份额,拥有更多的客户,赢得更大的信誉,从而实现最大的营业收入,保证企业价值最大化理财目标的顺利完成。

(3) 校正失误,良性循环。企业在生产经营过程中,因为预测偏差、计划失误、管理不力或者市场环境发生变化等原因,可能会出现许多问题,如供应失调、产品结构不合理、存货积压等现象,这些问题都会影响企业营业收入的正常实现。因此,企业必须适应客观环境的变化,调整生产经营活动,妥善处理各种问题,以增加营业收入,保证企业经营目标的实现。处理这些问题也是一个决策过程,必须掌握充足的数据,进行全面分析,在调查研究的基础上作出合理的决策,以免造成新的失误,带来新的问题。

(三) 营业收入的构成与影响因素

1. 营业收入的构成

(1) 主营业务收入。主营业务收入是指企业持续的、主要的经营活动所取得的收入。主营业务收入在企业收入中所占的比重较大,它对企业的经济效益有着举足轻重的影响。对于不同的企业,因其经营的业务领域不同,其主营业务也不同。一般来说,工业企业的主营业务是销售产品,因此,其主营业务收入就是产品销售收入。产品销售收入是指销售产成品、自制半成品、提供工业性劳务等取得的收入。

(2) 其他业务收入。其他业务收入是指企业在主要经营活动以外从事其他业务活动而取得的收入,它在企业收入中所占的比重较小。工业企业的其他业务收入就是其他销售收入,包括销售原材料、固定资产出租、包装物出租、外购商品销售、无形资产转让、提供非工业性劳务等取得的收入。

2. 营业收入的影响因素

(1) 价格与销售量。这是影响营业收入的最主要因素,营业收入实际上就是销售产品或劳务的数量与价格的乘积,因此这两个因素直接影响着营业收入的实现。其中,价格因素更加敏感,如果价格定得过高,就会减少销售量,从而会影响企业的营业收入;反之,如果价格定得过低,虽然可以增加销售量,但使营业毛利下降,会影响到企业的收益,这就要求企业根据市场供求状况以及本企业产品的成本与质量,确定合理的价格。同时,深入调查和研究市场,努力做好促销工作,扩大本企业产品的市场占有份额。

(2) 销售退回。销售退回是指在产品已经销售,营业收入已经实现以后,由于购货方对收到的货物的品种或质量不满意,或者因为其他原因而向企业退货,企业向购货方退回货款。销售退回是营业收入的抵减项目,应当冲减当期的营业收入。因此,在营业收入管理中,企业要尽力提高产品质量,认真做好发货工作,搞好售后服务,尽可能减少销售退回。

(3) 销售折扣。销售折扣是企业根据客户的订货数量和付款时间而给予的折扣或给予客户的价格优惠。销售折扣虽然也冲减营业收入,但是与销售退回相比,销售折扣是企业的一种主动行为,它往往是出于提高市场占有份额、增加营业收入的目的。销售折扣按折扣方式可分为现金折扣和商业折扣。现金折扣是企业给予在规定日期以前付款的客户的价格优惠,这种折扣是企业为了尽快收回款项而采取的一种手段。如“1/10,n/30”表示,如果客户在 10 天内付款,可以享受 1% 的优惠,10 天后付款则不能享受优惠,但付款期最迟不能超过 30 天。通过这种方式,可以较快地收回货款,提高资金的周转速度。商业折扣则是在公布的价格之外给予客户一定比例的价格折扣,这种折扣通常是企业出于稳定客户关系、扩大销售量的目的。例如,给予经常订货的老客户一定比例的价格优惠,给予订货数量达到某一数量的客户一定比例的价格优惠,等等。商业折扣不是营业收入的直接抵减项目,它对营业收入的影响往往是间接的。

(4) 销售折让。销售折让是企业向客户交付商品后,因商品的品种、规格或质量等不符合合同的规定,经企业与客户协商,客户同意接受商品,而企业在价格上给予一定比例的减让。销售折让也应冲减当期的营业收入。

(四) 营业收入的预测

1. 销售预测的程序

工业企业的营业收入主要是由产品的销售收入构成,因此以下着重讲述销售预测。所谓销售预测,是企业经过充分的调查研究,搜集各种有关的信息和数据,运用一定的方法对影响企业销售的各种因素进行分析,测算出企业在未来一定时期内各种产品的销售量及变化趋势。影响销售的因素尽管复杂多变,但归纳起来无外乎外部因素和内部因素。外部因素主要有市场环境、企业过去的销售业绩、经济发展前景、政治环境、国际环境等;内部因素主要有产品质量、产品价格、企业服务质量、生产能力、推销策略等。企业为了准确地预测销售情况,应该充分调查各种因素,遵循科学的预测程序:

(1) 确定预测对象,制定预测规划。预测必须先确定预测的对象以及预测工作要达到的目的。对产品销售的预测是一项复杂的工作,应该有重点地选择预测的对象,组织人力研究调查方案、拟定预测规划。

(2) 搜集、整理有关数据、资料,并进行分析比较。这是预测的基础工作,只有掌握了大量的数据、资料,才能提高预测的可靠性。这些数据、资料包括影响销售的各种外部和内部因素,对这些资料进行分类,为进一步的预测分析做好准备工作。

(3) 选择适当的预测方法,提出预测模型,对销售情况作出定性分析和定量测算。在进行销售预测时,应根据不同的预测对象和内容,选择不同的预测方法,以使预测的结果更加准确。

(4) 分析预测误差。由于经营活动中存在许多不确定性因素,在预测时不可能对未来情况完全预计到,多少会使预测出现一定偏差。因此,在预测时要计算分析可能出现的各种情况,估计预测的误差范围。

(5) 评价预测效果。这种评价是事后进行的,将预测的结果同实际发生的结果相对比,分析出现差异的原因,以便进行修正,为以后的预测提供更加可靠的信息。

2. 销售预测的方法

销售预测的方法有许多,常用的方法主要有判断分析法、调查分析法、趋势分析法、因果分析法和本量利预测法等。

(1) 判断分析法。判断分析法是一种常用的定性分析方法,主要是通过一些具有丰富经验的企业经营管理人员、有销售经验的工作人员或者有关专家对市场未来的变化进行分析,以判断企业在一定时期内某种产品的销售趋势。这种方法预测所需时间短,费用成本比较低,但是,它是凭人的主观来判断的,准确性难免受到影响。判断分析法具体的做法有意见汇集法、专家判断法等。

① 意见汇集法。意见汇集法,也称推销人员意见综合判断法,是由本企业熟悉市场情况的推销人员对各类顾客进行调查,并将调查的意见填入卡片或表格,然后由销售部门进行综合汇总,对某种产品的销售趋势进行分析预测。这种方法简单适用、集思广益,费用也比较低。在市场发生新变化的情况下,采用这种方法能够迅速对预测进行修正。企业的基层业务人员都比较熟悉市场,能够直接倾听各类顾客的意见,因而能够提供直接反映顾客意见的信息。但是,这种方法是建立在假设业务人员都能向企业反映真实情况的基础之上,然而业务人员的素质不同,他们对形势的判断有可能过于乐观或悲观,从而影响预测的结果。此外,顾客对预测的对象的了解程度不同也会使预测出现偏差。为了消除这种人为的偏差,企业可以组织多人对同一产品或市场进行预测分析,再将预测的数据加以平均,这样可以提高预测结果的准确性。

【例 9-1】 华联公司采用意见汇集法对销售额进行预测。该公司 20 名推销人员对计划期销售额的平均预测值为 5 800 万元,而 5 名销售部门经理的平均预测值为 5 200 万元。要求分别用算术平均法和加权平均法来确定计划期的销售预测值。假定推销人员的权数为 0.6,销售部门经理的权数为 0.4。

采用算术平均法计算的计划期销售预测值为:

$$\text{计划期销售预测值} = \frac{\sum X_i}{n} = \frac{5\ 800 + 5\ 200}{2} = 5\ 500(\text{万元})$$

采用加权平均法计算的计划期销售预测值为:

$$\text{计划期销售预测值} = \sum W_i X_i = 5\ 800 \times 0.6 + 5\ 200 \times 0.4 = 5\ 560(\text{万元})$$

② 专家判断法。专家判断法是指向学有专长、经验丰富的有关专家征询意见,对某种产品的未来销售量进行判断和预测的一种方法。这里的专家主要指本企业或同行企业的高级管理人员、销售部门经理以及其他有关专家等,不包括推销人员和顾客。专家判断法一般包括三种:专家个人意见集合法、专家小组法和德尔菲法。

专家个人意见集合法是首先向各个专家征求意见,要求他们对本企业某种产品销售的未来趋势和当前的状况作出独立的个人判断,然后再对此加以综合,确定预测值。采用这种方法可以汇集各方面专家从不同角度反映的意见,其准确性一般比意见汇集法高,但由于不同的专家掌握的资料有限,因此也会带有一定的片面性。

专家小组法是由若干个专家预测小组,分别以小组为单位对企业的某种产品的未来销售趋势进行判断预测,再进行综合汇总的一种预测方法。采用这种方法,在预测过程中可以发挥集体的智慧,从而使预测的结果更加准确。

德尔菲法是以函询方式向若干名专家分别征求意见,各个专家独立地对企业某种产品的未来销售情况进行预测分析,然后企业将各个专家的预测结果进行汇总,并以不记名的方式反馈给各位专家,再次征求各位专家的意见,请他们参考他人的意见修正本人原来的判断,如此反复多次,最后集各家之所长,对销售作出综合预测。

专家判断法的优点是能够比较迅速地作出预测,而且费用较低,考虑比较周到。但是,这种方法因为缺乏事实根据,往往带有一定的主观片面性。

【例 9-2】 海虹公司准备于计划期投产一种新产品,聘请 9 名有关专家采用德尔菲法对该产品的全年销售量进行预测。海虹公司将该产品的功能、特点以及样品分别向各位专家作了详细介绍,并提供了同类产品的有关市场价格和销售情况等信息。海虹公司发出信函征求各位专家的意见,请他们分别作出自己的预测,经过三次反馈,预测的结果详如表 9-1 所示。

表 9-1　专家意见汇总表　　单位:万件

专家编号	第一次判断销售量			第二次判断销售量			第三次判断销售量		
	最高	最可能	最低	最高	最可能	最低	最高	最可能	最低
1	18	15	10	18	15	12	18	15	11
2	12	9	4	13	10	6	13	10	8
3	16	12	8	16	14	10	16	14	10
4	30	18	15	30	15	12	25	12	10
5	7	4	2	10	8	4	12	10	6
6	15	10	6	15	10	6	15	12	6
7	8	6	5	10	8	5	12	10	8
8	10	6	5	12	8	7	12	8	7
9	19	10	8	20	11	10	12	8	6
平均	15	10	7	16	11	8	15	11	8

根据表 9-1 中第三次的判断结果,分别采用算术平均法和加权平均法计算出计划期该产品的销售量预测值,假定最高的权数为 0.3,最可能的权数为 0.5,最低的权数为 0.2。

采用算术平均法计算该产品的预计销售量为:

$$\text{预计销售量} = \sum \frac{X_i}{n} = \frac{15 + 11 + 8}{3} = 11.33\text{(万件)}$$

采用加权平均法计算该产品的预计销售量为:

$$\text{预计销售量} = \sum X_i W_i = 15 \times 0.3 + 11 \times 0.5 + 8 \times 0.2 = 11.60\text{(万件)}$$

(2) 调查分析法。这种预测方法是通过对某种商品在市场上的供需情况和消费者的消费取向的调查,来预测本企业产品的销售趋势。这种方法的主要信息来源于调查,调查的范围应尽可能广泛而具有代表性。一般来说,调查的内容包括对产品的调查、对客户的调查、对经济发展趋势的调查、对同行业的调查等。

① 对产品的调查。对产品的调查主要是摸清产品估计的寿命周期以及目前本企业产品所处的阶段。任何产品都有一个从开发、发展到饱和、衰亡的过程,这个过程通常称为产品的寿命周期。产品的寿命周期大致可以分为四个阶段:投资试销期、成长期、饱和期和衰退期。不同的阶段,产品的销售量和销售价格都有较大的差异。一般来说,从投产试销期到成长期,产品的销售量是快速增长的,销售价格也比较高,到饱和期,产品的销售量趋向稳定,因为市场竞争的加强和技术的成熟,产品的价格也会随之下降,到了衰退期产品的销售量和销售价格都会有所下降。随着科学技术的迅速发展,产品更新换代越来越快,其市场寿命周期也越来越短。因此,对产品的寿命周期及所处阶段进行调查十分必要,这是企业制订经营计划、确定经营战略的基础。

② 对客户的调查。对客户的调查主要是了解消费者的消费倾向,如不同消费群体的爱好、风俗、习惯、文化品位以及购买力等。对客户的调查要根据产品的用途和功能,有选择地调查不同的消费群体。通过对不同消费群体的调查,可以促使企业改进产品的品种,提高产品质量,以满足市场的需求。

③ 对经济发展趋势的调查。对经济发展趋势的调查主要是了解国际、国内及本地区的经济发展形势,包括国民收入、各行业经济增长、社会购买力、消费动向、生产规模等情况,这些因素都会影响到市场需求。

④ 对同行业的调查。对同行业的调查主要是了解竞争对手的产品设计、产品功能和质量、生产规模、价格和销售情况、售后服务等情况,以做到知己知彼,调整自己的经营方针,占领更多的市场份额。

【例 9-3】 某企业对本市居民未来两年电冰箱需求量进行抽样调查,全市居民共有150 万户,抽样选出 1 000 户进行调查,调查结果如下:

目前已购买电冰箱户数为 400 户,占样本的 40%,未购买电冰箱的户数为 600 户,占样本的 60%,两年之内需购买电冰箱的户数为 300 户,占样本的 30%。

根据调查结果,可以计算出全市两年之内准备购买电冰箱的户数为 45 万户(150 万户 ×30%),即全市两年内电冰箱需求量为 45 万台。再对下列因素进行调查分析,就可以预测出本企业两年内电冰箱的销售趋势:(1)居民对电冰箱型号的喜好;(2)外地供应本市电冰箱的数量;(3)同行业竞争对手的销售情况;(4)本企业在市场上可能占有销售量的比例;(5)本企业调整推销方针可能增加销售量的情况。

这样调整之后就可以预测出本企业未来两年电冰箱的可能销售数量,据此可以制订生产计划。

调查分析法是销售预测中常用的方法,但这种方法费用成本较高,而且因为被调查者主观判断的偏差可能会影响预测的准确性,实际工作中可以将调查分析法与判断分析法相结合,以提高预测的准确性。

(3) 趋势分析法。趋势分析法是企业根据销售的历史资料,用一定的计算方法预测出未来的销售变化趋势。这种方法适用于产品销售比较稳定、销售变化有规律的企业。

趋势分析法是一种由历史数据推测未来的引申法，故又称历史引申法。趋势分析法主要有以下几种具体的方法：简单平均法、移动平均法、加权移动平均法、指数平滑法和季节预测法。现分别举例说明如下：

① 简单平均法。简单平均法，也称算术平均法，是求出过去几个经营时期销售数量的算术平均值，以此作为未来销售数量的预测数。其计算公式为：

$$S=\frac{\sum_{i=1}^{n}x_i}{n}=\frac{x_1+x_2+\cdots+x_n}{n}$$

式中，S 表示过去 n 期销售量的平均值；x_i 表示第 i 期的销售量；n 表示期数。

【例 9-4】 某企业 2012 年上半年的销售情况详见表 9-2。

表 9-2　2012 年 1—6 月销售额　　单位：元

月份	销售额
1	10 000
2	9 000
3	11 000
4	12 000
5	10 500
6	10 500
合计	63 000

根据上半年销售情况求出其平均数，就是企业在以后几个月份中销售的预测数。

$$预测销售额=\frac{63\ 000}{6}=10\ 500(元)$$

② 移动平均法。移动平均法，这种方法类似于简单平均法。简单平均法使过去几期的差异平均化，没有考虑到销售变化趋势，这样可能会出现较大误差，因此，它只适用于销售基本稳定的产品，如一些日常生活必需品等。移动平均法虽然也使过去几期差异平均化，但这种方法尽可能选择最近几期数据，如预测 7 月份销售额选用 1—6 月份数据，预测 8 月份销售额选用 2—7 月份数据。依此类推，滚动地预测以后几个月的销售额，这样会在一定程度上减少误差，这种方法一般适用于销售略有波动的产品。计算公式如下：

$$S_t=\frac{\sum_{i=t-n}^{t-1}X_i}{n}$$

式中，S_t 表示第 t 期的预测数；X_i 表示第 i 期销售数；n 表示期数。

【例 9-5】 企业 1—6 月销售额仍用【例 9-4】的数据，则预测 7 月的销售额就是 10 500 元。假如该企业 7 月实际销售额为 11 800 元，则 8 月预测销售额如下：

$$S_8=\frac{9\ 000+11\ 000+12\ 000+10\ 500+10\ 500+11\ 800}{6}=10\ 800(元)$$

③ 加权移动平均法。加权移动平均法，是在移动平均法的基础上，根据销售变化趋势给各期规定不同的权数，然后求出加权后的各期平均数，以此作为销售预测数。这种方法适用于销售数量有明显变化的产品，一般来说，近期的数据比较重要，确定的权数要大些，远期数据对预测影响程度小些，确定的权数也小些。这样，确定了各期权数后，就可以滚动式地预测出以后各期销售数，计算公式如下：

$$S_t = \frac{\sum_{i=t-n}^{t-1} W_i X_i}{\sum_{i=t-n}^{t-1} W_i}$$

式中，S_t 表示第 t 期的预测销售数；W_i 表示第 i 期权数；X_i 表示第 i 期实际销售数；n 表示期数。

如果令：

$$\sum_{i=t-n}^{t-1} W_i = 1$$

则上式简化为：

$$S_t = \sum_{i=t-n}^{t-1} W_i X_i$$

【例 9-6】 仍用【例 9-4】、【例 9-5】中的数据，假设选用最近 4 个月数据来预测未来月份的销售额，规定权数为 0.1、0.2、0.3、0.4，则 7 月份预测销售额为：

$$S_7 = 11\,000 \times 0.1 + 12\,000 \times 0.2 + 10\,500 \times 0.3 + 10\,500 \times 0.4 = 10\,850(元)$$

8 月份预测销售额为：

$$S_8 = 12\,000 \times 0.1 + 10\,500 \times 0.2 + 10\,500 \times 0.3 + 11\,800 \times 0.4 = 11\,170(元)$$

④ 指数平滑法。指数平滑法，是在加权移动平均法的基础上发展而来的，这种方法能消除采用加权移动平均法所带来的某些预测计算的偏差。这种方法在预测时引入一个指数平滑系数 a，然后求出预测数，可以提高预测的准确性。计算公式如下：

$$S_t = aD_{t-1} + (1-a)S_{t-1}$$

式中，S_t 表示第 t 期的预测销售量；D_{t-1} 表示第 $t-1$ 期的实际销售量；S_{t-1} 表示第 $t-1$ 期的预测销售量；a 表示指数平滑系数，满足 $0 < a < 1$ 的常数。

【例 9-7】 仍以【例 9-4】的数据为例，6 月份的实际销售额为 10 500 元，假定原来预测 6 月份的销售额为 11 000 元，指数平滑系数为 0.7，则 7 月份的预测销售额为：

$$S_7 = 0.7 \times 10\,500 + (1-0.7) \times 11\,000 = 10\,650(元)$$

7 月份实际销售额为 11 800 元，则 8 月份的预测销售额为：

$$S_8 = 0.7 \times 11\,800 + (1-0.7) \times 10\,650 = 11\,455(元)$$

在采用指数平滑法时，指数平滑系数 a 值越大，则近期实际销售情况所占的权数越大，对预测影响也大；a 值越小，近期实际销售情况对预测影响也较小。因此，在实际工作中，可以根据企业历史上销售情况，确定适当的指数平滑系数。

⑤ 季节预测法。季节预测法适用于销售带有明显季节性的产品，这些产品随季节变

化销售有较大波动，如某些季节性服装、新年贺卡、中秋月饼等就属于这类产品。因此，对这种产品的销售预测不能简单地采用前面几种方法，而必须考虑到季节变化再进行预测，在预测过程中可以参照上一年度相同时期的销售情况，结合本年度的各种变化来预测本年度该季节的销售情况。季节预测法往往不是一种独立的预测方法，它经常同其他各种预测方法相结合。采用这种方法时，以前年度相同时期的销售情况虽然对预测很有参考价值，但预测时更应该重视现实的各种变化，如季节性服装可能会因社会风尚的某种变化而使本年的销售与上年度同时期的销售有较大的差距。

（4）因果分析法。在经济活动中各种因素往往相互联系、相互影响，彼此之间构成一定的对应关系。产品销售一般总是受各种因素的影响。因果分析法就是从影响产品销售的各种相关因素中，找到它们与销售量的函数关系，并利用这种因果关系进行销售预测。这种方法往往要建立预测的数学模型，故又称回归分析法，常用的有简单回归分析法与多元回归分析法。

简单回归分析法也称回归直线法，它根据下面的方程式来预测销售量：

$$y = a + bx$$

式中，y 表示预测销售量；a 表示固定销售量，是一特定常数；x 表示相关因素值；b 表示自变量 x 的系数，代表自变量 x 对销售量影响的程度。

这个公式是一个经验公式，它适用于销售量主要受某一重要因素影响的产品，如家具的销售主要与新婚人数相关，即可以采用这种方法预测家具销售量。可以根据历史统计数据，利用最小二乘法来确定一条反映 x 和 y 之间误差最小的直线，a 和 b 可以通过下面公式计算：

$$a = \frac{\sum y - b\sum x}{n}$$

$$b = \frac{\sum xy - \frac{(\sum x)(\sum y)}{n}}{\sum x^2 - \frac{(\sum x)^2}{n}}$$

多元回归分析法主要适用于销售量的变化与几个因素相关的产品的预测。如果销售量 y 与 $x_1, x_2, x_3, \cdots, x_n$ 多个因素相关，则可用下面多元回归方程来预测销售量 y：

$$y = a + b_1x_1 + b_2x_2 + \cdots + b_nx_n$$

在上式的诸多因素中，有些因素是主要的，对销售量影响较大，有些因素是次要的，对销售量影响较小，因此，在预测时，要根据各种因素对销售量影响的程度来确定相关系数。在采用多元回归法预测时，计算过程很复杂，在实际工作中，可以利用电脑进行计算和预测。

因果分析法是采用一定的数学模型进行预测，在预测过程中，各种相关因素及其对销售影响程度的确定至关重要，直接影响到预测的准确性，因此，必须对历史数据进行认真的统计，对各种相关因素进行全面调查。

此外，本量利预测法也是常用的，这种方法将在利润预测中提及，故在此不予赘述。

(五) 营业收入计划的编制

1. 销售计划编制的要求

承前所述，工业企业的营业收入主要由产品销售收入构成，故以下着重讲销售计划的编制。其编制要求如下：

(1) 目标明确。企业的经营目标是通过销售预测确定的，销售计划是经营目标的具体化。因此，销售计划的编制必须以明确的经营目标为前提，否则，销售计划则无据可循。

(2) 内容完整。企业经营目标的实现受诸多因素的制约，而销售计划又是对经营目标的具体解读。因此，在编制销售计划时，应尽可能地将主要影响事项以货币或者其他计量形式加以全面反映，以避免计划不周而影响企业经营目标的实现。

(3) 留有余地。编制销售计划时要充分估计其实现的可能性，预留张弛的空间，其指标不能过高，也不能过低，既要防止冒进，也要防止保守。

2. 销售计划编制的方法

产品销售计划的编制主要是通过预测的销售量计算出其销售收入。销售收入可以按照各种产品分别计算，然后再加总计算出计划期的总销售收入。销售收入由产品销售数量与销售价格决定，计算公式为：

$$\text{计划期产品销售收入} = \sum(\text{某种产品计划销售量} \times \text{单位产品销售价格})$$

计划期内产品销售量一般是通过销售预测来确定的，在销售预测的基础上，结合企业现实的生产经营情况，就可以确定出计划期产品的销售量。如果企业有长期固定的客户，就可直接以双方签订的经济合同来确定计划期内产品的销售量。产品的销售价格一般以市场价格为依据，我国市场主要实行国家定价、指导价格和市场调节价三种价格，随着市场经济的建立和发展，商品的价格将逐步以市场调节价为主。

【例 9-8】 某工业企业主要生产甲、乙、丙三种产品，预测全年的销售量为：甲产品 1 200 件，乙产品 800 件，丙产品 1 500 件，市场上甲产品的销售单价为 80 元，乙产品的销售单价为 150 元，丙产品的销售单价为 100 元。全年的销售计划详见表 9-3。

表 9-3 产品销售计划

2012 年度

产品	计划销售量(件)	销售单价(元)	销售收入(元)
甲	1 200	80	96 000
乙	800	150	120 000
丙	1 500	100	150 000
合计	3 500		366 000

上面是简化的产品销售计划，在实际工作中，编制产品销售计划时要更加详细、全面地反映产品的销售情况，企业根据产品销售计划，结合企业自身的生产条件，就可以制订市场计划，实行以销定产。

（六）营业收入的控制

1. 调整推销手段，执行销售合同

在市场经济条件下，企业的推销手段对产品的销售有重大影响，推销手段高，可以扩大产品销售量，增加销售收入。在销售产品时，要认真执行与客户所签订的经济合同，这样不仅可以加速企业的资金周转，而且可以提高企业的信誉，为企业生产经营创造良好的环境。

2. 提高服务质量，完善售后服务

质量是企业的生命，关系到企业生产经营的成败兴衰。服务质量不仅包括企业服务态度和服务水平，也包括企业产品的质量。提高服务质量可以使销售工作少出问题，减少销货退回，减少经济纠纷，增加企业的销售收入。售后服务对企业销售至关重要，有助于提高企业信誉，增强产品竞争能力，扩大销售。售后服务包括的内容很广泛，如为客户安装调试产品、提供技术咨询、建立维修服务网点等。售后服务是实行竞争、打开产品销路的重要手段，是一种必要的追加投资。

3. 及时办理结算，加快货款回收

货款结算与回收一般由财务部门统一办理，但是销售部门也应该协助财务部门做好货款回收工作。货款回收关系到企业资金的周转速度，如果货款拖欠太多，以致发生坏账损失，就会影响企业经营目标的实现。为了减少坏账数量，企业在销售产品时，一定要在合同中明确双方的责任和货款结算方式，在改善本企业的商品发运工作的情况下，也要认真审查对方的信誉情况。

4. 了解销售情况，收集市场信息

企业产品生产和销售必须以市场为导向，根据市场需求变化来调整自己的经营活动。企业在销售产品过程中，要了解市场情况，搜集各种信息，以使企业根据市场变化来调整计划的不合理之处，同时也为未来预测做好准备。

二、商品价格

（一）商品价格的构成

从经济学角度观察，商品价格是商品价值的货币表现，商品价值则是商品价格形成的基础。企业商品价值是由生产经营该种商品所耗费的社会平均劳动量所决定，其内容主要包括两部分：其一是生产过程中耗费的物化劳务价值，即劳动资料和劳动对象的转移价值；其二是生产过程中活劳动创造的新价值，具体由必要劳动创造价值和剩余劳动创造价值两部分组成，前者体现为劳动者报酬，后者表现为企业的纯收入，其中纯收入可进一步分解为税金和利润两方面。从会计角度看，商品价格是由商品成本费用、税金和利润构成的。商品价格构成以及商品成本、价值关系，如图 9-1 所示。

由此可知，经济学中的商品价值与会计学中的商品价格，既有密切联系，又有明显区别，前者高度抽象简单，相对稳定，讲求理性，后者较为具体复杂，起伏波动，注意现实。实践中，商品价格与其价值往往相互背离，不得一致，其原因主要是：

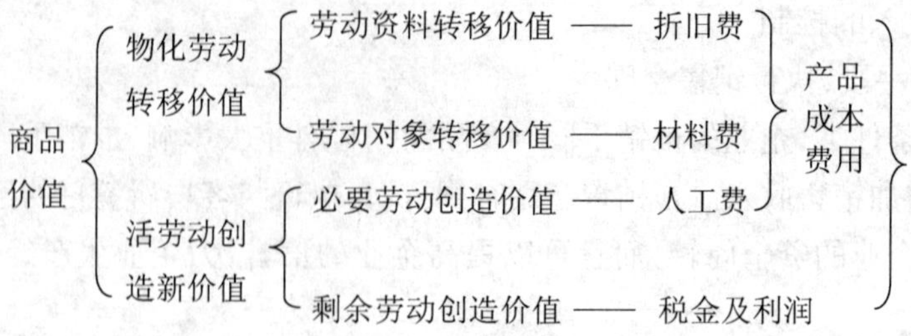

图 9-1　商品价格的构成

（1）当国家对商品统一定价时,除考虑商品的理论价值外,还要考虑其他一些因素,如一定时期国家的产业政策、国计民生需要以及产品本身的质量等,因而商品价格往往偏离商品价值。

（2）当市场对商品自由定价时,商品价格还会受到市场供求关系、行业竞争情况等因素影响。当商品供大于求时,价格可能会接近甚至低于其价值;如果商品供不应求,价格可能会远远高于其价值。另外,如果商品的垄断程度较高,则商品的垄断价格会远远高于其价值。

（二）商品价格的种类

商品价格名目繁多,为加强管理,可按以下标准进行分类。

1. 按流通环节分类

商品价格按商品在流通过程中经过的主要经营环节不同,可分为出厂价格、批发价格和零售价格。

（1）出厂价格。出厂价格是商品生产者出售商品所采用的价格,它是由生产企业进行商品生产的成本费用、利润和税金三部分组成,是工业产品进入流通领域的初始价格,是其他流通环节商品定价的基础。

（2）批发价格。批发价格是批发企业向零售企业出售商品所采用的价格,由批发企业的商品进价(如工业企业的出厂价格、农副产品的收购价格)加上商品流通费、利润和税金等构成。

（3）零售价格。零售价格是商品流通企业直接把商品出售给消费者所采用的价格,是由商品零售企业的商品进价成本加上商品流通费、利润和税金组成。事实上,零售价与批发价无本质区别,通常商品流通企业都会酌情采用不同的价格。

2. 按价格管理方式分类

按照国家对价格管理方式的不同,商品的价格可分为统一价格、浮动价格和市场价格三种。

（1）统一价格。统一价格是由国家或业务主管部门制定或审定的,在全国或某一地区范围内统一执行的价格,又称指令性价格,一般只限于关系到国计民生的重要商品。

（2）浮动价格。浮动价格是在国家规定的价格浮动范围内,由企业自行制定、灵活掌握的商品价格,又称指导性价格。

（3）市场价格。市场价格又叫议定价格,是对工业小商品,由产需双方自行协商确定的价格。

3. 按国民经济核算的目的不同分类

商品价格按国民经济核算目的的不同,可分为不变价格和现行价格。

(1) 不变价格。不变价格是指以某时点的价格作为核算一定时期商品价值的标准价格,又称固定价格。该种价格主要适用于统计核算,目的主要是便于比较分析国民经济一定时期的实际增长情况,有利于剔除价格变动造成的影响,保证统计核算指标的可比性。

(2) 现行价格。现行价格是指商品购销业务中实际采用的价格。采用现行价格的目的,是保证会计核算的真实性和可靠性,企业某期现金流量和财务成果等财务指标必须按商品的现行价格进行核算。

4. 按国际商品贸易的惯例分类

在国际结算中,结算双方为明确双方的责任范围和交易货物的风险界限、费用归属及所有权转移等问题,需采用国际上通行的价格术语,以免引起双方的歧义。按国际惯例,商品交易价格可分为离岸价格、到岸价格和成本加运费价格等形式。

(1) 离岸价格。离岸价格是指卖方负责将货物装上买方指定港口的船上所采用的价格,又称"船上交货价格"。在此结算价格下,卖方只负责货物装上船为止的一切费用和风险,此后的一切费用,如运输途中的保险费、海上及到岸的运输费用,则由买方负责支付。

(2) 到岸价格。到岸价格是指卖方负责将货物运往买方指定的目的港交货所采用的价格,又称"成本加保险费、运费(目的港)价格"。在此结算价格下,卖方要负责货物运输途中的保险费及运费,并承担运输途中可能发生的一切风险。

(3) 成本加运费价格。成本加运费价格是指卖方负责将货物运往买方指定的目的港并以支付途中运费为条件的商品价格。在此结算价格下,卖方负责租船并支付相关运费,而运输途中的保险费及可能引发的损失由买方承担。

(三) 商品定价的影响因素

商品定价是个复杂的系统工程,价格偏高、偏低,都会对企业产生不利影响。制定合理的价格,不仅有利于商品销售、扩大市场占有率,而且还有利于提高企业盈利能力。但商品价格的制定并不完全取决于生产者的一厢情愿,而是要受多方面因素的制约,如国家政策性因素、企业内部因素和市场供求因素等。

1. 国家政策因素

基于市场经济体制的确立,国家对大部分商品的价格不再进行直接管制,而是交由市场自行调节,对部分关系到国计民生的重要商品价格采用统一管理。但市场调节并不等于放任自流,国家仍可通过政策、法规和其他经济手段来予以规范,如国家的产业政策、财政金融政策、税收政策和一定时期的行业或地区倾斜政策等,仍对商品的定价产生积极影响。另外,企业的定价策略还会受到有关反暴利法规的制约,企业不能非法通过垄断价格或哄抬物价等不正当手段牟取暴利。

2. 企业内部因素

存在于企业内部的影响因素是多方面的,概括起来,主要有以下几个方面:

（1）商品成本费用。商品成本费用作为对象化的耗费与支出，需通过取得商品销售收入而给予补偿，如果商品价格不能有效补偿耗费和支出，就会导致生产者的经营亏损。因此，商品定价应以成本费用为基础，否则，企业经营目标就难以实现。

（2）企业经营目标。企业在不同时期有着不同的经营目标，而不同的经营目标对商品定价的要求也不相同。例如，在企业的立足阶段，其重点考虑的是如何打开商品销路，站稳脚跟，定价过高无法实现此目标；企业处于发展阶段时，不仅要继续扩大商品市场占有率，而且要不断扩大盈利能力，企业可根据市场竞争对手的具体情况适度定价。

（3）营运资金周转。在企业营运资金一定的情况下，采用薄利多销的商品定价策略，可以吸引客户，扩大销售，从而增加盈利，加速营运资金的周转；相反，如果厚利少销，则会延缓商品的销售速度，造成营运资金周转不畅。另外，当企业存货大量积压而占用营运资金，妨碍经营活动正常运转时，采用降价推销策略，则可使资金回笼提速，利息负担减少，资金利用效果提高。

3. 商品市场因素

企业商品定价合理与否，最终要在商品市场得以验证，撇开市场，盲目定价，断然不可。因此，企业在制定商品价格时，首先需对商品市场的现状及趋势进行周密的调查研究。商品定价考虑的市场因素主要有商品寿命周期、商品市场竞争程度和商品需求弹性。

（1）商品寿命周期。商品寿命周期一般都要经历初始期、成长期、成熟期、饱和期和衰退期等阶段。在初始期，商品属创新成果，企业可以适当提高商品价格；在成长期，商品的市场需求量会逐渐增加，制定价格既要考虑市场占有率，又要考虑盈利水平；在成熟期和饱和期，需求量趋于稳定，企业应以有利的竞争价格扩大市场占有率；当商品走向衰退期时，企业应积极调整产品结构，适当降低商品的价格，尽快收回商品资金。

（2）商品的市场竞争程度。按企业进入商品市场的难易程度，商品市场可分为完全竞争、垄断竞争、寡头垄断和完全垄断四种类型。不同类型的商品市场对商品定价影响各不相同。在完全竞争下，商品价格完全由市场自行调节，企业定价需符合市场价格；完全垄断商品价格正好与完全竞争价格相反，价格往往较高，经营者获利丰厚，我国垄断商品价格基本上由国家统一定价；垄断竞争下的商品价格基本上也由市场决定；寡头垄断商品价格则容易受到主要生产者的控制和操纵。

（3）需求价格弹性。商品市场的需求变化会引起商品价格的变化；反过来，商品价格的变动也会引起商品需求的变化。即价格下降，需求增加；价格上升，需求减少。但是，不同的商品价格升降所引起的需求量变化幅度是不同的。商品价格弹性有以下三种情况：①商品价格变动引起同比率的需求变动。此时，企业不能简单地靠提高或降低商品价格来达到增加盈利的目的，但可通过薄利多销以扩大销售量，并实现规模经济效应。②商品价格变动率小于商品需求变动率。此时，企业若提升价格会造成更大幅度的销售下降，故采用维持现价或降价比较合适。③商品价格变动率大于商品需求变动率。此时，由于需求相对稳定，不会因价格的提高而按比例下降，故维持现价或提高价格比较合适。

（四）商品定价方法

1. 成本费用利润率定价法

成本费用利润率定价法，是指利用商品生产所耗与所得的关系进行商品定价的方法。其定价公式为：

$$\text{单位商品价格}=\text{单位成本费用}+\text{单位税金}+\text{单位利润}$$

即：$$\text{单位商品价格}\times(1-\text{税率})=\text{单位成本费用}+\text{单位成本费用}\times\text{成本费用利润率}$$

$$\text{单位商品价格}=\frac{\text{单位成本费用}\times(1+\text{成本费用利润率})}{1-\text{税率}}$$

式中，税率指商品的价内税税率，如营业税、消费税、城市维护建设税税率等。

【例 9-9】 若某企业计划生产 A 产品 1 000 件，预计该产品的单位成本为 2 400 元，该产品的单位期间费用为 300 元，产品应缴纳 17% 的增值税和 30% 的消费税，企业要求的成本费用利润率为 40%，则：

$$\text{A 产品价格}=\frac{(2\,400+300)\times(1+40\%)}{1-30\%}=5\,400(\text{元})$$

2. 毛利率定价法

毛利率是商品的进销差价与商品售价的比率。毛利率定价法就是根据商品进价与计划毛利率进行定价的方法，其定价公式为：

$$\text{单位商品价格}=\text{单位商品进价}+\text{单位商品税金}+\text{单位商品毛利}$$

即：$$\text{单位商品价格}=\frac{\text{单位商品进价}}{1-\text{税率}-\text{毛利率}}$$

【例 9-10】 若某企业购进 B 商品待售，该商品的单位进价为 3 500 元，增值税税率为 17%，企业要求的毛利率为 30%，则：

$$\text{B 商品价格}=\frac{3\,500}{1-30\%}=5\,000(\text{元})$$

该方法在工业企业运用时，习惯上称为边际贡献定价法，边际贡献等于商品的售价与变动成本的差额，边际贡献率为边际贡献与售价的比率。因此，计算公式可表示为：

$$\text{单位商品价格}=\frac{\text{单位商品变动成本}}{1-\text{税率}-\text{边际贡献率}}$$

式中，税率亦为价内税税率。

3. 目标利润定价法

目标利润是企业一定时期经营目标的具体体现。一定商品的目标利润取决于商品的销售量、单位成本、销售单价及价内税税率等因素。具体定价公式为：

单位商品价格 = 单位商品变动成本 + 单位商品固定成本 + 单位商品税金 + 单位商品目标利润

则：$$\text{保本价格}=\frac{\text{单位变动成本}+\text{单位固定成本}}{1-\text{税率}}$$

$$\text{实现目标利润的价格}=\frac{\text{单位变动成本}+\text{单位固定成本}+\text{单位目标利润}}{1-\text{税率}}$$

$$实现目标销售利润率的价格=\frac{单位变动成本+单位固定成本}{1-税率-目标销售利润率}$$

【例 9-11】 某企业计划生产 C 产品，预计该产品的产销量为 2 万件，单位 C 产品的变动成本为 100 元，消费税税率为 20%，C 产品负担的年固定成本为 36 万元，则：

$$C产品保本价格=\frac{100+\frac{36}{2}}{1-20\%}=147.5(元)$$

如果 C 商品的目标销售利润为 40 万元，则：

$$C产品实现目标利润的价格=\frac{100+\frac{36}{2}+\frac{40}{2}}{1-20\%}=172.5(元)$$

如果 C 商品要实现 15% 的目标销售利润率，则：

$$C产品实现目标销售利润率的价格=\frac{100+\frac{36}{2}}{1-15\%-20\%}=181.54(元)$$

4. 对比定价法

在完全竞争的商品市场中，企业在定价前，应广泛收集各主要竞争对手的价格资料，并将本企业产品的规格、质量与市场同类产品相比较，以同类商品的市场主导价格为定价基础，并根据市场竞争态势和企业自身的生产技术、产品质量和成本因素等，合理确定产品价格。

（五）商品定价策略

企业为了适应灵活多变的市场情况，不断提高竞争能力，开拓市场，提高企业产品的市场占有率，除了注意分析影响商品定价的各种因素，选用正确合理的定价方法外，还应注意商品定价策略的研究与提炼。纵观商场竞争高手，其定价策略一般可概括为以下几种：

1. 优惠策略

这是为鼓励商业部门或消费者及时大量购买本企业产品所采用的定价策略。所谓优惠，实际上就是企业按照产品的定价给商业部门或消费者以一定的价格减让。

2. 比较策略

这是在产品高价投放市场与低价投放市场、薄利多销与厚利少销等方案之间进行比较而选择最佳方案的定价策略。当企业有新产品投放市场时，往往要面临对高价投放和低价投放市场的选择问题。对企业来说，高价投放的优点是能尽快地收回对新产品的投资，并获得较多的利润。如果高价难以推销，改用低价比较容易。反之，如果先用低价投放，以后发现销路很好再用高价，就会感到困难。高价投放的缺点在于当新产品在市场上的声誉尚未建立时，往往难以开拓市场，很有可能无人问津，即使销路较好，高价高利又会迅速吸引竞争者加入本产品的生产行列，从而影响本企业的长远利益。对企业来说，低价投放的优点是有利于打开新产品的销路，避免竞争者的加入，从而使本企业能较长时期地获得利益。企业在高价投放与低价投放这两种方案中，究竟选择哪一种，要视企业的具体条件，权衡利弊，方可确定。对于薄利多销与厚利少销这两种方案，是企业销售新老产品时，都要面临选择的问题。一般认为，价高利就大；价低利则小。其实不尽然,有时薄利多销,反而获得更多的利润;也有时厚利少销,反而优于薄利多销。企业是采取薄利多销的方案,还是采取厚利少销的方案,要视产品的价格需求弹性而定。

3. 心理策略

企业按照一定方法计算的产品价格,还可结合消费者心理加以调整确定,以满足消费者的心理要求,增加销售数量。这种策略就叫做心理策略。例如,当某日常用品的价格计算结果为8元时,可定为7.90元,以满足消费者节俭心理要求;当某高档豪华用具的价格计算结果为2 990元时,有可能定为3 000元更能畅销,因为这样能适应高消费层次的豪华心理要求。

4. 产品寿命周期策略

这是一种根据预测的产品寿命周期,灵活调整价格的策略。所谓产品寿命周期指的是从产品投入生产开始到被淘汰为止所经历的时间长度,产品定价时一般应根据初始期、成长期、成熟期、饱和期和衰退期,分别采取低价、中价、高价、中价、低价策略,或分别采用高价、中价、高价、中价、低价策略等。

第二节 利 润 管 理

一、利润的构成

利润是企业在一定时期生产经营活动所取得的主要财务成果。从整个社会来看,利润是社会再生产的重要资金来源;从企业来看,取得利润是企业生存与发展的必要条件,也是评价一个企业生产经营状况的一个重要指标。企业的利润总额一般由营业利润(销售利润)、营业外收支净额组成。其计算公式为:

利润总额 = 营业利润 ± 营业外收支净额

(一) 营业利润

营业利润是指企业在一定期间内从事生产经营活动所产生的利润。营业利润的构成可用公式表示为:

营业利润 = 营业收入 − 营业成本 − 营业税金及附加 − 销售费用 − 管理费用 − 财务费用 − 资产减值损失 ± 公允价值变动净损益 ± 投资净损益

营业收入是指企业经营业务所确定的收入总额,包括主营业务收入和其他业务收入。

营业成本是指企业经营业务所发生的实际成本总额,包括主营业务成本和其他业务成本。

营业税金及附加是指企业由于销售产品、提供应税劳务、转让无形资产或销售不动产而应当负担的相应税金及附加,包括消费税、营业税、城市维护建设税、资源税、教育费附加等。

销售费用是指企业在销售商品和原材料、提供劳务的过程中发生的各项费用,包括企业在销售商品过程中发生的保险费、包装费、展览费和广告费、商品维修费、预计产品质量保证损失、运输费、装卸费等,以及为销售本企业商品而专设的销售机构(含销售网点、售后服务网点)的职工薪酬、业务费、折旧费、固定资产修理费等。

管理费用是指企业行政管理部门为管理和组织生产经营而发生的各项费用,是期间费用的一种,主要包括企业经费、折旧费、工会经费、职工教育经费、业务招待费、房产税、车船使用税、土地使用税、印花税、技术转让费、无形资产摊销、咨询费、诉讼费、劳动保险费、董事会费等。

财务费用是指企业在生产经营过程中为筹集资金而发生的各项费用,包括企业在生产经营期间发生的利息支出、汇兑净损失、金融机构手续费,以及为筹资而发生的其他财务费用,如债券印刷费、国外借款担保费等。

资产减值损失是指企业计提各项资产减值准备所形成的损失。

公允价值变动净损益是指企业交易性金融资产等公允价值形成的应计入当期损益的利得(或损失)。

投资净损益是指企业以各种方式对外投资所取得的净收益或净损失,其数额为投资收益减去投资损失之后的余额。

(二) 营业外收支净额

营业外收支净额是指企业营业外收入减去营业外支出的差额。

营业外收入是指与生产经营活动无直接联系的各种收入,主要包括固定资产盘盈和出售净收益、罚没收入、因债权人的原因确实无法支付的应付账款、教育费附加返还款等。

营业外支出是指与生产经营活动无直接联系的各种支出,主要包括固定资产盘亏、报废、毁损和出售的净损失,非季节性和非大修理期间的停工损失,职工子弟学校经费和技工学校经费,以及非常损失、公益救济性捐赠、赔偿金、违约金等。

在利润总额的基础上减去所得税费用后的净额,即是企业的净利润,如表9-4所示。

表9-4 利润表

单位:元

项目	本期金额	上期金额
一、营业收入		
减:营业成本		
营业税金及附加		
销售费用		
管理费用		
财务费用		
资产减值损失		
加:公允价值变动收益(损失以“-”号填列)		

（续表）

项目	本期金额	上期金额
投资收益(损失以"－"号填列)		
其中:对联营企业和合营企业的投资收益		
二、营业利润(亏损以"－"号填列)		
加:营业外收入		
减:营业外支出		
其中:非流动资产处置损失		
三、利润总额(亏损总额以"－"号填列)		
减:所得税费用		
四、净利润(净亏损以"－"号填列)		
五、每股收益:		
(一)基本每股收益		
(二)稀释每股收益		

二、利润的预测

利润预测是依据企业生产经营活动中有关因素变化情况,运用科学的方法进行研究和分析,对未来一定时期内的利润数额进行预计和测算,并寻求实现预计利润的各种措施方案。利润预测是财务预测的重要组成部分,为编制财务计划提供依据。企业通过利润预测可以对有关收入、成本和利润进行综合细致的分析,为企业的经营决策提供可靠的依据;同时,开展利润预测也可以发现生产经营活动中存在的问题,有利于改善经营管理,提高企业的经济效益。

利润预测的方法很多,这里主要介绍最常见的本量利预测法、经营杠杆系数法和因素预测法。

(一) 本量利预测法

本量利预测法是根据产品的成本、销售量和利润三者之间的变化关系来测算计划年度利润的方法。该方法是企业财务预测的一种重要方法,它既可以用来预测利润,又可以根据本、量、利的依存关系进行敏感性分析,用来预测特定条件下的销售量和目标成本。本量利预测法是以成本性态研究为基础的。所谓成本性态,是指成本总额对业务量的依存关系。成本按其性态可以划分为变动成本、固定成本和混合成本。变动成本是指随着业务量增长而成正比例增长的成本;固定成本是指在一定的业务量范围内,不受业务量影响的成本;混合成本介于变动成本和固定成本之间,是指随着业务量的增长而增长,但不成正比例增长的成本,可以将其分解成变动成本和固定成本两部分。在将成本划分为变动成本和固定成本之后,就可以建立本量利的数学模型,进行预测分析。

在本量利预测法下,利润的计算公式为:

$$
\begin{aligned}
\text{利润} &= \text{销售收入} - \text{总成本} \\
&= \text{销售收入} - \text{变动成本} - \text{固定成本} \\
&= \text{单价} \times \text{销售量} - \text{单位变动成本} \times \text{销售量} - \text{固定成本} \\
&= (\text{单价} - \text{单位变动成本}) \times \text{销售量} - \text{固定成本}
\end{aligned}
$$

上述公式中的利润,一般是指未扣除利息和所得税以前的利润,即息税前利润。上式为单一产品利润的计算公式,如为多个产品,则公式中“销售收入”、“总成本”均为各产品的合计数。

【例 9-12】 某企业根据市场调查分析,预测出计划期间甲产品的销售量为 10 万件,该产品销售单价为 8 元,单位变动成本为 5 元,固定成本总额为 1.6 万元。甲产品预计可实现的利润为:

$$
\begin{aligned}
\text{预计实现利润} &= \text{预计销售量} \times (\text{销售单价} - \text{单位变动成本}) - \text{固定成本} \\
&= 10 \times (8-5) - 1.6 \\
&= 28.4(\text{万元})
\end{aligned}
$$

(二) 经营杠杆系数法

经营杠杆系数的计算公式为:

$$
\text{经营杠杆系数} = \frac{\text{利润变动率}}{\text{产销量变动率}}
$$

或者,

$$
= \frac{\text{息税前利润} + \text{固定成本}}{\text{息税前利润}}
$$

采用经营杠杆系数法计算、确定未来一定期间目标利润的一般公式为:

$$
\text{目标利润} = \text{基期实际利润} \times (1 + \text{经营杠杆系数} \times \text{销售量变动率})
$$

【例 9-13】 某企业经营若干种产品,本年度的销售收入总额为 80 万元,变动成本总额 48 万元,固定成本总额 16 万元。预计下一年的销售收入总额增长 10%,求下一年的利润。

$$
\text{经营杠杆系数} = \frac{\text{息税前利润} + \text{固定成本}}{\text{息税前利润}} = \frac{(80-48-16)+16}{80-48-16} = 2
$$

$$
\begin{aligned}
\text{下一年的利润} &= \text{基期实际利润} \times (1 + \text{经营杠杆系数} \times \text{销售量变动率}) \\
&= (80-48-16) \times (1 + 2 \times 10\%) \\
&= 19.2(\text{万元})
\end{aligned}
$$

(三) 因素预测法

因素预测法是在基期利润水平的基础之上,根据计划期间利润变动的各项因素,预测出企业计划期间的利润额。因素预测法是以本量利分析法的基本原理为基础的。根据本量利的关系可知,影响利润的主要因素有销售量、销售价格、变动成本、固定成本总额和所得税税率等。在因素预测法下,产品销售利润的基本计算公式为:

$$
\text{产品销售利润} = \text{基期产品销售利润} \pm \text{计划期各因素变动而增减的利润}
$$

显然,因素预测法不仅能预测计划年度利润额的大小,而且还有助于确定各相关影响因素的变动对计划利润的影响程度。因此,该方法有利于利润控制和利润分析。

在采用因素预测法进行利润预测时，首先必须对影响利润的各种因素进行测算，这些因素有外部因素，如市场供需的变化对产品销售量和销售价格的影响，也有内部因素，如产品的单位变动成本和固定成本的变化等。然后，将变化了的各种因素代入本量利方程式，测算出其对利润的影响结果。通常，销售量和销售价格与利润是正相关的，销售量的增加与销售价格的提高，都会使利润增加；单位变动成本和固定成本是负相关的，单位变动成本和固定成本的增加，都会使利润减少。

【例 9-14】 某企业上一年度甲产品的销售量为 5 万件，销售单价为 20 元，该产品的单位变动成本为 12 元，固定成本为 8 万元，该年度的利润总额为 32 万元。经过对市场供需状况的调查，本年度甲产品的预计销售量为 5.5 万件，销售单价为 19 元。据预测，该企业因改进产品设计，单位变动成本可降至 10 元，但固定成本会增加到 9 万元。根据所给的资料，测算出各因素的变化对利润的影响如下：

(1) 销售量增加对利润的影响为：$(5.5-5)\times 20=10$（万元）

(2) 销售单价降低对利润的影响为：$(19-20)\times 5.5=-5.5$（万元）

(3) 单位变动成本降低对利润的影响为：$5\times 12-5.5\times 10=5$（万元）

(4) 固定成本增加对利润的影响为：$8-9=-1$（万元）

以上各因素对利润的综合影响为：$10-5.5+5-1=8.5$（万元）

计划年度该企业甲产品的销售利润为：$32+8.5=40.5$（万元）

以上是先预测出各项因素的变化，然后再根据各项因素来预测企业的利润。

三、利润计划的编制

利润计划是企业财务计划的重要组成部分，是企业实施利润管理的依据，它是在利润预测的基础上编制而成的，是对利润预测和经营决策的具体反映。利润计划也是一定时期企业生产经营活动的目标。因此，编制好企业的利润计划对企业生产经营活动具有重要的意义。

利润由营业利润和营业外收支净额组成。因此，在编制利润计划时，应先编制营业利润计划和营业外收支计划。然后，在这些计划的基础之上汇总编制利润计划。

营业利润计划是在销售预测的基础上编制的。其中，营业收入可根据主营业务收入及其他业务收入合计数确定。营业成本可根据主营业务成本及其他业务成本合计数确定。投资净收益计划可根据计划年度企业对外投资是否到期、资金总体调动和投资结构变动等因素加以测算。其中，债权性投资收益相对稳定，较容易测算，而股权性投资收益不确定性较大。在制订利润计划时，要注意考虑投资风险水平，收益的确定要科学、合理，指标定得太高往往不利于利润管理工作。

营业外收支在利润总额中所占份额较小，企业编制预算时，可依据上年度的营业收支情况，结合计划年度有关项目的发生情况加以确定，如计划年度固定资产更新计划会淘汰部分固定资产，其清理损益应予以反映。

在对利润总额构成项目进行预测后,便可编制企业的利润计划。

【例 9-15】 某企业根据销售预测,计划期间可实现营业收入 1 000 万元,营业成本 700 万元,营业税金及附加 70 万元,企业对外投资净收益 24 万元,资产减值损失 5 万元,公允价值变动收益 20 万元。根据国家有关规定以及企业过去情况,预测营业外收支净额为 –1 万元,计划期销售费用预计为 8 万元,管理费用预计为 50 万元,财务费用预计为 30 万元。根据以上预测资料编制计划期利润计划,详见表 9-5。

表 9-5 利润计划

2012 年度　　单位:万元

项目	上年计划	本年计划
营业收入	略	1 000
减:营业成本		700
营业税金及附加		70
销售费用		8
管理费用		50
财务费用		30
资产减值损失		5
加:公允价值变动收益		20
投资收益		24
营业利润		181
加:营业外收支净额		–1
利润总额		180

四、利润的控制

利润的控制即根据利润计划的要求,对影响利润计划实现的各种因素进行管理,以便增加企业收入,压缩各项费用开支。利润是一项综合指标,集中体现了企业的生产经营活动的财务成果。为了实现预测的目标利润,必须全面地完成各项生产经营计划,提高企业的总体经济效益。所以,进行利润控制必须做好企业的各方面工作。一般来说,利润控制主要包括以下几个方面:

(1) 企业必须充分挖掘潜力,降低产品成本,压缩各项费用支出,提高产品质量,以增强产品的市场竞争力。

(2) 企业要面向市场,了解市场的需求变化,努力开发新产品,以满足市场的需求。企业只有根据市场的变化,不断实现产品的更新换代,才能保证在激烈的市场竞争中立于不败之地。

(3) 企业必须经常收集各种市场信息,积极调整生产经营策略,调整计划中不切实际之处,以保证企业经营目标的圆满完成。

(4) 加强企业各方面的管理,建立责任制,将责权利结合起来,充分调动全体职工的积极性,以保证各项生产经营计划的实现。

(5) 充分利用企业的闲置资金进行对外投资。在资本市场日益发达的情况下,企业要充分预测各项投资的风险和收益,根据企业自身的财务状况,选择最佳投资组合,以增加投资收益,减少投资损失。

(6) 企业必须加强管理,充分利用各类资产,严格控制各种营业外支出,尽量减少各类损失。

五、所得税的缴纳

企业所得税是按国家税法的规定,对企业某年度的应纳税所得额按规定的税率计算并征收的一种税,是国家参与利润分配的重要手段。

按税法规定,企业所得税采用按期(月)预缴,年终汇算清缴的办法,因此,企业所得税可按下列公式计算:

企业年度应纳所得税税额 = 当年应纳税所得额 × 适用税率

某期应纳所得税税额 = 某期累计应纳所得税税额 - 上期累计已纳所得税税额

一般地,我国企业不分企业类型和企业身份,统一适用税率为25%的基本税率;部分符合条件的小型微利企业,适用20%的税率。应纳税所得额一般可根据企业当期会计利润调整计算求出。由于企业的会计利润要受到会计准则的规范,而应纳税所得额的确定需考虑有关税法的规定。因而,两者在内容构成上往往有一定的差别,这就要求在纳税时需对当期利润进行必要的调整,可用公式表示为:

应纳税所得额 = 利润总额 - 按规定可于税前扣除的项目 + 会计处理与税法不一致形成的差异

(一) 按规定可于税前扣除的项目

以下项目按税法的规定在计算应纳税所得额时可予以扣除:

(1) 弥补以前年度亏损额。对于企业以前年度发生的亏损,如符合规定期限,可用当期的税前利润予以弥补。

(2) 企业对外分回的利润。企业股权性投资实现的收益属于已税收益,被投资单位在分配时已按规定交纳了所得税,为了避免重复纳税,在计算应纳税所得额时应予以扣除。但对于被投资的适用税率低于本企业的适用税率的投资收益,企业应补足纳税差额部分。

(3) 政府允许的其他免税收益。该项目体现国家对企业投资方向的引导,在不同时期免税范围是不同的,如目前企业购买国债取得的利息收入可享受免税的优惠。

(二) 会计处理与税法不一致形成的差异

由于会计准则和税法在利润的计算方法上存在一定的偏差,由此形成了会计利润和应税利润之间的差异,包括时间性差异和永久性差异。

1. 时间性差异

时间性差异是指税法和会计准则因收益、费用和损失确认时间的不同而形成的差异。时间性差异虽发生于某一会计期间,但在以后的若干会计期间内能够转回。例如,采用加速折旧法使固定资产使用前期的折旧额远超过直线折旧法,从而减少了固定资产使用前期的会计利润和应纳所得税。如果企业采用了加速折旧法,而又不为税法所承认,在确定企业应纳税所得额时,应按直线法进行必要的调整,弥补两者的差异部分。

2. 永久性差异

永久性差异是指税法和会计准则因计算收益、费用和损失的口径不同而形成的差异。永久性差异无法在以后会计期间内转回,由此将造成国家税收的流失。有些费用或损失已按会计准则冲减了企业当期的会计利润,而税法规定应由企业的税后利润列支的,由此造成两者之间的差异,如企业违反税收法规的罚款、滞纳金、超标准的业务招待费等,都会形成纳税的永久性差异。

第三节 利润分配管理

一、利润分配的原则

利润分配是财务管理的重要内容,有广义的利润分配和狭义的利润分配两种,广义的利润分配是指对企业收入和利润进行分配的过程;狭义的利润分配则指对企业净利润的分配。本书所讨论的利润分配是指对净利润的分配,即狭义的利润分配概念。

一个企业的利润分配不仅会影响企业的筹资和投资决策,而且还涉及国家、企业、投资者、职工等多方面的利益关系,涉及企业长远利益与近期利益、整体利益与局部利益等关系的处理与协调。为合理组织企业财务活动和正确处理财务关系,企业在进行利润分配时应遵循以下原则:

1. 依法分配原则

企业的利润分配必须依法进行,这是正确处理各方面利益关系的关键。为规范企业的利润分配行为,国家制定和颁布了若干法规如《公司法》、《企业财务通则》。这些法规规定了企业利润分配的基本要求、一般程序和重大比例,企业应认真执行,不得违反。具体体现在如下几个方面:企业当年实现的利润首先要按有关规定计算并交纳企业所得税,对净利润部分要按规定的财务比率计提公积金、公益金,形成留存收益,剩余部分构成当年可供分配的利润,企业有权选择具体分配政策向投资者分配利润;如果当年无利润实现,原则上不应向投资者分配利润。

2. 兼顾各方面利益原则

利润分配是利用价值形式对社会产品的分配,直接关系到有关各方的切身利益。因此,利润分配要坚持全局观念,兼顾各方利益。除依法纳税以外,投资者作为资本投入者、企业所有者,依法享有利润分配权。企业的净利润归投资者所有,是企业的基本制度，也是企业所有者投资于企业的根本动力所在。但企业的利润离不开全体职工的辛勤工作，职工作为利润的直接创造者，除了获得工资及奖金等劳动报酬外，还应当以适当方式参与净利润的分配，提取公益金用于职工集体福利设施的购建开支。可见，企业进行利润分配时，应统筹兼顾，合理安排，维护投资者、企业与职工的合法权益。

3. 分配与积累并重原则

企业进行利润分配，应正确处理长远利益和近期利益的辩证关系，将二者有机结合起来，坚持分配与积累并重的原则。考虑未来发展需要，企业除按规定提取法定盈余公积金以外，可适当留存一部分利润作为积累。这部分留存收益虽暂时未予分配，但仍归投资者所有。而且，这部分积累不仅为企业扩大再生产筹措了资金，同时也增强了企业抵抗风险的能力，提高了企业的经营系数和稳定性，有利于增加所有者的回报。通过正确处理利润分配和积累的关系，留存一部分利润以供未来分配之需，还可以达到以丰补歉，平抑利润分配数额波动，稳定投资报酬率的效果。

4. 投资与收益对等原则

企业分配利润应当体现"谁投资谁受益"、受益大小与投资比例相适应，即投资与收益对等原则，这是正确处理投资者利益关系的关键。投资者因其投资行为而享有收益权，并且其投资收益应同其投资比例对等。这就要求企业在向投资者分配收益时，应本着平等一致的原则，按照各方投入资本的多少来进行，绝不允许发生任何一方随意多分多占的现象。这样才能从根本上保护投资者的利益，鼓励投资者投资的积极性。

二、利润分配的顺序

企业当期实现的净利润，加上年初未分配利润（或减去年初未弥补亏损）和其他转入后的余额，为可供分配的利润。如果可供分配利润为负，则为亏损，在亏损状态下，企业不得进行后续分配。如果可供分配利润为正数，则按下列顺序分配：

1. 提取法定公积金

法定公积金按照净利润的10%提取，法定公积金累计数达到注册资本的50%时，可不再提取。

2. 向投资者分配利润

按照投资协议、合同或者法律规定向投资者分配利润，企业以前年度未分配的利润，可以并入本年度向投资者分配。

普通企业的分配到此基本结束，如果是股份公司，除了上述顺序外，还应该按照以下顺序分配：

（1）提取任意公积金。企业从税后利润中提取法定盈余公积金后，经过股东大会决议，可以从税后利润中提取任意盈余公积金。

（2）支付普通股股利。按照利润分配方案分配给普通股股东的现金股利。

（3）转作资本（或股本）的普通股股利。按照利润分配方案分派股票股利以转增股本或资本。

三、利润分配计划的编制

为了有计划地处理企业与各方面的财务关系,企业应编制利润分配计划,并向投资者公布。利润分配计划既可以调动各方面关心和支持企业生产经营活动的积极性,又为各方面监督和考核企业生产经营的绩效提供了依据。

企业利润分配计划的格式如表 9-6 所示。

表 9-6 利润分配计划

编制单位: 年度 单位:万元

项目	行次	上年实际数	本年计划数
一、净利润			
加:年初未分配利润			
其他转入			
二、可供分配的利润			
减:提取法定盈余公积			
三、可供投资者分配的利润			
减:提取任意盈余公积			
应付普通股股利			
转作资本(或股本)的普通股股利			
四、未分配利润总额			

四、股利理论

(一)股利无关论

股利分配作为企业利润分配的一个重要方面,无疑应服从利润分配目标,即体现企业价值最大化的要求。然而,有关股利分配是否影响企业价值问题,理论界存在着不同观点,一种观点认为股利分配政策的选择会影响企业价值,即股利相关论;另一种观点则认为股利分配政策的选择不影响企业价值,即股利无关论。

股利无关论是由美国学者米勒和莫迪格利尼(简称 MM)于 1961 年在他们的论文《股利政策、增长和股票价值》中提出来的。MM 认为,股利政策对企业的股票价格或资本成本没有任何影响,即股利政策与企业价值无关,该理论亦称 MM 理论。此理论认为,企业的价值完全是由企业本身的未来获利能力和风险水平决定的,因此,它取决于企业的投资政策,而不是利润的分配与否或留存收益比例的高低。在企业当期实现利润一定的情况下,如果企业发放较高的股利给股东,为保持目标的资本结构,企业就不得不发行更多的股票,使支付股利对股票价格所产生的积极影响完全被增发股票所抵消。对投资者而言,即使企业不发放股利,投资者也完全可以靠出售部分股票的方式来套取现金,因此,投资者对于盈利的留存或发放股利无任何偏好。

需要特别指出的是,“股利无关论”是建立在“完善且完全的资本市场”这一严格假设前提基础之上的。“完善且完全的资本市场”包括如下内容:

(1) 完善的竞争假设,任何一位证券交易者都没有足够的力量通过其交易活动对股票的现行价格产生明显的影响。

(2) 信息完备假设,所有的投资者都可以平等地免费获取影响股票价格的任何信息。

(3) 交易成本为零假设,证券的发行和买卖等交易活动不存在经纪人费用、交易税和其他交易成本,在利润分配与不分配、资本利得与股利之间均不存在税负差异。

(4) 理性投资者假设,每个投资者都是财富最大化的追求者。

这些假设与现实世界有一定的差距,缺乏现实性,因此,该理论自面世以来就引起了广泛的争议。

(二) 股利相关论

股利相关论认为,股利对于投资者非常重要,投资者一般期望公司多分配股利。支持股利相关论的流派较多,其中具有代表性的观点主要有:

1. “在手之鸟”理论

“在手之鸟”理论源自英国的一句谚语“双鸟在林不如一鸟在手”。该理论认为,将收益留存起来进行再投资带给投资者的收益具有很大的不确定性,并且投资风险随着时间的推移将进一步增大,因此,投资者更喜欢现金股利,而不大喜欢将利润留给企业。这是因为:对投资者来说,现金股利是“抓在手中的鸟”,是实在的;而企业留利所带来的收益则是“躲在林中的鸟”,是不确定的,随时都可能飞走。在投资者的眼中,股利收入要比由留存收益带来的资本利得更可靠。所以投资者宁愿现在收到较少的股利,也不愿意等到未来再收回风险较大的较多的股利。如果有A、B两种股票,它们的基本情况相同,A股票支付股利,而B股票不支付股利,那么,A股票的价格要高于不支付股利的B股票的价格。同理,对于基本情况相同的两种股票,股利支付率高的股票价格肯定要高于股利支付率低的股票价格。根据这种理论,企业需要定期向股东支付较高的股利。企业分配的股利越多,企业的市场价值也就越大。

2. 信号传递理论

信号传递理论认为,在信息不对称的情况下,股利政策向市场传递有关企业未来盈利能力的信息。一般说来,预期未来盈利能力强的企业往往愿意通过相对较高的股利支付率,把自己同预期盈利能力差的企业区别开来,以吸引更多的投资者。对市场上的投资者来说,股利政策的差异或许是反映企业预期盈利能力差异的极有价值的信号。如果企业连续保持较为稳定的股利支付率,那么投资者就可能对公司未来的盈利能力与现金流量抱有较为乐观的预期。不过,企业以支付现金股利的方式向市场传递信息,通常也要付出较高的代价。这些代价包括:(1)较高的所得税负担;(2)一旦企业因分派现金股利造成现金流量短缺,就有可能被迫重返资本市场发行新股,而这一方面会产生必不可少的交易成本,另一方面又会扩大股本,摊薄每股盈余,对企业的市场价值产生不利影响;(3)如果企业因分派现金股利造成投资不足,并丧失有利的投资机会,还会产生一定的机会成本。

尽管以派现方式向市场传递利好信息需要付出很高的成本,但仍然有很多企业选择派现作为股利支付的主要方式,其原因主要有以下四种:

(1) 声誉激励理论。该理论认为,由于企业未来的现金流量具有很大的不确定性,因此,为了在将来能够以较为有利的条件在资本市场上融资,企业必须在事先建立起不剥夺股东利益的良好声誉,而建立“善待股东”这一良好声誉的有效方式之一就是派现。

(2) 逆向选择理论。该理论认为,相对于现金股利而言,股票回购的主要缺陷在于,如果某些股东拥有关于企业实际价值的信息,那么他们就可能在股票回购过程中,充分利用这一信息优势。当股票的实际价值超过企业的回购价格时,他们就会大量竞买价值被低估的股票;反之,当股票的实际价值低于企业的回购价格时,他们就会极力回避价值被高估的股票,于是便产生了逆向选择问题,而派发现金股利则不存在这类问题。

(3) 交易成本理论。该理论认为,市场上有相当一部分投资者出于消费等原因,希望从投资中定期获得稳定的现金流量。对于这类投资者来说,选择稳定派现的股票是达到上述目的的一种方式。这是因为:倘若投资者以出售所持股票的方式来套现,就可能因时机选择不当而蒙受损失。况且,选择在何时以何种价位出售股票还需要投入许多时间和精力,这些交易成本的存在使得投资者更加偏好现金股利。

(4) 制度约束理论。该理论认为,企业之所以选择支付现金股利,是由于“谨慎人”所起的作用。所谓“谨慎人”,是指信托基金、保险基金、养老基金等机构投资者,出于降低风险的考虑,法律通常要求这些机构投资者只能持有支付现金股利的股票,并获得股利收入。如果企业不派现,则这种股票就会被排除在机构投资者的投资对象之外。

虽然股利分配的信号传递理论已被人们广泛接受,但也有一些学者对此持不同看法。他们的主要观点是:第一,企业目前的股利分配并不能帮助投资者预测企业未来的盈利能力;第二,高派现的企业向市场传递的并不是企业具有较好前景的利好消息,相反则是企业当前没有正现值的投资项目,或企业缺乏较好投资机会的利空消息。不过,由于上述反对意见缺乏实证考察的支持,因此未能引起人们过多的关注。

3. 代理理论

代理理论认为,股利政策有助于减缓管理者与股东之间,以及股东与债权人之间的代理冲突,也就是说,股利政策相当于协调股东与管理者之间代理关系的一种约束机制。股利政策对管理者的这种约束体现在两个方面:(1)从投资角度看,当企业存在大量自由现金时,管理者通过股利发放不仅减少了因过度投资而浪费资源,而且有助于减少管理者潜在的代理成本,从而增加企业价值(这样可解释股利增加宣告与股价变动正相关的现象);(2)从融资角度看,企业发放股利减少了内部融资,导致进入资本市场寻求外部融资,从而可以经常接受资本市场的有效监督,这样通过加强资本市场的监督而减少代理成本(这一分析有助于解释企业保持稳定股利政策的现象)。因此,高水平股利支付政策将有助于降低企业的代理成本,但同时也增加了企业的外部融资成本。因此,最优的股利政策应使两种成本之和最小化。

4. 税收效应理论

股利支付水平高的股票比支付水平低的股票有更高的税前收益,在存在差别税赋的前提下,企业选择不同的股利支付方式,不仅会对企业的市场价值产生不同的影响,而且也会使企业(及个人)的税收负担出现差异。通常情况下,对股利的征税率要比资本利得征税率高,因而,股利发放存在税收上的不利之处,个人所得税税率高的投资者更偏好资本利得。因此,股利的发放会降低企业价值,减少股东的税后收益。另外,即使税率相同,股利仍然在税收上有不利之处,因为投资者无法选择何时把这些股利表现为收入,当企业支付股利时就得征税。而与此相反,投资者对资本利得却拥有何时表现为收入、何时征税的选择权,因为直到资产出售时才需要征税。由于股利和资本利得两者支付时间不一致,考虑到货币时间价值,将来支付的税收要比现在支付划算,这种税收延期支付的特点使股东更加倾向资本利得收入。因而,对股利的双重征税,至少是对个人投资者来说,产生了不支付股利或不增加股利的强烈动机。考虑到纳税的影响,投资者对具有较高收益的股票要求的税前收益要高于低股利收益的股票。因此,股利政策不仅与股价相关,而且由于税赋的影响,企业应采用低股利政策。

五、股利政策

(一) 影响股利政策的因素

股利政策是指在法律允许的范围内,可供企业管理当局选择的有关净利润分配的方针及对策。

企业股利政策的制定应综合考虑各种影响因素并充分考虑企业自身的实际情况,立足于企业价值最大化的理财目标。

一般来说,在制定股利政策时,应当考虑以下因素的影响:

1. 法律因素

为了保护投资者的利益,各国法律如《公司法》、《证券法》等都对企业的股利分配进行了一定的限制,主要限制因素包括:

(1) 资本保全的约束。资本保全是为了保护投资者的利益而作出的法律限制。股份有限公司只能用当期利润或留存收益来分配股利,不能用股本和溢价缴入股本来发放股利,以维持企业资本的完整性,其目的在于保护企业完整的产权基础,以保障债权人的合法利益,维持正常的市场秩序。

(2) 企业积累的约束。这一规定要求股份有限公司在分配股利前,应当按照法定的程序先弥补亏损、提取法定盈余公积金、公益金和任意盈余公积。这一规定是为了增强企业抵御风险的能力,维护投资者的利益。

(3) 偿付债务的约束。有些国家法律规定,企业无力清偿到期债务,不得向股东分派股利,其目的是保证债权人的权益。企业无力清偿债务有两种情况:一是企业因严重亏损而无力清偿,二是企业虽能获取利润,但是由于资产流动性较差,陷入财务困境而无力偿债。偿付债务约束一般是针对第二种情况而言的。因此,在现金流量严重短缺的情况下,企业不得向股东发放现金股利,而置债权人的合法权益于不顾。

2. 企业自身因素

企业自身因素是指企业内部的各种因素及其面临的各种环境、机会对其股利政策所造成的影响。主要包括以下因素:

(1) 资产的流动性。资产流动性是制约现金股利发放的重要因素之一,股利发放的规模取决于可供分配的利润,但同时又受企业当期可供支配的现金的约束。利润和现金是两个不同的概念,实现利润并不一定能带来现金流量的增加,如果企业资产有较强的变现能力,现金周转流畅,则其股利支付能力较强;相反,如果企业资产的流动性较差,现金严重短缺,如果仍强行支付股利,会使得企业经营资金周转失灵,偿债能力下降,从而影响企业正常经营活动的开展。

(2) 筹资能力。筹资能力对股利政策的影响表现在:企业筹资能力较强,在企业缺乏资金时,能够轻而易举地在资金市场上筹集到资金,则可以采用比较宽松的股利政策;如果举债能力较差,就应当采取比较紧缩的股利政策,少发放现金股利。

(3) 投资机会。企业的投资机会也是影响股利政策的一个非常重要的因素。在企业有良好的投资机会时,就会考虑少发放现金股利,从而把大部分利润留存起来进行再投资,这样可以加速企业的发展,增加企业未来的收益。如果企业暂时没有良好的投资机会,企业就会倾向于高股利政策。

(4) 资本结构。目标资本结构的维持和改善是企业制定股利政策必须考虑的重要因素。对于负债比率较高、外部筹资困难的企业来说,盈余的保留可以增加权益资金的比重,有助于企业资金结构的改善,进而增强企业再筹资能力。即使对于那些外部筹资能力较强、投资规模不断扩大的企业来说,保留一定的盈余也有利于企业目标资本结构的维持。此外,留存收益作为内部权益资金筹资的一种方式,同发行新股相比,由于无发行费用,因而筹资成本较低。

3. 股东因素

股利政策必须经过股东大会决议通过才能实施,股东对股利政策具有举足轻重的影响。一般来说,影响股利政策的股东因素主要有以下几个方面:

(1) 股权的稀释。大股东持股比例较高,对企业也有一定的控制权,他们出于对企业控制权可能被稀释的担心,往往倾向于企业少发放现金股利,多留存利润。这是因为,当企业采用高股利政策时,如果遇到合适的投资机会需要筹措资金时,就有可能增加外部筹资,其结果就是以外部筹资方式来代替内部筹资方式。如果企业通过举借新的债务筹集资金,就会增加企业的财务风险;如果通过发行新股筹集资金,则企业现有大股东就需按照现有股权比例出资认购新股,当现有股东不能足额认购新股时,股东对企业的控制权就可能被稀释,这种情况是大股东所不愿接受的,大股东如果拿不出足够的现金认购新股并保持股权比例,他们宁愿不分配现金股利。

(2) 股东对投资收益的偏好。股东的投资收益可分为股利收入和资本利得收益。不同的股东对投资收益的偏好是不同的。按照税法的规定,政府对企业征收所得税后,还要对股东分得的股息、红利征收个人所得税。各国的税率有所不同,有的国家个人所得税采用累进税率,边际税率很高。因此,高收入阶层的股东为了避税往往倾向于企业少发甚至不发现金股利。而低收入阶层的股东往往要依靠稳定的股利维持生活,而且适用的边际税率较低,因而该部分投资者希望企业能支付稳定且比较高的股利。另外一个很重要的原因就是股利收入和资本利得收益的适用税率不同,目前普遍来说,各国政府对资本利得收益的税率仍然低于股利收入的税率。我国目前对股利收入征收20%的个人所得税,而对资本利得免收个人所得税。

(3) 股东的投资机会。如果股东有较好的投资机会,则该股东期望企业发放较高的股利;如果股东投资于其他项目的预期报酬率低于企业的预期投资报酬率,那么股利的发放对股东财富的增加没有任何好处,应少发放股利。

(二) 股利政策的类型

企业经常采用的股利政策主要有以下几种:

1. 剩余股利政策

企业当期实现的利润可以用于股利的发放,也可以用于满足企业投资机会所需资金。剩余股利政策是指企业生产经营所获得的税后利润首先应较多地考虑满足企业有利可图的投资项目的需要,即增加资本或公积金,只有当增加的资本额达到预定的目标资本结构(最佳资本结构)后,如果有剩余,再派发股利;如果没有剩余,则不派发股利。剩余股利政策的依据是股利无关论。

采用剩余股利政策时,应遵循四个步骤:

(1) 设定目标资本结构,即确定权益资本与债务资本的比率,在此资本结构下,加权平均资本成本将达到最低水平。

(2) 确定目标资本结构下投资所需的股东权益数额。

(3) 最大限度地使用保留盈余来满足投资方案所需的权益资本数额。

(4) 投资方案所需权益资本已经满足后若有剩余盈余,再将其作为股利发放给股东。

剩余股利政策的优点是充分利用留存收益这一筹资成本最低的资金来源,保持理想的资本结构,使综合资本成本最低,实现企业价值的长期最大化。其缺陷表现在:完全遵照执行剩余股利政策,将使股利发放额每年随投资机会和盈利水平的波动而波动,不利于投资者安排收入与支出,也不利于企业树立良好的形象。剩余股利政策一般适用于企业初创阶段。

【例9-16】 某公司上年税后利润600万元,今年年初公司讨论决定股利分配的数额。预计今年需要增加投资资本800万元。公司的目标资本结构是权益资本占60%,债务资本占40%,今年继续保持。公司采用剩余股利政策。筹资的优先顺序是留存利润、借款和增发股份。问:公司应分配多少股利?

$$\text{利润留存} = 800 \times 60\% = 480(\text{万元})$$

$$\text{股利分配} = 600 - 480 = 120(\text{万元})$$

2. 固定股利政策

固定股利政策是企业将每年派发的股利额固定在某一特定水平上,然后在一段时间内不论企业的盈利情况和财务状况如何,派发的股利额均保持不变。只有当企业对未来利润增长确有把握,并且这种增长被认为不会发生逆转时,才增加每股股利额。采用该政策的依据是股利相关论。

这种策略对企业而言有如下优点:

(1) 稳定的股利向市场传递着公司正常发展的信息,有利于树立公司良好形象,增强投资者对公司的信心,稳定股票的价格。

(2) 稳定的股利额有利于投资者安排股利收入和支出,特别是对那些对股利有着很高依赖性的股东更是如此。而股利忽高忽低的股票,则不会受这些股东的欢迎,股票价格会因此而下降。

(3) 稳定的股利政策可能会不符合剩余股利理论,但考虑到股票市场会受到多种因素的影响,其中包括股东的心理状态和其他要求,因此为了使股利维持在稳定的水平上,即使推迟某些投资方案或者暂时偏离目标资本结构,也可能要比降低股利或降低股利增长率更为有利。

这种策略对企业而言的主要缺陷表现为:

(1) 企业股利支付与企业盈利相脱离,造成投资的风险与投资的收益不对称。

(2) 由于企业盈利较低时仍要支付较高的股利,容易引起企业资金短缺,导致财务状况恶化,甚至侵蚀企业留存收益和企业资本。

固定股利政策一般适用于经营比较稳定或正处于成长期、信誉一般的企业,但该政策很难被长期采用。

3. 固定股利支付率政策

固定股利支付率政策是企业确定固定的股利支付率,并长期按此比率从净利润中支付股利的政策。固定股利支付率政策的理论依据是股利相关论。

固定股利支付率政策的优点是:

(1) 使股利与企业盈余紧密结合,以体现多盈多分、少盈少分、不盈不分的原则。

(2) 由于企业的盈利能力在年度间是经常变动的,因此每年的股利也应随着企业收益的变动而变动,保持股利与利润间的一定比例关系,体现投资风险与收益的对等。

固定股利支付率政策的不足之处是:

(1) 由于股利波动容易使外界产生企业经营不稳定的印象,企业财务压力较大,不利于股票价格的稳定与上涨。

(2) 企业每年按固定比例从净利润中支付股利,缺乏财务弹性。

(3) 确定合理的固定股利支付率难度很大。

固定股利支付率政策只能适用于稳定发展的企业和企业财务状况较稳定的阶段。

4. 低正常股利加额外股利政策

低正常股利加额外股利政策是企业事先设定一个较低的经常性股利额,一般情况下,企业每期都按此金额支付正常股利,只有企业盈利较多时,再根据实际情况发放额外股利。低正常股利加额外股利政策的依据是股利相关论。

这种股利政策的优点是:

(1) 低正常股利加额外股利政策具有较大的灵活性。由于平常股利发放水平较低,故在企业净利润很少或需要将相当多的净利润留存下来用于再投资时,企业仍旧可以维持既定的股利发放水平,避免股价下跌的风险;而企业一旦拥有充裕的现金,就可以通过发放额外股利的方式，将其转移到股东的手中，也有利于股价的提高。

（2）它既可以在一定程度上维持股利的稳定性，又有利于企业的资本结构达到目标资本结构，使其灵活性与稳定性较好地相结合，因而为许多企业所采用。

低正常股利加额外股利政策的缺点是：

（1）股利派发仍然缺乏稳定性，额外股利随盈利的变化而变化，时有时无，给人漂浮不定的印象。

（2）如果企业较长时期一直发放额外股利，股东就会误认为这是正常股利，一旦取消，极易造成企业“财务状况”逆转的负面影响，股价下跌在所难免。

上面所介绍的几种股利政策中，固定股利政策和低正常股利加额外股利政策是被企业普遍采用，并为广大的投资者所认可的两种基本政策。企业在进行利润分配时，应充分考虑各种政策的优缺点和企业的实际情况，选择合适的股利分配政策。

（三）股利支付的形式及程序

股利分配方案的确定，主要是考虑确定以下两个方面的内容：第一，确定股利支付形式，即确定合适的股利分配形式；第二，确定股利发放的日期。

1. 股利支付形式

股份有限企业支付股利的基本形式主要有现金股利和股票股利。

（1）现金股利。现金股利是企业以现金的形式发放给股东的股利。发放现金股利的多少主要取决于企业的股利政策和经营业绩。上市企业发放现金股利主要出于三个原因：投资者偏好、减少代理成本和传递企业的未来信息。

企业采用现金股利形式时，必须具备两个基本条件：第一，企业要有足够的未指明用途的留存收益（未分配利润）；第二，企业要有足够的现金。一般说来，现金流入超出现金流出的余额越多，现金的可调剂头寸与机动弹性也就越大，也就越有能力支付较高的现金股利。相反，当企业的现金头寸吃紧时，企业为了保证应付意外情况的机动性，通常是不愿意也不应当承受太大的财务风险而动用现金支付巨额的股利。

（2）股票股利。股票股利是指企业以股票形式发放的股利，即按股东股份的比例发放股票作为股利的一种形式。

当企业注册资本尚未足额投入时，企业可以以股东认购的股票作为股利支付，也可以发行新股支付股利。实际操作过程中，有的企业增资发行新股时，预先扣除当年应分配股利，减价配售给老股东；也有的发行新股时进行无偿增资配股，即股东不须缴纳任何现金和实物，即可取得企业发行的股票。发放股票股利又称为送股或送红股。

发放股票股利的优点主要有：第一，企业发放股票股利可免付现金，保留下来的现金可用于追加投资，扩大企业经营，同时减少筹资费用；第二，股票变现能力强，易流通，股东乐于接受；第三，可传递企业未来经营绩效的信号，增强经营者对企业未来的信心；第四，便于今后配股融通更多资金和刺激股价。

股票股利不会引起企业资产的流出或负债的增加，而只涉及股东权益内部结构的调整，即在减少未分配利润项目金额的同时，增加企业股本额，同时还可能引起资本公积的增减变化，而股东权益总额并不改变。发放股票股利会因普通股股数的增加而引起每股盈余的下降,每股市价有可能因此而下跌,但发放股票股利后股东所持股份比例并未改变,因此每位股东所持股票的市场价值总额仍能保持不变。

2. 股利发放程序

股份企业分配股利必须遵循法定的程序,先由董事会提出分配预案,然后提交股东大会审议,股东大会决议通过分配预案之后,向股东宣布发放股利的方案,并确定股权登记日、除息(或除权)日和股利支付日等。制定股利政策时必须明确以下日期界限:

(1) 股利宣告日,即企业董事会将股利支付情况予以公告的日期。公告中将宣布每股股利、股权登记日、除息日和股利支付日等事项。我国的股份企业通常一年派发一次股利,也有在年中派发中期股利的。

(2) 股权登记日,即有权领取股利的股东资格登记截止日期。只有在股权登记日前在企业股东名册上有名的股东,才有权分享股利。证券交易所的中央清算登记系统为股权登记提供了很大的方便,一般在营业结束的当天即可打印出股东名册,作为企业以后向股东支付股利的依据。

(3) 除息(除权)日,指除去股利的日期,即指领取股利的权利与股票相互分离的日期。在除息日前,股利权从属于股票,持有股票者即享有领取股利的权利;从除息日开始,股利权与股票相分离,新购入股票的人不能分享股利。通常在除息日之前进行交易的股票,其价格高于在除息日之后进行交易的股票价格,其原因主要在于前种股票的价格包含应得的股利收入在内。

(4) 股利支付日,即向股东正式发放股利的日期。

六、股票股利和股票分割

(一) 股票股利

股票股利是公司以发放的股票作为股利的支付方式。股票股利并不直接增加股东的财富,不导致公司资产的流出或负债的增加,因而不是公司资金的使用;同时,也并不因此而增加公司的财产,但会引起所有者权益各项目的结构发生变化。

【例 9-17】 某公司在发放股票股利前,股东权益情况如表 9-7 所示。

表 9-7 发放股票股利前的股东权益 单位:元

项目	金额
普通股(面额 1 元,已发行 200 000 股)	200 000
资本公积	400 000
未分配利润	2 000 000
股东权益合计	2 600 000

假定该公司宣布发放 10% 的股票股利,即发放 20 000 股普通股股票,并规定现有股东每持 10 股可得 1 股新发放股票。若该股票当时市价 20 元,随着股票股利的发放,需从"未分配利润"项目划转出的资金为:

$$20 \times 200\ 000 \times 10\% = 400\ 000(\text{元})$$

由于股票面额(1 元)不变,发放 20 000 股普通股,只应增加“普通股”项目 20 000 元。其余的 380 000 元(400 000 − 20 000)应作为股票溢价转至“资本公积”项目,而公司股东权益总额保持不变。发放股票股利后,公司股东权益各项目如表 9-8 所示。

表 9-8　发放股票股利后的股东权益　　单位:元

项目	金额
普通股(面额 1 元,已发行 220 000 股)	220 000
资本公积	780 000
未分配利润	1 600 000
股东权益合计	2 600 000

可见,发放股票股利不会对公司股东权益总额产生影响,但会发生资金在各股东权益项目间的再分配。需要指出的是,【例 9-17】中以市价计算股票股利价格的做法,是很多西方国家所通行的;除此之外,也有的按股票面值计算股票股利价格,如我国目前即采用这种做法。

发放股票股利后,如果盈利总额和市盈率不变,会由于普通股股数增加而引起每股收益和每股市价的下降;但又由于股东所持股份的比例不变,每位股东所持股票的市场价值总额仍保持不变。

【例 9-18】　假定上述公司本年盈余为 440 000 元,某股东持有 20 000 股普通股。假设市盈率不变,发放股票股利对该股东的影响如表 9-9 所示。

表 9-9　发放股票股利对股东的影响　　单位:元

项目	发放前	发放后
每股收益(EPS)	440 000 ÷ 200 000 = 2.2	440 000 ÷ 220 000 = 2
每股市价	20	20 ÷ (1 + 10%) = 18.18
持股比例	(20 000 ÷ 200 000) × 100% = 10%	(22 000 ÷ 220 000) × 100% = 10%
所持股总价值	20 × 20 000 = 400 000	18.18 × 22 000 = 400 000

发放股票股利对每股收益和每股市价的影响,可以通过对每股收益、每股市价的调整直接算出:

$$\text{发放股票股利后的每股收益} = \frac{E_0}{1 + D_s}$$

式中,E_0 表示发放股票股利前的每股收益;D_s 表示股票股利发放率。

$$\text{发放股票股利后的每股市价} = \frac{M}{1 + D_s}$$

式中,M 表示股利分配权转移日的每股市价;D_s 表示股票股利发放率。

依【例 9-18】的资料,有:

$$\text{发放股票股利后的每股收益} = \frac{2.2}{1 + 10\%} = 2(\text{元})$$

$$发放股票股利后的每股市价=\frac{20}{1+10\%}=18.18(元)$$

尽管股票股利不直接增加股东的财富,也不增加公司的价值,但对股东和公司都有特殊意义。

1. 股票股利对股东的意义

(1) 有时公司发放股票股利后其股价并不成比例下降;一般在发放少量股票股利(如2%—3%)后,大体不会引起股价的立即变化。这可使股东得到股票价值相对上升的好处。

(2) 发放股票股利通常由成长中的公司所为,因此投资者往往认为发放股票股利预示着公司将会有较大发展,利润将大幅度增长,足以抵消增发股票带来的消极影响。这种心理会使股价稳定甚至略有上升。

(3) 在股东需要现金时,还可以将分得的股票股利出售,有些国家税法规定出售股票所需交纳的资本利得(价值增值部分)税率比收到现金股利所需交纳的所得税税率低,这使得股东可以从中获得纳税上的好处。

2. 股票股利对公司的意义

(1) 发放股票股利可使股东分享公司的盈余而无须分配现金,这使公司留存了大量现金,便于进行再投资,有利于公司长期发展。

(2) 在盈余和现金股利不变的情况下,发放股票股利可以降低每股价值,从而吸引更多的投资者。

(3) 发放股票股利往往会向社会传递公司将会继续发展的信息,从而提高投资者对公司的信心,在一定程度上稳定股票价格。但在某些情况下,发放股票股利也会被认为是公司资金周转不灵的征兆,从而降低投资者对公司的信心,加剧股价的下跌。

(4) 发放股票股利的费用比发放现金股利的费用大,会增加公司的负担。

(二) 股票分割

股票分割是指将面额较大的股票交换成面额较小的股票的行为。例如,将原来的一股股票交换成两股股票。股票分割不属于某种股利方式,但其所产生的效果与发放股票股利近似,因而在此一并介绍。

股票分割时,发行在外的股数增加,使得每股面额降低,每股盈余下降;但公司价值不变,股东权益总额、权益各项目的金额及其相互间的比例也不会改变。这与发放股票股利时的情况既有相同之处,又有不同之处。

【例 9-19】 某公司原发行面额 2 元的普通股 200 000 股,若按 1 股换成 2 股的比例进行股票分割,分割前、后的股东权益项目如表 9-10、表 9-11 所示。

表 9-10 股票分割前的股东权益 单位:元

项目	金额
普通股(面额 2 元,已发行 200 000 股)	400 000
资本公积	800 000

（续表）

项目	金额
未分配利润	4 000 000
股东权益合计	5 200 000

表 9-11　股票分割后的股东权益　　单位:元

项目	金额
普通股(面额 1 元,已发行 400 000 股)	400 000
资本公积	800 000
未分配利润	4 000 000
股东权益合计	5 200 000

股票分割前后每股收益计算如下:假定公司本年净利润 440 000 元,那么股票分割前的每股收益为 2.2 元(440 000 ÷ 200 000)。

假定股票分割后公司净利润不变,分割后的每股收益为 1.1 元,每股市价也会因此而下降。

从实践效果看,由于股票分割与股票股利非常接近,所以一般要根据证券管理部门的具体规定对两者加以区分。例如,有的国家证券交易机构规定,发放 25% 以上的股票股利即属于股票分割。

对于公司来讲,实行股票分割的主要目的在于通过增加股票股数降低每股市价,从而吸引更多的投资者。此外,股票分割往往是成长中公司的行为,所以宣布股票分割后容易给人一种“公司正处于发展之中”的印象,这种有利信息会对公司有所帮助。

对于股东来讲,股票分割后各股东持有的股数增加,但持股比例不变,持有股票的总价值不变。不过,只要股票分割后每股现金股利的下降幅度小于股票分割幅度,股东仍能多获现金股利。例如,假定某公司股票分割前每股现金股利 2 元,某股东持有 100 股,可分得现金股利 200 元(2 × 100);公司按 1 换 2 的比例进行股票分割后,该股东股数增为 200 股(100 × 2),若现金股利降为每股 1.1 元,则该股东可得现金股利 220 元(1.1 × 200),仍大于其股票分割前所得的现金股利。另外,股票分割向社会传播的有利信息和降低了的股价,可能导致购买该股票的人数增加,使其价格上升,进而增加股东财富。

尽管股票分割与发放股票股利都能达到降低公司股价的目的,但一般来讲,只有在公司股价暴涨且预期难以下降时,才采用股票分割的办法降低股价;而在公司股价上涨幅度不大时,往往通过发放股票股利将股价维持在理想的范围之内。

相反,若公司认为自己股票的价格过低,为了提高股价,会采取反分割(也称股票合并)的措施。反分割是股票分割的相反行为,即将数股面额较低的股票合并为一股面额较高的股票。例如,若上例中原面额 2 元、发行 200 000 股、市价 20 元的股票,按 2 股换成 1 股的比例进行反分割,该公司的股票面额将成为 4 元,股数将成为 100 000 股,市价也将上升。

第四节 税务规划及评价

企业税务规划是指在法律规定许可的范围内,通过对经营、投资等理财活动的事先筹划和安排,以达到节约税款支付或者延缓税款支付(即节税)的一系列行为的总称。其要点在于合法性、筹划性和目的性。企业税务规划是企业财务会计人员在企业经济活动中,在遵守国家税法的前提下,利用税法的缺陷和税基税率的差异性进行减轻税负或者解除税务的实践活动。其产生与发展是市场经济体制和现代企业制度的不断完善与发展的必然。下面具体介绍几个税种。

一、增值税

增值税是以商品生产流通和劳务服务的各环节所产生的增值额为征税对象的一种流转税。

(一) 增值税的计算

1. 一般纳税人应纳税额的计算

纳税人销售货物或者提供应税劳务,应纳税额为当期销项税额减去当期进项税额后的余额。计算公式为:

$$应纳税额 = 当期销项税额 - 当期进项税额$$

(1) 销项税额的计算。销项税额是纳税人销售货物或者提供应税劳务,按照销售额和规定的税率计算并向购买方收取的增值税税额。它包含两层含义:其一,销项税额是销售方向购买方收取的;其二,销项税额是通过计算得出的。其计算公式为:

$$销项税额 = 销售额 \times 税率 = \frac{含税销售额}{1 + 税率} \times 税率$$

(2) 进项税额的确认与计算。进项税额是纳税人购进货物或者接受应税劳务所支付或负担的增值税税额。税法准予抵扣的进项税额为:①从销售方取得的增值税发票上注明的增值税税额。②从海关取得的完税凭证上注明的增值税税额。③通过计算得出的进项税额。例如,纳税人向农业生产者或小规模纳税人购买免税农产品,按照买价和13%的扣除率计算进项税额;纳税人外购和销售货物所支付的运输费用,根据运费结算清单所列运费金额,按7%的扣除率计算进项税额;纳税人从废旧物资回收经营单位购进的废旧物资,可根据发票上注明的支付金额,按10%的扣除率计算进项税额。

税法规定进项税额的抵扣时限为:①工业企业购进货物,包括外购货物支付的运费,其进项税额的抵扣时限为纳税人购进的货物已验收入库;②商业企业购进货物,包括外购货物支付的运费,其进项税额的抵扣时限为货款已经全部支付;③一般纳税人购进应税劳务的,其进项税额的抵扣时限为劳务款项已全部支付。

税法规定不准从销项税额中抵扣的进项税额为：①未按规定取得增值税扣税凭证的；②增值税扣税凭证上未按照规定注明增值税税额及有关事项的；③用于非应税项目的购进货物或者应税劳务；④用于免税项目的购进货物或者应税劳务；⑤用于集体福利或者个人消费的购进货物或者应税劳务；⑥非正常损失的购进货物；⑦非正常损失的在产品、产成品所耗用的购进货物或者应税劳务。

上述规定中，非应税项目是指应纳营业税的项目；非正常损失是指生产经营过程中正常损耗外的损失，包括自然灾害损失，因管理不善造成货物被盗、发生霉烂变质等损失，以及其他非正常损失；对第③至⑦项情况，纳税人应将进项税额直接计入有关科目；如果事先不知道其用途，前期已抵扣进项税额，应将其进项税额从当期进项税额中扣减；纳税人兼营免税项目或非应税项目而无法准确划分抵扣的进项税额的，按下列公式计算不得抵扣的进项税额：

$$\text{不得抵扣的进项税额} = \text{当月全部进项税额} \times \frac{\text{当月免税项目销售额非应税项目营业额合计}}{\text{当月全部销售额营业额合计}}$$

2. 小规模纳税人应纳税额的计算

小规模纳税人销售货物或提供应税劳务，采用简易办法计算其应纳税额，即按照销售额和规定的征收率计算应纳税额。其计算公式为：

$$\text{应纳税额} = \text{销售额} \times \text{征收率}$$

式中，征收率为3%。

3. 纳税人进口货物应纳税额的计算

纳税人进口货物，按照组成计税价格和规定的税率计算应纳税额，不得抵扣任何税额。其计算分为两种情况：

（1）进口的货物，不属于应征消费税的，其计算公式为：

$$\text{应纳税额} = (\text{关税完税价格} + \text{关税}) \times \text{税率}$$

（2）进口的货物，属于应征消费税的，其计算公式为：

$$\text{应纳税额} = (\text{关税完税价格} + \text{关税} + \text{消费税}) \times \text{税率}$$

（二）增值税的缴纳

1. 增值税纳税义务发生时间

增值税纳税义务发生时间是指增值税纳税人、扣缴义务人发生应税、扣缴税款行为应承担纳税义务、扣缴义务的起始时间。增值税纳税义务发生时间分为两种情况：一是销售货物或者应税劳务的纳税义务发生时间，为收讫销售款或取得索取销售款凭据的当天；二是进口货物的纳税义务发生时间为报关进口的当天。按销售结算方式的不同，纳税义务的发生时间具体规定如下：

（1）采取直接收款方式销售货物，不论货物是否发出，均为收到销售额或取得索取销售额的凭据，并将提货单交给买方的当天。

（2）采取托收承付和委托银行收款方式销售货物，为发出货物并办妥托收手续的当天。

（3）采取赊销和分期收款方式销售货物，为按合同约定的收款日期的当天。

(4) 采取预收货款方式销售货物,为货物发出的当天。

(5) 委托其他纳税人代销货物,为收到代销单位销售的代销清单的当天。

(6) 销售应税劳务,为提供劳务同时收讫销售额或取得索取销售额凭据的当天。

(7) 纳税人发生按规定视同销售货物行为(委托他人代销、销售代销货物除外),为货物移送的当天。

2. 增值税的纳税地点

(1) 固定业户应当向其机构所在地主管税务机关申报纳税。总机构和分支机构不在同一县(市)的,应当分别向各自所在地主管税务机关申报纳税;经国家税务总局或其授权的税务机关批准,可以由总机构汇总向总机构所在地主管税务机关申报纳税。

(2) 固定业户到外县(市)销售货物的,应当向其机构所在地主管税务机关申请开具外出经营活动税务管理证明,向其机构所在地主管税务机关申报纳税。未持有机构所在地主管税务机关核发的外出经营活动税务管理证明,到外地(市)销售货物或者应税劳务的,应当向销售地主管税务机关申报纳税;未向销售地主管税务机关申报纳税的,由其机构所在地主管税务机关补征税款。

(3) 非固定业户销售货物或者应税劳务,应当向销售地主管税务机关申报纳税。

(4) 进口货物,应当由进口人或其代理人向报关地海关申报纳税。

3. 增值税的纳税期限

增值税的纳税期限分别为1日、3日、5日、10日、15日或者1个月。纳税人的具体纳税期限,由主管税务机关根据纳税人应纳税额的大小分别核定;不能按照固定期限纳税的,可以按次纳税。增值税报缴税款的期限有以下几种形式:

(1) 以1个月为一期纳税的,自期满之日起10日内申报纳税;以1日、3日、5日、10日、15日为一期纳税的,自期满之日起5日内预缴税款,次月1日至10日内申报纳税,并结清上月应纳税款。

(2) 纳税人进口货物,应当自海关填发税款缴纳凭证之日起15日内缴纳税款。

(3) 纳税人出口货物,应当按月向税务机关申报办理该项出口货物退税。

4. 增值税的免税规定

增值税具有链条机制的特点,即上一环节销售时向下一环节收取的税金,是下一环节的进项税额,下一环节计算增值税时可以将进项税额从本环节所发生的销项税额中扣除。这样,一环套一环,环环相扣,形成了增值税特有的链条机制。因此,增值税的这种内在机制是排斥免税的。但为了体现产业政策,我国增值税法律制度规定了增值税的免税项目,其内容主要有:农业生产者销售的自产农业产品,避孕药品和用具,古旧图书,直接用于科学研究、科学试验和教学的进口仪器、设备,外国政府、国际组织无偿援助的进口物资和设备,来料加工、来件装配和补偿贸易所需进口的设备,由残疾人组织直接进口供残疾人专用的物品等。

二、消费税

(一) 消费税的计算

1. 消费税销售额和销售数量的确定

(1) 从价定率征税的销售额的确定

实行从价定率征税的应税消费品,其计税依据是含消费税而不含增值税的销售额。

① 销售应税消费品销售额的确定。应税消费品销售额,是纳税人销售应税消费品向购买方收取的全部价款和价外费用。价外费用是指价外收取的基金、集资费、返还利润、补贴、违约金(延期付款利息)和手续费、包装费、储备费、优质费、运输装卸费、代收款项、代垫款项,以及其他各种性质的价外收费。无论其是否属于纳税人的收入,均应并入销售额计算征税。

价外费用不包括下列项目:向购买方收取的增值税税款;同时符合下列条件的代垫运费:一是承运部门的运费发票开具给购货方,二是纳税人将各项发票转交给购货方。

纳税人销售的应税消费品,以外汇结算销售额的,其销售额的人民币折合率可以选择结算的当天或者当月 1 日中国人民银行公布的外汇牌价(原则上为中间价)。纳税人应在事先确定采取何种折合率,确定后 1 年内不得变更。

根据不同情况,销售额的计算还有以下具体规定:

第一,应税消费品的销售额中未扣除增值税税款或因不得开具增值税专用发票,发生价款和增值税税款合并收取的,在计算消费税时,应当换算为不含增值税税款的销售额。其换算公式为:

$$\text{应税消费品的销售额}=\frac{\text{含增值税的销售额}}{1+\text{增值税税率或征收率}}$$

第二,应税消费品连同包装物销售的,无论包装物是否单独计价,也不论在会计上如何核算,均应并入应税消费品的销售额中征收消费税。如果包装物不作价随同产品销售,而是收取押金的,此项押金则不应并入应税消费品的销售额中征税。但对因逾期未收回的包装物不再退还的和已收取的 1 年以上的押金,应并入应税消费品的销售额,按照应税消费品的适用税率征收消费税。对酒类产品生产企业销售酒类产品而收取的包装物押金,无论押金是否返还,会计上如何核算,均需并入酒类产品销售额中,依酒类产品的适用税率征收消费税。

第三,对包装物既作价随同应税消费品销售,又另外收取押金并在规定的期限内未予退还的押金,应并入应税消费品的销售额,按照应税消费品的适用税率征收消费税。

② 自产自用应税消费品销售额的确定。纳税人自产自用的应税消费品,用于连续生产应税消费品的,即作为生产最终应税消费品的直接材料,并构成最终应税消费品实体的,不缴纳消费税;用于其他方面的,即用于生产非应税消费品和在建工程、管理部门、非生产机构、提供劳务,以及用于馈赠、赞助、集资、广告、样品、职工福利、奖励等方面的应税消费品,应缴纳消费税。其计税依据为纳税人生产的同类消费品的销售价格,即纳税人当月销售的同类消费品的销售价格。如果当月无销售或当月未完结,则应将同类消费

品上月或最近月份的销售价格作为同类产品的销售价格；没有同类消费品销售价格的，以组成计税价格为计税依据。其计算公式为：

$$组成计税价格=\frac{成本+利润}{1-消费税税率}$$

$$=\frac{成本\times(1+成本利润率)}{1-消费税税率}$$

式中，成本是指应税消费品的产品成本；利润是指根据应税消费品的全国平均成本利润率计算的利润。应税消费品的全国平均成本利润率由国家税务总局确定。具体规定如下：适用平均成本利润率为5%的应税消费品有乙类卷烟、雪茄烟、烟丝、薯类白酒、其他酒、酒精、化妆品、护肤护发品、鞭炮、焰火、汽车轮胎、小客车等；适用平均成本利润率为6%的应税消费品有贵重首饰及珠宝玉石、摩托车、越野车等；适用平均成本利润率为8%的应税消费品有小轿车；适用平均成本利润率为10%的应税消费品有甲类卷烟、粮食白酒等。

③ 委托加工应税消费品销售额的确定。委托加工的应税消费品是指由委托方提供原料和主要材料，受托方只收取加工费和代垫部分辅助材料加工的应税消费品。委托加工应税消费品是生产应税消费品的另一种形式，应纳入消费税的计征范围。委托加工的应税消费品，如果受托方有同类消费品销售价格的，按照受托方同类消费品的销售价格计算纳税；没有同类消费品销售价格的，按组成计税价格计算纳税。计算公式为：

$$组成计税价格=\frac{材料成本+加工费}{1-消费税税率}$$

式中，材料成本是指委托方所提供加工材料的实际成本。委托加工应税消费品的纳税人，必须在委托加工合同上注明（或以其他方式提供）材料成本；凡未提供材料成本的，受托方所在地主管税务机关有权核定其材料成本。加工费是指受托方加工应税消费品向委托方所收取的全部费用（包括代垫辅助材料的实际成本）。对于由受托方提供原材料生产的应税消费品，或者受托方先将材料卖给委托方，然后再接受加工的应税消费品，以及由受托方以委托方名义购进原材料生产的应税消费品，不论纳税人在会计上是否作销售处理，都不得作为委托加工应税消费品，而应当按照销售自制应税消费品缴纳消费税。

④ 进口应税消费品组成计税价格的确定。进口应税消费品实行从价定率办法计算应纳税额的，按照组成计税价格计算纳税。其计算公式为：

$$组成计税价格=\frac{关税完税价格+关税}{1-消费税税率}$$

⑤ 纳税人应税消费品销售价格明显偏低又无正当理由的，由主管税务机关核定其计税价格。

（2）从量定额征税的销售额的确定

实行从量定额征税的应税消费品，其计税依据是销售应税消费品的实际销售数量。其中，自产自用应税消费品的计税依据，为应税消费品的移送使用数量；委托加工应税消费品的计税依据，为纳税人收回的应税消费品数量；进口的应税消费品的计税依据，为海关核定的应税消费品进口征税数量。

实行从量定额办法计算应纳税额的应税消费品，计量单位的换算标准规定如下：

啤酒 1 吨 = 988 升

黄酒 1 吨 = 962 升

汽油 1 吨 = 1 388 升

柴油 1 吨 = 1 176 升

（3）复合计税方法征税的销售额和销售数量的确定

实行从价定率与从量定额相结合的复合计税方法征税的应税消费品，其销售额是指不含增值税的销售额；其销售数量为实际销售数量。

2. 消费税应纳税额的计算

（1）从价定率征收的计算

应纳税额 = 应税消费品销售额或组成计税价格 × 消费税税率

（2）从量定额征收的计算

应纳税额 = 应税消费品销售数量 × 消费税单位税额

（3）复合计税的计算

应纳税额 = 应税消费品销售数量 × 消费税单位税额 + 应税消费品销售额或组成计税价格 × 消费税税率

3. 外购和委托加工收回的应税消费品的税务处理

根据税法规定，外购和委托加工收回下列应税消费品，用于连续生产应税消费品的，对外购应税消费品已缴纳的消费税税款或者委托加工收回的应税消费品（原料），由受托方代收代缴的消费税税款，准予从应纳消费税税额中抵扣：

（1）以外购和委托加工收回的已税烟丝为原料生产的卷烟；

（2）以委托加工收回的已税酒和酒精为原料生产的酒，包括用已税白酒加浆降度，用已税的不同品种的白酒勾兑的白酒，用曲香、香精对已税白酒进行调香、调味以及散装白酒装瓶出售等；

（3）以外购和委托加工收回的已税化妆品为原料生产的化妆品；

（4）以外购和委托加工收回的已税护肤护发品为原料生产的护肤护发品；

（5）以外购和委托加工收回的已税珠宝玉石为原料生产的贵重首饰及珠宝玉石；

（6）以外购和委托加工收回的已税鞭炮、焰火为原料生产的鞭炮、焰火；

（7）以外购和委托加工收回的已税汽车轮胎生产的汽车轮胎；

（8）以外购和委托加工收回的已税摩托车生产的摩托车。

当期准予扣除外购或委托加工收回的应税消费品的已纳消费税税款，应按当期生产领用数量计算。

（二）消费税的缴纳

1. 消费税的纳税义务发生时间

（1）纳税人生产应税消费品，除金银首饰外，均于销售时纳税。根据销售方式和结算方式的不同，其纳税义务发生时间具体规定为：①纳税人采取赊销和分期收款结算方式的,为销售合同规定的收款日期的当天;②纳税人采取预收货款结算方式的,为发出应税消费品的当天;③纳税人采取托收承付和委托银行收款方式销售的应税消费品,为发出应税消费品并办妥托收手续的当天;④纳税人采取其他结算方式,为收讫销售款或者取得索取销售款凭据的当天。

(2) 除铂金首饰在生产环节纳税外,其他金银首饰消费税在生产、批发和进口环节不纳消费税,只在零售环节纳税,其纳税义务发生时间为收讫销货款或取得索取销货款凭据的当天。

(3) 纳税人自产自用的应税消费品,其纳税义务的发生时间,为移送使用的当天。

(4) 委托加工的应税消费品,由受托方向委托方交货时代收代缴消费税款。纳税人委托个体经营者加工的应税消费品,其纳税义务的发生时间,为受托方向委托方交货的当天。

(5) 进口的应税消费品,由报关进口人在报关进口时纳税。其纳税义务的发生时间,为报关进口的当天。

2. 消费税的纳税地点

纳税人销售的应税消费品,以及自产自用的应税消费品,除国务院另有规定外,应当向纳税人核算地主管税务机关申报纳税。纳税人到外县(市)销售或者委托外县(市)代销自产应税消费品的,应于应税消费品销售后回纳税人核算地或所在地缴纳消费税。

对纳税人的总机构与分支机构不在同一省(自治区、直辖市),需改由总机构汇总在总机构所在地纳税的,应经国家税务总局批准;对纳税人的总机构与分支机构在同一省(自治区、直辖市)内,而不在同一县(市)的,应在生产应税消费品的分支机构所在地缴纳消费税。如需改由总机构汇总在总机构所在地纳税的,应经省(自治区、直辖市)国家税务局批准。

委托加工的应税消费品,由受托方向所在地主管税务机关缴纳税款。纳税人委托个体经营者加工的应税消费品,于委托方收回后在委托方所在地纳税。

进口的应税消费品,由进口人或者其代理人向报关地海关申报纳税。

3. 消费税的纳税期限

消费税的纳税期限分别为1日、3日、5日、10日、15日或者1个月。纳税人的具体纳税期限由主管税务机关根据纳税人应纳税额的大小分别核定;不能按照固定期限纳税的,可以按次纳税。纳税人以1个月为一期纳税的,自期满之日起10日内申报纳税;以1日、3日、5日、10日或者15日为一期纳税的,自期满之日起5日内预缴税款,于次月1日起10日内申报纳税并结清上月应纳税款;纳税人进口应税消费品,应当自海关填发税款缴纳凭证之日起15日内缴纳税款。

三、营业税

营业税是指对提供应税劳务、转让无形资产和销售不动产的单位和个人,就其取得的营业收入额(销售额)征收的一种流转税。

(一) 营业税的计算

营业税应纳税额的计算公式为:

应纳税额 = 营业额 × 适用税率

（二）营业税的缴纳

1. 营业税的纳税义务发生时间

营业税的纳税义务发生时间，为纳税人收讫销售款或者取得索取销售款凭据的当天。具体为：

（1）纳税人转让土地使用权或者销售不动产，采用预收方式的，其纳税义务发生时间为收到预收款的当天；

（2）纳税人有自建行为的，其纳税义务发生时间为其销售自建建筑物并收讫营业额或者取得索取营业额凭据的当天；

（3）纳税人将不动产无偿赠与他人，其纳税义务发生时间为不动产所有权转移的当天。

2. 营业税的纳税地点

（1）纳税人提供应税劳务，应当向应税劳务发生地主管税务机关申报纳税。

（2）纳税人从事运输业务，应当向其机构所在地主管税务机关申报纳税。

（3）纳税人转让土地使用权，应当向其土地所在地主管税务机关申报纳税；纳税人转让其他无形资产，应当向其机构所在地主管税务机关申报纳税。

（4）纳税人销售不动产，应当向不动产所在地主管税务机关申报纳税。

（5）纳税人提供的应税劳务发生在外县（市），应当向劳务发生地主管税务机关申报纳税；未申报纳税的，由其机构所在地或者居住地主管税务机关补征。

（6）纳税人承包的工程跨省、自治区、直辖市的，向其机构所在地主管税务机关申报纳税。

（7）纳税人在本省、自治区、直辖市范围内发生应税行为，其纳税地点需要调整的，由省、自治区、直辖市人民政府所属税务机关确定。

3. 营业税的纳税期限

营业税的纳税期限分别为 5 日、10 日、15 日或者 1 个月。纳税人的具体纳税期限，由主管税务机关根据纳税人应纳税额的大小分别核定。不能按照固定期限纳税的，可以按次纳税。纳税人以 1 个月为一期纳税的，自期满之日起 10 日内申报纳税；以 5 日、10 日或者 15 日为一期纳税的，自期满之日起 5 日内预缴税款，于次月 1 日起 10 日内申报纳税并结清上月应纳税款。扣缴义务人的解缴税款期限，比照营业税纳税人有关规定执行。

金融业（不包括典当业）的纳税期限为 1 个季度。保险业的纳税期限为 1 个月。

4. 营业税的起征点

为了贯彻合理负担原则，照顾低收入的纳税人，同时考虑到税收征收成本，《营业税暂行条例》及实施细则对纳税人个人取得的属于营业税征收范围的收入金额，规定了起征点。

除另有规定外，按月纳税的起征点为月营业额 200—800 元，按次纳税的起征点为每次（日）营业额 50 元。省、自治区、直辖市人民政府所属税务机关应当在规定的幅度内，根据实际情况确定本地区适用的起征点，并报国家税务总局备案。

纳税人营业额未达到起征点的,免征营业税;超过起征点的,应按其全部营业额计算应纳税额。

此外,对于某些与人民群众生活密切相关的行业,如托儿所、幼儿园、养老院、纪念馆、博物馆、展览馆、图书馆,以及农业机耕、排灌、病虫害防治业务等,国家实行鼓励发展的税收政策,免征营业税。对符合国家规定的民政福利企业、学校办企业,从事社区居民服务业的下岗职工等,可享受一定免税、减税待遇。

四、税务规划的评价

(一) 企业税务规划的可行性

我国长期以来十分忌讳税务规划的理论和实践,其原因是多方面的,主要是将税务规划与偷税漏税混为一谈。从法律意义上讲,税务规划与偷税漏税有着本质的区别。税务规划的前提是遵守国家有关税法。而偷税漏税则是公然违反和践踏税法,并与税法相对抗的行为。在实际工作中,由于人们对税务规划与偷税漏税的概念模糊 ,往往把税务规划等同于偷税漏税,导致不敢问津税务规划。那么,在市场经济条件下,企业进行税务规划究竟可不可行呢? 我们可以从以下两个方面进行分析。

1. 企业税务规划的主观可行性

随着市场经济体制和改革开放的不断深入,企业自主经营权日益扩大,特别是企业逐渐转换经营机制和社会主义市场经济运行机制的确立与发展,企业逐渐成为独立核算、自主经营、自负盈亏的经济实体,这促使企业的自我意识和主体利益观念日益加强。市场经济体制下企业竞争日益激烈,企业的生存和发展的压力不断增大,促使企业经营者的目光紧紧盯在企业效益的高低上。一般而言,价格 = 成本 + 利润 + 税金。在价格、成本这两项因素不变的情况下,利润和税金就是此消彼长的关系。对于商品经营者而言,无论纳税怎样公正、合法,都意味着纳税者直接经济利益的一种损失。在其他条件不变的情况下,企业利润的多少与纳税金额互为消长。上缴的税金多,则企业留利少;上缴的税金少,则企业留利多。在这种经济利益的刺激下,一些企业在努力增加收入和降低成本的同时,也在暗自打偷税漏税的主意。由于传统税务会计是一种事后反映的会计核算方法,是一种在经济业务发生后被动地反映企业税负的方法,所以难以改变企业的纳税事实,不能减轻企业的税负。这就需要会计人员在企业投资决策和经营决策过程中,加强对税法的研究,在不违反税法的前提下进行税务规划,寻求减轻税负的方法,防止企业由于多纳税而流失资金,增加成本费用。由此可见,企业税务规划的根本原因在于经济利益的刺激 ,其目的是实现企业利润最大化。

2. 企业税务规划的客观可行性

(1) 税收法律政策本身的原因。企业政企分开以后,税务关系成为国家与企业的最主要的经济关系。国家主要通过税法改革和利用税收杠杆 ,调节企业的投资行为、经营行为和资金流向,优化资源配置,公平财富分配和保持经济的稳定增长,以弥补市场经济"无形之手"的不足。根据国家税收政策的要求,针对各部门、各行业的不同情况,需要在税收上给予鼓励的 ,可以不征税或是少征税,需要加以限制的,可以多征税。作为纳税人,可以利用税收政策不足来达到合理避税的目的。一方面,纳税人可以通过对自身的调整,避开国家税收政策所要限制的方面,从而达到避税目的;另一方面纳税人可以通过自身的调整,使之具备国家可以给予鼓励政策优惠的条件,从而享受减免税的待遇,以达到避税目的。这两种情况,是税收法律政策正常发挥经济杠杆作用的结果。但任何一项税法政策都不可能是十全十美的。税法政策上的缺陷和漏洞使纳税人的主观避税愿望就有可能通过其不足之处得以实现。一是税收法规不健全、不配套。企业性质不同,税负也不一样,如内资企业、经济特区企业、外商投资企业和高新技术开发区企业的税收政策不同、税率不统一。不同经济成分的税负水平差异很大。这种差异使纳税人可以用来作出有利于减税负的选择,将其利润从高税企业和高税区向低税企业和低税区转移。二是一些税收政策本身不够严密,文件规定本身就有漏洞,使纳税人有空子可钻。三是各地区之间税收政策存在差异,如经济特区、沿海开放城市、高新技术开发区等税收政策就不一致,税负高低不同。纳税人将一部分或全部盈利产品或盈利业务转移到这些地区去,从而达到避税目的。另外,税收征管体系不严密,税务人员素质低也为避税行为的发生提供了可能。由于税收征管改革的步伐迟缓,没有及时适应日益变化的新形势,避税手段和方式日新月异,使得许多跨地区、跨行业、跨所有制的避税行为成为可能。

(2) 价格因素。这实际上是税负转嫁的问题。所谓税负转嫁,是指在商品交易过程中,纳税人通过提高售价或压低进价的方式将税负转给购买者、供应者的一种经济行为。税负转嫁是和价格的升降直接联系在一起的。在我国市场经济体制下,企业作为相对独立的商品生产者和经营者,有着自身独立的经济利益。而课税是对纳税人利益的侵犯,在利益机制的驱动下,企业纳税人必然千方百计地将税负转移给他人。因为转嫁意味着税负的实际承担者不是直接缴纳税款的人,而是他们背后潜在的替代者。税款的直接缴纳者通过转嫁税负给他人,而自己并不承担税负,仅仅是充当了税务部门和实际纳税人的中介和桥梁。由于税负转嫁的基本条件是商品价格的自由浮动。在我国,当我们逐步放开价格调控管理手段后,就为税负转嫁提供了充分条件,开拓了广阔空间,同时税负转嫁的合法性也为税务规划提供了可能。

(3) 法制观念的加强。税收是我国财政收入的重要来源。近几年我国企业偷税漏税现象已达到非常严重的程度。面对这种情况,政府采取的措施是严厉制裁,轻则补税罚款,重则诉诸法律。这使得一部分纳税者清醒地认识到经济上的处罚和名誉上的损失要远远大于偷税漏税带来的收益。一些经营者与纳税人已经体会到了合法避税给他们带来的好处,使他们更致力于对税收政策的研究,不断提高自身素质,寻求更新的避税方式与途径。

综上所述,由于纳税人追求更大利润的主观愿望和税收法规以及经济生活中存在的漏洞和弊端,使得企业税务规划成为可能。当然税务规划不可避免地会带来负面影响。它会减少国家税收,减少国家财政收入,破坏税法的严肃性,腐蚀纳税人依法纳税的自觉性,不利于国家的宏观经济调控。

(二) 企业税务规划的积极作用

1. 税务规划有助于抑制偷漏税行为

人们减少税负的动机是客观存在的。其行为方式或是避税或是偷逃税,两者择一而用。人们如能用合法的手段达到减轻税负的目的,又怎会冒触犯法律之危险,用非法或违法的手段去实现减轻税负的目的呢？显然，税务规划的理论和实践，有助于抑制偷漏税行为。

2. 税务规划有助于强化企业法律意识

偷税漏税行为的存在，原因之一是纳税人不懂得区分税务规划和偷税漏税的界限，不理解或者不熟悉税法，甚至采取公然蔑视税法的种种措施态度。而税务规划是以遵守税法和拥护税法为前提的，是建立在对税法深刻认识基础之上的。因而，税务规划的理论和实践在减轻企业税负的同时，也强化了企业纳税人的法律意识。

3. 税务规划有助于促进法制的建设

税务规划的方式之一是利用税法的漏洞和缺陷来达到减轻或解除税负的目的。而税务规划的理论与实践的发展有助于揭示税法的漏洞和不完善之处，为税法改革指明了方向，促进税法的不断完善。

4. 税务规划有助于优化产业结构和投资方向

税务规划的方法之一是利用税基税率的差异性来达到减轻税负的目的。而税法中税率的差异，是国家利用税收杠杆来引导纳税人的投资行为，达到调整国民经济结构与生产力布局的重要手段。如国家在实施西部大开发战略中，对西部各省区给予了很多政策优惠，特别是税收优惠。其目的是鼓励和吸引资本投向西部。但如果人们不了解税法或是不熟悉税法中有关税收优惠的政策，不懂得利用税收优惠政策，就会使纳税人的投资行为和资金流向以及经营行为与立法者立法的意图相背离，达不到国家利用税收杠杆调节国民经济结构和发展速度的目的。相反，在税务规划做得比较好的地区企业，尽管纳税人主观上是为了减轻税负，但是在客观上却在国家税收杠杆的作用下，走向了优化产业结构和合理布局生产力的道路。

5. 税务规划有助于提高企业的经营管理水平和会计管理三要素

税务规划首先有助于防止企业因多纳税而使生产经营资金退出循环和周转；其次，有助于减轻企业机会税负，而增加企业机会利润，如在投资收益率相等和证券投资免征所得税的前提下，较之其他投资，企业投资于证券能够减轻机会税负而增加机会利润；最后，有助于降低含税成本而增加企业实际效益。因而，税务规划理论是企业经营管理理论和会计管理理论的重要组成部分。国外一些企业在选择高级财务会计主管人员时，总是将应聘人员的税务规划知识与能力的考核作为人员录用的标准之一。因此，税务规划理论与实践的发展程度，实际上是衡量企业经营管理水平和会计管理水平的重要标志。

【本章小结】

本章讲授了收益分配管理的基本内容与方法，主要内容包括：

1. 营业收入是指企业在销售产品、提供劳务及让渡资产使用权等日常经营活动中形成的、会导致所有者权益增加的、与所有者投入资本无关的经济利益的总流入。在市场经济条件下，企业是独立的商品生产者和经营者，为了在激烈的市场竞争中立于不败之地，必须增加营业收入，并加强其管理。

2. 利润预测是依据企业生产经营活动中有关因素变化情况,运用科学的方法进行研究和分析,对未来一定时期内的利润数额进行预计和测算,并寻求实现预计利润的各种措施方案。利润预测是财务预测的重要组成部分,为编制财务计划提供依据。企业通过利润预测可以对有关收入、成本和利润进行综合细致的分析,为企业的经营决策提供可靠的依据,同时,开展利润预测也可以发现生产经营活动中存在的问题,有利于改善经营管理,提高企业的经济效益。利润预测的方法很多,这里主要介绍了最常见的本量利预测法、经营杠杆系数法和因素预测法。

3. 利润的控制即根据利润计划的要求,对影响利润计划实现的各种因素进行管理,以便增加企业收入,压缩各项费用开支。利润是一项综合指标,它集中体现了企业的生产经营活动的财务成果。为了实现预测的目标利润,必须全面地完成各项生产经营计划,提高企业的总体经济效益。

4. 利润分配是财务管理的重要内容,有广义的利润分配和狭义的利润分配两种,广义的利润分配是指对企业收入和利润进行分配的过程;狭义的利润分配则指对企业净利润的分配。本书所讨论的利润分配是指对净利润的分配,即狭义的利润分配概念。

5. 税务规划是企业在合法的条件下,利用税法的规定,为企业税务支出的降低或减少而进行的筹划。纳税人在法律允许的范围内,通过对经营、投资、理财等经济活动的事先规划和安排,充分利用税法提供的优惠政策和差别待遇,达到少缴税和递延纳税的目标,以减轻税负,实现整体税后收益最大化。

【思考题】

1. 什么是德尔菲法?
2. 如何做好利润控制?
3. 什么是"在手之鸟"理论?
4. 采用剩余股利政策时,应遵循哪几个步骤?

【综合案例】

万科企业股份有限公司(股票代码:000002)成立于1984年5月,1988年介入房地产经营,1992年正式确定大众住宅开发为核心业务。1991年1月29日,万科A股在深圳证券交易所挂牌交易;1993年3月,公司发行4 500万股B股,该股份于1993年5月28日在深圳证券交易所上市。目前,万科已成为中国最大的专业住宅开发企业。在中国第一批上市公司中,万科是唯一一家连续15年保持盈利、保持增长的公司。

从1999年到2009年,万科的股利政策可以分为两个阶段,第一阶段是1999—2001年,此阶段我国房地产市场处于低谷阶段;第二阶段是2002—2009年,此阶段我国房地产市场开始腾飞。

1. 第一阶段

1999—2001年间,万科的股利政策如表1所示。

表 1　万科 1999—2001 年股利分配表

年度	每股派现	每股送股	每股转增股	每股收益(元)	股利支付率
1999	0.15	0	0	0.42	35.71%
2000	0.18	0	0	0.48	37.50%
2001	0.20	0	0	0.59	33.90%

2. 第二阶段

2002—2009 年间,万科的股利政策如表 2 所示。

表 2　万科 2002—2009 年股利分配表

年度	每股派现	每股送股	每股转增股	每股收益(元)	股利支付率
2002	0.20	0	1.0	0.61	32.79%
2003	0.05	0.1	0.4	0.39	12.82%
2004	0.15	0	0.5	0.39	38.46%
2005	0.15	0	0	0.36	41.67%
2006	0.15	0	0.5	0.49	30.61%
2007	0.10	0	0.6	0.73	13.70%
2008	0.05	0	0	0.37	13.51%
2009	0.07	0	0	0.48	14.58%

要求:

(1) 说明万科股利政策变化的趋势,并分析原因。

(2) 万科股利政策的改变对企业有什么影响?

第十章　财务分析

【本章导航】

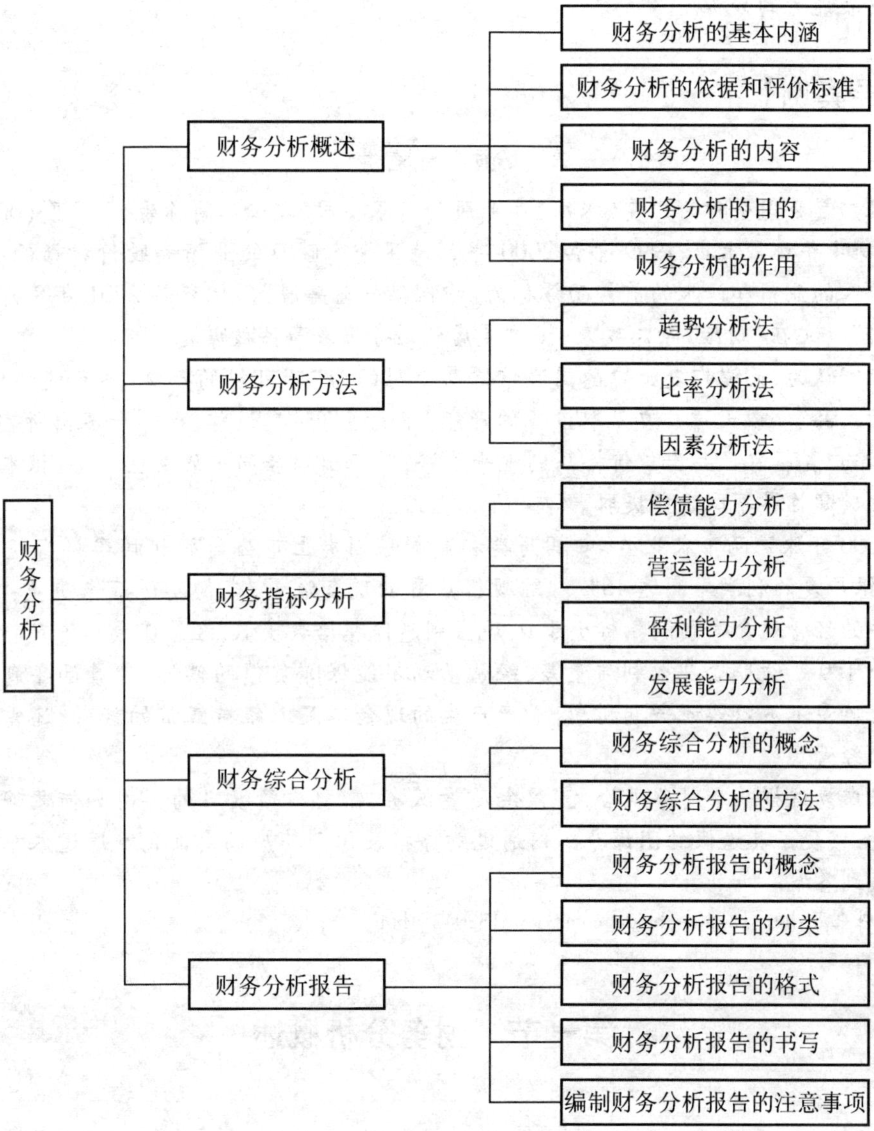

【知识目标】

通过本章的学习,学生应了解财务分析指标的类型;理解偿债能力、营运能力、盈利能力、发展能力的含义;掌握偿债能力、营运能力、盈利能力、发展能力的计算及评价。

【技能目标】

通过本章的学习,要求学生能利用财务报表对企业展开偿债能力、营运能力、盈利能力和发展能力的分析。

【引导案例】

银广夏陷阱

银广夏公司全称为广夏(银川)实业股份有限公司,现证券简称为ST广夏(000557)。这个1994年6月上市、1999年和2000年创造了令人瞠目的业绩和股价神话的公司,曾因其骄人的业绩和诱人的前景而被称为“中国第一蓝筹股”。但随着2001年8月,“银广夏陷阱”一文在《财经》杂志发表,银广夏虚构财务报表事件被曝光。

专家认为,天津广夏出口德国诚信贸易公司的为“不可能的产量、不可能的价格、不可能的产品”。以天津广夏萃取设备的产能,即使通宵达旦运作,也生产不出所宣称的数量;天津广夏萃取产品出口价格高到近乎荒谬;对德出口合同中的某些产品,根本不能用二氧化碳超临界萃取设备提取。

2000年深沪两市农业类、中草药类和葡萄酿酒类上市公司的利润率鲜有超过20%的,而银广夏的利润率高达46%。综观银广夏的现金流量,我们发现疑点重重:企业连续几年的经营现金净利润指标小于0,现金利息保障倍数较低,经营现金总资产指标连续两年小于0。说明企业盈利质量差,经营活动不能保障负债的偿还,连续两年息税前经营现金流量不足以偿还当期利息,资产产生的现金不足以维持正常的经营,还需要筹集资金来经营。

银广夏这样一个财务风险大、盈余质量低劣、需要举债度日的公司如何蒙蔽了大家的眼睛,实现了其造假的阴谋?如何通过财务报表识别其庐山真面目?通过本章的学习可以找到答案。

资料来源:http://baike.baidu.com/view/1320425.htm。

第一节 财务分析概述

一、财务分析的基本内涵

美国南加州大学教授Water B. Meigs认为,财务分析的本质在于搜集与决策有关的各种财务信息,并加以分析与解释。

纽约城市大学 Leopold A. Bernstein 认为,财务分析是一种判断的过程,旨在评估企业现在或过去的财务状况及经营成果,其主要目的在于对企业未来的状况及经营业绩进行最佳预测。

台湾政治大学教授洪国赐认为,财务分析以审慎选择财务信息为起点,作为探讨的根据;以分析信息为重心,以揭示其相关性;以研究信息的相关性为手段,以评核其结果。

财务分析是以会计核算和报表资料及其他相关资料为依据,采用一系列专门的分析技术和方法,对企业等经济组织过去和现在有关筹资活动、投资活动、经营活动的偿债能力、盈利能力和营运能力状况等进行分析与评价,为企业的投资者、债权者、经营者及其他关心企业的组织或个人了解企业过去、评价企业现状、预测企业未来,作出正确决策提供准确的信息或依据的经济应用学科。

二、财务分析的依据和评价标准

(一) 财务分析的依据

财务分析基于财务信息,财务分析信息是财务分析的基础和不可分割的组成部分。它对于保证财务分析工作的顺利进行、提高财务分析的质量与效果有着重要的作用。

按照信息的内容不同,财务分析信息可分为财务信息和非财务信息。财务信息如财务报表、财务报表附注及审计报告等。非财务信息如政策法规信息和市场信息。政策法规信息主要指国家为加强宏观管理所制定的各项与企业有关的政策、法规、制度等,如经济体制方面的政策、宏观经济政策、产业政策与技术政策等;市场信息包括除政策信息之外的所有企业外部信息,如综合部门发布的信息、证券市场的信息、其他市场的信息等。

财务分析信息按信息来源可分为内部信息和外部信息两类。内部信息是指从企业内部可取得的财务信息;外部信息则是指从企业外部取得的信息。

财务分析信息根据取得时间的确定性程度可分为定期信息和不定期信息。定期信息是指企业经常需要、可定期取得的信息;不定期信息则是根据临时需要搜集的信息。

财务分析信息根据实际发生与否可分为实际信息和标准信息。实际信息是指反映各项经济指标实际完成情况的信息;标准信息是指用于作为评价标准而搜集与整理的信息。

为了保证财务分析的质量与效果,财务分析信息必须满足完整性、系统性、准确性、及时性和相关性的要求。

(二) 财务分析的评价标准

确立财务分析评价标准是财务分析的一项重要内容。不同的财务分析评价标准,会对同一分析对象得出不同的分析结论。财务分析评价标准有经验标准、历史标准、行业标准、预算标准等。

1. 经验标准

经验标准是在财务比率分析中经常采用的一种标准。所谓经验标准,是指这个标准的形成依据大量的实践经验的检验。既可以选择本企业正常水平作为经验标准,也可以选择历史最佳水平作为经验标准。经验标准相对稳定可观,但是使用范围不够广泛,当环境发生变化时,经验标准就不再适用。

2. 历史标准

历史标准是指以企业过去某一时间的实际业绩为标准。应用历史标准的优点,一是比较可靠;二是具有较高的可比性。但历史标准也有其不足,一是比较保守;二是适用范围较窄。

3. 行业标准

行业标准是财务分析中广泛采用的标准,它是按行业制定的,或反映行业财务状况和经营状况的基本水平。运用行业标准有三个限制条件:第一,同行业内的两个公司并不一定是可比的;第二,一些大的公司现在往往跨行业经营,公司的不同经营业务可能有着不同的盈利水平和风险程度,用行业统一标准进行评价显然是不合适的;第三,应用行业标准还受企业采用的会计方法的限制。

4. 预算标准

预算标准是指企业根据自身经营条件或经营状况,结合企业目标等因素所制定的目标标准。

财务分析评价标准各有其优点与不足。在财务分析中不应孤立的选用某一种标准,而应综合应用各种标准。

三、财务分析的内容

(一) 偿债能力分析

企业的偿债能力是指企业用其资产偿还长期债务与短期债务的能力。从静态角度讲,企业偿债能力是用企业资产清偿企业债务的能力;从动态角度讲,企业偿债能力是用企业资产和经营过程创造的收益偿还债务的能力。企业有无现金支付能力和偿债能力是企业能否生存和健康发展的关键。企业偿债能力分析是企业财务分析的重要组成部分,包括短期偿债能力分析和长期偿债能力分析。

(二) 营运能力分析

企业营运能力主要指企业营运资产的效率与效益,即资产的周转率或周转速度。企业营运资产的效益通常是指企业的产出额与资产占用额之间的比率。

企业营运能力分析就是要通过对反映企业资产营运效率与效益的指标进行计算与分析,评价企业的营运能力,为企业提高经济效益指明方向。通过企业营运能力分析,可以评价企业资产营运的效率,发现企业在资产营运中存在的问题。营运能力分析还是盈利能力分析和偿债能力分析的基础与补充。

(三) 盈利能力分析

盈利能力是指企业获取利润的能力。利润是企业内外有关各方都关心的中心问题,是投资者取得投资收益、债权人收取本息的资金来源,是经营者经营业绩和管理效能的集中表现,也是职工集体福利设施不断完善的重要保障。因此,企业获利能力分析十分重要。主要用企业资金利润率、销售利润率、成本费用利润率去评价。

(四) 发展能力分析

企业的发展能力,也称企业的成长性,它是企业通过自身的生产经营活动,不断扩大积累而形成的发展潜能。企业能否健康发展取决于多种因素,包括外部经营环境、企业内在素质及资源条件等。

四、财务分析的目的

财务分析的目的受财务分析主体和财务分析服务对象的制约,不同的财务分析主体进行财务分析的目的是不同的,不同的财务分析服务对象所关心的问题也是不同的。

从企业投资者角度看财务分析的目的:企业的投资者包括企业的所有者和潜在投资者,他们进行财务分析的最根本目的是看企业的盈利能力状况,因为盈利能力是投资者资本保值和增值的关键。

从债权人角度进行财务分析的主要目的:一是看其对企业的借款或其他债权是否能及时、足额收回,即研究企业偿债能力的大小;二是看债权者的收益状况与风险程度是否相适应,为此,还应将偿债能力分析与盈利能力分析相结合。

从企业经营者角度看财务分析的目的:企业经营者也关心盈利能力,这只是他们的总体目标。但是,在财务分析中,企业经营者财务分析的目的是综合的和多方面的,他们关心的不仅仅是盈利的结果,还包括盈利的原因及过程。

五、财务分析的作用

(一) 财务分析可正确评价企业的过去

正确评价过去是说明现在和揭示未来的基础。财务分析通过对实际会计报表等资料的分析能够准确地说明企业过去的业绩状况,指出企业的成绩、问题及产生的原因,是主观原因还是客观原因等,这不仅对于正确评价企业过去的经营业绩十分有益,而且可对企业投资者和债权人的行为产生正确的影响。

(二) 财务分析可全面反映企业的现状

财务分析,根据不同分析主体的分析目的,采用不同的分析手段和方法,可得出反映企业在该方面现状的指标。通过这种分析,对于全面反映和评价企业的现状具有重要作用。

(三) 财务分析可用于估价企业的未来

财务分析可用于对企业的未来进行估价:第一,可为企业未来的财务预测、财务决策和财务预算指明方向;第二,可准确评估企业的价值及价值创造,这对企业进行经营者绩效评价、资本经营和产权交易都是十分有益的;第三,可为企业进行财务危机预测提供必要信息。

第二节　财务分析方法

财务分析的方法主要包括:趋势分析法 、比率分析法和因素分析法。

一、趋势分析法

趋势分析法又称水平分析法，指将反映企业报告期财务状况的信息与反映企业前期或历史某一时期财务状况的信息进行对比，研究企业各项经营业绩或财务状况连续几年或几个时期发展变动情况的一种财务分析方法。趋势分析法所进行的对比，既可以是单指标对比，也可以是对反映某方面情况的报表的全面、综合对比分析，尤其在对会计报表分析中应用较多。

（一）趋势分析法的基本要点

其基本要点是将报表资料中不同时期的同项数据进行对比。对比的方式有以下几种：

（1）绝对值增减变动。其计算公式是：

$$绝对值变动数量 = 分析期某项指标实际数 - 基期同项指标实际数$$

例如，某公司 2008 年、2009 年、2010 年、2011 年连续四年财务报表中主营业务收入分别为 220 万元、250 万元、300 万元、310 万元。则以 2008 年为基年，2009 年、2010 年、2011 年的绝对值增减变动分别为 30 万元、80 万元、90 万元。

（2）增减变动率。其计算公式是：

$$变动率(\%) = \frac{绝对值变动数量}{基期实际数量} \times 100\%$$

承上例，以 2008 年为基年，2009 年、2010 年、2011 年某公司的主营业务收入变动率为 13.64%、36.36%、40.91%。

（3）变动比率值。其计算公式是：

$$变动比率值 = \frac{分析期实际数值}{基期实际数值}$$

承上例，以 2008 年为基年，2009 年、2010 年、2011 年某公司的主营业务收入变动比率值为 1.14、1.36、1.41。

（二）趋势指数的计算

利用趋势分析法对企业连续几年或几个时期的财务指标进行分析需要计算趋势指数，趋势指数的计算方法有两种：

（1）定基指数，即各个时期的指数都是以某一固定时期为基期来计算的。其计算公式是：

$$定基指数 = \frac{各分析期实际数值}{固定基期数值}$$

（2）环比指数，即各个时期的指数都是以前一时期为基期来计算的。其计算公式是：

$$环比指数 = \frac{各分析期实际数值}{前一期实际数值}$$

（三）趋势分析法的应用

【例 10-1】 某企业 2008—2011 年有关营业收入、税后利润、每股收益及每股股息资料如表 10-1 所示。

表 10-1 财务指标表

	2008 年	2009 年	2010 年	2011 年
营业收入(万元)	1 938	2 205	2 480	2 954
税后利润(万元)	388	460	448	608
每股收益(元)	1.29	1.53	1.49	2.03
每股股息(元)	0.60	0.71	0.90	1.21

根据表 10-1 的资料,运用趋势分析法可得出趋势分析表,见表 10-2 和表 10-3。

表 10-2 趋势分析表(定基指数)

	2008 年	2009 年	2010 年	2011 年
营业收入(%)	100.0	113.8	128.0	152.4
税后利润(%)	100.0	118.7	115.6	156.9
每股收益(%)	100.0	118.7	115.6	156.9
每股股息(%)	100.0	118.3	150.0	201.7

表 10-3 趋势分析表(环比指数)

	2009 年	2010 年	2011 年
营业收入(%)	113.8	112.5	119.1
税后利润(%)	118.7	97.4	135.7
每股收益(%)	118.7	97.4	135.7
每股股息(%)	118.3	126.8	134.4

从表 10-2 和表 10-3 可以看出,该企业的营业收入和每股股息在逐年增长,特别是 2010 年和 2011 年增长较快;税后利润和每股收益 2010 年有所下降,2011 年有较大幅度增长。从各指标间关系看,每股收益增长不稳定,增长率低于营业收入和每股股息,企业经营状况和财务状况需改善。

二、比率分析法

比率分析法是财务分析的最基本、最重要的方法。有人甚至将财务分析与比率分析等同起来,认为财务分析就是比率分析。比率分析实质上就是将影响财务状况和经营状况的两个相关因素联系起来,通过计算比率,反映他们之间的关系,用以评价企业财务状况和经营状况的分析方法。

在比率分析中,分析师往往首先确定标准比率,然后将企业的实际比率与标准比率对比,得出分析结论。标准比率的计算方法有三种。

1. 算术平均法

算术平均法是将各企业的同一指标相加,再除以企业数得出算术平均数。

【例 10-2】 某行业五个企业的流动负债、流动资产及流动比率如表 10-4 所示。

表 10-4　企业相关资料

公司名称	流动资产(元)	流动负债(元)	流动比率(%)
A	15 460	7 362	210
B	1 890 000	1 243 421	152
C	10 586	7 959	133
D	2 804 000	2 696 154	104
E	25 300	11 659	217
合计	4 745 346	3 966 555	816

$$\text{行业平均流动比率} = \frac{816}{5} = 163.2\%$$

2. 综合报表法

综合报表法是指将各企业报表中的构成某一比率的两个绝对值相加，然后根据两个绝对数总额计算的比率。

【例 10-3】 仍以【例 10-2】中的资料为例：

$$\text{行业平均流动比率} = \frac{4\ 745\ 346}{3\ 966\ 555} \times 100\% = 119.6\%$$

3. 中位数法

中位数法是指将相关企业的比率按高低顺序排列；然后再划出最高和最低的 25%，中间 50% 就为中位数比率；最后按企业的位置进行评价。

三、因素分析法

因素分析法是依据分析指标与其影响因素之间的关系，按照一定的程序和方法，确定各因素对分析指标差异影响程度的一种计算方法。因素分析法根据其分析特点可分为连环替代法和差额计算法两种。

1. 连环替代法

连环替代法是将分析指标分解为各个可以计量的因素，并根据各个因素之间的依存关系，顺次用各种因素的实际值替代标准值，据以测定各因素对分析指标的影响。

连环替代法由以下几个步骤组成：

(1) 确定分析指标与其影响因素之间的关系。

(2) 根据分析指标的报告期数值与基期数值列出两个关系式或指标体系，确定分析对象。

(3) 连环顺序替代，计算替代结果。

(4) 比较各因素的替代结果，确定各因素对分析指标的影响程度。

(5) 检验分析结果。

【例 10-4】 某企业 2009 年和 2010 年有关总资产报酬率、总资产产值率、产品销售率和销售利润率的资料如表 10-5 所示。

表 10-5 相关指标

指标	2010 年	2009 年
总资产产值率	80%	82%
产品销售率	98%	94%
销售利润率	30%	22%
总资产报酬率	23.52%	16.96%

要求:运用因素分析法分析各因素变动对总资产报酬率的影响程度(计算结果保留两位小数)。

解:

总资产报酬率 = 总资产产值率 × 产品销售率 × 销售利润率

基期(2009 年)总资产报酬率:82% ×94% ×22% =16.96%

分析期(2010 年)总资产报酬率:80% ×98% ×30% =23.52%

分析对象:23.52% -16.96% =6.56%

在基期总资产报酬率的基础上顺序替代影响因素,并计算每次替代后的结果。

替代第一因素:80% ×94% ×22% =16.54%

替代第二因素:80% ×98% ×22% =17.25%

替代第三因素:80% ×98% ×30% =23.52%

总资产产值率对总资产报酬率的影响:16.54% -16.96% = -0.42%

产品销售率对总资产报酬率的影响:17.25% -16.54% =0.71%

销售利润率对总资产报酬率的影响:23.52% -17.25% =6.27%

最后检验分析结果:-0.42% +0.71% +6.27% =6.56%

2. 差额计算法

差额计算法是连环替代法的一种简化形式,当然也是因素分析法的一种形式。差额计算法作为连环替代法的简化形式,其因素分析的原理与连环替代法是相同的,只是将连环替代法的第三步骤和第四步骤合并为一个步骤进行。它直接利用各影响因素的实际数与基期数的差额,在其他因素不变的假定条件下,计算各因素对分析指标的影响程度。

【例 10-5】 资料同【例 10-4】。

分析对象:23.52% -16.96% =6.56%

总资产产值率对总资产报酬率的影响:(80% -82%) ×94% ×22% = -0.41%

产品销售率对总资产报酬率的影响:80% ×(98% -94%) ×22% =0.70%

销售利润率对总资产报酬率的影响:80% ×98% ×(30% -22%) =6.27%

最后检验分析结果:-0.41% +0.70% +6.27% =6.56%

应当指出的是并不是所有的连环替代法都可以用差额计算法进行简化,特别是在各影响因素不是连乘的情况下,运用差额计算法必须慎重。

第三节 财务指标分析

一、偿债能力分析

（一）短期偿债能力分析

短期偿债能力是指企业以流动资产偿还流动负债的能力，它反映企业偿付日常到期债务的能力。对债权人来说，企业要具有充分的偿还能力才能保证其债权的安全，按期取得利息，到期取回本金；对投资者来说，如果企业的短期偿债能力发生问题，就会牵制企业经营的管理人员耗费大量精力去筹集资金，以应付还债，还会增加企业筹资的难度，或加大临时紧急筹资的成本，影响企业的盈利能力；对企业管理者来说，短期偿债能力的强弱意味着企业承受财务风险的能力大小。反映资产流动性的财务指标主要有：流动比率、速动比率和现金比率。

1．流动比率

流动比率是流动资产与流动负债之比。其计算公式为：

$$流动比率=\frac{流动资产}{流动负债}$$

上式中的流动资产是指在一年或长于一年的一个营业周期内实现或运用的资产，主要包括现金、短期投资、应收及预付款项和存货等。流动负债是指在一年内或长于一年的一个营业周期内偿还的债务，主要包括短期借款、应付及预收款、应付票据、应交税金、应交利润、应付股利以及短期内到期的长期负债等。

【例10-6】 T公司2011年12月31日的资产负债表和利润表如表10-6和表10-7所示。

表10-6　T公司资产负债表　　单位：万元

资产	期末余额	年初余额	负债和所有者权益	期末余额	年初余额
流动资产：			流动负债：		
货币资金	359 495.27	381 297.36	短期借款	78 149.48	133 790.70
应收票据	4 107.74	3 513.34	应付票据	474.99	709.49
应收账款	68 368.34	91 290.93	应付账款	33 628.22	35 905.92
预付款项	9 155.86	6 264.33	预收款项	208 024.5	172 245.65
应收股利	582.13	1 601.06	应付职工薪酬	19 626.73	26 095.96
其他应收款	24 795.52	26 703.67	应交税费	9 652.09	4 931.94
存货	122 797.80	95 427.11	应付股利	1 606.55	8 703.74
其他流动资产	218.56	248.79	其他应付款	29 830.5	47 969.83

（续表）

资产	期末余额	年初余额	负债和所有者权益	期末余额	年初余额
流动资产合计	589 521.22	606 346.59	其他流动负债	208.67	113.05
			流动负债合计	381 201.73	430 466.28
非流动资产：			非流动负债：		
持有至到期投资		0.38	长期借款	5 900.00	4 325.00
长期股权投资	94 701.40	96 360.16	长期应付款	1 005.67	4 325.00
固定资产	97 496.03	91 901.58	非流动负债合计	6 905.67	5 334.28
在建工程	14 436.72	14 269.49	负债合计	388 107.4	435 800.56
无形资产	26 806.99	19 133.66	所有者权益：		
长期待摊费用	1 575.71	1 657.26	实收资本	210 496.81	185 786.12
其他非流动资产	28 382.70	20 790.92	资本公积	171 130.66	181 039.86
非流动资产合计	263 399.55	244 113.45	盈余公积	56 724.49	41 767.88
			未分配利润	26 461.41	6 065.62
			所有者权益合计	464 813.37	414 659.48
资产总计	852 920.77	850 460.04	负债和所有者权益合计	852 920.77	850 460.04

表 10-7 T公司利润表

单位：万元

项目	本期金额	上期金额
一、营业收入	556 073.48	447 666.09
减：营业成本	402 027.06	288 298.43
营业税金及附加	1 360.90	1 305.87
销售费用	32 359.98	31 759.35
管理费用	45 085.24	60 132.12
财务费用	874.50	736.08
资产减值损失		
加：公允价值变动收益		
投资收益	12 935.12	8 057.92
二、营业利润	87 300.92	73 492.16
加：营业外收入	9 972.97	1 395.92
减：营业外支出	5 002.67	2 081.89
三、利润总额	92 271.22	72 806.19
减：所得税费用	15 594.63	72 806.19
四、净利润	76 676.59	58 439.36

【例 10-7】 根据表 10-6 所列数据，T 公司 2011 年的流动比率为：

$$流动比率 = 589\ 521.22/381\ 201.73 = 1.55$$

从以上分析可知，流动资产是短期内能变成现金的资产，而流动负债则是在短期内需要用现金来偿付的各种债务，企业的流动比率越高，其资产的流动性也即变现能力越强，表明企业有足够的可变现资产用来偿还债务。

流动比率是衡量企业短期偿债能力的一个重要财务指标，这个比率越高，说明企业短期偿债能力越强，流动负债得到偿还的保障越大。但是，过高的流动比率也并非好现象。因为流动比率越高，可能是企业滞留在流动资产上的资金过多，未能有效加以利用，可能会影响企业的获得能力。经验表明，流动比率在 2∶1 左右比较合适。但是，对流动比率的分析应该结合不同的行业特点和企业流动资产结构等因素。有的行业流动比率较高，有的较低，不应该用统一的标准来评价各企业流动比率合理与否。只有与同行业平均流动比率、本企业历史的流动比率进行比较，才能知道这个比率是高还是低。

2. 速动比率

速动比率是企业速动资产与流动负债的比率。流动比率在评价企业短期偿债能力时，存在一定的局限性，如果流动比率较高，但流动资产的流动性较差，则企业的短期偿债能力仍然不强。在流动资产中，存货需经过销售才能转变为现金，若存货滞销，则其变现就成问题。一般来说，流动资产扣除存货后称为速动资产。速动比率的计算公式为：

$$速动比率 = \frac{速动资产}{流动负债}$$

其中：

$$速动资产 = 流动资产 - 存货 - 难以变现的其他流动资产（如待摊费用等）$$

【例 10-8】 根据表 10-6 所列数据，T 公司 2011 年的速动比率为：

$$速动比率 = (589\ 521.22 - 122\ 797.80)/381\ 201.73 = 1.22$$

速动比率在分析流动性时作为流动比率的补充。在企业的流动资产中由于剔除了存货变现能力较弱且不稳定的资产，所以比流动比率更好地反映了企业的变现能力和短期偿债能力。通常认为正常的速动比率为 1，低于 1 的速动比率被认为是短期偿债能力偏低。但这仅是一般的看法，因为行业不同速动比率会有很大差别，并没有统一的标准。例如，采用大量现金销售的商店，几乎没有应收账款，大大低于 1 的速动比率则是很正常的。相反，一些应收账款较多的企业，速动比率可能要大于 1。

3. 现金比率

现金比率是企业现金类资产与流动负债的比率。现金类资产包括企业所拥有的货币资金和持有的有价证券（即资产负债表中的短期投资）。它是速动资产扣除应收账款后的余额，由于应收账款存在着发生坏账损失的可能，某些到期的账款也不一定能按时收回，因此速动资产扣除应收账款后计算出来的金额，最能反映企业直接偿付流动负债的能力。现金比率的计算公式为：

$$现金比率 = \frac{货币资金}{流动负债}$$

【例 10-9】 根据表 10-6 所列数据，T 公司 2011 年的现金比率为：

现金比率 =359 495.27/381 201.73 =0.94

现金比率最能反映企业直接偿付流动负债的能力,这个比率越高,说明企业偿债能力越强。但是,如果企业留存过多的现金类资产,现金比率过高,就意味着企业资产未能合理地运用,经常以获利能力低的现金类资产保持着,这会导致企业机会成本的增加。通常现金比率保持在30%左右为宜。

上述三个指标是反映企业资产流动性和短期偿债能力的主要指标,在进行分析时,要注意以下几个问题:(1)上述指标各有侧重,在分析时要结合使用,以便全面、准确地作出判断;(2)上述指标中分母均是流动负债,没考虑长期负债问题,但如果有近期到期的长期负债,则应给予充分重视;(3)财务报表中没有列示的因素,如企业借款能力、准备出售长期资产等,也会影响到企业的短期偿债能力,在分析时也应认真考虑。

(二)长期偿债能力分析

长期偿债能力是指企业对债务的承担能力和对偿还债务的保障能力。长期偿债能力的强弱是反映企业财务安全和稳定程度的重要标志。长期偿债能力分析的指标有资产负债率、产权比率、利息保障倍数和权益乘数。

1. 资产负债率

资产负债率是负债总额和资产总额之比值,表明债权人所提供的资金占企业全部资产的比重,揭示企业出资者对债权人债务的保障程度,因此该指标是分析企业长期偿债能力的重要指标。

$$资产负债率 = \frac{负债总额}{资产总额} \times 100\%$$

【例10-10】 根据表10-6所列数据,T公司2011年的资产负债率为:

资产负债率 =388 107.40/852 920.77 ×100% =45.50%

资产负债率保持在哪个水平才说明企业拥有长期偿债能力,不同的债权人有不同的意见。较高的资产负债率,在效益较好、资金流转稳定的企业是可以接受的,因为这种企业具备偿还债务本息的能力;在盈利状况不稳定或经营管理水平不稳定的企业,则说明企业没有偿还债务的保障,不稳定的经营收益难以保证按期支付固定的利息,企业的长期偿债能力较低。作为企业经营者,也应当寻求资产负债率的适当比值,既要能保持长期偿债能力,又要尽最大限度地利用外部资金。

一般认为,债权人投入企业的资金不应高于企业所有者投入企业的资金。如果债权人投入企业的资金比所有者多,则意味着收益固定的债权人承担了企业较大的风险,而收益随经营好坏而变化的企业所有者却承担着较少的风险。经验研究表明,资产负债率存在显著的行业差异,因此,分析该比率时应注重与行业平均数进行比较。运用该指标分析长期偿债能力时,应结合总体经济状况、行业发展趋势、所处市场环境等综合判断。

2. 产权比率

产权比率是负债总额与所有者权益总额的比值。一般来说,产权比率可反映股东所持股权是否过多,或者是尚不够充分等情况,从另一个侧面表明企业借款经营的程度。这一比率是衡量企业长期偿债能力的指标之一。它是企业财务结构稳健与否的重要标志。该指标表明由债权人提供的和由投资者提供的资金来源的相对关系，反映企业基本财务结构是否稳定。

$$产权比率=\frac{负债总额}{所有者权益总额}$$

【例10-11】 根据表10-6所列数据，T公司2011年的产权比率为：

产权比率 =388 107.40/464 813.37 =0.84

一般说来，产权比率高是高风险、高报酬的财务结构，产权比率低是低风险、低报酬的财务结构。从股东来说，在通货膨胀时期，企业举债可以将损失和风险转移给债权人；在经济繁荣时期，举债经营可以获得额外的利润；在经济萎缩时期，少借债可以减少利息负担和财务风险。对债权人来说，产权比率越高，说明企业偿还长期债务的能力越弱，债权人权益保障程度越低，承担的风险越高；反之，则表明企业自有资本占总资产的比重越大，债权人承担的风险越小。一般认为这一比率为1:1，即100%以下时，应该是有偿债能力的，但还应该结合企业的具体情况加以分析。

3. 利息保障倍数

利息保障倍数是企业息税前利润与年付息额之比，反映企业经营活动承担利息支出的能力。息税前利润也称经营收益，是一个很重要的概念。

$$利息保障倍数=\frac{息税前利润}{利息费用}$$

【例10-12】 根据表10-7所列数据，T公司2011年的利息保障倍数为：

利息保障倍数 =92 271.22/874.50 =105.51

利息保障倍数为105.51，说明企业经营收益相当于105.51倍的利息支出。该系数越高企业偿还长期借款的可能性就越大。企业生产经营活动创造的净收益，是企业支付利息的资金保证。如果企业创造的净收益不能保证支付借款利息，借款人就应考虑收回借款。一般认为，当利息保障倍数在3或4以上时，企业付息能力就有保证。低于这个数，就应考虑企业有无偿还本金和支付利息的能力。

4. 权益乘数

权益乘数又称股本乘数，是指资产总额相当于股东权益的倍数。权益乘数越大，表示企业的负债程度越高。

$$权益乘数=\frac{资产总额}{股东权益总额}$$

即：

$$权益乘数=\frac{1}{(1-资产负债率)}$$

【例10-13】 根据表10-6所列数据，T公司2011年的权益乘数为：

权益乘数 =852 920.77/464 813.37 =1.83

权益乘数较大，表明企业负债较多，一般会导致企业财务杠杆率较高，财务风险较大。在借入资本成本率小于企业的资产报酬率时，借入资金首先会产生避税效应（债务利息税前扣除），同时杠杆扩大，使企业价值随债务增加而增加。但杠杆扩大也使企业的破产可能性上升，而破产风险又会使企业价值下降。

二、营运能力分析

(一) 流动资产营运能力分析

流动资产营运能力分析的指标主要有应收账款周转率、存货周转率和流动资产周转率。

1. 应收账款周转率

应收账款周转率就是反映公司应收账款周转速度的比率。它说明一定期间内公司应收账款转为现金的平均次数或应收账款平均收款期。

$$应收账款周转率=\frac{营业收入}{应收账款平均余额}$$

$$应收账款平均余额=\frac{期初应收账款+期末应收账款}{2}$$

反映应收账款周转速度的另一个指标是应收账款周转天数,或应收账款平均收款期。其计算公式为:

$$应收账款周转天数=\frac{360}{应收账款周转率}$$

【例 10-14】 根据表 10-6、表 10-7 所列数据,T 公司 2011 年应收账款周转率指标计算如下:

应收账款平均余额 =(68 368.34 +91 290.93)/2 =79 829.64(万元)

应收账款周转率 =556 073.48/79 829.64 =6.97(次)

应收账款周转天数 =360/6.97 =51.65(天)

应当注意,应收账款周转率和周转天数的实质相同,但其评价标准却不同,应收账款周转率是正指标,因此,应收账款周转率越高越好。周转率高,表明收账迅速,账龄较短;资产流动性强,短期偿债能力强;可以减少坏账损失等。周转天数是负指标,因此,周转天数越少越好。

2. 存货周转率

存货周转率是指企业在一定时期内存货占用资金可周转的次数,或存货每周转一次所需要的天数。

$$存货周转率=\frac{营业成本}{平均存货余额}$$

其中:

$$平均存货余额=\frac{期初存货余额+期末存货余额}{2}$$

反映存货周转速度的另一个指标是存货周转天数,计算公式如下:

$$存货周转天数=\frac{360}{存货周转率}$$

【例 10-15】 根据表 10-6、表 10-7 所列数据,T 公司 2011 年存货周转率指标计算如下:

平均存货余额 =(122 797.80 +95 427.11)/2 =109 112.46(万元)

存货周转率 =402 027.06/109 112.46 =3.68(次)

存货周转天数 =360/3.68 =97.83(天)

存货周转率分析同应收账款周转率。

3. 流动资产周转率

流动资产周转率,既是反映流动资产周转速度的指标,也是综合反映流动资产利用效果的基本指标,它是一定时期周转额(用营业收入替代)与流动资产平均余额的比率。

$$流动资产周转率 = \frac{营业收入}{流动资产平均余额}$$

其中: $$流动资产平均余额 = \frac{期初流动资产 + 期末流动资产}{2}$$

反映流动资产周转速度的另一个指标是流动资产周转天数。其计算公式为:

$$流动资产周转天数 = \frac{360}{流动资产周转率}$$

【例 10-16】 根据表 10-6、表 10-7 所列数据,T 公司 2011 年流动资产周转率指标计算如下:

流动资产平均余额 =(589 521.22 +606 346.59)/2 =597 933.91(万元)

流动资产周转率 =556 073.48/597 933.91 =0.93(次)

流动资产周转天数 =360/0.93 =387.1 (天)

流动资产的周转率或天数均表示流动资产的周转速度。流动资产在一定时期的周转次数越多,亦即每周转一次所需要的天数越少,周转速度就越快,流动资产营运能力就越好;反之,周转速度则慢,流动资产营运能力就越差。

应当指出的是,周转额一般指企业在报告期中有多少流动资产完成了,即完成了从货币到商品再到货币这一循环过程的流动资产数额。它既可用营业收入来表示,也可用营业成本来表示。本书用营业收入来表示。

(二) 固定资产营运能力分析

固定资产周转率是企业营业收入与固定资产净值的比率,反映固定资产在一个会计年度内周转的次数,或表示每一元固定资产支持的营业收入。

$$固定资产周转率 = \frac{营业收入}{平均固定资产净值}$$

其中: $$平均固定资产净值 = \frac{期初固定资产净值 + 期末固定资产净值}{2}$$

反映固定资产周转速度的另一个指标是固定资产周转天数。其计算公式为:

$$固定资产周转天数 = \frac{360}{固定资产周转率}$$

【例 10-17】 根据表 10-6、表 10-7 所列数据,T 公司 2011 年固定资产周转率指标计算如下:

平均固定资产余额 =(97 496.03 +91 901.58)/2 =94 698.81(万元)

固定资产周转率 =556 073.48/94 698.81 =5.87(次)

固定资产周转天数 =360/5.87 =61.33 (天)

一般而言,固定资产周转率越高,说明企业固定资产利用充分,固定资产投资得当,固定资产结构合理,能够充分发挥效率。需要指出的是,在固定资产周转率公式中使用固定资产净值,而不是原值,可能会由于折旧方法的不同而影响其可比性,所以,在分析时应注意剔除这些不可比因素。

(三) 总资产营运能力分析

总资产周转率是指企业在一定时期营业收入净额同平均资产总额的比率,反映了企业全部资产的管理质量和利用效率 。其中,营业收入净额是减去销售折扣及折让等后的净额。平均资产总额是指企业资产总额年初数与年末数的平均值。

$$总资产周转率 = \frac{营业收入净额}{平均资产总额}$$

其中:
$$平均资产总额 = \frac{期初资产总额 + 期末资产总额}{2}$$

反映总资产周转速度的另一个指标是总资产周转天数。其计算公式为:

$$总资产周转天数 = \frac{360}{总资产周转率}$$

【例 10-18】 根据表 10-6、表 10-7 所列数据,T 公司 2011 年总资产周转率指标计算如下:

平均资产总额 =(852 920.77 +850 460.04)/2 =851 690.41(万元)

总资产周转率 =556 073.48/851 690.41 =0.65(次)

总资产周转天数 =360/0.65 =553.85 (天)

总资产周转率综合体现了企业经营期间全部资产从投入到产出的流转速度,反映了企业整体资产的营运能力,一般来说,资产的周转次数越多或周转天数越少,表明其周转速度越快,营运能力也就越强。通过该指标的对比分析,可以反映企业本年度以及以前年度总资产的运营效率和变化,发现企业与同类企业在资产利用上的差距,促进企业挖掘潜力、积极创收、提高产品市场占有率、提高资产利用效率。

三、盈利能力分析

盈利能力是指企业获取利润的能力。利润是企业内外有关各方都关心的中心问题。利润是投资者取得投资收益、债权人收取本息的资金来源,是经营者经营业绩和管理效能的集中表现,也是职工集体福利设施不断完善的重要保障。因此,企业盈利能力分析十分重要,主要用资产利润率、营业利润率、成本费用利润率和资本利润率来评价。

(一) 资产利润率

1. 总资产报酬率

总资产报酬率是指企业在一定时期内的息税前利润总额和平均资产总额的比率,反映公司资产利用的效果。

$$资产报酬率 = \frac{息税前利润总额}{平均资产总额} \times 100\%$$

其中:
$$平均资产总额 = \frac{期初资产总额 + 期末资产总额}{2}$$

【例 10-19】 根据表 10-6、表 10-7 所列数据,T 公司 2011 年总资产报酬率为:

平均资产总额 =(852 920.77 +850 460.04)/2 =851 690.41(万元)

总资产报酬率 =(92 271.22 +874.50)/851 690.41 ×100% =10.94%

总资产报酬率主要用来衡量企业利用资产获取利润的能力,反映了企业总资产的利用效率,表示企业每单位资产能获得净利润的数量,这一比率越高,说明企业总资产的盈利能力越强。该指标与净利润率成正比,与资产平均总额成反比。

2. 净资产收益率

净资产收益率又称资本利润率,是指企业净利润与所有者权益(或者称净资产)的比率,用以反映企业运用资本获得收益的能力。它也是财政部对企业经济效益的一项评价指标。

$$净资产收益率 = \frac{净利润}{平均净资产} \times 100\%$$

其中:

$$平均净资产 = \frac{期初净资产 + 期末净资产}{2}$$

【例 10-20】 根据表 10-6、表 10-7 所列数据,T 公司 2011 年的净资产报酬率为:

平均净资产 =(464 813.37 +414 659.48)/2 =439 736.43(万元)

净资产收益率 =76 676.59/439 736.43 ×100% =17.44%

净资产收益率越高,说明企业自有投资的经济效益越好,投资者的风险越少,值得投资和继续投资。因此,它是投资者和潜在投资者进行投资决策的重要依据。对企业经营者来说,如果净资产收益率高于债务资金成本率,则适度负债经营对投资者来说是有利的;反之,如果净资产收益率低于债务资金成本率,则过高的负债经营将损害投资者的利益。

(二) 营业净利润率

营业净利润率是指净利润与营业收入的比率,反映每一元营业收入带来的净利润是多少,表示营业收入的收益水平。

$$营业净利润率 = \frac{净利润}{营业收入} \times 100\%$$

【例 10-21】 根据表 10-7 所列数据,T 公司 2011 年的营业净利润率为:

营业净利润率 =76 676.59/556 073.48 ×100% =13.79%

营业净利润率越高,说明企业营业额提供的净利润越多,企业的盈利能力越强;反之,此比率越低,说明企业盈利能力越弱。

从营业净利润率的指标关系看,净利润额与营业净利润率成正比关系,而营业收入额与营业净利润率成反比关系。公司在增加营业收入额的同时,必须相应获得更多的净利润,才能使营业净利率保持不变或有所提高。通过分析营业净利率的升降变动,可以促使公司在扩大营业业务的同时,注意改进经营管理,提高盈利水平。

(三) 成本费用利润率

成本费用利润率是指企业利润总额与成本费用总额的比率。它是反映企业生产经营过程中发生的耗费与获得的收益之间关系的指标。

$$成本费用利润率 = \frac{利润总额}{成本费用总额} \times 100\%$$

其中: 成本费用总额 = 营业成本 + 营业税金及附加 + 销售费用 + 管理费用 + 财务费用

【例 10-22】 根据表 10-7 所列数据,T 公司 2011 年的成本费用利润率为:

成本费用利润率 =92 271.22/481 707.68 ×100% =19.16%

成本费用利润率越高,表明企业耗费所取得的收益越高。这是一个能直接反映增收节支、增产节约效益的指标。企业生产销售的增加和费用开支的节约,都能使这一比率提高。值得注意的是,成本费用利润率计算口径有所不同,比如,主营业务成本、营业成本等,评价成本费用开支时,应注意将成本费用与利润在口径上保持一致。

(四) 资本利润率

1. 每股收益

每股收益即每股盈利(EPS),又称每股税后利润、每股盈余,指税后利润与股本总数的比率。它是普通股股东每持有一股所能享有的企业净利润或需承担的企业净亏损。每股收益通常被用来反映企业的经营成果,衡量普通股的获利水平及投资风险,是投资者等信息使用者据以评价企业盈利能力的重要的财务指标之一。

$$每股收益 = \frac{归属于普通股股东的当期净利润}{当期发行在外普通股的加权平均数}$$

实践中,上市公司常常存在一些潜在的可能转化成上市公司股权的工具,如可转债、认股期权或股票期权等,这些工具有可能在将来的某一时点转化成普通股,从而减少上市公司的每股收益。

稀释每股收益,即假设公司存在的上述可能转化为上市公司股权的工具都在当期全部转换为普通股股份后计算的每股收益。相对于基本每股收益,稀释每股收益充分考虑了潜在普通股对每股收益的稀释作用,以反映公司在未来股本结构下的资本盈利水平。

2. 市盈率

市盈率是普通股每股市价与每股盈利的比值,反映投资者对于上市公司每 1 元净利润愿意支付的价格,常用来估计股票的投资风险和报酬。

$$市盈率 = \frac{普通股每股市价}{普通股每股盈余} \times 100\%$$

市盈率是反映公司获利能力的一个重要指标,也是投资者进行投资决策的重要参考依据。一般而言,市盈率高说明投资人普遍相信该公司未来每股收益将快速成长,愿意出较高的价格购买该公司的股票。但是,市盈率也不是越高越好,市盈率越高,则风险就越大。

3. 每股净资产

每股净资产是指股东权益与总股数的比率,反映每股股票所拥有的净资产。

$$每股净资产 = \frac{期末股东权益}{期末普通股股数}$$

每股净资产越高,股东拥有的资产净值越多;每股净资产越少,股东拥有的资产净值越少。通常每股净资产越高越好,每股净资产越高,企业创造利润的能力和抵抗风险的能力就越强。

四、发展能力分析

企业的发展能力,也称企业的成长性,它是企业通过自身的生产经营活动,不断扩大积累而形成的发展潜能。通常用盈利能力增长率、资产增长率和资本增长率来评价。

(一)盈利能力增长率

1. 营业收入增长率

营业收入增长率是指企业本年营业收入增长额同上年营业收入总额的比率。营业收入增长率表示与上年相比,企业本年度营业收入的增减变化情况,是评价企业成长状况和发展能力的重要指标。

$$营业收入增长率=\frac{本年营业收入总额-上年营业收入总额}{上年营业收入总额}\times 100\%$$

营业收入增长率是衡量企业经营状况和市场占有能力、预测企业经营业务拓展趋势的重要标志,也是企业扩张增量和存量资本的重要前提。不断增加的营业收入,是企业生存的基础和发展的条件。该指标若大于零,表示企业本年的营业收入有所增长,指标值越高,表明增长速度越快,企业市场前景越好;若该指标小于零,则说明企业或是产品不适销对路、质次价高,或是在售后服务等方面存在问题,产品销售不出去,市场份额萎缩。

2. 营业利润增长率

营业利润增长率是企业本年营业利润增长额同上年营业利润的比值,反映企业营业利润的增减变动情况。

$$营业利润增长率=\frac{本年营业利润总额-上年营业利润总额}{上年营业利润总额}\times 100\%$$

一般认为营业利润增长率越高越好,营业利润增长率越高说明企业利润增长越快,企业发展能力越好;反之,则说明企业发展停滞,业务扩张能力弱。

(二)资产增长率

资产增长率主要是总资产增长率。总资产增长率又称总资产扩张率,是企业本年总资产增长额同年初资产总额的比率,反映企业本期资产规模的增长情况。

$$总资产增长率=\frac{本年年末资产总额-本年年初资产总额}{本年年初资产总额}\times 100\%$$

资产是企业用于取得收入的资源,也是企业偿还债务的保障。资产增长是企业发展的一个重要方面,发展性高的企业一般能保持资产的稳定增长。一般认为,总资产增长率越高,表明企业一定时期内资产经营规模扩张的速度越快。但在分析时,需要关注资产规模扩张的质和量的关系,以及企业的后续发展能力,避免盲目扩张。

(三)资本增长率

1. 资本积累率

资本积累率即股东权益增长率,是指企业本年所有者权益增长额同年初所有者权益的比率。资本积累率表示企业当年资本的积累能力,是评价企业发展潜力的重要指标。

$$资本积累率 = \frac{本年年末所有者权益数 - 本年年初所有者权益数}{本年年初所有者权益数} \times 100\%$$

资本积累率是企业当年所有者权益总的增长率，反映了企业所有者权益在当年的变动水平，同时体现企业资本的积累情况，展示企业的发展潜力，是企业发展强盛的标志。

一般认为，资本积累率越高，表明企业的资本积累越多，企业资本保全性越强，应付风险、持续发展的能力越大。该指标如为负值，表明企业资本受到侵蚀，所有者利益受到损害，应予充分重视。

2. 资本保值增值率

资本保值增值率是指企业本年末所有者权益扣除客观增减因素后同年初所有者权益的比率。该指标表示企业当年资本在企业自身努力下的实际增减变动情况，反映了投资者投入企业资本的保全性和增长性，是评价企业财务效益状况的辅助指标。

$$资本保值增值率 = \frac{扣除客观增减因素后本年年末所有者权益数}{本年年初所有者权益数} \times 100\%$$

该指标越高，表明企业的资本保全状况越好，所有者权益增长越快，债权人的债务越有保障，企业发展后劲越强。该指标通常大于100%。

第四节　财务综合分析

一、财务综合分析的概念

财务综合分析法是一种传统的信用风险评级方法。由于信用危机往往是由财务危机引致而使银行和投资者面临巨大的信用风险，及早发现和找出一些预警财务趋向恶化的特征财务指标，无疑可判断借款或证券发行人的财务状况，从而确定其信用等级，为信贷和投资提供依据。基于这一动机，金融机构通常将信用风险的测度转化为企业财务状况的衡量问题。因此，一系列财务比率分析方法也应运而生。财务综合分析法就是将反映运营能力、偿债能力、获利能力和发展能力的各项财务分析指标作为一个整体，系统、全面、综合地对企业财务状况和经营情况进行剖析、解释和评价。这类方法的主要代表有杜邦财务分析体系和沃尔比重评分法。

二、财务综合分析的方法

（一）杜邦财务分析体系

1. 杜邦财务分析法的原理

杜邦财务分析体系的基本原理是将财务指标作为一个系统，将财务分析与评价作为一个系统工程，全面评价企业的偿债能力、营运能力、盈利能力及其相互之间的关系，在全面财务分析的基础上进行全面评价，使评价者对公司的财务状况有深入而相互联系的认识，有效地进行决策；其基本特点是以净值报酬率为龙头，以资产净利润率为核心，将偿债能力、资产营运能力、盈利能力有机结合起来，层层分解，逐步深入，构成了一个完整的分析系统，全面、系统、直观地反映了企业的财务状况。

2. 杜邦分析法的财务比率关系

杜邦分析法主要反映了以下几种重要的财务比率关系：

（1）净资产收益率与总资产净利率及权益乘数之间的关系。

$$净资产收益率 = 总资产净利率 \times 权益乘数$$

$$权益乘数 = \frac{资产总额}{股东权益}$$

（2）总资产净利率与营业净利率及资产周转率之间的关系。

$$总资产净利率 = 营业净利率 \times 总资产周转率$$

（3）营业净利率与净利润及主营业务收入之间的关系。

$$营业净利率 = \frac{净利润}{营业收入}$$

（4）总资产周转率与营业收入及资产总额之间的关系。

$$总资产周转率 = \frac{营业收入}{资产总额}$$

3. 杜邦分析图

根据表 10-6、表 10-7 的资料，我们可以列出杜邦分析图（见图 10-1）。

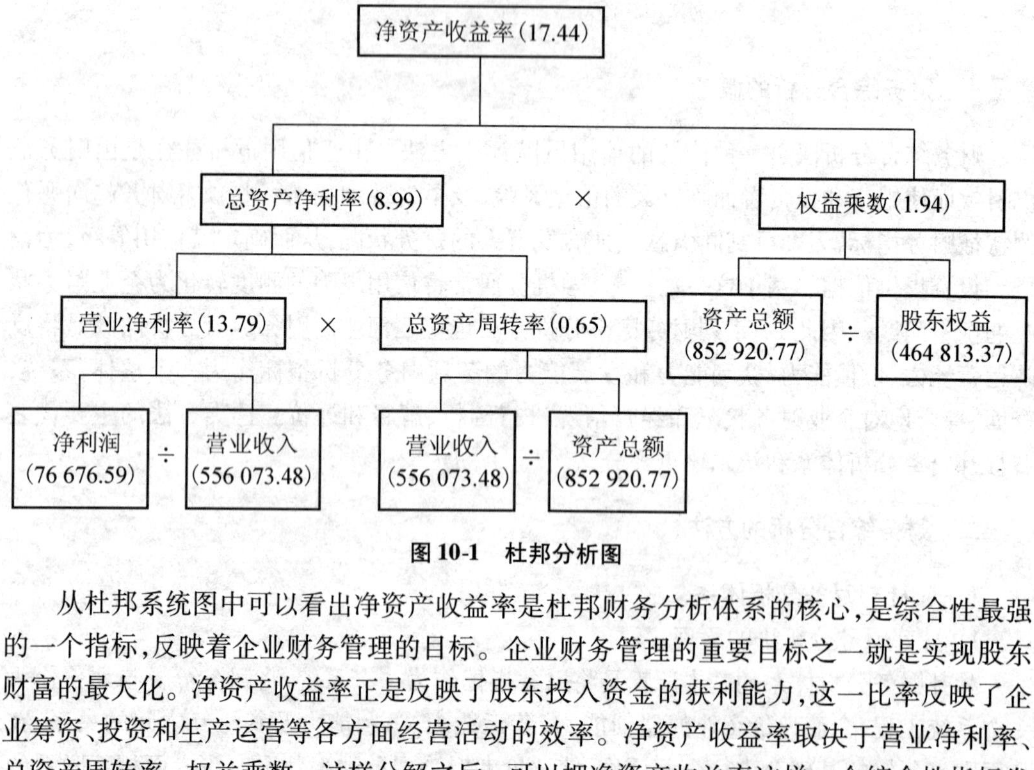

图 10-1　杜邦分析图

从杜邦系统图中可以看出净资产收益率是杜邦财务分析体系的核心，是综合性最强的一个指标，反映着企业财务管理的目标。企业财务管理的重要目标之一就是实现股东财富的最大化。净资产收益率正是反映了股东投入资金的获利能力，这一比率反映了企业筹资、投资和生产运营等各方面经营活动的效率。净资产收益率取决于营业净利率、总资产周转率、权益乘数。这样分解之后，可以把净资产收益率这样一个综合性指标发生升、降变化的原因具体化，比只用一项综合性的指标更能说明问题。

总资产净利率是反映企业获利能力的一个重要的财务比率,它揭示了企业生产经营活动的效率,综合性也极强。企业的营业收入、成本费用、资产结构、资产周转速度以及资金占用量等各种因素都直接影响到总资产净利率的高低。总资产净利率是营业净利率与总资产周转率的乘积。因此,一般从企业的营业活动与资产管理两个方面来进行分析。

从企业的营业方面看,营业净利率反映了企业净利润与营业收入之间的关系。一般来说,营业收入增加,企业的净利润会随之增加,但是要想提高营业净利率,必须一方面提高营业收入,另一方面降低各种成本费用,这样才能使净利润的增长高于营业收入的增长,从而使营业净利率得到提高。由此可见,提高营业净利率必须在以下两个方面下工夫:一是开拓市场,增加营业收入;二是加强成本费用控制,降低消耗,增加利润。

在企业的资产方面主要应分析以下两个方面的内容:第一,分析企业的资产结构是否合理,即流动资产与非流动资产的比例是否合理。一般来说,如果企业流动资产中货币资金占的比重过大,就应当分析企业现金持有量是否合理、有无现金闲置现象,因为过量的现金会影响企业的获利能力。如果流动资产中的存货与应收账款过多,就会占用大量的资金,影响企业的资金周转。第二,结合营业收入分析企业的资金周转情况。如果企业资金周转较慢,就会占用大量资金,增加资本成本,减少企业的利润。分析资金周转情况要从企业总资产周转率、企业存货周转率与应收账款周转率几方面进行,并将其周转情况与资金占用情况结合分析。

权益乘数则可直观地反映出企业每拥有 1 元自有资金所能扩展出来的资产规模。

总之,从杜邦分析法中可以看出企业的获利能力涉及生产经营活动的方方面面。净资产收益率与企业的筹资结构、销售规模、成本水平、资产管理等因素密切相关,这些因素构成一个完整的系统,系统内部各因素之间相互作用。只有协调好系统内部各个因素之间的关系,才能使净资产收益率得到提高,从而实现股东财富最大化的理财目标。

4. 杜邦分析法的局限性

从企业绩效评价的角度来看,杜邦分析法只包括财务方面的信息,不能全面反映企业的实力,有很大的局限性,在实际运用中需要加以注意,必须结合企业的其他信息加以分析。主要表现在:

(1) 对短期财务结果过分重视,有可能助长公司管理层的短期行为,忽略企业长期的价值创造。

(2) 财务指标反映的是企业过去的经营业绩。但在目前的信息时代,顾客、供应商、雇员、技术创新等因素对企业经营业绩的影响越来越大,而杜邦分析法在这些方面是无能为力的。

(3) 在目前的市场环境中,企业的无形知识资产对提高企业长期竞争力至关重要,杜邦分析法却不能解决无形资产的估值问题。

（二）沃尔比重评分法

1. 沃尔比重评分法的概念

1928 年，亚历山大·沃尔在其出版的《信用晴雨表研究》和《财务报表比率分析》中提出了信用能力指数的概念，他选择了 7 个财务比率即流动比率、产权比率、固定资产比率、存货周转率、应收账款周转率、固定资产周转率和自有资金周转率，分别给定各指标的比重，然后确定标准比率（以行业平均数为基础），将实际比率与标准比率相比，得出相对比率，将此相对比率与各指标比重相乘，得出总评分。沃尔评分法是指将选定的财务比率用线性关系结合起来，并分别给定各自的分数比重，然后通过与标准比率进行比较，确定各项指标的得分及总体指标的累计分数，从而对企业的信用水平作出评价的方法。

2. 沃尔比重评分法的基本步骤

沃尔比重评分法的基本步骤包括：

（1）选择评价指标并分配指标权重。

① 盈利能力的指标：资产净利率、营业净利率、净值报酬率；

② 偿债能力的指标：自有资本比率、流动比率、应收账款周转率、存货周转率；

③ 发展能力的指标：营业增长率、净利增长率、资产增长率。

按重要程度确定各项比率指标的评分值，评分值之和为 100。

三类指标的评分值约为 5∶3∶2。盈利能力指标三者的比例约为 2∶2∶1，偿债能力指标和发展能力指标中各项具体指标的重要性大体相当。

（2）确定各项比率指标的标准值，即各指标在企业现时条件下的最优值。

（3）计算企业在一定时期各项比率指标的实际值。

（4）形成评价结果。

3. 沃尔比重评分法的公式

沃尔比重评分法的公式为：

$$实际分数 = \frac{各比率实际值}{各比率标准值} \times 权重$$

当实际值 > 标准值为理想时，此公式计算的结果为正向指标；当实际值 < 标准值为理想时，实际值越小得分应越高，此时公式计算的结果为反向指标。

值得注意的是，当某一单项指标的实际值畸高时，会导致最后总分大幅度增加，掩盖情况不良的指标，从而给管理者造成一种假象。

4. 沃尔比重评分法的局限性

沃尔比重评分法从理论上讲有一个明显的问题，就是未能证明为什么要选择这 7 个指标，而不是更多或更少些，或者选择别的财务比率，以及未能证明每个指标所占比重的合理性。这个问题至今仍然没有从理论上得到解决。

该方法从技术上讲也有一个问题，就是某一个指标严重异常时，会对总评分产生不合逻辑的重大影响。这是由财务比率与其比重相“乘”引起的。财务比率提高一倍，评分增加 100%；而减少一倍，其评分只减少 50%。

沃尔的方法在理论上还有待证明，在技术上也不完善，但它还是在实践中被应用。耐人寻味的是很多理论上相当完善的经济计量模型在实践中往往很难应用，而企业实际使用并行之有效的模型却又在理论上无法证明。这可能是人类对经济变量之间数量关系的认识还相当肤浅造成的。

第五节　财务分析报告

一、财务分析报告的概念

财务分析报告是企业依据会计报表、财务分析表及经营活动和财务活动所提供的丰富、重要的信息及其内在联系，运用一定的科学分析方法，对企业的经营特征，利润实现及其分配情况，资金增减变动和周转利用情况，税金缴纳情况，存货、固定资产等主要财产物资的盘盈、盘亏、毁损等变动情况，以及对本期或下期财务状况将发生重大影响的事项作出客观、全面、系统的分析和评价，并进行必要的科学预测而形成的书面报告。

二、财务分析报告的分类

（一）按内容、范围的不同，可分为综合分析报告、专题分析报告和简要分析报告

1. 综合分析报告

综合分析报告又称全面分析报告，它具有内容丰富、涉及面广，对财务报告使用者作出各项决策有深远影响的特点。它还具有以下两方面的作用：

(1) 为企业的重大财务决策提供科学依据。由于综合分析报告几乎涵盖了对企业财务计划各项指标的对比分析和评价，能使企业经营活动的成果和财务状况一目了然，及时反映出存在的问题，这就给企业的经营管理者做出当前和今后的财务决策提供了科学依据。

(2) 全面、系统的综合分析报告，可以作为今后企业财务管理动态分析的重要历史参考资料。

综合分析报告主要于半年度、年度进行财务分析时撰写。撰写时必须对分析的各项具体内容的轻重缓急作出合理安排，既要全面，又要抓住重点。

2. 专题分析报告

专题分析报告又称单项分析报告，是指针对某一时期企业经营管理中的某些关键问题、重大经济措施或薄弱环节等进行专门分析后形成的书面报告。它具有不受时间限制、一事一议、易被经营管理者接受、收效快的特点。因此，专题分析报告能总结经验，引起领导和业务部门重视所分析的问题，从而提高管理水平。

专题分析的内容很多，比如关于企业清理积压库存、处理逾期应收账款的经验，以及

对资金、成本、费用、利润等方面的预测分析,处理母子公司各方面的关系等问题均可进行专题分析,从而为各级领导作出决策提供现实的依据。

3. 简要分析报告

简要分析报告是对主要经济指标在一定时期内存在的问题或比较突出的问题,进行概要的分析而形成的书面报告。

简要分析报告具有简明扼要、切中要害的特点。通过分析,能够反映和说明企业在分析期内业务经营的基本情况、企业累计完成各项经济指标的情况并预测今后发展趋势。主要适用于定期分析,可按月、季进行编制。

(二) 按分析时间的不同,可分为定期分析报告与不定期分析报告

1. 定期分析报告

定期分析报告一般是由上级主管部门或企业内部规定的每隔一段相等的时间应予编制和上报的财务报表分析报告。如每半年、年末编制的综合财务分析报告就属定期分析报告。

2. 不定期分析报告

不定期分析报告,是从企业财务管理和业务经营的实际需要出发,不做时间规定而编制的财务报表分析报告。如上述的专题分析报告就属于不定期分析报告。

三、财务分析报告的格式

第一部分提要段,即概括公司综合情况,让财务报告接受者对财务分析说明有一个总括的认识。

第二部分说明段,是对公司运营及财务现状的介绍。该部分要求文字表述恰当、数据引用准确。对经济指标进行说明时可适当运用绝对数、比较数及复合指标数。特别要关注公司当前运作上的重心,对重要事项要单独反映。公司在不同阶段、不同月份的工作重点有所不同,所需要的财务分析重点也不同。如公司正进行新产品的投产、市场开发,则公司各阶层需要对新产品的成本、回款、利润数据进行分析的财务分析报告。

第三部分分析段,是对公司的经营情况进行分析研究。在说明问题的同时还要分析问题,寻找问题的原因和症结,以达到解决问题的目的。财务分析一定要有理有据,要细化分解各项指标,因为有些报表的数据是比较含糊和笼统的,要善于运用表格、图示,突出表达分析的内容。分析问题一定要善于抓住当前要点,多反映公司经营焦点和易于忽视的问题。

第四部分评价段,即作出财务说明和分析后,对经营情况、财务状况、盈利业绩从财务角度给予公正、客观的评价和预测。财务评价不能运用似是而非、可进可退、左右摇摆等不负责任的语言,评价要从正面和负面两方面进行,评价既可以单独分段进行,也可以将评价内容穿插在说明部分和分析部分。

第五部分建议段,即财务人员在对经营运作、投资决策进行分析后形成的意见和看

法,特别是对运作过程中存在的问题所提出的改进建议。值得注意的是,财务分析报告中提出的建议不能太抽象,而要具体化,最好有一套切实可行的方案。

四、财务分析报告的书写

1. 确定标题

标题是对财务分析报告的最精炼的概括,它不仅要确切地体现分析报告的主题思想,而且要用语简洁、醒目。由于财务分析报告的内容不同,其标题也就没有统一标准和固定模式,应根据具体的分析内容而定。如某月份简要会计报表分析报告、某年度综合财务分析报告、资产使用效率分析报告等都是较合适的标题。财务分析报告一旦拟定了标题,就应围绕它利用所搜集的资料进行分析并撰写报告。

2. 财务分析报告的起草

在确定分析报告的标题后,就可以根据企业经营管理的需要进入编制财务分析报告的阶段。这阶段的首要工作就是报告的起草,起草报告应围绕标题并按报告的结构进行。特别是专题分析报告,要将问题分析透彻,真正地分析问题、解决问题。对综合分析报告的起草,最好先拟定报告的编写提纲,然后在提纲框架的基础上,依据所搜集整理的资料,选择恰当的分析方法,起草综合分析报告。

3. 财务分析报告的修改和审定

财务分析报告起草后形成的初稿,可交主管领导审阅,并征求主管领导的意见和建议,再反复推敲,不断进行修改,充实新的内容,使之更加完善、更能反映出所编制财务分析报告的特点,直至最后由主管领导审定。审定后的财务分析报告应填写编制单位和编制日期,并加盖单位公章。

五、编制财务分析报告的注意事项

1. 建立台账和数据库

通过会计核算形成了会计凭证、会计账簿和会计报表,但是编写财务分析报告仅靠这些凭证、账簿、报表的数据往往是不够的。比如,在分析经营费用与营业收入的比率增长原因时,往往需要分析不同区域、不同商品、不同责任人实现的收入与费用的关系,但这些数据不能从账簿中直接得到。这就要求分析人员平时做大量的数据统计工作,对分析的项目按性质、用途、类别、区域、责任人,按月度、季度、年度进行统计,建立台账,以便在编写财务分析报告时有据可查。

2. 关注重要事项

财务人员对经营运行、财务状况中的重大变动事项要勤于做笔录,记载事项发生的时间、计划、预算、责任人及发生变化的各影响因素。必要时马上作出分析判断,并将各类各部门的文件归类归档。

3. 关注经营运行

财务人员应尽可能争取多参加相关会议,了解生产、质量、市场、行政、投资、融资等各类情况。参加会议,听取各方面意见,有利于财务分析和评价。

4. 定期收集报表

财务人员除收集会计核算方面的有些数据之外，还应要求公司各相关部门（生产、采购、市场等）及时提交可利用的其他报表，对这些报表要认真审阅、及时发现问题、总结问题，养成多思考、多研究的习惯。

5. 岗位分析

大多数企业财务分析工作往往由财务经理来完成，但报告素材要靠每个岗位的财务人员提供。因此，应要求所有财务人员对本职工作养成分析的习惯，这样既可以提升个人素质，也有利于各岗位之间相互借鉴经验。只有每一岗位都发现问题、分析问题，才能编写出内容全面、有深度的财务分析报告。

财务分析报告尽管没有固定格式，表现手法也不一致，但并非无规律可循。如果建立分析工作指引，将常规分析项目文字化、规范化、制度化，建立诸如现金流量、销售回款、生产成本、采购成本变动等一系列的分析说明指引，就可以达到事半功倍的效果。

【本章小结】

本章讲授了财务分析的基本理论与方法，主要内容包括：

1. 财务分析是企业财务管理的重要方法之一，它是以企业会计信息为基础，对企业的财务现状和经营成果进行评价和分析的一种方法。财务分析可以评价过去，揭示现在，预测未来；虽然财务分析的侧重点因分析者的角度不同而不同，但是财务分析的最终目的和企业的经营目的一致，即资产的保值和增值。

2. 财务分析的内容主要有企业偿债能力分析、企业营运能力分析、企业盈利能力分析和企业发展能力分析。财务分析的方法主要有趋势分析法、比率分析法和因素分析法三种。在具体分析时应根据分析的目的选择不同的分析指标和分析方法。

3. 财务指标分析是财务分析的一项重要内容。偿债能力分析的指标包括短期偿债能力指标和长期偿债能力指标。其中，短期偿债能力指标有流动比率、速动比率、现金比率；长期偿债能力指标有资产负债率、股东权益比率、产权比率和利息保障倍数等。营运能力分析的指标包括流动资产周转率、固定资产周转率和总资产周转率。盈利能力分析的指标包括资产利润率、营业利润率、成本费用利润率和资本利润率等。发展能力分析的指标包括盈利能力增长率、资产增长率和资本增长率等。

4. 财务综合分析可以全面、系统地分析和评价企业各方面的财务状况和经营能力，主要方法有杜邦分析法和沃尔比重分析法。

5. 财务分析报告是依据企业会计报表、财务分析表及经营活动和财务活动所提供的信息及其内在联系，运用一定的科学分析方法，对企业的财务状况和经营成果做出客观、全面、系统的分析和评价，并进行必要的科学预测而形成的书面报告。本章介绍了财务分析报告的种类、书写及注意事项等内容。

【思考题】

1. 简述财务分析的目的和作用。
2. 简述什么是连环替代法。
3. 运用流动比率分析时应注意哪些问题?
4. 简述杜邦分析法的原理。

【综合案例】

国电电力上海外高桥第二发电厂全称为上海外高桥第二发电有限责任公司。电厂位于上海浦东新区的东北端,长江口南岸,毗邻外高桥保税区,距吴淞口约9.5公里,距上海市中心直线距离约18公里。整个厂区占地面积约97公顷。该电厂是上海和华东地区的大型发电企业,拥有二台当前国内单机容量最大、技术水平最高的90万千瓦超临界燃煤发电机组,是上海电网的主力军。

下面是根据该电厂2009年、2010年、2011年三年的资产负债表及利润表数据编制的比较资产负债表(见表1)和比较利润表(见表2)。

表1　比较资产负债表　　单位:万元

资产	2009年	2010年	2011年	负债及所有者权益	2009年	2010年	2011年
流动资产:				流动负债:			
货币资金	152.38	164.55	100.51	短期借款	28.50	8.50	162.16
短期投资	113.52	107.40	113.64	应付票据	75.02	243.61	235.59
应收票据	95.61	110.43	118.14	应付账款	180.69	206.38	207.44
应收账款	258.64	435.16	459.74	预收账款	57.65	56.97	46.87
应收账款净额	258.64	435.16	459.74	其他应付款	15.62	12.80	24.44
预付账款	4.57	12.54	12.58	应付职工薪酬	3.95	3.51	2.40
其他应收款			1.87	未交税金	-24.69	-51.28	-118.46
存货	645.70	594.13	719.29	其他未交款	5.21	6.24	5.15
待摊费用	0.20	0.45	0.14	预提费用	7.25	2.90	8.83
一年内到期的长期债券投资				一年内到期的长期负债	1.00		

（续表）

资产	2009 年	2010 年	2011 年	负债及所有者权益	2009 年	2010 年	2011 年
其他流动资产	0.92			其他流动负债	0.29		
流动资产合计	1 271.54	1 424.66	1 525.91	流动负债合计	350.49	489.63	574.42
长期投资：				长期负债：			
长期投资	14.52	15.20	13.91	长期应付款			
固定资产原值	383.22	412.91	454.16	其他长期负债	−7.45		
减：累计折旧	108.13	174.84	201.41	长期负债合计	−7.45	0.00	0.00
固定资产净值	275.09	238.07	252.75	所有者权益：			
在建工程	41.68	38.36	27.49				
固定资产合计	316.77	276.43	280.24	实收资本	216.42	216.42	216.42
无形资产及递延资产：				资本公积	406.45	406.52	408.08
无形资产	44.55	45.08	45.17	盈余公积	489.88	482.97	486.00
递延资产	13.12	2.38	1.81	未分配利润	204.71	168.21	182.12
无形资产及递延资产合计	57.67	47.46	46.98	所有者权益合计	1 317.46	1 274.12	1 292.62
资产总计	1 660.50	1 763.75	1 867.04	负债及所有者权益总计	1 660.50	1 763.75	1 867.04

表 2　比较利润表　　单位：万元

项目	2009 年	2010 年	2011 年
一、主营业务收入	1 070.72	951.46	1 258.82
减：主营业务成本	910.79	832.11	1 071.08
营业费用	112.72	103.35	141.43
主营业务税金及附加	5.13	5.79	2.60
二、主营业务利润	42.08	10.21	43.71
加：其他业务利润	8.89	8.69	6.57
减：管理费用	25.40	24.55	35.60
财务费用	−5.24	−7.81	1.65

（续表）

项目	2009 年	2010 年	2011 年
三、营业利润	30.81	2.16	13.03
加:投资收益	1.64	12.03	7.76
补贴收入	0.05	0.35	0.07
营业外收入	0.78	0.88	0.31
减:营业外支出	0.58	4.26	0.23
加:以前年度损益调整			
四、利润总额	32.70	11.16	20.64
减:所得税	5.28	2.31	3.02
五、净利润	27.42	8.85	17.62

要求：

(1) 计算该电厂三年的权益净利率、主营业务净利率、总资产周转率、权益乘数。

(2) 用杜邦分析法对该电厂进行财务分析。

第十一章　财务控制

【本章导航】

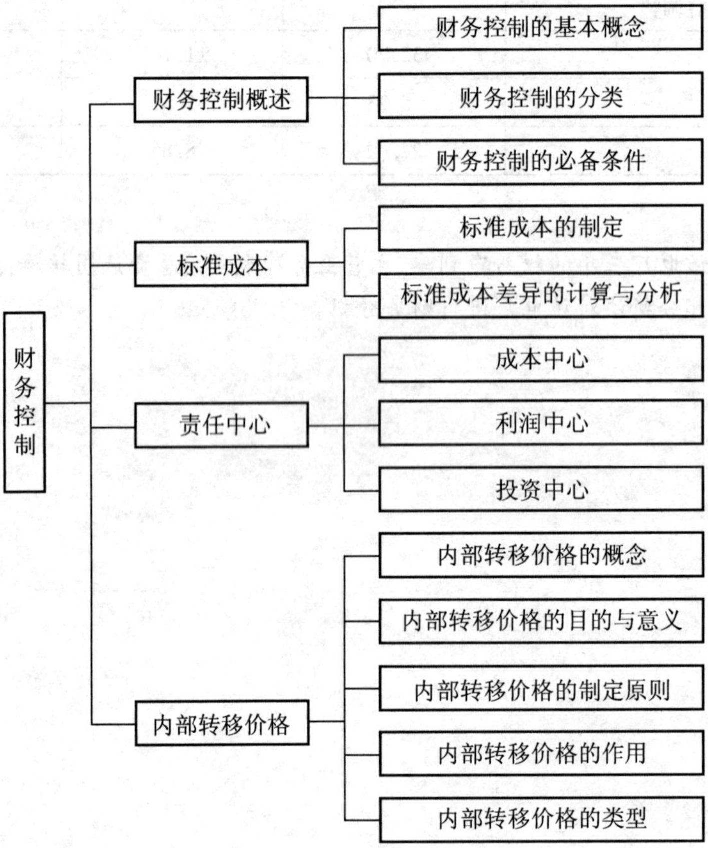

【知识目标】

通过本章的学习,学生应了解财务控制的一般理论,理解责任中心控制,掌握标准成本控制。

【技能目标】

通过本章的学习,要求学生掌握如何为各级责任中心建立责任目标并实施责任控制与考核。

【引导案例】

"印染大户"管理有方

随着市场竞争的日益加剧,自1990年起,上海新光内衣染织厂、上海第五印染厂效益开始滑坡。到1996年年底,两厂的印染主业出现了大幅亏损,而且生产越多亏损越大。面对这个有继续扩大之势的"黑洞",1997年下半年,上服集团果断地对新光、五印两厂实施停产,进行改制重组,以期走出困境。两家企业以剥离出来的部分设备、场地等资产作为投资,组建成立了司麦脱印染有限公司。

改制重组为司麦脱公司创造了一个良好的经营管理运行机制。为了尽快扭转亏损局面,司麦脱公司在对市场情况与内部存在的问题进行认真分析之后,发现与国外同行业类似企业相比较,原新光、五印两厂的劳动要素投入过多,而生产效率却十分低下,原材料、能源等生产要素也浪费严重。要控制生产成本,就必须优化生产要素的投入和配置,充分发挥它们的使用效率。为此,司麦脱公司制定了严格控制生产成本的扭亏方针,采取的具体措施是在劳动投入方面,实行"空岗位制"。四条全处理生产线压缩进布、落布等简单操作岗位,仅配备相当于三条线的人员,从而把两厂原直接从事印染生产的2 100多名职工减少到目前的700余人。由于劳动力和机器设备等诸要素的比例结构得到了优化,因而虽然劳动力人数减少了,但人均月产量却比以前增加了几倍,即劳动的边际产品价值提高了。在原材料、能源等要素的投入方面,公司大力改进开工设置和工艺设计,减少不必要的能源和原料消耗,在现有技术装备下充分发挥资本要素的利用率。如今,仅能源一项,司麦脱公司就比以前节约20%。由于分析正确、决策科学、措施得力,司麦脱公司在成立后的短短一年多的时间内,全面止住了以前一年逾千万的亏损,截至1998年7月底,该公司还实现利润700万元,无疑其成本控制是成功的。

资料来源:袁志刚.管理经济学.上海:复旦大学出版社,1990。

第一节 财务控制概述

一、财务控制的基本概念

(一)财务控制的含义

财务控制是利用财务信息,选取一定的程序与方式,影响和调节企业的各项财务收支活动,并使之按预定目标运行的过程。财务控制是财务管理的重要组成部分,是对资金的筹集、投放、耗费与收入分配的控制。

（二）财务控制的特征

1. 财务控制以价值控制为手段

财务控制是全面落实和实现财务预算的过程,其控制标准是财务预算中的各项指标。而财务预算所包含的现金预算、预计利润表、预计资产负债表、预计现金流量表等,都是以价值形式予以反映的。无论是责任中心的预算执行、报告和业绩考核评价,还是企业内部各机构和人员之间的相互制约关系,都需要借助于价值指标或内部转移价格来完成,因此财务控制是一种以价值手段来完成控制活动的过程。

2. 财务控制以综合经济业务为控制对象

由于财务控制是以价值形式为手段,因此它不仅可以将各种性质不同的业务综合在一起进行控制,也可以将不同部门、不同层次、不同岗位的业务综合起来进行控制,体现财务控制的全面性。

3. 财务控制以现金流量作为日常控制的重心

由于企业日常的财务活动通常表现为现金流入流出的过程,因此,财务控制应以控制现金流量为重点,保证现金流入流出量的相对平衡。在控制过程中要以现金预算、现金流量表为依据,对现金流量运行状况进行调节、考核与评价。

（三）财务控制的基本程序

财务控制作为财务管理的基本环节,必须遵循严格的程序:

（1）制定控制标准,分解落实责任;

（2）确定执行差异,迅速调整误差;

（3）评价单位业绩,综合考核奖惩。

（四）财务控制的构成体系

1. 财务控制的主体

在现代企业制度下,财务控制的主体是董事会。依据我国《公司法》的相关规定,董事会是由股东大会选举产生,代表公司负责财务决策与控制,决定公司的财务状况。

2. 财务控制的客体

财务控制是以企业的各项财务收支活动作为控制对象,包括筹资活动、投资活动、营运活动及分配活动等。

3. 财务控制的目标

财务控制的终极目标是企业价值的最大化。财务控制是围绕这一目标的实现而展开的。

（五）财务控制的作用

1. 财务控制是实现和执行财务计划的基本手段

在财务管理中,正确、合理的财务决策,切实可行的财务计划,为企业生产经营活动指明了方向,提供了依据,但要使其变成现实,必须加以控制。财务控制就是对企业具体实施过程进行必要的约束和调节,使它符合预订的计划,实现期待的目标。因此,可以说没有财务控制,任何预测、决策和计划都没有实际意义。财务控制是财务预测、财务决策和财务计划得以落实的保证。

2. 财务控制是实现财务管理目标的有效途径

财务控制是借助于价值手段对企业生产经营活动所实施的控制,对整个企业的经济控制系统而言,是一种连续的、系统的、综合的企业行为。在整个控制系统中处于一种举足轻重的地位,发挥着保证、促进、监督和协调等重要功能,是实现企业财务管理目标的有效途径。

二、财务控制的分类

(一) 按控制的时间分类

财务控制按控制的时间,可分为事前财务控制、事中财务控制和事后财务控制。

事前财务控制是指财务收支活动尚未发生之前所进行的控制,如财务收支活动发生之前的申报审批制度、产品设计成本的规划等。

事中财务控制是指财务收支活动发生过程中所进行的控制,如财务预算要求监督预算的执行过程,对各项收入的去向和支出的用途进行监督,对产品生产过程中发生的成本进行约束等。

事后财务控制是指对财务收支活动的结果所进行的考核及相应的奖惩,如按财务预算的要求对各项责任中心的财务收支结果进行评价,并以此实施奖惩标准,在产品成本形成之后进行综合分析与考核,以确定各责任中心和企业的成本责任。

(二) 按控制的对象分类

财务控制按控制的对象,可分为财务收支控制和现金控制。

财务收支控制是依照财务收支计划对企业和各责任中心的财务收入与支出活动所进行的控制,目的是实现财务收支的相对平衡。控制财务收入活动,旨在达到高收入的目标;控制财务支出活动,旨在降低成本,减少支出,实现利润最大化。

现金控制是依据现金预算对企业和各责任中心的现金流入与流出活动所进行的控制。由于企业财务会计对收入及费用的确认采取权责发生制,导致利润不等于现金净流入,对现金有必要进行单独控制。同时,日常财务活动主要是组织现金流动的过程,因而现金控制就显得十分重要。通过现金控制应力求实现现金流入流出的基本平衡,既要防止因现金短缺而可能出现的财务危机,也要防止因现金闲置而可能出现的机会成本增加。

(三) 按控制的主体分类

财务控制按控制的主体,可分为出资者财务控制、经营者财务控制、财务部门的财务控制、责任中心的财务控制。

出资者财务控制是为了实现其资本保全与增值目标而对企业的重大财务决策及重要财务收支活动进行的控制,如利润分配政策的制定、重大投资决策等。

经营者财务控制是为了实现财务预算目标而对企业及各责任中心的财务收支活动所进行的控制,这种控制是通过经营者制定并实施财务决策,制定预算,确立目标,并促使这些目标被贯彻执行而实现的。如企业的筹资、投资、资产运用、成本支出决策及执行等。

财务部门的财务控制是财务部门为了有效地组织现金流动，通过编制和执行财务预算，对企业日常财务收支活动及现金流量所进行的控制，属于日常的财务控制。比如，对货币资金开支用途的审查等。

责任中心的财务控制是指企业内部处于不同层级的各责任中心以责任预算目标为依据，对本中心的财务收支活动所进行的控制，如责任成本费用控制、责任利润控制等。

（四）按控制的依据分类

财务控制按控制的依据，可分为财务目标控制、财务预算控制和财务制度控制。

财务目标控制是指以财务目标为依据，对企业及各责任中心的财务活动进行指导、调节与干预，使之符合要求的控制形式。

财务预算控制是指以财务预算为依据，对预算执行主体的财务收支活动进行监督、调整，使之符合预算目标的一种控制形式。预算表明了其执行主体的责任和奋斗目标，规定了预算执行主体的行为。

财务制度控制是指通过制定企业内部规章制度，并以此为依据约束企业和各责任中心财务收支活动的一种控制形式。制度控制通常规定只能做什么和不能做什么。与预算控制相比较，制度控制具有防护性的特征，而预算控制则具有激励性的特征。

（五）按控制的手段分类

财务控制按控制的手段，可分为定额控制和定率控制，也可称为绝对控制和相对控制。

定额控制是指对企业和责任中心的财务指标采用绝对额进行控制。一般而言，对激励性指标确定最低控制标准，对约束性指标确定最高控制标准。

定率控制是指对企业和责任中心的财务指标采用相对比率进行控制。一般而言，定率控制具有投入与产出对比、开源与节流并重的特征。

比较而言，定额控制没有弹性，定率控制具有弹性。

三、财务控制的必备条件

（一）组织保证

财务控制的基础是指进行财务控制所必须具备的基本条件，首先便是组织保证。控制必然涉及控制主体和控制对象。就控制主体而言，应围绕财务控制建立有效的组织保证。如为了确定财务预算，应建立相应的决策和预算编制机构；为了组织和实施日常财务控制，应建立相应的监督、协调、仲裁机构；为了便于内部结算，应建立相应的内部结算组织；为了考评预算的执行结果，应建立相应的考评机构。在实践过程中，可根据需要，将这些机构的职能合并到企业的常设机构中，或者将这些机构的职能进行归并。就控制对象而言，应本着有利于将财务预算分解落实到企业内部各部门、各层次和各岗位的原则，建立各种执行预算的责任中心，使各责任中心对分解的预算指标既能控制，又能承担责任。

（二）制度保证

内部控制制度包括组织机构的设计和企业内部采取的所有相互协调的方法和措施。

这些方法和措施用于保护企业的财产，检查企业会计信息的准确性和可靠性，提高经营效率，促使有关人员遵循既定的管理方针。围绕财务预算的执行，也应建立相应的保证措施或制度，如人事制度、奖罚制度等。

（三）预算目标

财务控制应以建立健全的财务预算为依据，面向整个企业的财务预算是控制企业经济活动的依据。财务预算应分解落实到各责任中心，使之成为控制各责任中心经济活动的依据。若财务预算所确定的目标严重偏离实际，财务控制就无法达到预定的目的。

（四）会计信息

真实而准确的会计信息，是财务控制得以进行的基本前提。以价值手段反映的会计信息是财务控制的客体，离开了会计信息，财务控制就丧失了前提，失去了对象。会计信息对财务控制的作用主要表现在以下两个方面：

（1）企业财务预算总目标的执行情况必须通过企业汇总会计核算资料予以反映，通过这些会计核算资料可以了解、分析企业财务预算总目标的执行情况、存在差异及其原因，并提出相应的纠偏措施。

（2）各个责任中心（岗位）预算目标的执行情况必须通过各自的会计核算资料予以反映，通过这些会计核算资料可以了解、分析各个责任中心（岗位）预算目标的执行情况，将其作为各个责任中心（岗位）改进工作和考核其工作业绩的依据。

（五）信息反馈系统

灵敏而通畅的信息反馈系统，是财务控制系统有效运行的基本手段。财务控制是一个动态的控制过程，要确保财务预算的实施，必须对各责任中心（岗位）执行预算的情况进行追踪监督，不断调整执行过程中的偏差，为此必须建立一个完整的信息反馈系统，这个系统必须具备如下特征：

（1）信息反馈系统应是一个双向流动的系统，它既能自下而上地反馈财务预算的执行情况，做到下情上报，又能自上而下地及时传递调整预算偏差的措施和要求，做到上情下达。

（2）信息反馈系统应是一个在传输程序与方法上合理规范的系统，从程序上来说应明确规定传输的路径、环节以及每一环节的信息内容；从方式上来说应明确规定传输的媒介及其标准样式（如报告格式等）。

（3）信息反馈系统应当灵敏、有效，即信息的传输应及时、快捷，传递的信息应真实、可靠，并在信息处理过程中建立起相应的审查机构和责任制度。

（六）奖惩制度

公正而合理的奖惩制度，是财务控制制度有效运行的基本保障。财务控制的最终效率取决于是否有切实可行的奖惩制度以及这一制度的执行情况。奖罚制度及其执行包括以下内容：

（1）奖罚制度必须结合各责任中心的预算责任目标制定，体现公平、合理、有效的原则。

（2）要形成严格的考评机制。是否奖罚取决于考评的结果，考评是否正确直接影响奖罚制度的效力。严格的考评机制包括建立考评机构、确定考评程序、审查考评数据、依照制度进行考评和执行考评结果。

(3) 要把过程考核与结果考核结合起来,把即时奖罚与期间奖罚结合起来。这一方面要求在财务控制过程中随时考核各责任中心的责任目标和执行情况,并根据考核结果当即奖罚;另一方面要求一定时期终了(一般为年度),根据财务预算的执行结果,对各责任中心进行全面考评,并进行相应的奖罚。

第二节 标准成本

一、标准成本制定

标准成本控制是一种通过将实际成本与预先制定的标准成本进行比较,揭示成本差异并对成本差异进行分析以达到有效控制成本为目的的一种成本控制和考评制度。它由制定标准成本、计算成本差异、分析处理成本差异三个部分和环节构成完整的系统,标准成本控制的核心思想是用标准成本去度量实际成本,分析并处理成本差异,目的是加强日常成本管理和有效控制成本目标。

(一) 标准成本的概念及种类

标准成本是预先通过全面深入的调查、分析与技术测量而制定的,用以衡量和评价实际成本水平的一种预计成本。在标准成本中,基本上排除了不应该发生的浪费,因此被认为是一种应该成本。标准成本的制定要体现企业的目标和要求,主要用于衡量产品制造过程的工作效率和控制成本。

标准成本一词在实际工作中有两种含义:一是指单位产品的标准成本,它是根据单位产品的标准消耗量和标准单价计算出来的,又称成本标准;二是指实际产量的标准成本,它是根据实际产品产量和单位产品成本标准计算出来的。

$$成本标准 = 单位产品标准成本 = 单位产品标准消耗量 \times 标准单价$$

$$标准成本 = 实际产量 \times 单位产品标准成本$$

$$= 实际产量 \times 单位产品标准消耗量 \times 标准单价$$

在企业内部加强成本控制所运用的标准成本的种类很多,通常情况下包括理想标准成本、正常标准成本、基本标准成本三种。

1. 理想标准成本

理想标准成本是以现有的设备、技术和经营管理处于最佳状态而确定的标准成本。采用这种成本标准,实际上意味着企业的工艺技术达到最高水平,生产经营实现最佳运转,产品生产过程始终处于最完美的状态之中,一切无效率的工作和浪费损失都排除在外,成本的发生完全按照理想的状态进行,是企业现有条件下的最低成本水平。由于这种标准成本要求过高,因此实际工作中不能作为考核的依据,只能作为揭示降低成本潜力的空间的标尺。

2. 正常标准成本

正常标准成本是以现有正常生产技术水平和有效利用现有生产经营条件为基础而确定的成本。在这种标准成本下，机器设备故障的停顿、生产工人必要的间歇、生产过程的正常损耗等一些不可避免的不利因素都作了充分考虑，成本的标准更加人性化，要达到这种标准既不容易，但也不是高不可攀，经过努力是可以达到的。在通常情况下，正常标准成本在数额上低于理想标准成本，高于基本标准成本，它贴近实际，切实可行，充分体现了先进性和现实相统一的要求，在现实工作中得到了广泛的运用，具有现时性和激励性，是评价工作效率、实施成本控制的依据。

3. 基本标准成本

基本标准成本是以某一年度生产经营条件下的成本为基础而确定的标准成本。基本标准成本是一经制定，只要生产的基本条件无重大变化，就不予变动的一种标准成本。这种标准成本一经制定，便多年保持不变，在较长时间作为计算成本的基础，采用这种标准成本，使得各期成本有一个共同的比较基础，可以按同一标准来衡量和比较各个会计期间的成本水平，反映成本的变动趋势。但由于历史成本中可能包含着部分无效因素，而且生产技术和经营情况在不断变化，因此原有标准会不符合现实状况，不适应未来要求，所以实际过程中不宜作为成本控制和业绩考核的依据。

（二）标准成本的作用

1. 加强成本控制

制定标准成本的目的之一就在于帮助企业管理者加强对成本的有效管理，使成本控制有据可依，有度可循。借助于标准成本，管理者可以随时掌握实际成本同标准成本之间的差异，以及差异产生的原因，并据此采取适当的调整措施，及时消除或缩小实际成本超出标准成本的不利差异，不断降低成本水平，从而达到成本控制的效果。

2. 提供决策依据

因为标准成本实际上就是企业现有经济技术条件下经过努力可以达到的预期目标成本，是一种正常的可以信赖的成本资料，所以能较为广泛地运用于规划企业未来经营的决策之中。标准成本资料通常用于产品生产决策、产品定价决策等生产经营决策之中，它可以作为定量决策的成本分析的数量依据，也可以作为对有关方案的评价与选择的信息资料。

3. 改进管理工作

由于标准成本是合理可信的成本信息，借助于标准成本的目标，可以揭示出实际成本与标准成本差异，比较准确地掌握成本差异产生的原因，充分显示出企业日常管理工作中的重点；借助于标准成本的分解，可以通过成本项目的差异来分析不同责任中心的差异状况，明确各部门的责任，考核和评价各责任中心的工作业绩，促进各部门改进工作；借助于标准成本的资料，结合产品成本计算和其他有关资料，能够比较恰当地进行成本分析和成本估计，不断提高企业成本会计工作的水平和质量。

（三）标准成本的制定

标准成本的制定要在对企业的生产经营条件进行周密的调查研究和科学的技术经济分析的基础上，由财务部门会同采购、劳资、技术和生产部门共同制定。由于产品成本是由直接材料、直接人工和制造费用等项目构成的，因此产品标准成本的制定要针对不同的成本项目分别制定。标准成本的基本形式,是以数量标准乘以价格标准,得到各相关成本项目的标准成本,各成本项目标准成本之和构成单位产品的成本标准。

1. 直接材料标准成本的制定

直接材料标准成本是由单位产品所耗用的各种材料的数量标准和对应的价格标准计算确定的,其计算公式为:

直接材料标准成本 = 单位产品材料标准用量 × 单位材料标准价格

(1) 数量标准。是指在现有的生产技术条件下生产每一单位产品所需消耗的直接材料的数量,包括构成产品实体的材料、生产中必要的损耗和不可避免地形成一定废品所需用的材料等。数量标准一般由工艺部门会同生产人员,通过分析测算来确定。

(2) 价格标准。是指取得某种材料所应支付的单位材料的价格,主要包括材料的市场价格和采购费用。价格标准应由采购部门在充分分析市场变化、供应商的报价、最佳采购批量和其他因素的情况下综合确定。

2. 直接人工标准成本的制定

直接人工标准成本由生产单位产品所需要消耗的标准时间及与之相应的标准工资率来计算确定,其计算公式为:

直接人工标准成本 = 单位产品工时标准 × 单位工时标准工资率

(1) 数量标准——工时标准。它是指在现有生产技术条件下生产单位产品的工作时间,包括对产品直接加工的正常耗用时间、必不可少的间歇与停工时间、产生废品的损耗时间等。工时标准应在技术测定的基础上,分工序分别计算,然后汇总确定。

(2) 价格标准——工资率标准。它是每一标准工时下的工资成本。工资率标准的确定取决于企业采用的工资制度,在计件工资条件下,标准工资为预定单位产品应付工资除以标准工时;在计时工资条件下,标准工资率为每一标准工时应支付的工资额。

3. 制造费用标准成本的制定

制造费用标准成本由其数量标准乘以价格标准来确定,这里的数量标准是指在现有生产技术条件下生产单位产品所需时间,通常用机器工时或生产工时表示;价格标准就是制造费用分配率,即每标准工时应分担的制造费用额,它取决于生产工时标准和制造费用的预算额。由于制造费用按成本习性分为变动性制造费用和固定性制造费用,因而制造费用标准成本分为变动和固定两部分。在计算确定其标准成本时,变动性制造费用和固定性制造费用的数量标准是相同的,而价格标准则应该分别计算,其计算公式为:

变动制造费用标准分配率 = 变动制造费用预算总额/标准总工时

固定制造费用标准分配率 = 固定制造费用预算总额/标准总工时

在确定了工时标准和分配率标准之后,就可以计算出制造费用的标准成本,其计算公式为:

制造费用标准成本 = 固定制造费用标准成本 + 变动制造费用标准成本
= (固定制造费用标准分配率 + 变动制造费用标准分配率) × 标准工时

4. 单位产品标准成本的制定

当产品的直接材料标准成本、直接人工标准成本和制造费用标准成本确定之后,就可以通过汇总计算的方法来确定其单位产品的标准成本。

单位产品标准成本的制定通常是通过编制产品标准成本卡的方式来完成的。在编制标准成本卡时,直接材料要标明数量标准和价格标准,直接人工要注明标准工时和标准工资率,制造费用要按固定费用和变动费用的标准工时和标准分配率分别列示。

5. 标准成本制定的例证说明

【例 11-1】 某公司 2012 年 6 月计划生产甲产品 10 000 件,其有关资料如下:直接人工的工时定额为 100 小时,直接材料的消耗定额为 30 千克,每千克的标准单价为 40 元,在计划期内产品的标准工时为 4 000 小时,直接人工的工资总额为 32 000 元,固定制造费用预算总额为 22 000 元,变动制造费用预算总额为 20 000 元。

要求:根据上述资料,制定甲产品标准成本并编制标准成本卡。

根据上述资料,直接材料的价格标准和数量标准已明确,可计算其标准成本,直接人工和制造费用的工时标准也已知道,只需计算其分配率标准就可以计算标准成本。则有:

单位工资分配标准 $=32\ 000 \div 4\ 000=8$(元/工时)

固定制造费用分配率 $=22\ 000 \div 4\ 000=5.5$(元/工时)

变动制造费用分配率 $=20\ 000 \div 4\ 000=5$(元/工时)

根据以上资料,编制标准成本卡,如表 11-1 所示。

表 11-1 标准成本卡

产品名称:甲产品　　　　计量单位:件　　　　编制日期:2012 年 6 月 1 日

成本项目	数量标准	价格标准	成本标准
直接材料	30 千克	40 元/千克	1 200 元
直接人工	100 工时	8 元/工时	800 元
变动制造费用	100 工时	5 元/工时	500 元
固定制造费用	100 工时	5.5 元/工时	550 元
单位产品标准成本	—	—	3050 元

二、标准成本差异的计算与分析

成本差异是实际成本同标准成本之间的差额,反映了实际成本偏离标准成本的状况。如果实际成本低于标准成本,称为有利差异,意味着成本费用的节约;如果实际成本高于标准成本,称为不利差异,意味着成本费用的超支。又由于标准成本制定是由数量标准和价格标准确定的,因而成本差异又可以分为数量差异和价格差异,因数量因素而造成的差异称为数量差异,因价格因素而造成的差异称为价格差异。区分有利差异和不利差异、数量差异和价格差异,有利于借助差异产生的原因分析,采取相应措施,消除不利差异,发展有利差异,从而降低成本,提高经济效益。

实际成本差异分析就是在标准成本确定之后,将实际成本与标准成本进行比较,分析差异及产生的原因,进而进行成本控制和业绩考核的过程。通过成本差异分析,有利于查明造成差异的原因并促进企业制定消除差异的措施,对进一步控制成本、降低成本水平、加强经营管理、提高经济效益具有重要意义。

(一) 直接材料成本差异的计算与分析

1. 直接材料成本差异的计算

直接材料实际成本与标准成本之间的差额,是直接材料成本差异。该项差异形成的基本原因有两个:一个是材料价格脱离标准即价差,另一个是材料用量脱离标准即量差。有关计算公式如下:

直接材料成本差异 = 实际成本 - 标准成本

= 实际数量 × 实际价格 - 标准数量 × 标准价格

直接材料数量差异 = (实际数量 - 标准数量) × 标准价格

直接材料价格差异 = 实际数量 × (实际价格 - 标准价格)

【例 11-2】 A 制造有限公司生产甲产品,2012 年 6 月计划月产量为 1 250 件,其标准成本资料如表 11-2 所示。

表 11-2 甲产品标准成本资料

成本项目	数量标准	价格标准	成本标准	总成本
直接材料	10 千克	10 元/千克	100 元	125 000 元
直接人工	5 小时	7 元/小时	35 元	43 750 元
变动制造费用	5 小时	4 元/小时	20 元	25 000 元
固定制造费用	5 小时	4 元/小时	20 元	25 000 元
单位产品标准成本	—	—	175 元	218 750 元

该公司当月实际生产甲产品 1 200 件,其实际发生的有关成本资料如表 11-3 所示。

表 11-3 甲产品实际成本资料

成本项目	单位耗用量	单位价格	耗用总量	总成本
直接材料	11 千克	10.5 元/千克	13 200 千克	138 600 元
直接人工	4.9 小时	6 元/小时	5 880 小时	35 280 元
变动制造费用	4.9 小时	3.9 元/小时	5 880 小时	22 932 元
固定制造费用	4.9 小时	4.1 元/小时	5 880 小时	24 108 元
合计	—	—	—	220 920 元

根据上述资料,可计算直接材料的有关成本如下:

按实际产量计算的直接材料标准成本 = 1 200 × 100 = 120 000(元)

直接材料成本差异 = 138 600 - 120 000 = 18 600(元)(不利差异)

直接材料数量差异 = (13 200 - 1 200 × 10) × 10 = 12 000(元)

直接材料价格差异 = 13 200 × (10.5 - 10) = 6 600(元)

2. 直接材料成本差异的分析

直接材料的总额是随着业务量的增减变动而成正比例变动的。上例计算表明:直接材料总成本超支 18 600 元,其中数量差异超支 12 000 元,价格差异超支 6 600 元。

材料数量差异是在材料耗用过程中形成的,形成的具体原因有:操作疏忽造成废品和废料增加、工人用料不精心、操作技术改进而节省材料、新工人上岗造成多用料、机器或工具不适用造成用料增加等。进行差异分析时,应根据不同的情况确定数量差异的责任部门,一般来说,直接材料数量差异应由生产部门负责,因为实际耗量的多少、加工损耗的大小、材料的综合利用与损失浪费等,生产部门大体上都是可控的。有时多用料并非生产部门责任,如购入材料质量低劣、规格不符也会使用料超过标准,又如工艺变更、检验过严也会使数量差异加大,则要由采购部门和仓储部门负责。进行数量差异分析就是要找出造成成本差异的真正的具体原因。本例中,本月直接材料因数量超支 12 000 元,对此应迅速查明责任部门和具体原因,采取有效措施,以便降低原材料消耗。

材料价格差异是在采购过程中形成的,采购部门未能按标准价格进货的原因主要有:供应厂家价格变动、未按经济采购批量进货、未能及时订货造成的紧急订货、采购时舍近求远使运费和途耗增加、不必要的快速运输方式、违反合同被罚款、承接紧急订货造成额外采购,等等。由于采购部门对影响材料价格的大多数因素都具有控制能力,因此直接材料价格差异应由采购部门负责。但对于生产过程临时的、紧急的、小量的订货和运输方式的改变等变化而导致的价格差异则由生产和运输部门负责。本例中,本月材料价格超支 6 600 元应结合其影响因素进行具体分析,寻找原因,确定责任归属。

总之,直接材料数量差异一般应由生产部门负责,直接材料价格差异一般应由采购部门负责。但由于数量差异和价格差异都是多种因素综合影响的结果,因此在分析其差异时,必须从实际出发,探寻产生差异的原因,落实产生差异的责任部门,切实搞好材料成本控制。

(二) 直接人工成本差异的计算与分析

1. 直接人工成本差异的计算

直接人工成本差异,是指直接人工实际成本与标准成本之间的差额。它也被区分为“价差”和“量差”两部分。价差是指实际工资率脱离标准工资率,其差额按实际工时计算确定的金额,又称为工资率差异。量差是指实际工时脱离标准工时,其差额按标准工资率计算确定的金额,又称人工效率差异。有关计算公式如下:

直接人工效率差异 =(实际工时 - 标准工时)× 标准工资率

直接人工工资率差异 = 实际工时 ×(实际工资率 - 标准工资率)

直接人工成本差异 = 实际成本 - 标准成本

= 实际工时 × 实际工资率 - 标准工时 × 标准工资率

= 工资率差异 + 人工效率差异

【例 11-3】 承【例 11-2】有关资料,计算直接人工成本差异如下:

按实际产量计算的直接人工标准成本 = 1 200 × 35 = 42 000(元)

直接人工成本差异 = 35 280 - 42 000 = - 6 720(元)(有利差异)

直接人工效率差异 =（5 880 - 1 200 ×5）×7 = -840（元）

直接人工工资率差异 =5 880 ×（6 -7） = -5 880（元）

2. 直接人工成本差异的分析

直接人工作为变动费用，其总额是随业务量的增减变动而成正比例变动的。由上例计算可知：直接人工成本节约6 720 元，其中人工效率提高节约成本 840 元，工资率降低节约成本 5 880 元。

直接人工的效率差异是企业最为重视的成本差异，因为提高生产效率是企业降低成本的关键途径。产生直接人工效率差异的原因是多方面的：生产工人技术水平的高低及合理安排、材料传递方法的正确与否、机器设备的运转状况等都可能造成工时的不同。因此，在一般情况下，生产部门的管理人员应对直接人工效率差异负责，但由于购入材料不符合要求或生产工艺变化而造成的工时差异，则是生产部门无法控制的，应由相关部门负责。

直接人工的工资率差异通常应由负责人员工作安排的主管人员负责，因为在具体安排工作时，如果不能根据工作的需要和工人的技术熟练程度进行合理的规划，不能"按才定位"、"人尽其才"，不能合理调度，就会造成人力和人才资源的浪费，形成直接人工工资率的不利差异。

由上可知，在通常情况下，直接人工的效率差异应由生产部门的管理人员加以说明，直接人工的工资率差异应由安排工作的主管人员加以说明。

（三）变动制造费用差异的计算与分析

1. 变动制造费用成本差异的计算

变动制造费用的差异，是指实际变动制造费用与标准变动制造费用之间的差额。它也可以分解为"价差"和"量差"两部分，价差是指变动制造费用的实际小时分配率脱离标准，按实际工时计算的金额称为耗费差异。量差是指实际工时脱离标准工时，按标准的小时费用率计算确定的金额称为变动费用效率差异。有关计算公式如下：

变动制造费用成本差异 = 变动制造费用实际发生额 - 变动制造费用标准发生额

= 效率差异 + 耗费差异

变动制造费用效率差异 =（实际工时 - 标准工时）× 标准分配率

变动制造费用耗费差异 = 实际工时 ×（实际分配率 - 标准分配）

【例 11-4】 承【例 11-2】有关资料，计算变动制造费用成本差异。

按实际产量计算的变动制造费用标准成本 =1 200 ×20 =24 000（元）

变动制造费用成本差异 =22 932 -24 000 = -1 068（元）（有利差异）

变动制造费用效率差异 =（5 880 -1 200 ×5）×4 = -480（元）

变动制造费用耗费差异 =5 880 ×（3.9 -4） = -588（元）

2. 变动制造费用成本差异的分析

变动制造费用总额是随着业务量的变动而变动的。上例计算说明：变动制造费用本期节约 1 068 元，其中效率差异节约 480 元，耗费差异节约 588 元。

变动制造费用成本差异分析就是要分清成本差异额的大小和方向,变动制造费用效率差异主要受工时变化的影响,因此其差异应由能控制生产工时的部门和人员负责;而耗费差异则受到变动性制造费用的节约与浪费(构成变动性制造费用的各项投入要素的数量与价格偏离标准)和生产工时的影响。由于变动性制造费用是由许多明细项目组成的,为便于对每一个具体构成项目进行控制和考核,进行成本差异分析时要选择差异较大的项目作细致的分析,找出具体原因以便采取相应措施,加强对费用明细项目的控制。

(四)固定制造费用成本差异的计算与分析

1. 固定制造费用成本差异计算

固定制造费用成本差异是实际发生的固定制造费用与标准固定制造费用之间的差额。其计算公式为:

固定制造费用成本差异 = 固定制造费用实际发生数额 - 固定制造费用标准成本

其中,固定制造费用标准成本是按实际产量和标准分配率计算的,只有这样,成本差异的计算分析才具有可比性。

由于固定制造费用总额相对稳定,一般不随业务量的变化而变化,因此在实际过程中,固定制造费用是通过编制固定预算进行成本控制的,但业务量的变化会对单位产品成本中的固定制造费用产生影响:业务量增加,单位产品应负担的固定制造费用会减少;业务量减少,单位产品应负担的固定制造费用会增加。也就是说,业务量的变动(实际产量与设计生产能力或计划产量不一致)会通过工时和分配率而对单位产品应负担的固定制造费用产生影响。因此,固定制造费用成本差异的计算分析与其他成本项目的计算分析方法有所区别。

(1) 二因素分析法。二因素分析法是将固定制造费用差异分为耗费差异和能量差异。

固定制造费用耗费差异是固定制造费用的实际数额与固定制造费用的预算金额之间的差额。由于固定制造费用总额不随业务量的变动而变动,受生产水平变动的影响较小,因此其实际数额超过预算数额就被认为是耗费过多。其计算公式为:

固定制造费用耗费差异 = 固定制造费用实际数额 - 固定制造费用预算数额

固定制造费用能量差异是固定制造费用的预算金额与固定制造费用的标准成本之间的差额,反映企业现有生产能力的利用程度。其计算公式为:

固定制造费用能量差异 = 固定制造费用预算数额 - 固定制造费用标准成本

(2) 三因素分析法。三因素分析法是将固定制造费用的成本差异分为耗费差异、效率差异和闲置能量差异三部分。耗费差异的计算与二因素分析法相同。不同的是将二因素分析法中的"能量差异"进一步分解为两部分:一部分是实际工时未达到标准能量而形成的闲置能量差异;另一部分是实际工时脱离标准工时而形成的效率差异。

二因素分析法中固定制造费用预算数额是按预计产量的标准工时计算的,固定制造费用标准成本是按实际产量的标准工时计算的,由此可知是产量的变化导致了固定制造费用的能量差异。实际产量与预计产量的不一致,不仅会使实际生产工时与设计(标准)生产能力工时不同,而且会使实际工时与实际产量下的标准工时不一样,前者是设备生产能力未得到充分利用而造成部分生产能量的闲置,而后者则是实际工时偏离了标准工时,由此而产生的差异就是闲置能量差异和效率差异。闲置能量差异是由于实际工时未能达到标准生产能量(设备设计或预计生产能力)而造成的成本差异;效率差异是实际工时偏离了实际产量下的标准工时而产生的成本差异。其计算公式为:

固定制造费用效率差异 =(实际总工时 - 标准总工时)×标准分配率

固定制造费用闲置能量差异 =(生产能量 - 实际总工时)×标准分配率

【例 11-5】 承【例 11-2】有关资料,计算固定制造费用成本差异。

按实际产量计算的固定制造费用标准成本 = 1 200 × 20 = 24 000(元)

固定制造费用成本差异 = 24 108 - 24 000 = 108(元)

固定制造费用耗费差异 = 24 108 - 25 000 = -892(元)

固定制造费用能量差异 = 25 000 - 24 000 = 1 000(元)

效率差异 =(5 880 - 1 200 × 5)× 4 = -480(元)

闲置能量差异 =(1 250 × 5 - 5 880)× 4 = 1480(元)

2. 固定制造费用成本差异分析

固定制造费用总额在相关范围内不随业务量的增减而变化,而是相对固定不变。上例计算表明:固定制造费用超支 108 元,其中本期耗费比预算节约 892 元,效率(单位工时降低)节约 480 元,设备能力未得到充分利用超支 1 480 元。对此应作深入细致的分析,以便采取措施,降低支出。固定制造费用成本差异分析就是要分清差异的构成及各差异的影响方向和程度。固定制造费用耗费差异是实际偏离了计划的预算差异,主要是由于工资、折旧、税金和保险等具体构成项目的变动而造成的;固定制造费用能量差异主要是由于生产能力的利用程度是否充分造成的。本例生产设备未得到充分利用,有部分设备生产能力闲置,出现了 1 480 元的不利差异,这是导致固定性制造费用超支的主要原因。

第三节 责 任 中 心

责任中心是指具有一定的管理权限,承担相应的经济责任并享有一定权利义务的内部单位。其基本特征是责、权、利、效相统一。责任中心应具备如下四个条件:一是有承担经济责任的主体——责任者;二是有确定经济责任的客观对象——资金运动;三是有考核经济责任的基本依据——经营绩效;四是有承担经济责任的基本条件——职责权限。不具备上述条件的单位和个人,不能构成责任实体,不能作为责任会计的基本单位。

责任中心按责任权限范围及业务活动的特点不同,一般可分为成本中心、利润中心和投资中心三大类。

一、成本中心

(一) 成本中心的含义

成本中心是指只对成本或费用承担责任的责任中心。成本中心是成本发生的责任单位,是控制成本发生的区域。一般来说,成本中心能够在企业内部提供产品或劳务,并能对其提供的产品或劳务进行价值计算以及能够控制其成本,其经营活动只会对成本产生影响而不会形成可以用货币计量的收入,不计算利润和可能发生的投资,因而成本中心只对成本负责,不对收入、利润和投资负责,只考核所发生的成本费用,不考核其收入利润。这类成本中心大多是指不形成收入、只负责产品生产的生产部门、劳务提供部门以及给予一定费用控制指标的企业管理部门。

在企业中成本中心的应用最为广泛。企业内部任何凡是有成本发生、对成本费用负有责任并能实施成本控制的单位都可以构成成本中心。企业内部的各个分厂、车间和部门可以作为成本中心,这些成本中心的下面还可以根据需要,按班组、工段、单台设备或个人再划分成本中心,这些成本中心规模大小不一,层次高低不同,在企业内部形成了一个逐级控制、层层负责的成本中心体系,共同控制和考核企业的成本水平。

(二) 成本中心的类型

成本中心有两种类型:标准成本中心和费用中心。

标准成本中心,又称技术性成本中心,它是以实际产出量为基础,并对标准成本负责的成本中心。标准成本中心以技术性成本为控制对象。所谓技术性成本即标准成本,通常是指成本发生的数额经过技术分析可以相对可靠地估计出来的成本。这种成本的特点是投入量与产出量之间具有密切的联系。标准成本中心成本的发生可以为企业提供一定的物质成果,如在产品、半成品、产成品等。而且生产的物质成果所需要的要素投入量能够合理地加以预计,如产品生产过程中所发生的直接材料、直接人工和间接制造费用等。因此,标准成本中心的成本控制可以通过标准成本或弹性预算加以控制。

费用中心,又称酌量性成本中心,它是以控制经营管理费用为主要责任的成本中心。费用中心以酌量性成本为控制对象。所谓酌量性成本,通常是由管理人员来决定其发生状况和发生数额的成本项目,主要包括各种管理费用和某些间接成本项目,如科研开发费用、职工培训费用、广告宣传费用等。其特点是投入量与产出量没有直接关系。费用中心的费用的发生主要为企业提供一定的专业服务,如企业财务、后勤、行管、技术等部门,一般不能产生可以用货币计量的物质成果,其费用可以准确地计量,但却难以根据其投入与产出来判断其支出的有效性和业绩的优劣,因此,费用中心的成本控制应放在弹性预算编制时的审批上。

(三) 成本中心的特点

成本中心只衡量成本费用,不衡量收益。成本中心的控制和考评范围是成本费用。一般而言,成本中心不具备经营权和销售权,其经营活动的结果不会形成可以用货币计量的收入。比如一个生产车间,其所生产出来的半成品只能作为下一生产过程的加工对象,不会单独出售,因而不会有货币收入。企业中大多数的生产部门和职能部门都属于成本中心,它们只提供成本信息,而不提供收入信息。对投入的经营费用要素进行考评构成了成本中心的基本职责。总括而言,成本中心的基本特点是:只以货币形式衡量投入,不以货币形式衡量产出。

(四)责任成本与可控成本

责任成本是企业内各成本中心承担相应责任的成本。构成一个成本中心责任成本的是该中心的所有可控成本之和。可控成本是相对于不可控成本而言的,凡是责任中心能控制其发生的数量的各种耗费都称为可控成本;凡是责任中心不能控制其发生的数量的各种耗费都称为不可控成本。成本中心只对可控成本负责,其控制和考核的对象是可控成本。

作为可控成本,必须同时具备如下三个条件:

(1)责任中心能通过一定的方式明确这些成本是否发生及何时发生。

(2)责任中心能对这些成本进行准确计量。

(3)责任中心能通过自己的行动对这些成本加以调节与控制。

成本的可控与否是相对而言的,它与责任中心所处的管理层次的高低、管理权限的大小、管理范围的宽窄有着直接的关系。较低层次的责任中心的不可控成本可能是较高层次的责任中心的可控成本,较低层次的责任中心的可控成本一定是较高层次的责任中心的可控成本。在一般情况下,成本中心发生的直接成本大多是可控成本,而由其他部门分配转来的间接成本大多是不可控成本;变动成本大多是可控成本,而固定成本大多是不可控成本。当然这也不是完全绝对的,要根据具体情况进行具体分析。可控成本是考核成本中心工作业绩的主要依据,确定成本中心成本责任时,应尽可能使责任中心发生的成本为可控成本。可控成本也是确定成本中心责任成本的重要前提,成本中心各项可控成本之和就构成了该成本中心的责任成本。

成本中心只对责任成本进行控制和考核。成本中心控制和考评的内容是责任成本。责任成本是以责任单位为对象归集的成本,成本中心责任成本是各成本中心当期发生的各项可控成本之和,它由预算分解确定的各责任单位的预算责任成本和各责任单位业务活动中所发生的实际责任成本构成。对成本中心责任成本的控制和考核就是在建立和健全责任会计核算体系、组织责任单位责任成本核算的基础上,将责任单位实际发生的责任成本与责任预算进行比较。具体来说,对成本中心责任成本的控制,就是以预算责任成本为依据,确保业务活动过程中所耗的实际成本不超过预算责任成本;对成本中心责任成本的考核,就是通过对实际责任成本和预算责任成本的比较,确定其成本控制绩效并采取相应的奖惩办法。

责任成本计算与变动成本计算、完全成本计算不同,它们的主要区别是:

(1)核算目的不同,计算责任成本是为了控制成本。

(2)成本计算对象不同,责任成本以责任中心为成本计算对象。

(3)成本的范围不同,责任成本计算的范围是各责任中心的可控成本。

(4)共同费用在成本对象间分摊的原则不同。责任成本法按可控原则把成本归属于不同的责任中心,谁能控制谁负责,不仅可控的变动间接费用要分配给责任中心,可控的固定间接费用也要分配给责任中心。

（五）成本中心的责任考核

成本中心的考核以责任成本为内容，同时运用绝对指标和相对指标，采用成本降低额和成本降低率两个主要指标。其计算公式为：

$$成本降低额 = 预算责任成本 - 实际责任成本$$

$$成本降低率 = 成本降低额 / 预算责任成本 \times 100\%$$

【例 11-6】 某生产车间为成本中心，生产乙产品，年预计产量为 20 000 件，单位成本 60 元；实际年产量 20 000 件，单位成本为 58.5 元。

由上述资料可计算这一成本中心的成本降低额和成本降低率分别为：

成本降低额 $= 20\,000 \times 60 - 20\,000 \times 58.5 = 30\,000$（元）

成本降低率 $= 30\,000/(20\,000 \times 60) = 2.5\%$

计算说明，该成本中心的成本降低额为 30 000 元，成本降低率为 2.5%。

运用指标对成本中心进行考核时，如果预算产量与实际产量不一致，应先按弹性预算的方法调整预算指标，然后再进行考核指标的计算。

成本中心的业绩考核是将实际成本与预算成本或责任成本进行比较与评价，确定二者差异的性质、数额及形成原因，并根据差异分析结果对成本中心进行奖罚，以督促各成本中心努力挖掘潜力，降低成本。

二、利润中心

（一）利润中心的含义

利润中心是对利润负责的责任中心。由于利润是收入与成本相减的差额，故而利润中心既对成本负责，又对收入负责，最终从根本上对利润负责，是处于比成本中心高一层次的责任中心。通常，这类责任中心同时具有生产和销售职能，有独立的、经常的收入来源，可以决定产品生产的品种和数量以及生产资源在不同产品之间的分配方式，也可以决定产品的销售价格，制定产品的销售政策与营销策略，拥有更大的自主经营权，其经营的业务内容可能是实物产品，也可能是劳务供应。一般可将对产品或劳务有生产经营决策权的企业内部各部门设为利润中心，如分厂、分店、分公司等。

由于利润中心能同时控制生产和销售，既要对成本负责又要对收入负责，但没有责任或没有权力决定该中心资产投资的水平，因而可以根据其利润的多少来评价该中心的业绩。通常，利润中心被看成是一个可以用利润衡量其一定时期业绩的组织单位。但是，并不是可以计量利润的组织单位都是真正意义上的利润中心。从根本目的上看，利润中心是指管理人员有权对其供货的来源和市场的选择进行决策的单位。

（二）利润中心的类型

利润中心分为自然利润中心和人为利润中心两种，这种分类是按产品或劳务销售方式的不同而确定的。

1. 自然利润中心

自然利润中心是指能直接对外销售产品或提供劳务取得收入而给企业带来收益的利润中心。它类似于一个完整独立的企业，具有产品的销售权、价格的制定权、材料的采购权和生产的决策权，直接面向市场，与外界发生业务联系，对外提供产品或提供劳务后，获得相应的收入。如独立经营的附属企业、独立核算的销售机构、大型公司内部的事业部等都可成为自然利润中心。

2. 人为利润中心

人为利润中心是指不能直接对外销售产品或提供劳务，只能在企业内部各责任中心之间按内部转移价格互相提供产品或劳务的利润中心。这类责任中心只能进行产品或劳务的内部流转，是管理当局为发挥激励机制而通过模拟市场交易而采取"内部销售"方式人为设定的利润中心。成立人为利润中心应具备两个条件：一是向其他责任中心转移产品或提供劳务，二是确定合理的内部转移价格。作为人为利润中心，往往可以由成本中心转化而来，条件是它们提供的产品或劳务能制定出合适的内部转移价格。如为后续生产部门提供半成品的加工车间，企业的供水、供电、维修车间等单位，只要有一个合适的内部转移价格，就可以成为人为利润中心。

（三）利润中心的成本计算

利润中心对利润承担责任，必然涉及对收入与成本的确认与计量，以便正确计算利润，作为考评依据。对利润中心进行的成本计算，通常有两种可供选择的方法：

（1）只计算可控成本、不负担不可控成本的可控成本方式。在这种方式下，利润中心进行成本计算时不分担共同成本，因此计算出来的"盈利"不是通常意义上的利润，而是相当于"贡献毛益总额"，企业的利润总额是在汇总各利润中心"盈利"的基础上扣除共同成本之后而计算出来的。这种方式适用于共同成本难以合理分摊或没有必要分摊的场合，人为利润中心通常采用这种成本计算方式。

（2）同时计算可控成本和不可控成本的全面成本方式。在这种方式下，利润中心进行成本计算时不仅要考虑可控成本，而且要分担共同成本，各利润中心的利润额的计算在变动成本法下是先求出边际贡献，扣除应分摊的共同（固定）成本后得到；在完全成本法下则直接计算得出，各利润中心的利润额之和直接构成企业利润总额。这种方式适用于共同成本易于合理分摊或没有共同成本分摊的场合，自然利润中心通常采用这种成本计算方式。

（四）利润中心的责任考核

利润中心的考核指标是利润。由于利润是收入扣减成本得到的，而成本计算方式又不一样，因此各利润中心的利润计算指标的表现形式也各不相同。

（1）当利润中心采用可控成本方式时，它采用的指标是可控边际贡献总额。其计算公式是：

可控边际贡献总额 = 该利润中心销售收入总额 - 该利润中心可控成本总额

（2）当利润中心采用全面成本方式时，它采用的指标则因其采用的成本核算方法、控制范围的大小、权力级次的高低的不同而有所区别。

在变动成本法下，采用的指标主要有以下三个，其计算公式分别是：

① 利润中心边际贡献总额 = 销售收入 - 变动成本总额

② 利润中心负责人可控利润总额 = 利润中心边际贡献总额 - 可控固定成本

③ 利润中心可控利润总额 = 利润中心负责人可控利润总额 - 不可控固定成本

第二个公式主要用于考核利润中心负责人的经营业绩，因而针对经理人员的可控成本费用进行考评，计算时应将其不可控的固定成本从中剔除；第三个公式主要用于考核和评价利润中心的经营业绩，它表明各利润中心在补偿了共同性固定成本之后为整个企业利润总额所作的贡献。

【例 11-7】 假定某分公司为自然利润中心，2012 年 8 月相关资料如下：销售收入为 3 000 万元，变动成本为 1 500 万元，可控固定成本为 200 万元，利润中心分摊的不可控固定成本为 100 万元。则该利润中心的有关考核指标计算如下：

利润中心边际贡献总额 = 3 000 - 1 500 = 1 500（万元）

利润中心负责人可控利润总额 = 1 500 - 200 = 1 300（万元）

利润中心可控利润总额 = 1 300 - 100 = 1 200（万元）

（五）利润中心的业绩报告与考评

利润中心的业绩报告即成果报告，其基本格式和编制方法与成本中心的业绩报告基本相同，它主要反映预算数、实际数、差异数及差异原因等内容，只是其项目应按照利润形成过程中所涉及的指标来进行设置。

利润中心的业绩考评是通过业绩报告来进行的，它通过一定期间实际实现的利润与责任预算所确定的利润进行对比，确定差异数额，分析差异原因，借以明确经济责任，奖罚功过得失。考评利润中心业绩时，应以销售收入、贡献毛益和息税前利润为重点，以利润中心权责范围内的收入和成本为对象和依据，不属于权责范围内的实际收入或付出应予剔除。

三、投资中心

（一）投资中心的含义

投资中心是对成本、收入、利润和投资都要承担责任的责任中心。它不仅要控制责任区域范围内的成本与收入，同时还要控制其所占用的全部资产。投资中心是企业最高层次的责任中心，它不仅拥有经营决策权，对其材料的采购、产品价格的制定、产品的生产与销售进行控制，而且拥有投资决策权，能够对固定资产、存货、应收账款等进行调节和控制，这类投资中心一般是有投资决策权的企业内部单位，如分公司、事业部等。

投资中心同时也是利润中心，但是利润中心并不一定是投资中心。两者之间的区别表现在：首先，利润中心没有投资决策权，只有投资形成后的经营权；而投资中心有投资决策权，能够购进和处置资产，扩大生产能力。其次，考核办法不同。考核利润中心时不进行投入与产出的比较，而考核投资中心时则必须将利润与其所占用的资产进行比较，进行投入产出分析。

（二）投资中心的责任考核

由于投资中心具有经营权和投资决策权，不仅对成本、利润负责，而且对投资效果负责，因此投资中心的考核不仅要利用成本中心、利润中心的考核指标，还应包括反映投资效果的指标。

为了准确地计算各个投资中心的投资效果，对于投资中心相互之间的现金、存货等资产的暂时调剂使用应计息清偿，有偿使用；各投资中心的联合成本应确定标准，合理分配；各投资中心共同使用的资产应划定界限，明确区分。在此基础上按照投入与产出的关系要求，投资中心投资效果的考核指标通常有以下几种选择：

1. 投资利润率

投资利润率又称投资报酬率，是投资中心所获得的利润与投资额的比率，其计算公式为：

投资利润率 = 利润/投资额 ×100%

式中，投资额是指投资中心的总资产扣除对外负债后的余额，即投资中心的净资产，因此该指标又可称为净资产利润率，说明投资中心对所有者权益的贡献程度。

投资利润率是根据现有的会计资料计算的，比较客观，可用于部门之间以及不同行业之间的比较。该指标的不足之处是，部门经理会放弃高于资金成本而低于目前部门投资报酬率的机会，或者减少现有的投资报酬率较低但高于资金成本的某些资产，使部门的业绩获得较好评价，但却伤害了企业整体的利益。

2. 剩余收益

剩余收益是投资中心所获得的利润扣减其最低投资收益后的余额。最低投资收益是投资中心的投资额或资产占用额，按规定或预期的最低报酬率计算的收益。剩余收益是一个绝对数指标，其计算公式为：

剩余收益 = 利润 - 投资额 × 规定或预期的最低投资报酬率

式中，规定或预期的最低投资报酬率是指企业为保证其生产经营正常、持续进行所必须达到的最低报酬水平，即为企业的资本成本。所以上式也可表达为：

剩余收益 = 息税前利润 - 总资产 × 规定或预期的最低投资报酬率（资本成本）

剩余收益指标的主要优点是可以使业绩评价与企业目标协调一致，克服了由于使用比率来衡量部门业绩带来的次优化问题；另外，允许使用不同的风险调整资本成本。不足之处是，该指标是绝对数指标，不便于不同部门之间进行比较。

3. 现金回收率

以现金流量为基础的业绩评价指标是现金回收率，其计算公式为：

现金回收率 = 营业现金总量/总资产

这个指标可以检验投资评估指标的实际执行结果，减少为争取投资而夸大项目获利水平的现象。

由于现金回收率是一个比率指标，也会引起部门经理投资决策的次优化，其情况与投资报酬率指标类似。为了克服这个缺点，可以使用剩余现金流量指标来评价部门业绩。

剩余现金流量 = 营业现金净流入 - 部门资产 × 资金成本

（三）投资中心的业绩考核

投资中心的业绩考核，要运用收入、成本、利润和投资效果的多项指标进行综合分析，全面考评，重点是投资利润率和投资收益两项指标。考核时通过将实际数与预算数进行比较，找出差异并进行分析，查明差异原因及性质，并据以进行奖罚。

综上所述责任中心是以分权经营和实现经济责任制为基础，按照权责对等的原则进行划分的，根据其控制区域和权责范围的大小，分为成本中心、利润中心和投资中心。从层次上看，成本中心是最低层次的责任中心，利润中心是较高层次的责任中心，投资中心是最高层次的责任中心。成本中心从属于利润中心，利润中心从属于投资中心。从权限上看，成本中心具有成本控制权，利润中心具有生产经营权，投资中心具有投资决策权，成本中心、利润中心和投资中心经营权限依次递增；从地位上看，成本中心一般不是独立法人，利润中心可以是也可以不是独立法人，投资中心一般是独立法人；从责任形式上看，成本中心就其可控的责任成本向利润中心负责，利润中心就其本身的经营收入、成本和利润向投资中心负责，投资中心就其经营的投资利润率和剩余收益向总经理和董事会负责。

企业内部各种类型、各个层次的责任中心构成一个相互联系的责任体系，为保证经营目标的一致而协调有效地运转。

第四节 内部转移价格

企业内部各责任中心之间相互提供产品与服务，需要制定一个内部转移价格，以明确双方的经济责任与利益。转移价格对于产品或服务的提供一方来说是收入，对产品使用或服务接受一方来说则是成本费用，由此转移价格制定的高低、合理与否直接关系到双方的获利水平，进而直接影响到各责任单位的年终考评与奖惩的公平性。可见，内部转移价格的制定是企业内部责任控制中的一项重要工作，需要考虑各方的利益，必须给予足够的重视，审慎地制定，切实保证其公平、公正，否则会引发责任单位之间的利益冲突及滋生不满的情绪，对责任控制产生消极的影响。

一、内部转移价格的概念

内部转移价格通常是指企业内部有关责任中心之间由于转移产品或提供劳务而发生内部结算、相互转账所采用的计价标准。采用内部转移价格进行内部结算，是指企业各责任中心之间相互提供产品或劳务时按内部转移价格清偿债权、债务。显然，责任单位之间变成了一种“买卖”关系。作为提供方即卖方在卖价（收入）一定的情况下，必须不断改善经营管理，降低成本费用，以便收支相抵后取得更多的利润。与之相对应，作为接受方即买方则在买价（成本）一定的情况下会竭力提高收入，以获取更多的利润。当然，内部转移价格不等同于外部市场价格，首先它不完全取决于供求关系；其次，内部转移价格的高低一般并不影响企业的利润总额，但涉及各责任中心之间的利益分配。

二、内部转移价格的目的与意义

制定内部转移价格的目的主要有两个：一是防止成本转移带来的部门间的责任转

嫁;二是作为一种价格机制引导责任单位采取明智的决策,生产部门据此确定提供产品的数量,购买部门确定所需要的产品数量。

在实行内部责任核算的企业中,按内部转移价格进行的内部结算和责任转嫁是频频发生的。审慎、合理地制定出适合本企业特征的内部转移价格,有利于明确划分各责任单位的经营管理责任,充分调动各责任单位的生产经营的积极性;有利于将业绩考评建立在客观、公正、公平、可比的基础之上;有利于为企业的调控与决策提供真实、有用的信息。

三、内部转移价格的制定原则

1. 全局性原则

采用内部转移价格的各责任单位从属于一个企业,企业整体利益是一致的。制定内部转移价格,只是为了分清各单位的责任,有效地考核评价各单位的业绩。在这种情况下,企业制定内部转移价格,要从全局出发,使局部利益和整体利益协调统一,力争使企业整体利益最大化。

2. 公平性原则

内部转移价格的制定应公平、合理,防止某些责任单位因价格上的缺陷而获得一些额外的利益或损失。在商品经济条件下,商品交换是按等价原则进行的,高质高价、低质低价。如果制定的内部转移价格不合理,就会影响到各责任单位的生产经营积极性。

3. 自主性原则

在企业整体利益最大化的前提下,给予各责任中心一定的自主定价或讨价权力;同时,在条件成熟的情况下,赋予某些责任中心一定的对外销售权或采购权。

4. 重要性原则

企业需要制定的内部转移价格的对象成百上千,甚至更多。如果事无巨细,都制定一个详细、准确的价格,不但不必要,而且很难实施。因此,制定内部转移价格,可对那些价高量大、耗用频繁的对象(如原材料、产成品等重要存货),尽可能地科学计算,从严定价;对一些价低量小、不常耗用的对象,可以从简定价。

四、内部转移价格的作用

1. 合理界定各责任中心的经济责任

内部转移价格作为一种计量手段,可以确定转移产品或劳务的价值量。这些价值量既标志着提供产品或劳务的责任中心经济责任的完成,同时也标志着接受产品或劳务的责任中心应负经济责任的开始。

2. 有效测定各责任中心的资金流量

各责任中心在生产经营过程中需要占用一定数量的资金。企业集团可以根据内部转移价格确定一定时期内各责任中心的资金流入量和资金流出量,并可在此基础上根据企业集团资金周转的需求,合理制定各责任中心的资金占用量。

3. 科学考核各责任中心的经营业绩

提供产品或劳务的责任中心可以根据提供产品或劳务的数量及内部转移价格计算本身的“收入”,并可根据各生产耗费的数量及内部转移价格计算本身的“支出”。

五、内部转移价格的类型

目前,内部转移价格的制定方法主要包括以市场价格为基础的内部转移价格、以成本为基础的内部转移价格、双重价格及协商价格四种方法。

1. 以市场价格为基础的内部转移价格

如果企业内各责任中心转移的中间产品存在外部市场,可以采用以市场价格为基础的内部转移价格,具体分为完全市场价格法和市场价格扣减法两种。前者所确定的价格和出售给企业外部的客户采用的市场价格一样,即完全的市场价格。市场价格扣减法是在市场价格基础上扣减一定比例费用的定价方法。扣减额是销售中间产品需追加的各种销售费用,如运杂费、包装费等。

通常认为,运用以市场价格为基础的内部转移价格有助于企业制定正确的生产、采购决策。在采用这种定价方法的情况下,定价相当于在企业内部引入市场机制,能够较为客观地评价各个利润(投资)中心的经营成果:对于“出售”部门,按市场价格转移中间产品是其形成部门利润的必要条件;对于“购入”部门,易于计量其对企业整体利润所做的贡献,同时,也有助于中间产品和劳务的内部转移或外购的决策。“购入”的责任中心可以同向外界购入相比较,如内部转移价格高于现行的市价,则可舍内而求外,不必为此而支付更多的代价;“出售”的责任中心也是如此,应使其不能从内部单位比向外界出售得到更多的收入。这是正确评价各个利润中心经营成果的一个重要条件。换言之,也就是在企业内部引进市场机制,使其中每个利润中心实质上都成为独立机构,各自经营,促使其更好地发挥生产经营主动性,最终通过利润指标来评价与考核它们的经营成果。

以市场价格为基础的转移定价方法有如下优点:

(1) 有利于发挥责任中心的积极性。该法将责任中心看做独立经营的企业,能促使责任中心高效利用有限资源,降低责任成本,获取最大的收益;能正确评价责任中心的经营业绩。

(2) 较为客观。市场价格属于正常交易价格,即商品在相同或类似条件下应当支付给无关联关系的第三方的公允价格。国际转移定价通常采用这种方法。

以市场价格为基础的转移定价方法也存在如下缺点:

(1) 以市场价格作为制定转移价格的唯一依据,会忽略收集重要的成本数据。

(2) 较难建立一个稳定的转移价格定价系统。有时根本不存在中间市场,缺乏可供制定转移价格依据的市场价格,即使存在,也很少有完全竞争的可比中间市场,而且同一种产品往往会同时出现多种市场价格。

2. 以成本为基础的内部转移价格

以成本为基础的转移定价方法,是以生产部门的实际成本、标准成本为基础,通常是在此成本的基础上加上一个固定比例的毛利作为转移价格。具体包括变动成本法、完全成本法和成本加成法三种。

(1) 以变动成本为基础的内部转移价格

若某中间产品不存在外部市场,采用市场价格定价不具备操作的可能性,则可以变动成本为基础制定转移价格。产品或服务的变动成本一般包括直接材料、直接人工、变动性制造费用。

运用以变动成本为基础的转移定价方法时,如果简单地将一个责任中心的变动成本转移给另一责任中心,将不利于激励成本中心经理控制成本。为此,可以采用"变动成本加一笔补偿"的办法来制定转移价格。具体做法是:生产部门以变动成本对所有用于转移的产品进行计价,同时还要向分销部门收取一定金额的服务费用,用来弥补生产部门支出的固定成本(如固定制造费用)。因为如果生产部门生产的所有产品都用于内部转移,变动成本当然低于完全成本,此时生产部门的固定成本未得到补偿,从而就表现为亏损。这一调整使得生产部门不仅能够弥补其固定成本,还可获得一定的利润。生产部门收取一定金额的服务费用是依据固定成本加上一定的收益后制定出来的。

以变动成本为基础的转移定价方法使得生产部门会有意地虚报变动成本的金额,如将固定成本计入变动成本等。例如,电费有多少属于固定成本,有多少属于变动成本,在实践中是难以划分。成本按习性分类具有很大的主观性,为此生产部门的经理与分销部门的经理就往往会对各种成本的属性产生争论。此时,企业的高层管理人员不得不花费大量精力去解决这一争端,导致额外成本的发生。例如,采取从外部高价购入零部件,而不选择用价格较低的企业内部生产的零部件,这样做可以降低生产部门发生的固定成本,但变动成本金额却大幅度上升,最终将损害公司的整体利益。对于生产部门来说,外购零部件能使本部门不必承担任何固定成本,而分销部门及整个公司就必须承担由于这一决策而带来的额外成本。

(2) 以完全成本为基础的内部转移价格

这种方法是实践中应用最广泛的方法。完全成本包括直接材料、直接人工和制造费用。

这一方法的缺点是:造成转移价格不断变化。原因是随着产能的变化,单位完全成本也将发生变化;实际使用完全成本,往往是在变动成本的基础上加上一个主观的加成以弥补生产能力成本和目标利润。严格地说,完全成本法并不是准确的成本计算系统,而是成本补偿系统。

这一方法的优点是:这些成本信息可从公司记录中找到;它使卖方获得贡献毛益等于完全成本超过变动成本的差额,这会在一定程度上鼓励卖方进行内部转移;与变动成本相比,如果转移的产品需要开发、设计工作,而这些成本被包含在间接费用中,在这种情况下,使用完全成本能够合理地计量到这些间接费用。

(3) 成本加成制定的内部转移价格

这种方法是在供应部门产品或服务成本基础上加成一定比例的毛利确定内部转移价格的方法。这里的成本可以是完全生产成本,也可以是变动生产成本。此种方法近似于市场价格,有利于业绩评价目标的实现。成本加成法中的加成比例是人为规定的,难以保证客观、公正。

3. 双重价格

所谓双重价格,是指对中间产品或服务的供应方和耗用方分别采用不同的内部转移价格作为计价基础，即供应方采取以市场价格为基础的定价方法，而对购买方则采取以成本为基础的定价方法。

当转移价格的定价在交易过程中没有给卖方部门带来利润时，转移价格的定价将起不到鼓励卖方部门从事内部交易的作用。因此，为了较好地满足买卖双方在不同方面的需要，激励双方在生产经营方面充分发挥其主动性和积极性，可以采用双重的内部转移价格来取代单一的内部转移价格。转移价格主要运用于业绩评价和考核，因而双方采用的价格无须一致，当然，在计算企业的总成果时，应扣除由双重内部转移价格之差所形成的"内部利润"。

采用双重内部转移价格的具体办法如下：

(1) 将以内部交易为主的卖方部门设计为一个成本中心。由于成本中心的经理一般只对成本而不对收入负责。因此，转移价格定价不影响对部门经理的业绩评价。而买方部门则作为一个利润中心。

(2) 一个既有内部往来又有外部客户的供应中心，当经理有定价权时，确定为利润中心，当经理无定价权时，将其内部交易确定为成本中心。这样，评价外部交易的业绩时，可以把这个中心看作利润中心，评价内部交易的业绩时，则将其看作成本中心。

采取双重转移价格定价方法的优点是：能够使卖方部门获利而买方部门仅负担成本，或者卖方部门以成本加一定的利润作为内部转移价格，而买方部门只支付该产品的成本部分，差额可以记录在一个专门的集中核算的账户中。这种方法为买方部门留下成本数据，且通过转移价格向卖方部门提供了利润，这就会鼓励内部交易活动。

采取双重转移价格定价方法的缺点是：在这种情形下，公司的整体利润小于各责任中心的利润之和，甚至整个公司表现为亏损时，各责任中心却显示出盈利。由于这种利润的虚增，各责任中心不容易看清其经营与公司整体利益的关联性，造成公司长远利益上的损失。由于此项缺陷，该方法较少应用。

4. 协商价格

此方法是指公司内供应方与购买方之间定期进行协商，确定一个双方可以接受的内部转移价格的方法。当然，在实践中，经常作为协商基础的依然是成本或市场价格。

成功的协商转移定价有赖于以下条件：首先，要有一个某种形式的外部市场，两个部门经理有可能选择或拒绝某一价格。如果根本没有可能从外部取得或销售中间产品，则必定会使一方处于垄断状态，这样谈判结果不是协商价格而是垄断价格。其次，谈判双方共同分享所有的信息资源。这一条件能使协商价格接近一方的机会成本，如果双方都接近机会成本则更为理想。最后，鉴于双方谈判可能导致的企业非最优决策，最高管理层应当实施必要的调解与干预。

协商的转移价格可以保持各责任中心的独立性，部门经理如同独立公司的经理那样从事管理，能够激发其更好地控制成本，提高经营业绩。但是，过于强调协商，可能存在以下缺点：一是会造成各方为追求本部门利益，促使各部门经理投入大量的精力与时间，而忽视公司整体利益，给公司统一管理带来不良影响；另外，衡量业绩的最终价格也许取决于经理的协商能力，而不是从对公司最有利的角度考虑，从而达不到目标的一致性。

尽管有上述缺陷,协商转移价格仍被广泛采纳。它的好处是价格有一定的弹性,可以照顾双方利益并得到双方认可。少量的外购或外卖是有益的,它可以保证得到合理的外部价格信息,为协商价格双方提供一个可供参考的基准。

转移价格是企业用来协调组织单位活动的工具。使用转移价格的目的是使各责任中心为了自己的利益对局部信号(如成本、价格等)作出反应,并作出最有利于公司的决策。然而,没有一个转移价格系统能在所有公司都适用。某一公司所选择的转移价格制定方法必须反映该公司的要求和特性,而且最终必须看它能否促进决策的制定从而增加企业价值。企业多以某一种定价方法为主,并辅之以其他的定价方法,否则很难满足企业日益复杂多样化的经营需要。

如果转移定价的过程产生副作用,其解决方法就是对公司进行重组。例如,公司管理层可将存在较多的内部产品或服务转移的两个部门合并为一个部门,或者将生产部门改组为一个成本中心而非一个利润中心等,并根据其生产效率对其管理人员实施奖惩,而将制定有关价格和数量的决策权保留在企业的最高管理层。

【本章小结】

本章主要讲授了财务控制的特征、种类、程序与方式等,主要内容包括:

1. 财务控制是利用财务反馈信息,按照一定的程序和方式影响和调节企业的财务活动,使之按预定目标运行的过程。财务控制可按不同标志进行分类:财务控制按控制的时间分为事前财务控制、事中财务控制和事后财务控制;财务控制按控制的对象可分为财务收支控制和现金控制;财务控制按控制主体分为出资者财务控制、经营者财务控制、财务部门的财务控制、责任中心的财务控制;财务控制按控制的依据分为财务目标控制、财务预算控制和财务制度控制;财务控制按手段分为定额控制和定率控制,也可称为绝对控制和相对控制。

2. 实施财务控制必须坚持归口分级管理原则,成本效益原则,可控性原则,责、权、利相结合的原则,例外原则。

3. 责任中心按其责任权限范围和业务活动的特点不同,可分为成本中心、利润中心和投资中心三种类型。其中,成本中心的考核指标主要是成本降低额(绝对数)与成本降低率(相对数);利润中心的考核指标主要是可控边际贡献总额;投资中心的考核指标主要是投资报酬率和剩余收益。

4. 内部转移价格是企业内部有关责任中心之间由于转移产品或提供劳务而发生内部转账结算所采用的计价标准。制定内部转移价格时应遵循重要性原则、公平性原则、自主性原则、全局性原则。内部转移价格主要有以市场价格为基础的内部转移价格、以成本为基础的内部转移价格、双重价格及协商价格四种。

【思考题】

1. 什么是财务控制?它有何特点?

2. 什么是标准成本？应如何制定标准成本？

3. 标准成本差异分析的意义是什么？各项差异的权责归属应如何确定？

4. 什么是成本中心、利润中心和投资中心？它们有何联系和区别？

5. 如何利用相关指标对各责任中心进行控制和考核？

【综合案例】①

案例一　美声公司是一家小规模的公司，其业务是安装小轿车的音响。所有的音响配件都是按相同价格购入，但如果配件遗失或损坏，偶尔也需另行购买。所有音响的安装费用固定为504元。

10月份是一年中的营业旺季，美声公司将按最大的生产能力运作，即当月安装500套音响。公司的标准成本是根据这个基础制定的，而分配的基础则为标准工时。10月份公司的实际业绩和标准成本资料如表1和表2所示。

表1　安装一套音响的标准成本　　单位：元

成本项目	金额
买入配件的成本	160
直接人工(2小时，每小时32元)	64
变动制造费用(2小时，每小时20元)	40
固定制造费用(2小时，每小时48元)	96
单位总成本	360
成本加成40%(标准利润)	144
单位售价	504

表2　10月份的实际业绩　　单位：元

项目	金额
销售收入(540套)	259 200
材料(550套配件已使用)	83 600
人工(1 000小时)	34 000
变动制造费用	20 400
固定制造费用	56 000
总成本	194 000
利润	65 200

① 资料来源：李相志. 管理会计习题与案例. 北京：对外经济贸易大学出版社，2003。

要求：

（1）编制美声公司10月份的营业利润调节表，把预算利润调节到实际利润。列出每项成本和收入的两个差异。

（2）为美声公司的总经理编制一份简短的报告，评论美声公司10月份的业绩表现，说明在哪些方面需要取得进一步的信息，并指出重大差异发生的可能原因。

（3）简单讨论依赖差异分析来帮助一家公司控制成本的不足之处。

案例二 北京华洋塑胶制品有限公司是一家生产性的企业，始建于1984年，多年来一直从事PVC及相关产品的加工制作，主要产品包括PVC服装、尼龙PVC服装及相关材质的其他家居用品。产品以出口为主，长期以来与客户建立了稳定、良好的合作关系。现有闲余资金1 000万元，只能从甲、乙两个投资中心（均为下属子公司）中进行选择，无其他投资机会，公司要求的最低投资利润率为10%，有关资料如表3所示。

表3 华洋塑胶制品有限公司相关数据

投资中心	甲	乙
资产占用额（万元）	A	600
投资利润率（%）	15	C
息税前利润（万元）	150	D
剩余收益（万元）	B	45

要求：

（1）请计算表3中A、B、C、D的数值。

（2）若单纯从投资利润率角度考虑，甲、乙两个投资中心谁更愿意接受新的投资机会？

（3）若从整个公司考虑，该项新的投资机会交由哪个投资中心更为有利？

附表一　复利终值系数表

期数	1%	2%	3%	4%	5%	6%	7%	8%	9%	10%	12%	14%	15%	16%	18%	20%	24%	28%	32%	36%
1	1.0100	1.0200	1.0300	1.0400	1.0500	1.0600	1.0700	1.0800	1.0900	1.1000	1.1200	1.1400	1.1500	1.1600	1.1800	1.2000	1.2400	1.2800	1.3200	1.3600
2	1.0201	1.0404	1.0609	1.0816	1.1025	1.1236	1.1449	1.1664	1.1881	1.2100	1.2544	1.2996	1.3225	1.3456	1.3924	1.4400	1.5376	1.6384	1.7424	1.8496
3	1.0303	1.0612	1.0927	1.1249	1.1576	1.1910	1.2250	1.2597	1.2950	1.3310	1.4049	1.4815	1.5209	1.5609	1.6430	1.7280	1.9066	2.0972	2.3000	2.5155
4	1.0406	1.0824	1.1255	1.1699	1.2155	1.2625	1.3108	1.3605	1.4116	1.4641	1.5735	1.6890	1.7490	1.8106	1.9388	2.0736	2.3642	2.6844	3.0360	3.4210
5	1.0510	1.1041	1.1593	1.2167	1.2763	1.3382	1.4026	1.4693	1.5386	1.6105	1.7623	1.9254	2.0114	2.1003	2.2878	2.4883	2.9316	3.4360	4.0075	4.6526
6	1.0615	1.1262	1.1941	1.2653	1.3401	1.4185	1.5007	1.5869	1.6771	1.7716	1.9738	2.1950	2.3131	2.4364	2.6996	2.9860	3.6352	4.3980	5.2899	6.3275
7	1.0721	1.1487	1.2299	1.3159	1.4071	1.5036	1.6058	1.7138	1.8280	1.9487	2.2107	2.5023	2.6600	2.8262	3.1855	3.5832	4.5077	5.6295	6.9826	8.6054
8	1.0829	1.1717	1.2668	1.3686	1.4775	1.5938	1.7182	1.8509	1.9926	2.1436	2.4760	2.8526	3.0590	3.2784	3.7589	4.2998	5.5895	7.2058	9.2170	11.703
9	1.0937	1.1951	1.3048	1.4233	1.5513	1.6895	1.8385	1.9990	2.1719	2.3579	2.7731	3.2519	3.5179	3.8030	4.4355	5.1598	6.9310	9.2234	12.167	15.917
10	1.1046	1.2190	1.3439	1.4802	1.6289	1.7908	1.9672	2.1589	2.3674	2.5937	3.1058	3.7072	4.0456	4.4114	5.2338	6.1917	8.5944	11.806	16.060	21.647
11	1.1157	1.2434	1.3842	1.5395	1.7103	1.8983	2.1049	2.3316	2.5804	2.8531	3.4785	4.2262	4.6524	5.1173	6.1759	7.4301	10.657	15.112	21.199	29.439
12	1.1268	1.2682	1.4258	1.6010	1.7959	2.0122	2.2522	2.5182	2.8127	3.1384	3.8960	4.8179	5.3503	5.9360	7.2876	8.9161	13.215	19.343	27.983	40.038
13	1.1381	1.2936	1.4685	1.6651	1.8856	2.1329	2.4098	2.7196	3.0658	3.4523	4.3635	5.4924	6.1528	6.8858	8.5994	10.699	16.386	24.759	36.937	54.451
14	1.1495	1.3195	1.5126	1.7317	1.9799	2.2609	2.5785	2.9372	3.3417	3.7975	4.8871	6.2613	7.0757	7.9875	10.147	12.839	20.319	31.691	48.757	74.053
15	1.1610	1.3459	1.5580	1.8009	2.0789	2.3966	2.7590	3.1722	3.6425	4.1772	5.4736	7.1379	8.1371	9.2655	11.974	15.407	25.196	40.565	64.359	100.71
16	1.1726	1.3728	1.6047	1.8730	2.1829	2.5404	2.9522	3.4259	3.9703	4.5950	6.1304	8.1372	9.3576	10.748	14.129	18.488	31.243	51.923	84.954	136.97
17	1.1843	1.4002	1.6528	1.9479	2.2920	2.6928	3.1588	3.7000	4.3276	5.0545	6.8660	9.2765	10.761	12.468	16.672	22.186	38.741	66.461	112.14	186.28
18	1.1961	1.4282	1.7024	2.0258	2.4066	2.8543	3.3799	3.9960	4.7171	5.5599	7.6900	10.575	12.376	14.463	19.673	26.623	48.039	85.071	148.02	253.34
19	1.2081	1.4568	1.7535	2.1068	2.5270	3.0256	3.6165	4.3157	5.1417	6.1159	8.6128	12.056	14.232	16.777	23.214	31.948	59.568	108.89	195.39	344.54
20	1.2202	1.4859	1.8061	2.1911	2.6533	3.2071	3.8697	4.6610	5.6044	6.7275	9.6463	13.744	16.367	19.461	27.393	38.338	73.864	139.38	257.92	468.57
21	1.2324	1.5157	1.8603	2.2788	2.7860	3.3996	4.1406	5.0338	6.1088	7.4002	10.804	15.668	18.822	22.575	32.324	46.005	91.592	178.41	340.45	637.26
99	1.2447	1.5460	1.9161	2.3699	2.9253	3.6035	4.4304	5.4365	6.6586	8.1403	12.100	17.861	21.645	26.186	38.142	55.206	113.57	228.36	449.39	866.67
23	1.2572	1.5769	1.9736	2.4647	3.0715	3.8197	4.7405	5.8715	7.2579	8.9543	13.552	20.362	24.892	30.376	45.008	66.247	140.83	292.30	593.20	1178.7
24	1.2697	1.6084	2.0328	2.5633	3.2251	4.0489	5.0724	6.3412	7.9111	9.8497	15.179	23.212	28.625	35.236	53.109	79.497	174.63	374.14	783.02	1603.0
25	1.2824	1.6406	2.0938	2.6658	3.3864	4.2919	5.4274	6.8485	8.6231	10.835	17.000	26.462	32.919	40.874	62.669	95.396	216.54	478.90	1033.6	2180.1
26	1.2953	1.6734	2.1566	2.7725	3.5557	4.5494	5.8074	7.3964	9.3992	11.918	19.040	30.167	37.857	47.414	73.949	114.48	268.51	613.00	1364.3	2964.9
27	1.3082	1.7069	2.2213	2.8834	3.7335	4.8223	6.2139	7.9881	10.245	13.110	21.325	34.390	43.535	55.000	87.260	137.37	332.96	784.64	1800.9	4032.3
28	1.3213	1.7410	2.2879	2.9987	3.9201	5.1117	6.6488	8.6271	11.167	14.421	23.884	39.205	50.066	63.800	102.97	164.84	412.86	1004.3	2377.2	5483.9
29	1.3345	1.7758	2.3566	3.1187	4.1161	5.4184	7.1143	9.3173	12.172	15.863	26.750	44.693	57.576	74.009	121.50	197.81	511.95	1285.6	3137.9	7458.1
30	1.3478	1.8114	2.4273	3.2434	4.3219	5.7435	7.6123	10.063	13.268	17.449	29.960	50.950	66.212	85.850	143.37	237.38	634.82	1645.5	4142.1	10143
40	1.4889	2.2080	3.2620	4.8010	7.0400	10.286	14.975	21.725	31.409	45.259	93.051	188.88	267.86	378.72	750.38	1469.8	5455.9	19427	66521	*
50	1.6446	2.6916	4.3839	7.1067	11.467	18.420	29.457	46.902	74.358	117.39	289.00	700.23	1083.7	1670.7	3927.4	9100.4	46890	*	*	*
60	1.8167	3.2810	5.8916	10.520	18.679	32.988	57.946	101.26	176.03	304.48	897.60	2595.9	4384.0	7370.2	20555	56348	*	*	*	*

注：* >99 999。复利终值系数 $=(1+i)^n$，$S=P(1+i)^n$。式中，P 表示现值或初始值；i 表示报酬率或利率；n 表示计息期数；S 表示终值或本利和。

附表二　复利现值系数表

期数	1%	2%	3%	4%	5%	6%	7%	8%	9%	10%	12%	14%	15%	16%	18%	20%	24%	28%	32%	36%
1	0.9901	0.9804	0.9709	0.9615	0.9524	0.9434	0.9346	0.9259	0.9174	0.9091	0.8929	0.8772	0.8696	0.8621	0.8475	0.8333	0.8065	0.7813	0.7576	0.7353
2	0.9803	0.9612	0.9426	0.9246	0.9070	0.8900	0.8734	0.8573	0.8417	0.8264	0.7972	0.7695	0.7561	0.7432	0.7182	0.6944	0.6504	0.6104	0.5739	0.5407
3	0.9706	0.9423	0.9151	0.8890	0.8638	0.8396	0.8163	0.7938	0.7722	0.7513	0.7118	0.6750	0.6575	0.6407	0.6086	0.5787	0.5245	0.4768	0.4348	0.3975
4	0.9610	0.9238	0.8885	0.8548	0.8227	0.7921	0.7629	0.7350	0.7084	0.6830	0.6355	0.5921	0.5718	0.5523	0.5158	0.4823	0.4230	0.3725	0.3294	0.2923
5	0.9515	0.9057	0.8626	0.8219	0.7835	0.7473	0.7130	0.6806	0.6499	0.6209	0.5674	0.5194	0.4972	0.4761	0.4371	0.4019	0.3411	0.2910	0.2495	0.2149
6	0.9420	0.8880	0.8375	0.7903	0.7462	0.7050	0.6663	0.6302	0.5963	0.5645	0.5066	0.4556	0.4323	0.4104	0.3704	0.3349	0.2751	0.2274	0.1890	0.1580
7	0.9327	0.8706	0.8131	0.7599	0.7107	0.6651	0.6227	0.5835	0.5470	0.5132	0.4523	0.3996	0.3759	0.3538	0.3139	0.2791	0.2218	0.1776	0.1432	0.1162
8	0.9235	0.8535	0.7894	0.7307	0.6768	0.6274	0.5820	0.5403	0.5019	0.4665	0.4039	0.3506	0.3269	0.3050	0.2660	0.2326	0.1789	0.1388	0.1085	0.0854
9	0.9143	0.8368	0.7664	0.7026	0.6446	0.5919	0.5439	0.5002	0.4604	0.4241	0.3606	0.3075	0.2843	0.2630	0.2255	0.1938	0.1443	0.1084	0.0822	0.0628
10	0.9053	0.8203	0.7441	0.6756	0.6139	0.5584	0.5083	0.4632	0.4224	0.3855	0.3220	0.2697	0.2472	0.2267	0.1911	0.1615	0.1164	0.0847	0.0623	0.0462
11	0.8963	0.8043	0.7224	0.6496	0.5847	0.5268	0.4751	0.4289	0.3875	0.3505	0.2875	0.2366	0.2149	0.1954	0.1619	0.1346	0.0938	0.0662	0.0472	0.0340
12	0.8874	0.7885	0.7014	0.6246	0.5568	0.4970	0.4440	0.3971	0.3555	0.3186	0.2567	0.2076	0.1869	0.1685	0.1372	0.1122	0.0757	0.0517	0.0357	0.0250
13	0.8787	0.7730	0.6810	0.6006	0.5303	0.4688	0.4150	0.3677	0.3262	0.2897	0.2292	0.1821	0.1625	0.1452	0.1163	0.0935	0.0610	0.0404	0.0271	0.0184
14	0.8700	0.7579	0.6611	0.5775	0.5051	0.4423	0.3878	0.3405	0.2992	0.2633	0.2046	0.1597	0.1413	0.1252	0.0985	0.0779	0.0492	0.0316	0.0205	0.0135
15	0.8613	0.7430	0.6419	0.5553	0.4810	0.4173	0.3624	0.3152	0.2745	0.2394	0.1827	0.1401	0.1229	0.1079	0.0835	0.0649	0.0397	0.0247	0.0155	0.0099
16	0.8528	0.7284	0.6232	0.5339	0.4581	0.3936	0.3387	0.2919	0.2519	0.2176	0.1631	0.1229	0.1069	0.0930	0.0708	0.0541	0.0320	0.0193	0.0118	0.0073
17	0.8444	0.7142	0.6050	0.5134	0.4363	0.3714	0.3166	0.2703	0.2311	0.1978	0.1456	0.1078	0.0929	0.0802	0.0600	0.0451	0.0258	0.0150	0.0089	0.0054
18	0.8360	0.7002	0.5874	0.4936	0.4155	0.3503	0.2959	0.2502	0.2120	0.1799	0.1300	0.0946	0.0808	0.0691	0.0508	0.0376	0.0208	0.0118	0.0068	0.0039
19	0.8277	0.6864	0.5703	0.4746	0.3957	0.3305	0.2765	0.2317	0.1945	0.1635	0.1161	0.0829	0.0703	0.0596	0.0431	0.0313	0.0168	0.0092	0.0051	0.0029
20	0.8195	0.6730	0.5537	0.4564	0.3769	0.3118	0.2584	0.2145	0.1784	0.1486	0.1037	0.0728	0.0611	0.0514	0.0365	0.0261	0.0135	0.0072	0.0039	0.0021
21	0.8114	0.6598	0.5375	0.4388	0.3589	0.2942	0.2415	0.1987	0.1637	0.1351	0.0926	0.0638	0.0531	0.0443	0.0309	0.0217	0.0109	0.0056	0.0029	0.0016
99	0.8034	0.6468	0.5219	0.4220	0.3418	0.2775	0.2257	0.1839	0.1502	0.1228	0.0826	0.0560	0.0462	0.0382	0.0262	0.0181	0.0088	0.0044	0.0022	0.0012
23	0.7954	0.6342	0.5067	0.4057	0.3256	0.2618	0.2109	0.1703	0.1378	0.1117	0.0738	0.0491	0.0402	0.0329	0.0222	0.0151	0.0071	0.0034	0.0017	0.0008
24	0.7876	0.6217	0.4919	0.3901	0.3101	0.2470	0.1971	0.1577	0.1264	0.1015	0.0659	0.0431	0.0349	0.0284	0.0188	0.0126	0.0057	0.0027	0.0013	0.0006
25	0.7798	0.6095	0.4776	0.3751	0.2953	0.2330	0.1842	0.1460	0.1160	0.0923	0.0588	0.0378	0.0304	0.0245	0.0160	0.0105	0.0046	0.0021	0.0010	0.0005
26	0.7720	0.5976	0.4637	0.3607	0.2812	0.2198	0.1722	0.1352	0.1064	0.0839	0.0525	0.0331	0.0264	0.0211	0.0135	0.0087	0.0037	0.0016	0.0007	0.0003
27	0.7644	0.5859	0.4502	0.3468	0.2678	0.2074	0.1609	0.1252	0.0976	0.0763	0.0469	0.0291	0.0230	0.0182	0.0115	0.0073	0.0030	0.0013	0.0006	0.0002
28	0.7568	0.5744	0.4371	0.3335	0.2551	0.1956	0.1504	0.1159	0.0895	0.0693	0.0419	0.0255	0.0200	0.0157	0.0097	0.0061	0.0024	0.0010	0.0004	0.0002
29	0.7493	0.5631	0.4243	0.3207	0.2429	0.1846	0.1406	0.1073	0.0822	0.0630	0.0374	0.0224	0.0174	0.0135	0.0082	0.0051	0.0020	0.0008	0.0003	0.0001
30	0.7419	0.5521	0.4120	0.3083	0.2314	0.1741	0.1314	0.0994	0.0754	0.0573	0.0334	0.0196	0.0151	0.0116	0.0070	0.0042	0.0016	0.0006	0.0002	0.0001
35	0.7059	0.5000	0.3554	0.2534	0.1813	0.1301	0.0937	0.0676	0.0490	0.0356	0.0189	0.0102	0.0075	0.0055	0.0030	0.0017	0.0005	0.0002	0.0001	*
40	0.6717	0.4529	0.3066	0.2083	0.1420	0.0972	0.0668	0.0460	0.0318	0.0221	0.0107	0.0053	0.0037	0.0026	0.0013	0.0007	0.0002	0.0001	*	*
45	0.6391	0.4102	0.2644	0.1712	0.1113	0.0727	0.0476	0.0313	0.0207	0.0137	0.0061	0.0027	0.0019	0.0013	0.0006	0.0003	0.0001	*	*	*
50	0.6080	0.3715	0.2281	0.1407	0.0872	0.0543	0.0339	0.0213	0.0134	0.0085	0.0035	0.0014	0.0009	0.0006	0.0003	0.0001	*	*	*	*
55	0.5785	0.3365	0.1968	0.1157	0.0683	0.0406	0.0242	0.0145	0.0087	0.0053	0.0020	0.0007	0.0005	0.0003	0.0001	*	*	*	*	*

注：* <0.0001。复利现值系数 $=(1+i)^{-n}$，$P=\frac{S}{(1+i)^n}=S(1+i)^{-n}$。式中，$P$ 表示现值或初始值；i 表示报酬率或利率；n 表示计息期数；S 表示终值或本利和。

附表三　年金终值系数表

期数	1%	2%	3%	4%	5%	6%	7%	8%	9%	10%	12%	14%	15%	16%	18%	20%	24%	28%	32%	36%
1	1.0000	1.0000	1.0000	1.0000	1.0000	1.0000	1.0000	1.0000	1.0000	1.0000	1.0000	1.0000	1.0000	1.0000	1.0000	1.0000	1.0000	1.0000	1.0000	1.0000
2	2.0100	2.0200	2.0300	2.0400	2.0500	2.0600	2.0700	2.0800	2.0900	2.1000	2.1200	2.1400	2.1500	2.1600	2.1800	2.2000	2.2400	2.2800	2.3200	2.3600
3	3.0301	3.0604	3.0909	3.1216	3.1525	3.1836	3.2149	3.2464	3.2781	3.3100	3.3744	3.4396	3.4725	3.5056	3.5724	3.6400	3.7776	3.9184	4.0624	4.2096
4	4.0604	4.1216	4.1836	4.2465	4.3101	4.3746	4.4399	4.5061	4.5731	4.6410	4.7793	4.9211	4.9934	5.0665	5.2154	5.3680	5.6842	6.0156	6.3624	6.7251
5	5.1010	5.2040	5.3091	5.4163	5.5256	5.6371	5.7507	5.8666	5.9847	6.1051	6.3528	6.6101	6.7424	6.8771	7.1542	7.4416	8.0484	8.6999	9.3983	10.146
6	6.1520	6.3081	6.4684	6.6330	6.8019	6.9753	7.1533	7.3359	7.5233	7.7156	8.1152	8.5355	8.7537	8.9775	9.4420	9.9299	10.980	12.136	13.406	14.799
7	7.2135	7.4343	7.6625	7.8983	8.1420	8.3938	8.6540	8.9228	9.2004	9.4872	10.089	10.731	11.067	11.414	12.142	12.916	14.615	16.534	18.696	21.126
8	8.2857	8.5830	8.8923	9.2142	9.5491	9.8975	10.260	10.637	11.029	11.436	12.300	13.233	13.727	14.240	15.327	16.499	19.123	22.163	25.678	29.732
9	9.3685	9.7546	10.159	10.583	11.027	11.491	11.978	12.488	13.021	13.580	14.776	16.085	16.786	17.519	19.086	20.799	24.713	29.369	34.895	41.435
10	10.462	10.950	11.464	12.006	12.578	13.181	13.816	14.487	15.193	15.937	17.549	19.337	20.304	21.322	23.521	25.959	31.643	38.593	47.062	57.352
11	11.567	12.169	12.808	13.486	14.207	14.972	15.784	16.646	17.560	18.531	20.655	23.045	24.349	25.733	28.755	32.150	40.238	50.399	63.122	78.998
12	12.683	13.412	14.192	15.026	15.917	16.870	17.889	18.977	20.141	21.384	24.133	27.271	29.002	30.850	34.931	39.581	50.895	65.510	84.320	108.44
13	13.809	14.680	15.618	16.627	17.713	18.882	20.141	21.495	22.953	24.523	28.029	32.089	34.352	36.786	42.219	48.497	64.110	84.853	112.30	148.48
14	14.947	15.974	17.086	18.292	19.599	21.015	22.551	24.215	26.019	27.975	32.393	37.581	40.505	43.672	50.818	59.196	80.496	109.61	149.24	202.93
15	16.097	17.293	18.599	20.024	21.579	23.276	25.129	27.152	29.361	31.773	37.280	43.842	47.580	51.660	60.965	72.035	100.82	141.30	198.00	276.98
16	17.258	18.639	20.157	21.825	23.658	25.673	27.888	30.324	33.003	35.950	42.753	50.980	55.718	60.925	72.939	87.442	126.01	181.87	262.36	377.69
17	18.430	20.012	21.762	23.698	25.840	28.213	30.840	33.750	36.974	40.545	48.884	59.118	65.075	71.673	87.068	105.93	157.25	233.79	347.31	514.66
18	19.615	21.412	23.414	25.645	28.132	30.906	33.999	37.450	41.301	45.599	55.750	68.394	75.836	84.141	103.74	128.12	195.99	300.25	459.45	700.94
19	20.811	22.841	25.117	27.671	30.539	33.760	37.379	41.446	46.019	51.159	63.440	78.969	88.212	98.603	123.41	154.74	244.03	385.32	607.47	954.28
20	22.019	24.297	26.870	29.778	33.066	36.786	40.996	45.762	51.160	57.275	72.052	91.025	102.44	115.38	146.63	186.69	303.60	494.21	802.86	1298.8
21	23.239	25.783	28.677	31.969	35.719	39.993	44.865	50.423	56.765	64.003	81.699	104.77	118.81	134.84	174.02	225.03	377.46	633.59	1060.8	1767.4
99	24.472	27.299	30.537	34.248	38.505	43.392	49.006	55.457	62.873	71.403	92.503	120.44	137.63	157.42	206.34	271.03	469.06	812.00	1401.2	2404.7
23	25.716	28.845	32.453	36.618	41.431	46.996	53.436	60.893	69.532	79.543	104.60	138.30	159.28	183.60	244.49	326.24	582.63	1040.4	1850.6	3271.3
24	26.974	30.422	34.427	39.083	44.502	50.816	58.177	66.765	76.790	88.497	118.16	158.66	184.17	213.98	289.49	392.48	723.46	1332.7	2443.8	4450.0
25	28.243	32.030	36.459	41.646	47.727	54.865	63.249	73.106	84.701	98.347	133.33	181.87	212.79	249.21	342.60	471.98	898.09	1706.8	3226.8	6053.0
26	29.526	33.671	38.553	44.312	51.114	59.156	68.677	79.954	93.324	109.18	150.33	208.33	245.71	290.09	405.27	567.38	1114.6	2185.7	4260.4	8233.1
27	30.821	35.344	40.710	47.084	54.669	63.706	74.484	87.351	102.72	121.10	169.37	238.50	283.57	337.50	479.22	681.85	1383.1	2798.7	5624.8	11198
28	32.129	37.051	42.931	49.968	58.403	68.528	80.698	95.339	112.97	134.21	190.70	272.89	327.10	392.50	566.48	819.22	1716.1	3583.3	7425.7	15230
29	33.450	38.792	45.219	52.966	62.323	73.640	87.347	103.97	124.14	148.63	214.58	312.09	377.17	456.30	669.45	984.07	2129.0	4587.7	9802.9	20714
30	34.785	40.568	47.575	56.085	66.439	79.058	94.461	113.28	136.31	164.49	241.33	356.79	434.75	530.31	790.95	1181.9	2640.9	5873.2	12941	28172
40	48.886	60.402	75.401	95.026	120.80	154.76	199.64	259.06	337.88	442.59	767.09	1342.0	1779.1	2360.8	4163.2	7343.9	22729	69377	207874	609890
50	64.463	84.579	112.80	152.67	209.35	290.34	406.53	573.77	815.08	1163.9	2400.0	4994.5	7217.7	10436	21813	45497	195373	819103	*	*
60	81.670	114.05	163.05	237.99	353.58	533.13	813.52	1253.2	1944.8	3034.8	7471.6	18535	29220	46058	114190	281733	*	*	*	*

注：* >999 999.99。年金终值系数 $=\frac{(1+i)^n-1}{i}$，$S=A\frac{(1+i)^n-1}{i}$。式中，A 表示每期等额支付（或收入）的金额；i 表示报酬率或利率；n 表示计息期数；S 表示年金终值或本利和。

附表四　年金现值系数表

期数	1%	2%	3%	4%	5%	6%	7%	8%	9%	10%	12%	14%	15%	16%	18%	20%	24%	28%	32%	36%
1	0.9901	0.9804	0.9709	0.9615	0.9524	0.9434	0.9346	0.9259	0.9174	0.9091	0.8929	0.8772	0.8696	0.8621	0.8475	0.8333	0.8065	0.7813	0.7576	0.7353
2	1.9704	1.9416	1.9135	1.8861	1.8594	1.8334	1.8080	1.7833	1.7591	1.7355	1.6901	1.6467	1.6257	1.6052	1.5656	1.5278	1.4568	1.3916	1.3315	1.2760
3	2.9410	2.8839	2.8286	2.7751	2.7232	2.6730	2.6243	2.5771	2.5313	2.4869	2.4018	2.3216	2.2832	2.2459	2.1743	2.1065	1.9813	1.8684	1.7663	1.6735
4	3.9020	3.8077	3.7171	3.6299	3.5460	3.4651	3.3872	3.3121	3.2397	3.1699	3.0373	2.9137	2.8550	2.7982	2.6901	2.5887	2.4043	2.2410	2.0957	1.9658
5	4.8534	4.7135	4.5797	4.4518	4.3295	4.2124	4.1002	3.9927	3.8897	3.7908	3.6048	3.4331	3.3522	3.2743	3.1272	2.9906	2.7454	2.5320	2.3452	2.1807
6	5.7955	5.6014	5.4172	5.2421	5.0757	4.9173	4.7665	4.6229	4.4859	4.3553	4.1114	3.8887	3.7845	3.6847	3.4976	3.3255	3.0205	2.7594	2.5342	2.3388
7	6.7282	6.4720	6.2303	6.0021	5.7864	5.5824	5.3893	5.2064	5.0330	4.8684	4.5638	4.2883	4.1604	4.0386	3.8115	3.6046	3.2423	2.9370	2.6775	2.4550
8	7.6517	7.3255	7.0197	6.7327	6.4632	6.2098	5.9713	5.7466	5.5348	5.3349	4.9676	4.6389	4.4873	4.3436	4.0776	3.8372	3.4212	3.0758	2.7860	2.5404
9	8.5660	8.1622	7.7861	7.4353	7.1078	6.8017	6.5152	6.2469	5.9952	5.7590	5.3282	4.9464	4.7716	4.6065	4.3030	4.0310	3.5655	3.1842	2.8681	2.6033
10	9.4713	8.9826	8.5302	8.1109	7.7217	7.3601	7.0236	6.7101	6.4177	6.1446	5.6502	5.2161	5.0188	4.8332	4.4941	4.1925	3.6819	3.2689	2.9304	2.6495
11	10.3676	9.7868	9.2526	8.7605	8.3064	7.8869	7.4987	7.1390	6.8052	6.4951	5.9377	5.4527	5.2337	5.0286	4.6560	4.3271	3.7757	3.3351	2.9776	2.6834
12	11.2551	10.5753	9.9540	9.3851	8.8633	8.3838	7.9427	7.5361	7.1607	6.8137	6.1944	5.6603	5.4206	5.1971	4.7932	4.4392	3.8514	3.3868	3.0133	2.7084
13	12.1337	11.3484	10.6350	9.9856	9.3936	8.8527	8.3577	7.9038	7.4869	7.1034	6.4235	5.8424	5.5831	5.3423	4.9095	4.5327	3.9124	3.4272	3.0404	2.7268
14	13.0037	12.1062	11.2961	10.5631	9.8986	9.2950	8.7455	8.2442	7.7862	7.3667	6.6282	6.0021	5.7245	5.4675	5.0081	4.6106	3.9616	3.4587	3.0609	2.7403
15	13.8651	12.8493	11.9379	11.1184	10.3797	9.7122	9.1079	8.5595	8.0607	7.6061	6.8109	6.1422	5.8474	5.5755	5.0916	4.6755	4.0013	3.4834	3.0764	2.7502
16	14.7179	13.5777	12.5611	11.6523	10.8378	10.1059	9.4466	8.8514	8.3126	7.8237	6.9740	6.2651	5.9542	5.6685	5.1624	4.7296	4.0333	3.5026	3.0882	2.7575
17	15.5623	14.2919	13.1661	12.1657	11.2741	10.4773	9.7632	9.1216	8.5436	8.0216	7.1196	6.3729	6.0472	5.7487	5.2223	4.7746	4.0591	3.5177	3.0971	2.7629
18	16.3983	14.9920	13.7535	12.6593	11.6896	10.8276	10.0591	9.3719	8.7556	8.2014	7.2497	6.4674	6.1280	5.8178	5.2732	4.8122	4.0799	3.5294	3.1039	2.7668
19	17.2260	15.6785	14.3238	13.1339	12.0853	11.1581	10.3356	9.6036	8.9501	8.3649	7.3658	6.5504	6.1982	5.8775	5.3162	4.8435	4.0967	3.5386	3.1090	2.7697
20	18.0456	16.3514	14.8775	13.5903	12.4622	11.4699	10.5940	9.8181	9.1285	8.5136	7.4694	6.6231	6.2593	5.9288	5.3527	4.8696	4.1103	3.5458	3.1129	2.7718
21	18.8570	17.0112	15.4150	14.0292	12.8212	11.7641	10.8355	10.0168	9.2922	8.6487	7.5620	6.6870	6.3125	5.9731	5.3837	4.8913	4.1212	3.5514	3.1158	2.7734
99	19.6604	17.6580	15.9369	14.4511	13.1630	12.0416	11.0612	10.2007	9.4424	8.7715	7.6446	6.7429	6.3587	6.0113	5.4099	4.9094	4.1300	3.5558	3.1180	2.7746
23	20.4558	18.2922	16.4436	14.8568	13.4886	12.3034	11.2722	10.3711	9.5802	8.8832	7.7184	6.7921	6.3988	6.0442	5.4321	4.9245	4.1371	3.5592	3.1197	2.7754
24	21.2434	18.9139	16.9355	15.2470	13.7986	12.5504	11.4693	10.5288	9.7066	8.9847	7.7843	6.8351	6.4338	6.0726	5.4509	4.9371	4.1428	3.5619	3.1210	2.7760
25	22.0232	19.5235	17.4131	15.6221	14.0939	12.7834	11.6536	10.6748	9.8226	9.0770	7.8431	6.8729	6.4641	6.0971	5.4669	4.9476	4.1474	3.5640	3.1220	2.7765
26	22.7952	20.1210	17.8768	15.9828	14.3752	13.0032	11.8258	10.8100	9.9290	9.1609	7.8957	6.9061	6.4906	6.1182	5.4804	4.9563	4.1511	3.5656	3.1227	2.7768
27	23.5596	20.7069	18.3270	16.3296	14.6430	13.2105	11.9867	10.9352	10.0266	9.2372	7.9426	6.9352	6.5135	6.1364	5.4919	4.9636	4.1542	3.5669	3.1233	2.7771
28	24.3164	21.2813	18.7641	16.6631	14.8981	13.4062	12.1371	11.0511	10.1161	9.3066	7.9844	6.9607	6.5335	6.1520	5.5016	4.9697	4.1566	3.5679	3.1237	2.7773
29	25.0658	21.8444	19.1885	16.9837	15.1411	13.5907	12.2777	11.1584	10.1983	9.3696	8.0218	6.9830	6.5509	6.1656	5.5098	4.9747	4.1585	3.5687	3.1240	2.7774
30	25.8077	22.3965	19.6004	17.2920	15.3725	13.7648	12.4090	11.2578	10.2737	9.4269	8.0552	7.0027	6.5660	6.1772	5.5168	4.9789	4.1601	3.5693	3.1242	2.7775
35	29.4086	24.9986	21.4872	18.6646	16.3742	14.4982	12.9477	11.6546	10.5668	9.6442	8.1755	7.0700	6.6166	6.2153	5.5386	4.9915	4.1644	3.5708	3.1248	2.7777
40	32.8347	27.3555	23.1148	19.7928	17.1591	15.0463	13.3317	11.9246	10.7574	9.7791	8.2438	7.1050	6.6418	6.2335	5.5482	4.9966	4.1659	3.5712	3.1250	2.7778
45	36.0945	29.4902	24.5187	20.7200	17.7741	15.4558	13.6055	12.1084	10.8812	9.8628	8.2825	7.1232	6.6543	6.2421	5.5523	4.9986	4.1664	3.5714	3.1250	2.7778
50	39.1961	31.4236	25.7298	21.4822	18.2559	15.7619	13.8007	12.2335	10.9617	9.9148	8.3045	7.1327	6.6605	6.2463	5.5541	4.9995	4.1666	3.5714	3.1250	2.7778
55	42.1472	33.1748	26.7744	22.1086	18.6335	15.9905	13.9399	12.3186	11.0140	9.9471	8.3170	7.1376	6.6636	6.2482	5.5549	4.9998	4.1666	3.5714	3.1250	2.7778

注：年金现值系数 $=\frac{1-(1+i)^{-n}}{i}$，$P=A\frac{1-(1+i)^{-n}}{i}$。式中，$A$ 表示每期等额支付（或收入）的金额；i 表示报酬率或利率；n 表示计息期数；P 表示年金现值或本利和。

主要参考文献

1. 张建华,欧阳歆. 财务管理. 重庆:重庆大学出版社,2009.
2. 张翠红,刘合华,彭浪. 财务管理. 上海:立信会计出版社,2011.
3. 刘伟. 财务管理. 武汉:华中科技大学出版社,2011.
4. 财政部会计资格评价中心. 中级财务管理. 北京:中国财政经济出版社,2009.
5. 中国注册会计师协会. 财务成本管理. 北京:经济科学出版社,2011.
6. 谢邦柱,沈烈. 财务管理. 武汉:湖北科学技术出版社,2006.
7. 梁莱歆. 公司理财. 北京:清华大学出版社,2009.
8. 夏光. 财务管理. 北京:机械工业出版社,2008.
9. 刘方乐. 财务管理理论与实务. 北京:清华大学出版社,2009.

教师反馈及教辅申请表

北京大学出版社以“教材优先、学术为本、创建一流”为目标，主要为广大高等院校师生服务。为更有针对性地为广大教师服务，提升教学质量，在您确认将本书作为指定教材后，请您填好以下表格并经系主任签字盖章后寄回，我们将免费向您提供相应教辅资料。

书号/书名/作者			
您的姓名			
校/院/系			
您所讲授的课程名称			
每学期学生人数	______ 人　　　______年级	学时	
您准备何时用此书授课			
您的联系地址			
邮政编码		联系电话（必填）	
E-mail（**必填**）			
您对本书的建议：		系主任签字 盖章	

我们的联系方式：

北京大学出版社经济与管理图书事业部

北京市海淀区成府路 205 号，100871

联 系 人：徐　冰

电　　话：010-62767312 / 62757146

传　　真：010-62556201

电子邮件：xubingjn@yahoo.com.cn　em@pup.cn

网　　址：http://www.pup.cn